국어 교과서의 탄생

이 저서는 2013년 정부(교육부)의 재원으로
한국연구재단의 지원을 받아 수행된 연구임(NRF-2013S1A6A4017578)

글누림 학술 총서 ❼

국어 교과서의 탄생

강진호

The birth of a
Korean textbooks

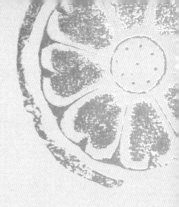

머리말

국어 교과서의 뿌리를 찾아서

10여 년의 세월을 교과서와 함께 보냈다. 그 시간들을 책으로 묶으려니 개운함보다는 묵직한 염려와 아쉬움이 앞선다. 나는 교육학 전공자도 아니고 또 근대 초기를 전문적으로 연구하는 사람도 아니다. 현대소설을 읽고 고민하면서 몇몇 논문을 써낸 문학연구자로서 근대 이후 국어 교과서를 연구한다는 것은 다소 기이한 일로 보일 지도 모르겠다.

돌이키자면, 교과서에 관심을 갖게 된 것은 우연이었으나 그동안 진행해온 나의 학문적 여정에 비추자면 필연의 행로였다. 현대소설을 보면서 분단 현실이 소설화되는 과정에 관심을 갖게 되었고, 거기서 반공과 국가주의의 이념을 접하였다. 현대문학은 반공과 국가주의의 속박에서 자유롭지 못했고 그것을 넘어서는 과정이 곧 분단 극복의 길이 되리라 생각하였다. 그런 사실을 깨달으면서 그 연원이 남과 북이 대치하는 현실과 함께 해방 이후 지속된 교육에 있다는 것을 알게 되었고, 그것을 살피면서 운명처럼 '국어' 교과서를 만나게 되었다. 국어 교과서에는 일민주의, 개발주의, 반공주의, 국가주의 등의 이데올로기가 묘목처럼 심어져 있었고, 그것을 익히고 배우면서 우리는 반공으로 무장한 존재로 양육되어 온 것을 알 수 있었다. 그런데 그것은 단순히 이승만 정권 이후의 교과서에 의한 것만은 아니었다. 전체주의, 국가주의는 그 뿌리를 일제강점기에 두고 있었고, 그렇게 해서 일제강점기 교과서로 관심이 확대되었다. 국어와 일본어의 위상이 바뀌면서 일본어가 국어가 되고 한글은 일개 지역어인 조선어가 되었으며, 그 전도된 교과를 통해서 천황과 일제에 대한 충성이 강제된 것을 목격했다. 천황을 위해서 목숨을 초개처럼 던진 신민(臣民)들의 맹신과 허위의식, 이승만은 그것을 계승해서 일민주의로 변형했고, 박정희는 개발을 앞세워 반공주의로 그것을 둔갑시켰다. 조회와 운동회, 윗사람에 대한 공경과 나라에 대한 충성, 멸사와 봉공의 윤리는 일제의 식민주의에 그 뿌리를 둔 것이었다.

그런데 일제 치하의 교과서는 1910년 이전부터 준비된 것이었다. 최초의 국어과 교과서로 평가되는 '국민소학독본'은 그 뿌리를 일본 문부성 교과서에 두었고, 그것을 거의 옮기다시피 해서 만들어졌다. 조선이 강제병합된 것은 1910년이지만 교과서를 기준으로 하자면 이미 1895년부터 일제는 조선을 영토화하기 시작했던 것이다. '신정심상소학'은 일인 보좌관의 도움을 받으면서 편찬되어 급기야 그 한가운데 일본의 인물과 역사를 심어 놓기에 이른다. 일제강점기 교과서는 그 싹이 발아해서 개화한 형국이다. 물론, 이와는 달리 일제를 배격하고 우리 고유의 전통과 가치를 계승하면서 주체적으로 교과서를 만들려는 움직임도 있었다. 민간단체와 선각에 의한 교과서는 민족혼을 말살하려는 일제와 관변 교과서에 적극 맞서면서 새롭게 만들어진다. '초등소학'과 '문예독본'은 정부 주도의 교과서와는 근본을 달리하는, 당대 현실에 대한 깊은 통찰과 청년 학도들에 대한 애정을 바탕으로 만들어진 교재들이다. 해방 후의 교과서가 이런 민간 교재의 전통을 이어받았더라면 이후의 혼란과 착오의 시간은 훨씬 줄어들 수 있었을 것이다. 이 책이 근대 초기에서 일제강점기를 거쳐 최근까지의 '국어' 교과서를 살핀 것은 위와 같은 학문의 여정에 따른 것이었다.

6

그런데, 교과서를 연구하는 과정에서 나는 새롭게 교과서의 매력에 흠뻑 빠져들었다. 통상 교과서는 국민 교육의 장치이자 국가의 교육정책과 이념을 구현하는 규율 권력의 핵심 도구로 일컬어진다. 게다가 교과서는 이질적인 내용과 형식을 지닌 글들이 한 자리에 모인 이른바 혼종적인 텍스트이다. '국어' 교과서는 근대 계몽기 이래 국어독본, 조선어독본, 조선어급한문독본, 국어교본, 국어 등의 명칭과 형태로 유통되었다. 이들 교과서를 고찰함으로써 조선적 근대성의 기원과 변천에 대한 이해와 함께 그것을 태반으로 하는 '국어 교과서의 탄생' 과정을 규명할 수 있으리라는 욕심이 생긴 것이다. 그렇게 해서 '국어' 교과서 연구에 본격적으로 빠져들었다.

여기서 '탄생'이란 단순한 출현을 의미하는 것은 아니다. 탄생(誕生)은 여러 요소들의 결합과 구성의 산물이고, 구체적으로는 제도와 이념과 주체 등의 문제와 실타래처럼 얽혀 있는 것이기도 하다. 근대문학의 기원을 말하는 자리에서 가라타니 고진(柄谷善男)은 일본 근대의 성격을 '비서양의 서양화, 극도로 압축된 형태, 모든 영역이 서로 연관된 형태로 노출된 점'에서 찾은 바 있다. 이는 근대 조선의 교과서에도 그대로 적용될 수 있다. 조선의 '국어' 교과서는 전통 교육의 변화와 외래 교육(제도)의 도입과 정착, 일제의 식민화와 그에 대한 저항 등 여러 영역의 연관 속에서 탄생하였다. 그것은 또한 자기 민족의 자립적 특성에 대한 자각과 함께 그를 형성하는 상황적 맥락을 전제로 한다. 이를테면, 교과서란 단순한 교재가 아니라 교육의 표준적 지침이자 준거라는 점에서 교과서 편찬에는 국가 차원의 교육과정과 이념, 학제와 학교 등의 규정과 제도들이 복합적으로 작용한다. 또, 교과의 내용을 구성하기 위해서는 당대의 가치와 규범 등 상황적 요소들이 중요하게 참조되어야 한다. 교과서는 이 여러 요소들의 총화(總和)이다. 그러므로 개화기에서 일제강점기와 해방 후의 교과서의 탄생과 변화 과정을 고찰하는 일은 근대 체험뿐만 아니라 그 체험에 존재하는 전통의 전도와 길항의 양상을 밝혀내는 일이기도 하였다.

그런 취지를 바탕으로, 이 책은 크게 5부로 구성되었다. 제 I 부 「근대사회와 교과서」에서는 교과서, 특히 '국어' 교과서란 무엇이고, 왜 연구해야 하는지를 살폈다. '국어' 교과서는 언어교육과 문화교육이 결합된 문화 정체성 함양의 다양한 형식과 내용의 글들이 수록된 문화사적 사료이다. '국어' 교과서는 한국인이 오늘날과 같은 모습을 갖게 된 일련의 과정을 보여주는 텍스트이고, 근대 지식장(場)을 이해할 수 있는 중요한 매개물이며, 한편으론 '국어(語)'의 성장과 발달 과정이 반영된 매체라는 점에서 논의의 필요성을 찾을 수 있다. II부 「국어 교과서 탄생의 사회·문화사」에서는 '국어' 교과서가 탄생하게 된 사회·문화사적 배경을 살펴보았다. 근대 교과서는 학교 교육을 전제로 한다. 개화기에는 근대적인 의미의 교과서 제도와 개념이 형성되지 않았던 까닭에 무엇보다 본받을 수 있는 모델이 필요했다. 그래서 일본을 비롯한 외국의 사례를 들여와 참조했는데, 그 과정에서 집권 담당 주체의 정치적 성격에 의해 교재의 내용이 달라지는 것을 볼 수 있었다. 구한말 근대화의 기치를 앞세운 정부[學部]에서 간행한 교과서와 민간의 선각들에 의해 간행된 교과서는 상당히 다른 모습이다. 이는 교과서가 정치권력의 문제와 긴밀하게 연결되어 있다는 것을 말해준다. III부 「근대 계몽기 교과서」에서는 최초의 근대 교과서로 평가되는 '국민소학독본'에서 일제강점 이전의 '초등소학'까지를 국정과 민간으로 나누어 살폈다. '국민소학독본' 등의 국정 교과서가 일제의 간섭 하에 만들어진 관계로 친일적이고 식민주의적인 내용을 포함했다면, 민간 교재는 그것에 대한 대항의 의미로써 민족의 정신과 역사를 강조하고 있는 것을 확인할 수 있었다. IV부에서는 일제강점기 교과서를 고찰하였다. 조선어와 일어의 위상이 바뀌면서 일본어 교재가 '국어독본'이 되고, 한글 교재는 '조선어독본'으로 전락한 현실에서, 두 교과서의 전도된 양상과 특성을 고찰하였다. 또한 제4차 「일제강점기 교과서」에서는 '내선일체'라는 외피와는 달리 조선을 차별화한 위계 교육과 피동적 주체의 양산 과정을 고찰하였다. 한편, 민간 간행의 '문예독본'(이윤재)을 통해서 한글 문체의 정립과 조선 정신의 고양 과정을 살펴보았다. 마지막의 Ⅴ부「해방기 이후의 교과서」에서는 해방기 이후의 교과서를 고찰하였다. 해방 후의 이른바 교수요목기는 일제의 식민주의를 부정하고 우리의 교육과정과 교재를 만들어야 하는 시기였다. 해방과 함께 조선어학회가 교재 발간을 서둘렀다는 것은 그런 현실의 특수성을 전제한다. 그렇지만 해방 직후의 상황에서 참조할 만한 전례나 새로운 것을 만들어낼 여력을 갖고 있지 못했다. 그래서 '총독부학무국'이라는 꼬리표가 붙은 과거의 유물 『조선어독본』을 일정 부분 차용할 수밖에 없었고, 그렇게 만들어진 임시 교재였던 관계로『초등 국어교본』은 식민과 탈(脫)식민이 뒤섞인 혼종적인 모습을 특징으로 한다. 하지만, 그럼에도 불구하고 이 교과서에는 식민주의를 청산하고 새롭게 정체성을 마련하려는 당대인들의 열망과 노력이 투사되어 있다는 점에서 그 의의를 절하할 수 없다.

그런데, 근대 계몽기·일제강점기·교수요목기로 이어지는 기간 동안에 간행된 교과서는 지금까지 단절적으로 파악되는 경향이 강했다. 그것은 '국어' 교과서에 대한 연구가 단편적·부분적 차원에서 이루어졌다는 사실과 관계되지만, 더 큰 이유는 세 시기 교과서의 편찬 주체가 극적으로 변했다는 사실과 관계된다. '조선 → 일제 → 미군정 및 대한민국 정부'로 편찬 주체가 변하면서 교과서에 대한 계기적 고찰을 방해했던 것이다. 그러나 교과서의 편찬 주체와 그 의도가 변화되었다고 해도, 교과의 목표와 내용, 유통 경로와 교육적 상황, 교과서의 역할, 당대인들의 요구가 외면되거나 무시될 수는 없다. 이 때문에 이전 시기의 교과서에 수록되었던 내용이 새로운 교과서에 그대로 수록되거나 지워졌던 내용이 다시 호출되는 경우도 적지 않다. 그런 견지에서 이 책은 '탄생'이라는 키워드를 통해서 '국어' 교과서를 고찰하고 그 사적(史的) 전개를 유기적으로 재구하고자 하였다.

여기에 수록된 글들은 지난 10년간 발표한 논문들이다. 그것을 '국어 교과서의 탄생'이라는 주제로 묶고 정리하다보니 일부 겹치는 대목도 있고 또 새로 채워야 할 대목도 여러 곳에서 목격되었다. 모두 필자에게 남겨진 숙제이다.

부끄러운 책이 공간되기까지 여러 분들의 도움이 있었다. 그동안 한국연구재단의 적지 않은 도움을 받았고, 몇 개의 성과를 낼 수 있었는데, 이 책도 그 도움으로 이루어졌다. 늘 연구자들 곁을 지키며 질정 또한 아끼지 않는 이대현 사장의 후의에도 감사드린다. 마지막으로 각자 자기 길을 열심히 가고 있는 가족들의 한결같은 지지와 믿음 덕분으로 오늘이 있었기에 그 또한 감사한 마음이다.

모쪼록 『국어 교과서의 탄생』을 계기로 관련 영역에 대한 관심이 촉발되고 다양한 연구가 계속적으로 이루어지기를 소망한다.

2017년 11월, 가을이 이울어 가는 날에,

강진호 씀

목차

I 근대사회와 교과서

學部編纂 普通學校 學徒用 國語讀本 卷一 韓國政府印刷局印刷

學部編輯局新刊 國民小學讀本 大朝鮮開國五百四年梧秋

'국어' 교과서는 우리들이 성장하는 과정에서 가장 크게 영향을 미친 지식과 정보의
원천이고, 그래서 성인이 된 이후에도 아득한 향수로 가슴 깊이 내재되어 있다. '국
어' 교과의 성격과 기능이 변하지 않는 한 이런 사실은 앞으로도 계속될 것이다.

01.

교과서란 무엇인가

한 나라의 교과서는 국민 교육을 위한 핵심적인 정전의 역할을 수행한다. 해마다 새 학기를 앞두고 '교과서'를 받는 일이 학창 시절의 매우 중요한 의례였음을 상기해보면, 교과서에 부여된 의미와 권위가 자못 어떠했는지 가늠해볼 수 있다. 동일한 모양과 크기로 제본된 책들이 책상 위에 놓이는 순간은 경전을 대하듯이 엄숙하고도 신성하였다. 새 교과서를 앞에 두고 신학기에 대한 마음의 각오가 이루어졌고, 그것은 마치 싸움터로 나가는 군인들의 출정식과도 흡사한 것이었다. 지난 달력을 뜯어서 정성스럽게 책 표지를 싸고 한 장 한 장 어루만졌던 것은 한 학기의 꿈과 성패가 오로지 그 책에 달려 있었기 때문이다. 교과서를 열심히 배우고 익혀야 좋은 점수를 받을 수 있었고, 그것이 그 한 해의 성과를 가늠하는 지표였다.

돌이키자면 그 당시 교과서에 수록된 내용은 '의심할 수 없는' 지식과 동의어였다. 교과서에 수록된 내용들은 학생들이 획득해야 할 지식의 전범이었고, 그런 교과서를 통해 학생들은 가치와 규범을 습득하고 사회 구성원으로 성장하였다. 그 과정에서 교과서의 내용을 얼마나 제대로 습득했는가에 따라 학습자의 사회적 지위와 미래가 결정되는 것을 목격할 수 있었다. 이제는 특성한 지식이 절대적 권위를 행사하는 시대가 지나고 지식들의 순위 다툼이 치열해진 이른바 지식 상대주의 시대가 되었지만, 그럼에도 교과서의 역할과 권위는 여전히 크고도 막중하다. 교과서는 자유롭고 선택적인 독서를 허락하지 않는 일종의 특권지대이다. 그것은 교과서가 국가의 존립을 위한 국민 교육의 장치이자 국가의 정책과 이데올로기를 구현하는 규율 권력의 핵심 도구인 까닭이다.

교과서의 의미

교과서는 학업 과정에서 사용하는 교수와 학습의 교본(manual of instruction)을 의미한다. 곧, 교과교육을 위해 다양한 학습 자료들을 정선, 수록한 교육의 기본 교재가 교과서이다. 그것은 또한 학습 상의 목표를 달성하기 위해 교육과정에 제시된 내용을 구조화해서 만든 교수-학습활동의 기본도서이기도 하다. 그런 관계로 교과서는 국가가 정한 교육과정을 충실하게 반영해야 하고, 교사들은 그것을 학교 수업의 주된 자료로 사용하여 수업을 계획하고 진행한다. 지금도 학교 수업은 교과서를 중심으로 진행되고, 그래서 교과서는 학생들에게 지식과 교양을 제시하고 배양하는 기본 교본 역할을 수행한다. 학생들은 교과서를 통해서 글을 배우고 사물을 익히며 세상살이에 필요한 지식과 규범을 습득한다.

교과서를 통해 습득한 지식과 규범은 학생들의 내면(mentality)과 행동을 규율하고, 궁극적으로 정체성을 형성하는 자료가 된다. 교과서를 통해서 학생들은 사회생활에 필요한 지식을 흡수하고 가치판단과 행동의 준거를 마련한다. 그것은 또한 사회적 평가(혹은 입시)와 관련된 내용들이라는 점에서 그 사회를 지배하는 윤리와 법적 통용 가치 등과 긴밀하게 연결되어 있다. 개인의 자율과 창의성을 중시하는 교과서를 배우고 성장한 학생과 집단과 공동체의 규범을 강조하는 교과서를 배우고 성장한 학생은 가치나 행동에서 판연히 다를 수밖에 없다. 한국의 교과서를 배우고 성장한 학생과 인도의 교과서를 배우고 성장한 학생은 그 외모만큼이나 서로 다른 특성을 갖게 될 것이다. 그런 까닭에 교과서는 하나의 주체를 만들기 위한 국가 단위의 표준화된 저작물이고[1], 그래서 역사적으로 정통적이고 권위 있는 교재로 간주되어 왔다.

교과서의 편찬에 국가가 개입하는 것은 그런 사실로 설명할 수 있다. 교과서는 한 사회나 국가에서 통용되는 가치와 규범 및 법적 테두리 내에서 편찬된다. 말하자면, 교과서는 국가의 교육정책과 교육이념에 의거하여 학습목표와 내용을 구체적인 형태로 구조화해서 만든 교육용 자료이다. 국가는 교육정책과 교육목표를 통해서 국가가 필요로 하는 인재상을 설정하고, 그것을 교과서를 통해 구체화하며, 그렇게 만들어진 교재로 일선 현장에서 교육을 실시한다. 이를테면, 교과서는 국가의 교육철학과 목표를 실현하는 수단이므로 그 나라의 도덕적·윤리적 가치에 부합해야 한다. 거의 모든 나라에서 교과서를 발행하고 관리하는 체제(곧 국정제, 검정제)를 운영하는 것은 그런 이유이고, 그렇기 때문에 국가가 정한 헌법과 법령에 반하는 교과서란 존재하기 힘들다.

그렇지만 이런 흐름은 최근 들어 점차 변화되는 추세에 있다. 교육과정은 국가가 관장하지만, 교과 내용은 사회의 여러 주체들에게 개방하는 게 최근의 흐름이다. 교과서의 편찬과 발행·보급 등의 모든 과정을 국가에서 관장하는 국정제와는 달리, 국가가 교과서의 방향과 대략적인 목표만을 제시한 뒤 개인이나 단체에게 편찬의 권한을 양도한 것이 검정제이다. 물론 검정제 역시 검정(檢定)이라는 여과장치를 통해서 교과내용이 교육목표와 취지에 부합하는가의 여부를 판별한다는 점에서 국가의 통제와 무관한 것은 아니다. 우리나라의 경우 교과서 제도가 2007년 이후 국정제에서 검정제로 변했음에도 불구하고 국가의 통

---

[1] 「textbook」, 『Oxford English Dictionary』, Oxford Univ. Press.(http://www.oed.com/)

제와 간섭이 사라지지 않은 것은 교과서가 지닌 국가적 중요성과 함께 검정제라는 제도의 특성과도 무관하지 않다. 개방적이고 자율적인 형태로 제도를 변경했음에도 불구하고 국가는 국민 양성의 취지를 완고하게 유지하고자 한다. 지난 정부 내내 '한국사'의 국정화를 둘러싸고 정치권과 교육 현장에서 벌어졌던 논란은 교과서가 갖는 그러한 역할과 위상의 엄중함을 단적으로 시사해준다.[2]

그렇기 때문에, 교과서는 그 자체로 자족적이고 독립적인 텍스트라고 할 수 없다. 교과서는 그것을 둘러싼 사회·정치적 환경 속에서 중요한 역할을 수행하고, 동시에 여러 요인들과의 상호작용 속에서 존재한다. 교과서는 학생이라는 독자와의 소통을 염두에 두고 구성되며, 교실 수업에서 교사와 학생 간의 상호작용을 매개하는 기능을 수행하는 것이다.[3]

교과서는 교과 및 학생과 개별적 관계를 맺으면서 동시에 교사와 학생을 연결하는 가교적 위치에 있다. 교실에서는 교사와 학생의 상호 작용을 매개하는 중심 수단이고, 한편으로는 교육공동체와 그것을 둘러싼 사회·정치·문화적 공동체와 일정한 관계 속에 존재한다. 말하자면, 교과서는 공동체의 가치와 이념을 근거로 해서 개발되고 존재한다. 그런 점에서 교과서를 제대로 이해하기 위해서는 이들 복합적 요인에 대한 고찰을 전제하지 않을 수 없다.

---

2) 역사 교과서의 서술과 편찬 또한 여타 교과서와 마찬가지로 한 사회와 국가에서 통용되는 가치와 규범, 법적 테두리를 벗어날 수 없다. 교과서에는 그 사회의 윤리와 법적 통용 가치 등이 직·간접으로 깃들어 있다. 따라서 국가의 검인정 과정을 거치지 않은 역사 교과서는 학교 자료로 활용될 수 없을 뿐만 아니라 역사 교과서로서의 존재 자체가 불가능하다. 결국 교과서의 승인 여부에 대한 국가의 판단은 교과서 내용의 학문적 타당성 외에도 합헌성과 도덕적 합치성(合致性)을 출발점으로 삼게 된다. 그런 정치·사회적 조건 하에서 역사 교과서는 특정한 규범과 가치에 대해 긍정 또는 부정의 입장을 취하고 그 사회의 법적·윤리적 가치체계를 반영한다. 그런 점에서 역사 교과서는 한 국가나 사회의 규범적 대변자 또는 시대정신의 대변자라고 할 수 있다. 마석한의 「역사 교과서와 교과서 분석」(『역사와 실학』9호, 역사실학회, 1997. 225-6면) 참조.

3) 정혜승, 「미국의 국어 교과서 분석 연구」, 『독서연구』14호, 한국독서학회, 2005, 338-9면.

국어 교과서의 탄생

※ 교과서의 위치

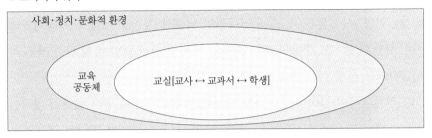

교과서가 문화적 통로 역할을 수행하는 것은 그런 교과서의 특성에서 비롯된다. 교과서는 제반 사회·문화 내용을 집약하고 그것을 전달하는 역할을 행한다. 책은 지식을 축적하고 가치와 규범을 정착시키며, 과거와 현재를 연결하고 사회를 통합하는 등의 여러 기능을 갖고 있다. 오늘날과 같이 전달 매체가 다양하게 변화되는 시대에도 교과서는 여전히 지식을 보존하고 그 지식 내용을 후세에 전달하는 기능을 수행한다.[4] 그런 점에서 교과서는 역사적으로 정통적인 내용과 권위 있는 전달 내용을 담고 있는 신뢰성 있는 교재로 평가되어 왔다.

교과서의 역사

최고의 교과서로 '성경'을 이야기하는 것은 그것이 하나님의 말씀으로 회의와 비판을 초월한 절대적인 신뢰와 권위의 대상으로 간주되기 때문이다. 원시 시대에 주술이 최고의 권위를 부여받았던 것은 신을 대신한 언행으로 그것이 받아들여졌기 때문이다. 종교가 발흥한 이후 사회 전반에 지배력을 행사한 중

---

4) 이종국, 『한국의 교과서』, 대한교과서주식회사, 1992, 14면.

세까지도 '성경'은 절대적이고 유일한 권위를 갖고 있었고, 최상의 교과서로 숭상되었다. 사람들은 '성경'에 전폭적인 믿음과 지지를 보냈고, 일상생활과 가치 판단의 준거로 수용하였다. 오늘날 후세에 길이 모범이 될 만한 책을 바이블'(Bible, 성경)'이라 통칭하는 것은 그런 전통에서 비롯된다.

조선시대까지 절대적인 권위를 행사했던 유교 경전도 같은 맥락의 것이었다. 1894년 갑오개혁 이전까지 조선시대의 교육은 서당과 향교를 중심으로 이루어졌다. 교육의 중심 내용은 유교였고, 교재는 대부분 유교 경전이었다. 『논어』, 『맹자』, 『중용』, 『예기』, 『소학』 등은 인간의 인간됨을 증명하는 도구이자 세상살이의 지침이었다. 사람이 사람인 것은 공맹(孔孟)을 알기 때문이고, 그것을 알지 못하면 금수와 다를 바 없다. 사(士)가 농공상(農工商)과 구별되는 소이는 공맹이 있기 때문이다. 유교는 이렇듯 사람을 차별하는 부당(不當)한 특성을 갖고 있었지만 절대 진리로 통용되어 천년 이상의 세월을 풍미해 왔다. 임진왜란과 병자호란을 겪으면서 유교의 권위가 약화되었지만, 1894년 갑오개혁과 근대 교육이 등장한 이후에도 여전히 교과의 반 이상을 차지했던 것은 유교가 그만큼 막강한 권위를 행사했다는 것을 말해준다.

근대로 접어들면서 교과서의 권위는 점차 줄어든다. 근대 사회의 도래와 더불어 '성경'은 더 이상 전과 같은 권위와 힘을 행사하지 못한다. 교회의 미신적 측면과 성경에 대한 독단적 해석에 대해서 반란이 일어난 때문이다. 절대적인 권위 대신에 실제적 도덕을 지향하고, 형이상학보다는 상식과 경험을, 권위주의보다는 개인의 자유를, 특권보다는 평등한 권리와 교육을 지향하는 시대가 도래한 것이다. 18세기 중반부터 강력하게 대두된 이런 흐름은 모든 가치와 판단의 기준을 인간의 이성(理性)에다 두었다. 이성의 눈으로 사물을 보고 세상을 이해하고 평가했다. 계몽주의로 명명되는 이런 흐름은 인간의 존엄과 평등, 자유권을 강조함으로써 유럽의 중세시대를 지배한 종교와 신학의 독단에서 벗어나고자 했다. 정부는 '목적'이 아니라 국민의 권리를 보장하고

국어 교과서의 탄생

유지하기 위해 존재하는 '수단'이 되어야 했고, 국가는 인간의 권리와 행복을 보장하기 위해 만들어진 까닭에 국민의 동의를 바탕으로 존립할 수 있었다.

이런 흐름 속에서 '성경'을 대체하는 새로운 교재가 등장하기 시작한다. 이성과 합리성을 바탕으로 한 교재, 곧 영국의 존 로크를 비롯해서 프랑스와 독일의 백과전서파(디드로, 볼테르)와 루소와 칸트 등의 저술이다. 이제 이들 철학자의 저서가 '성경'을 대신하는 새로운 교재로 떠오른 것이다.

표준화된 인쇄술의 발전과 보급은 교과서를 한층 더 발전된 형태로 만들었다. 이전에는 필사본의 형태로 제작되어 사용 범위가 제한되었지만, 인쇄술이 개발되면서는 보다 규격화되고 고정된 형태의 교과서가 만들어진다. 구텐베르크의 활판 인쇄술이 개발되면서 도네이터스(Aelius Donatus)의 『라틴 문법서』가 최초로 간행되었고, 1450년대에는 '성경'이 대규모로 간행되었다. 구텐베르크의 『성경』은 값이 매우 비쌌지만 이후 50년 동안 유럽을 비롯한 전 세계로 확산되었으며, 16세기 들어서는 더욱 광범위하게 퍼지면서 값도 훨씬 저렴해졌다. 활판 인쇄로 인해 서적의 대량 생산이 가능해졌고, 구매자의 범위도 성직자·학자·귀족 등에서 시민 계층까지 확대되었다. 그런 흐름 속에서 15세기말부터 16세기에 걸쳐 봉건 군주의 권력과 교권에 대항하는 많은 저작물들이 출간되었다.

한편, 의무교육의 시행과 함께 계속적인 학교교육의 팽창은 표준화된 교재의 확산을 한층 더 가속화시켰다. 학생 숫자가 급속하게 늘어나면서 그들을 근대적 국민으로 양성하기 위해서는 보다 실제적이고 표준화된 지식이 필요해진 것이다. 기본적인 의사소통의 능력을 길러주어야 했고, 또 국가 경영에 필요한 각종 세법과 제도, 지리와 역사를 교육해야 했다. 그런 현실에서 19세기 이후의 교과서는 교육의 기본적인 도구로 정착되었다.[5]

---

5) 『Oxford English Dictionary』 및 『Wikipedia-The Free Encyclopidia』(http://en.wiki-pedia.org/)의 'textbook' 항목 참조.

교과서의 위상

시대에 따라 교과서의 역할과 위상은 변하기 마련이다. 개화기의 교과서와 일제 치하의 교과서, 그리고 오늘날의 교과서는 시대만큼이나 그 성격과 위상이 다를 수밖에 없다.

일제 치하의 교과서는 오늘날과는 여러 가지로 다른 특성과 위상을 갖고 있었다. 오늘날은 '시대 현실에 능동적으로 대응하는 주체적이고 창의적인 인재'를 육성하는 데 교육의 목표를 둔다면, 식민 치하에서는 그와는 다소 거리가 있었다. 일제 치하의 교육은 절대적 권위에 바탕을 둔 지식관을 근거로, 가르치는 주체 즉 일제의 의도가 배우는 주체(곧 학생)를 압도하는 강한 목적성을 특징으로 한다. 그래서 배우는 주체가 갖고 있는 신체적·정의적·지적 성장의 상호성과 개별성은 무시되고 대신 모든 학생들이 도달해야 할 정치적·교육적 목표만이 일방적으로 강요되었다. 교육이 특정한 형태의 국민을 육성하기 위한 수단으로 절대적 권위를 갖고 유지·관리된 것이다. 실제로 '국어'(일제시대의 국어는 일본어) 과목은 국민과(國民科)의 핵심 교과목이었다. 일제 치하의 교육제도에서 초등학교 교과는 합과(合科)적 성격의 '국민과, 이수과, 체련과, 예능과, 실업과' 등 5개로 구성되었는데, 특히 수신, 국어, 국사, 지리 4과목을 국민 양성에 직접적으로 관여하는 '국민과'라고 칭했다. 그런 의도에서 '국어'는 전 과목의 40%에 이르는 많은 시수를 배당받았다. '국어'에 대한 교수─학습을 주된 목적으로 하는 『국어독본』(일어)이 내용 면에서 『수신』 교과서와 별반 차이가 없는 국가주의적 도덕과 이념으로 도배된 것은 그런 까닭이다.

그렇지만 최근의 교육은 이와는 상당히 다른 모습이다. 단편적인 지식이나 사실 위주의 암기, 평면적 이해 능력 대신에 복합적인 정보를 탐색하고 분석하여 창의적인 아이디어를 창출하는 능력이 무엇보다 중시된다. 더불어 자기 주도로 새롭게 갱신해가는 평생학습 능력과 효율적 의사소통 능력, 협동을 통한 탄력적 문제해결 능력 등을 상대적으로 강조한다. 이는 21세기 지식정보 사회에 맞는 자질과 특성을 최대한으로 존중하는 태도라고 할 수 있다.

교과서의 위상은 이와 같이 시대적 특성과 긴밀하게 조응한다. 일제 치하의 교과서가 절대적이고 전제적인 특성의 하향식 교재라면, 최근의 교과서는 학생들의 능력과 자질을 계발(啓發)하고 확장하는 식의 보조적 교재로 기능한다. 오늘날 교과서는 학생들의 능력을 계발하고 육성하는 수많은 학습 자료 중의 하나이다. 『국어』교과서의 앞머리에 언급되어 있듯이, "교과서는 수많은 학습 자료나 교재 중의 하나이다. 이 교과서에 선정된 제재 역시 절대적인 것이 아니라 교육 과정의 목표와 내용을 실현하는 데 비교적 적절하다고 평가된 자료"[6]에 지나지 않는다. 교과서의 위상을 교과서 스스로가 새롭게 규정한 것으로, 정리하자면 교과서는 이제 '적절하다고 평가된 자료 모음집'이라 할 수 있을 것이다.

오늘날 누구나 동의하는 만인(萬人)의 교과서는 존재하지 않는다. 만인의 교과서는 모든 사람들에게 두루 통용되는 교과서로 정신과 자연, 개인과 사회, 주관과 객관의 분열을 막아 주는 역할을 했으나, 이제는 그런 역할을 수행할 어떤 지침이나 교본도 존재하지 않는다. 영역을 나누고 특정 분야의 전문화된 지식을 창출하고 체계화함으로써 오늘날의 교과서는 이전의 그것과 근본적으로 구별되는 자리에 있는 것이다.

더구나, 오늘날에는 기술의 발달과 함께 교과서를 접하는 방식이 크게 달라졌다. 학생들은 온라인과 디지털 자료들은 통해서 이전의 전통적인 종이 교과서보다 훨씬 쉽고 편리하게 교과서를 만난다. 전자책(e-book)과 피디에프(PDF), 온라인(online) 학습 시스템과 비디오 강의를 학생들은 일상적으로 이

---

6) 「일러두기」, 『국어』(상), 서울대 국어교육연구소, 2002.

용한다. 게다가 저자 수와 범위의 확대 역시 교과서에 대한 접근성을 제고시
킨 요인이다. 늘어난 저자들은 상업적으로 자신들의 교과서를 출판하고, 심지
어 그것을 무료로 제공하는 경우도 있다.

그런데, 이런 외형의 변화와는 달리 교과서의 내용은 시대 흐름에 민첩하
게 대응하지 못하는 측면이 많다. 교과서의 개편 주기라든가 교육과정과 편
제, 또 교과서가 갖는 정전(正典)적 성격으로 인해서 교과서는 시대 흐름에 민
감하기보다는 상대적으로 둔감하고 느리다. (그런 점에서 교육 현장에서 교사의
역할은 중요할 수밖에 없다. 교과서와 실제 현실 사이의 괴리는 어떤 식으로든 매개되
어야 하는데, 그 주체는 '교사'일 수밖에 없다. 교과서에서 미처 수용하지 못한 시대 흐
름의 직접적인 경험자이자 대응의 주체로서 교사는 대오를 이끄는 향도(嚮導)와도 같
다.) 그런 현실에서 교과서의 위상과 역할은 예전에 비해서 크게 약화될 수밖
에 없다. 그래서 최근에는 교과서 개편 주기를 단축하고 또 수시로 수정할 수
있게 했다. 하지만, 그런 변화에도 불구하고 교과서는 시대의 흐름과 보조를
같이하기 힘들다. 사회를 유지하고 발전시키는 최소한의 지식과 기준을 제시
하는 준거틀이 교과서인 까닭이다.

02. ──────────
'국어' 교과서란 무엇인가

국어 교과

　사람들이 흔히 인용하거나 언급하는 글귀나 시구(詩句)는 대개 '국어' 교과서에서 배웠던 것들이다. 우리는 성장하는 과정에서 김소월과 이효석을 읽으며 문학적 감성을 길렀고, 국토 기행문을 통해서 조국과 산수의 아름다움을 배웠으며, 경제개발과 관련된 글들을 통해서 산업화를 이해하고 선진 강국의 꿈을 키웠다. '국어' 교과서는 우리들이 성장하는 과정에서 가장 크게 영향을 준 지식과 정보의 원천이고, 그래서 성인이 된 이후에도 아득한 향수로 가슴 깊이 내재되어 있다. '국어' 교과의 성격과 기능이 변하지 않는 한 이런 사실은 앞으로도 계속될 것이다.

　'국어' 교과서가 이렇듯 지대한 영향력을 발휘하는 것은 무엇보다 그것이 우리가 공통으로 사용하는 말과 문화를 대상으로 만들어진 교재라는 데 있다. 자국어로서 한국어와 관련된 제반 언어능력 즉, 의사소통능력과 문화능력을 신장하기 위한 교재가 바로 '국어' 교과서이다.

　국어과 교육과정에서 밝혀 놓았듯이, '국어' 교과는 한국인의 삶이 배어 있는 국어를 정확하고 효과적으로 사용하는 능력과 태도를 기르고, 국어를 창의적으로 사용하여 국어 발전과 국어 문화 창달에 이바지하려는 뜻을 세우며, 올바른 국어 생활을 통해 건실한 인격을 형성하여 건전한 국민 정서와 미래 지향적 공동체 의식을 함양하는 과목이다. 그런 관계로 국어 교과는 다른 과목과는 달리 복합적이고 혼종(混種)적인 특성을 갖는다.

'국어' 교과서의 영향력은 국어과가 지닌 도구적 성격에서도 근거를 찾을 수 있다. 모든 교과는 국어로 교수되며, 학생들은 누구나 국어로 표기된 교과서를 읽고 국어로 수업을 듣고 배운다. 그리고 어느 과목이든지 국어로 상상하고 말하고 기억한다. 국어를 통하지 않고는 가르치고 배울 수 없을 뿐만 아니라 지식과 의사를 전달할 수도 없다. 그래서 국어 교과의 목표는, 교육과정에 따라 다소의 차이를 보임에도 불구하고, 대체로 다음과 같은 내용으로 정리된다.

> 가. 국어 활동과 국어와 문학에 대한 기본적인 지식을 익힌다.
> 나. 다양한 유형의 담화와 글을 비판적이고 창의적으로 수용하고 생산한다.
> 다. 국어의 가치와 중요성을 인식하고 국어 생활을 능동적으로 하는 태도를 기른다.[7]

여기서 볼 수 있듯이, '국어' 교과는 이 여러 목표들을 구현해야 하는 관계로 통합교과적인 성격을 갖는다. 가령, '국어' 교과서를 통해서 이루어지는 국어 교수-학습활동은 '사용적인 측면'과 '문화적인 측면'이라는 두 가지 목표를 동시에 실현해야 한다. 말하자면, 국어 교수-학습활동은 다른 교과를 학습하

---

7) 한국교육과정평가원의 '국가교육과정 정보센터'(http://ncic.re.kr/)의 '2009 개정 시기 교육과정' 참조.

기 위한 도구 교과의 성격을 지닌다는 점에서 사용의 원리뿐만 아니라, 국어 교수-학습활동을 통하여 한국의 전통을 학습함은 물론 한국적인 사고와 표현을 학습하는 문화의 원리를 실현하는 능력을 동시에 기르는 교과이다. 이 때 언어는 문화의 일부분이며 또한 문화는 언어의 일부분이다. 둘은 밀접하게 얽혀 있어서 언어든 문화든 그 중요성을 잃지 않으면서 둘을 떼어낼 수는 없다. 특수한 도구적 학습을 제외하면, 제2 언어 습득은 또한 제2 문화의 습득이기도 하다.[8] 그런 관계로 '국어' 교과서는 통합교과서를 지향할 수밖에 없다. 국어사용(듣기, 말하기, 읽기, 쓰기) 영역과 문법·문학 영역을 바탕으로 정치·경제·사회·역사·예술·과학 등의 다양한 학문을 교과 내용으로 삼는 통합적이고 다문화적인 언어 텍스트가 바로 '국어' 교과서인 것이다.

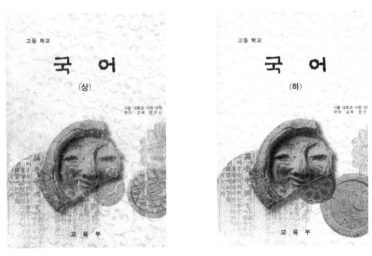

▲『국어』(1996년)

---

8) 윤여탁, 『문화교육이란 무엇인가』, 태학사, 2013, 147-8면.

그러한 통합교과적 특성으로 인해 '국어' 교과서는 개화기에서부터 오늘날까지 동서고금의 문학작품에서부터 철학과 역사, 과학, 지리, 경제와 정치 등 다양한 내용의 글과 문종(文種, 장르)을 포괄한 통합 교재의 형태로 개발되어 왔다. 『국민소학독본』이라든가 『조선어독본』에는 근대적 지식과 문물에 대한 소개에서부터 조선과 일본의 지리와 산수의 아름다움을 설명한 글, 국토와 문화유산 기행문, 조선의 명절과 풍습, 국가 정책과 이념, 산업과 지리 등 실로 다양한 내용의 글들이 수록되어 있다. 글의 형식에서도 논설문, 설명문, 기행문, 시와 시조, 속담과 격언, 소설과 우화 등이 다양하게 나열되어 있다.

'국어' 교과서는 언어교육과 문화교육이 결합된 문화 정체성 함양의 다양한 글들이 수록된 문화사적 사료이다. 그런 점에서 '국어' 교과서는 단순한 교과 교재론의 대상을 넘어 사회와 문화, 정치와 이데올로기, 문학과 언어 등 다양한 측면의 연구를 가능케 하는 종합 텍스트인 것이다.

민족주의와 국어

'국어' 교과서가 탄생하기 위한 기본 조건의 하나는 민족주의이다. '국어' 교과서는 우리 민족이 공통으로 사용하는 말과 문화를 대상으로 해서 만들어지는 과목으로, 국어과 교육과정의 앞머리에서 제시된 것처럼, '한국인의 삶이 배어 있는 국어를 정확하고 효과적으로 사용하는 능력을 기르고 국어를 창의적으로 사용하여 국어 발전과 국어 문화 창달에 이바지하고, 건전한 국민 정서와 미래 지향적 공동체 의식을 함양'하는 것을 목표로 한다.[9] 그렇기 때문

---

9) 『국어과 교육과정』(교육과학기술부 고시 제 2011-361호), 2011.8, 3면.

에 국어는 우리의 말과 문화에 대한 자각적 의식과 활동을 전제한다.

그런데, 국어(혹은 언어)와 문화는 민족주의의 문화적 산물이라는 점에서,[10] 중화 보편주의에 갇혀 있던 근대 이전에는 존재할 수 없었다. 우리말에 대한 자각이 없었을 뿐만 아니라 우리의 현실과 생활에 대한 자의식이 존재하지 않았기 때문에 그것을 재료로 하는 '국어' 교과서를 구성할 수가 없었기 때문이다. 한글은 보편어인 한문에 비해 한 단계 낮은 언문(諺文)으로 평가되었고, 우리의 역사와 문화 역시 중국의 한 변방으로 위계화되었다. 그래서 조선시대까지의 교과서는 중국의 경전이거나 아니면 그것을 편집·축소한 간이서(簡易書)들이 대부분이었다.

실제로 조선시대 성리학 교재이자 어린이용 교과서로 널리 읽혀졌던 『소학(小學)』은 주희(朱熹, 1130~1200)가 제자이자 동료인 유자징과 함께 편찬한 성리학 입문기의 교재였다. 성리학의 교육과정에서 『천자문』이나 『유합(類合)』[11] 등으로 기초적인 문자 학습을 마친 학생들은 그 다음 순서로 『소학』을 예외 없이 공부하였다. 그런 만큼 그것은 『대학』을 위시하여 사서(四書)를 접하게 될 학생들이 성리학 공부를 본격적으로 시작하기에 앞서 반드시 익히도록 했던 성리학의 필수 교재였다. 『소학』은 크게 '내편'과 '외편'으로 이루어졌는데, '내편(內篇)'은 『예기』, 『논어』, 『맹자』 등 선진 유학의 여러 경전에서 발췌한 구절로 되어 있고, '외편(外篇)'은 주돈이, 장재, 정호, 정이 등 한대 이후 송대까지 살았던 성리학 계보에 속한 사람들의 저술에서 발췌한 구절들로 구성되어

---

10) 베네딕트 앤더슨, 윤형숙 역, 『상상의 공동체』, 나남출판, 2002, 183면.

11) 조선 전기에 한문을 배우는 과정에서 먼저 『천자문』을 읽고 그 다음에 『유합(類合)』을 읽었다. 『유합』은 한자를 의미에 따라 유별(類別)한 입문서로, 각 자(字)마다 음과 훈을 달았다. 『유합』의 저자는 확실하지 않지만, 『천자문』과 달리 조선에서 만들었다. 『유합』에는 여러 판본이 있으나 가장 오래 된 것은 선조 9년(1576)에 나온 유희춘의 서(序)가 있는 『신증 유합』이다.

있다. 조선에서『소학』은 성리학이 정착되는 16세기에 사림파 학자들을 중심으로 강조되었고, 조광조 등에 의해서 사회개혁의 실천적 수단으로 널리 활용되었다. 이후『소학』을 보급하기 위한 집주(集註)와 언해(諺解)류의 책들이 다수 간행되어, 16세기의 학자인 김안국은 소학을 한글로 번역한『소학언해』를 발간하였고, 19세기의 박재형은『소학』일부를 발췌하여『해동소학』을 간행·보급하였다.[12] 이 과정에서『소학』은 동양 보편의 진리로 수용되었지 결코 의심과 비판의 대상이 아니었다.『소학』은 누구나 익혀야 하는 만인의 교과서였고, 그런 지위는『국민소학독본』이 간행된 19세기 후반까지도 굳건하게 유지되었다.

그러다가 갑오개혁 이후 근대화의 흐름과 함께 우리 민족에 대한 자각이 이루어지고 국가와 국어에 대한 관념이 형성되면서, 자국의 문화와 현실을 내용으로 하는 '국어' 교과서가 형성되기 시작한다. 민족적 자각을 근거로 우리의 말과 글, 역사와 인물, 지리와 풍습 등에 관한 인식과 정리가 가능해진 것이다. 그런 점에서 '국어' 교과서가 탄생하기 위해서는 무엇보다 민족주의적 각성이 선행되어야 한다. 최초의 국어(과) 교과서로 평가되는『국민소학독본』에서 그런 사실을 단적으로 목격할 수 있다.

> 우리나라 세종대왕게서 만고의 대성인이시라. 인민의 농사를 위ᄒᆞ샤 농사집설(農事集說)이라 ᄒᆞᄂᆞᆫ 책을 지어 반포ᄒᆞ시고, 형벌의 참혹ᄒᆞᆷ을 측은히 녀기사 태배법(笞背法)을 제ᄒᆞ시고 윤기(倫紀)의 강령을 정ᄒᆞ사 삼강행실이라 ᄒᆞᄂᆞᆫ 책을 반행ᄒᆞ시고, 용비어천가를 찬ᄒᆞ사 조종의 덕을 찬양ᄒᆞ시고 ᄯᅩ 아악을 정ᄒᆞ시며 ᄯᅩ 만세에 흠앙ᄒᆞᆯ 자ᄂᆞᆫ 세종대왕이 ᄀᆞᆯ아스ᄃᆡ 외국에ᄂᆞᆫ 다 기 국문자ㅣ 유ᄒᆞ되 아국에ᄂᆞᆫ 무ᄒᆞ다 ᄒᆞ샤 훈민정음을 지으시고, 책판 삭이ᄂᆞᆫ 법이

---

12) 신정엽, 「조선시대 간행된 소학 언해본 연구」, 『서지학연구』44집, 2009.12, 409-446면.

불편ᄒᆞ다 ᄒᆞ사 활자를 주ᄒᆞ시니, 차ᄂᆞᆫ 다 대성인의 개물성무ᄒᆞ시ᄂᆞᆫ 문명ᄒᆞᆫ 덕이라. 지나의 요순우탕이 아모리 성인이라 ᄒᆞ나 아 세종대왕의 성신ᄒᆞ신 덕을 엇지 당ᄒᆞ리오. 지나 고석 제왕에 비록 성현이 다ᄒᆞ다 ᄒᆞ야도 세종대왕게셔 행ᄒᆞ신 여러 가지 문명ᄒᆞ신 덕을 합ᄒᆞᆫ 자ㅣ 무ᄒᆞ니라. 시고로 아 세종대왕게셔 요순우탕뻐 上에 대성인이시니 여등 학도들은 아국에 이러ᄒᆞ신 대성인이 계오신쥴 알지어다. 아 대군주 폐하계셔 대성인의 도덕으로 대성인의 왕통을 계승ᄒᆞ시니 오등은 대성인의 인민이라. 아모조록 애국심으로 공부ᄅᆞᆯ 잘ᄒᆞ야 부국문명ᄒᆞᆫ 화ᄅᆞᆯ 협찬ᄒᆞ야 대성인 자주독립국의 활발 근면ᄒᆞᄂᆞᆫ 자유양민이 되미 가ᄒᆞ니라. (「제5과 세종대왕 기사」 전문)(띄어쓰기·부호—인용자)

1895년의 이 글에서 목격되는 것은 세종대왕에 대한 주체적인 의식이다. 중국의 요순우탕보다 세종대왕이 더 훌륭한 성인인 것은 백성들의 편의를 위해 문명한 덕을 베풀었다는 데 있다. 참혹한 형벌을 측은히 여겨서 태배법[13]을 없앴으며, 백성들의 편의를 위해서 문자를 만드는 등의 덕을 베풀었다. 이는 중국의 어느 대왕도 감히 행하지 못한 일이고, 바로 그런 성인의 인민이기에 우리는 그 숭고한 뜻을 계승해서 문명 강국이 되어야 한다는 주장이다. 여기에 이르면 세종대왕은 중국의 성인을 능가하는 '만고의 대성인'으로 자리 잡는다.[14]

이런 주체적 시각은 개항(1876) 이전에는 표명되기 힘들었다. 중국 중심의

---

13) 등을 때리는 형벌.

14) 당대에 목격되는 민족주의적 자각은 다음 글에서도 구체적으로 확인된다.
"문명개화한 나라에서는 남녀불문하고 학교에 가서 적어도 10년간 각색 학문을 배운 후 세상에 나아가 벼슬·농사·장사 기타 무슨 벌이를 하든지 하거늘 조선 사람들은 겨우 한문만 조금 배워가지고 그것만 믿고 총리대신 노릇도 하려하고…… 한문만 가지고는 아무 일도 하기 어려운 것이 첫째, 한문책이란 청국에서 만든 책인데 그 당시 청국 백성에게 유효한 것이 여러 백년 지난 오늘날 조선 사회에서 얼마나 유효할 것이냐가 문제이며 그 청국보다 구라파의 작은 나라가 몇 배 더 부유하고 강한 것은 남녀가 10여 년을 학교에서 여러 학문을 배운 사람이

세계관 속에서 요순우탕은 그 자체로 절대적인 존경과 신망의 상징이지 결코 비교와 비판의 대상이 아니었다. 중국은 세계 문명의 중심인 '중화(中華)'이고 요순우탕은 만고의 조종(祖宗)이었다.

한문과는 다른 우리 한글에 대한 자각 역시 이 시기에 등장한 민족주의의 산물이다. 한문은 중국에서 만든 글자이고, 그래서 중국 사람에게는 유효하지만 오늘날 과연 우리에게 얼마나 유효할 것이냐는 의문에는 우리말에 대한 자각이 구체적으로 깃들어 있는 것을 볼 수 있다. 외국에는 다 그 나라의 문자가 있지만 우리나라에는 없기 때문에 훈민정음을 만들었고, 그래서 그것을 잘 익히고 활용해야 한다는 것. 고종은 그런 의식에서 모든 공문을 한글로 작성토록 했다.

"법률과 칙령은 모두 국문으로 기본을 삼고 한문으로 번역을 붙이거나 혹은 국한문을 섞어서 사용한다."(칙령 제1호, 1894)

당시 국한혼용문이 대세를 점했던 것은 한글 전용으로 가는 그런 시대 흐름을 단적으로 보여준 것이다. '국어' 교과서는 이러한 민족주의를 전제로 탄생한다.

교과의 분화

한 권의 교과서가 우리 앞에 펼쳐지기까지는 여러 단계의 논의와 절차를 필요로 한다. 교과서를 만들기 위해서 편찬 담당 기관(정부)은 먼저 국가적으

청국의 사서오경을 독파한 사람보다 낫다는 증거이다. 더구나 작은 일본이 청국을 이겨 승전한 것은 서양각국이 부강한 이유를 먼저 알고 백성 교육에 힘썼기 때문…… 조선도 지금부터 몇 해 동안 교육에 힘쓰면 불과 몇 년 안에 개화가 되겠고 실업자가 없고 빈곤이 없어지므로 모두 부귀하게 되겠으니 인민교육 하는 것이 나라의 근본…… 또한 사람이 어떻게 하여야 부국강병됨은 한마디로 교육하는 것이니……"(《독립신문》 1896년 4월 30일자 논설)

로 양성하고자 하는 인간상과 교육하고자 하는 내용 등을 개괄한 교육 목표를 설정한다. 이 목표를 바탕으로 교육 현장에 적용하기 위한 학습 목표와 학습 내용, 평가 방법 등이 체계화되고, 그것을 구체화한 여러 단원들을 구성·집필해서 교과서가 만들어진다. 따라서 교과서의 탄생을 말하기 위해서는 이 일련의 과정, 즉 교육 목표와 교육 과정, 교육 편제와 교과 구성 등을 종합적으로 고려해야 한다.

근대 개화기 이전에 '국어'라는 교과가 존재하지 않았다는 것은 이런 일련의 과정이 체계적으로 마련되지 않았다는 말이다. '국어'라는 과목은 교과 영역의 분화를 전제로 한다. 근대 사회가 도래하면서 학문 영역이 세분화되었듯이, 교과의 분화 역시 근대화와 함께 이루어졌다. 국어과 교육은 서구적 학문의 유입과 함께 시작된 근대적 공교육의 국가적 지지 아래, 당대의 시대적 상황 및 요구에 반응하여 새롭게 그 외형을 다듬어 왔다.[15] 그런데 근대 초기에는 그러한 분화가 본격화되지 않은 미분화의 통합적 상태였다. 그런 사실은 당시 널리 사용된 '독본(reader)'이라는 말에서도 유추가 가능하다.

'국민소학독본', '초등여학독본', '노동야학독본' 등의 교과명에서 볼 수 있듯이, '독본(讀本)'은 학생들이 읽어야 할 지식과 정보를 모아놓은 교재를 통칭하는 말이었다. '읽어야 할 책'이라는 뜻의 독서 교재로 볼 수도 있지만, '독본'이라는 말이 함유하는 것은 그 이상이다. 원래 '독본(讀本)'은 일본에서 수입된 용어로, 근대적 의도와 목적으로 간행된 교과서를 광범위하게 지칭하는 말이다. 일본 사전을 찾아보면, '독본(讀本, とくほん)'은 "明治期から第二次大戦直後まで、小学校の国語教科書として使われた本。また、広く教科書一般をもいう。"(명치시대부터 제2차 대전 직후까지, 소학교의 국어 교과서로 사용된 책, 또는 넓은 의미의 교

---

15) 윤여탁 외, 『국어교육 100년사 Ⅰ』, 서울대출판부, 2006, 159면.

과서 일반을 말한다.)로 되어 있다.[16] 일본의『국민소학독본(國民小學讀本)』,『심상소학독본(尋常小學讀本)』,『고등소학독본(高等小學讀本)』등에서 볼 수 있듯이, '독본'은 근대 일본의 교과서를 총칭하는 말이었다.

그런데 이 말은 일본 고유의 것이라기보다는 영어에서 유입된 말이다. 일본이『국민소학독본』,『심상소학독본』,『고등소학독본』등을 편찬하면서 참조한 것으로 알려진 미국의『New National Reader』나『Union Reader』에서 짐작할 수 있듯이,[17] 서양의 'reader'가 일본식으로 번역되면서 '독본'이라는 말이 생겼다. 'Reader'라는 말은 'a book for instruction and practice especially in reading' 또는 'one that reads' 이를테면, 여러 가지 읽을거리를 모아놓은 '선집(anthology)'이라는 의미를 갖고 있다. 일본의 '국민소학독본'이나 '고등소학독본'은 그런 개념대로 초등학교 저학년과 고학년에 맞는 읽을거리를 모아 놓은 종합적인 독물(讀物)을 뜻하는 것이었다. 근대적 학제 발포 직후, 일본 문부성에서는 서양문학자 다나카 요시가토(田中義廉)가 펴낸『소학독본』(1873)과 국어학자 사카키바라 요시노(榊原芳野)가 펴낸『소학독본』(1874) 2종을 전국에 걸쳐 사용하였다. 이 가운데 다나카가 편집한『소학독본』(1873)은 미국의『Wilson Reader』를 번역·활용한 것이다. 일본의 근대 국어 교과서는 이 책을 토대로 체제와 문형을 갖춰나가는데, 특히 아동의 생활용어가 소학교 교과서에 들어오고 동시에 번역문이 성립되는 계기를 마련했다고 한다.[18]

당시 조선에서 '국민소학독본'이나 '소학독본' 등의 명칭을 사용한 것은 이

---

16) 사전·백과사전 검색 포털 'Weblio 辭典'(http://www.weblio.jp/) 참조.

17) Charles, J. Barnes,『New National Reader』, American Book Company(New York), 1884.
　　Charles, W. Sanders,『Union Reader』, Ivison Blakeman Taylor & Co.(New York), 1869.

18) 田近洵一·井上尙美 編,『國語敎育指導用語辭典』, 교육출판, 1984, 326면 ; 구자황의「근대 계몽기 교과서의 생산과 흐름」에서 재인용.

들 책이 일반 국민을 대상으로 꼭 읽히고자 한 내용들을 모아 놓은 통합 교과서로 제작되었기 때문이다. 우리 교육사에서 '독본'이라는 말이 처음 등장한 시기는 바로 『국민소학독본』이 간행된 1895년이라는 점에서, 『소학독본』의 출현은 기존의 『소학』을 그런 시대의 흐름에 맞게 새롭게 정리해서 편찬한 것임을 시사해준다.

교과의 미분화는 당대의 교육령에서도 확인될 수 있다. 1895년 공포된 '소학교령' 제2장 제8조에는 "소학교의 심상과 교과목은 수신, 독서, 작문, 습자, 산술, 체조로 함"이라고 되어 있고, 1906년에 공포된 보통학교령 제2장 제6조에는 "보통학교의 교과목은 수신과 국어와 한문과 일어와 산술과 지리·역사와 이과와 도화와 체조로 함"이라고 되어 있다.

> 제8조 소학교의 심상과 교과목은 수신·독서·작문·습자·산술·체조로 홈. 시의에 의하여 체조를 제하며 또 본국지리·본국역사·도서·외국어의 1과 혹은 수과를 더하고 여아를 위하여 재봉을 가함을 득함. ('소학교령' 2장 제8조)

> 제6조 보통학교의 교과목은 수신과 국어와 한문과 일어와 산술과 지리역사와 이과와 도서와 체조로 하고 여자에게는 수예를 가함이라. 시의에 의하여 창가와 수공과 농업과 상업 중에 일과목 혹 기과목을 가함을 득함이라. ('보통학교령' 제2장 제6조)

여기에 비추자면, '국어'는 '소학교령'에서는 독립된 교과목으로서의 위치를 갖지 못하고, 독서와 작문과 습자라는 기능교과로 나누어져 있었다. 그것이 '보통학교령'에서 하나로 통합되어 '국어'라는 독립된 과목으로 편제된 것이다. 물론, 이런 변화는 일본의 교육제도와 교과서를 적극적으로 받아들이고 수용하는 과정과 연동되어 있다. '독본'의 시대가 끝나고 '국어' 교과가 본격적으로 등장한 것은, 일본의 제도를 적극적으로 받아들이고 또 교과의 분화가 이루어진 이후의 일이었다.

최초로 '국어' 교과서라는 명칭이 사용된 것은 이 '보통학교령'에 근거해서 간행된 1907년의 『보통학교학도용 국어독본』에서였는데, 이때는 이미 일본인 편수관들이 교재 편찬에 깊숙이 관여하고 있던 상태였다. 이들은 일본 교과서를 참조하고 일제의 침략적 의도를 교과서 속에 반영하는 일을 적극적으로 수행하였다. 그런 관계로 이 시기 교과서에는 일본의 정치적 입장이 적극적으로 반영된 것을 볼 수 있다. 최초의 국어과 교과서라 할 수 있는 『국민소학독본』은 일본으로부터 차관(借款)을 받아서 간행되었고, 그 다음에 나온 『신정심상소학』은 '서문'에서 밝혀 놓은 것처럼 일인 보좌관이 편집에 적극적으로 참여해서 만들어졌다. 『보통학교학도용 국어독본』은 일제가 1905년 을사늑약을 통해 대한제국을 보호국으로 만들고 국정을 농단하면서 만든 교과서이다. 일제의 적극적인 개입에 의해 만들어진 관계로 이 책은 이전의 교과서보다 한층 더 일제 식민주의에 침윤되어 있는 것을 볼 수 있다.

하지만, 아이러니하게도 그 일련의 과정이 교과의 편제와 구성이 보다 근대적인 형태로 체계화되는 과정이었다는 것을 알 수 있다. 일본 교과서의 편제와 구성을 보다 적극적으로 수용하면서 교과서로서의 외형이 한층 발전되고 다듬어진 것이다. 그런 점에서 『보통학교학도용 국어독본』은 오늘날 '국어' 교과서의 전단계 모습에 해당한다. 물론, 말하기와 듣기, 쓰기와 읽기를 근간으로 하는 오늘날의 '국어'와 동일한 형태를 갖고 있지는 않지만, '국어' 교과에 대한 자각과 함께 민족주의적 시각을 전제했다는 점에서 '국어' 교과서의 초기 형태로 볼 수 있는 것이다.

언어 교육과 정치적 의도

'국어' 교과서를 생각할 때 우선 떠올릴 수 있는 것이 '언어 교육'이다. 언어 사용과 관계되는 포괄적인 교육은 국어 교육의 고유한 정체성을 구성하는 핵심 요건이다. 그런데 이 '언어'라는 말이 함축하는 문제성은 학생들에게 언어를 교육하고, 그것을 실생활에서 유용하고 원활하게 활용하는 수준을 넘어서 있다. '언어'의 문제성은 사상과 감정의 표출이 '언어'를 통해 이루어진다는 상식적인 정의에서도 유추할 수 있다. 말하자면 언어를 통해 사상과 감정은 호명되고 구성되는 관계로 언어 교육은 단순한 언어 교육만을 의미하지는 않는다.

피에르 부르디외(Pierre Bourdieu)는 '교육'은 상징 권력이 만들어지는 장소라고 지적한 바 있다. 부르디외는 특히 '언어'를 통한 상징 권력에 주목했는데, 여기서 상징 권력이란 주어진 것을 말을 통해 형성하고, 사람들로 하여금 보고 믿게 만들며, 세계에 대한 전망을 확신시키거나 변형시키고, 그리하여 세계에 대한 행위와 나아가 세계 그 자체를 바꾸는 힘을 갖는 마술적 권력이라고 말한다. 이 상징권력은 그것이 인지되었을 때 즉, 자의적으로 오인되었을 때만이 행사가 가능하다. 따라서 언어를 통한 상징 권력은 언어적 힘을 통해 권력(힘)을 획득하고, 그것을 사람들로 하여금 스스로 믿게 만드는 것을 의미한다.[19] 그렇기 때문에 언어는 단순히 의사소통을 위한 도구적 수단이 아니라 그것을 통해 권력과 이데올로기를 전달하는 매우 정치적이고 복잡한 체계이다.

그러면 언어를 효과적으로 이용하는 권력과 이데올로기는 어디에서 유래하는가. 그것은 바로 언어라는 특정한 사회적 체계를 공유하는 국가 혹은 민족으로부터 파생한다. 국가라는 것은 통치조직을 가지고 일정한 영토에 정주(定住)하는 다수인으로 이루어진 단체를 말하는데, 그것은 곧 구성원들에 대

---

19) 피에르 부르디외, 최종철 역,『구별짓기; 문화와 취향의 사회학 상』, 새물결, 2005, 396-416면.

해 최고의 통치권을 행사하는 정치단체이자 개인의 욕구와 목표를 효율적으로 실현케 하는 가장 큰 제도적 장치이다. 따라서 그 권력과 이데올로기는 매우 정교하면서도 강건해서 마치 중세의 성곽과도 같은 견고함을 갖는다. 이때 언어(곧 국어)는 은밀하게 작동하면서 권력과 이데올로기를 전파하는 도구적 수단이 된다. 그런 점에서 '국어' 교과서는 권력과 이데올로기적 속성을 은폐하는 매우 경직된 교과서가 된다. 국가가 지향하는 이데올로기를 주입하는 하나의 특수한 방식으로 언어 교육을 가정할 경우 '국어' 교과서의 단원들은 그 다양성에도 불구하고 결국은 국가가 요구하는 인간형이라는 상위의 이데올로기에 수렴될 가능성이 큰 것이다.

푸코가 『감시와 처벌』에서 언급한 것처럼, 학교를 비롯한 근대 사회의 여러 제도들이 규율 권력적 지배의 기능을 수행하고 있고, 그 결과 예속적이고 규율화된 개체들이 근대적 주체로 훈육된다. 푸코는 근대 사회를 규율 사회라고 칭했다. 근대 사회에서 학교는 감옥, 병영, 공장 등과 함께 사회를 구성하고 유지하는 대표적인 규율장치(disciplinary apparatus)이다. 학교와 감옥은 사회를 규율하는 권력 장치라는 점에서 동일하다. 근대교육은 그런 사회가 요구하는 주체를 양성하는 공간이고, 그것은 곧 규율 권력의 메커니즘에 의해 조립(組立)된 주체를 양산하는 장치이다.[20]

이 글에서 '국어' 교과서를 분석하면서 편찬 주체의 정치적 입장과 특성을 고찰하는 것은 교과서를 규율하는 근본 원리의 하나가 이런 국가의 필요성이라는 데 근거를 둔다. 교육이 국가 권력을 유지하는 핵심 기제이자 동시에 재생산의 수단인 것은 분명하지만, 우리의 경우는 그 정도와 양상이 다른 나라보다는 훨씬 더 강력하고 전면적이었다. 해방 이후 최근까지의 교과서가 그랬

---

20) 미셸 푸코, 오생근 역, 『감시와 처벌』, 나남, 2011.

던 것은 물론이고, 근대 초기 교과서도 예외가 아니었다. 말하자면 우리나라 교과서의 역사는 국가주의적 통제가 시작되고 강화되는, 그리고 최근 들어 그로부터 벗어나는 일련의 과정이었다고 해도 지나친 말이 아니다.

근대 초기 개화파 정권이 교과서를 만들면서 의도했던 것은 근대적 국민을 양성하자는 것이었고, 강제병합 이후 일제가 조선 사람만을 위한 교과서를 만들었던 것은 일제에 복무하는 '신민(臣民)'을 양성하고자 함이었다. 해방 후에도 이런 상황은 변하지 않아 이승만 정부 이래 정권이 바뀔 때마다 교과서의 내용이 바뀐 것은 물론이고, 심지어 정권을 정당화하기 위해 이데올로기를 의도적으로 조작하여 교과 내용으로 수록하였다. 이승만 정부는 출범과 더불어 사회과 교과서를 '일민주의(一民主義)'로 도배하다시피 했고, 박정희 정부는 근대화정책을 시행하면서 '새마을운동'을 금과옥조인 양 교과서의 핵심 단원으로 수록하였다. 단정기 '국어' 교과서 필자의 대부분은 당시 정권의 실세로 군림하던 인사나 정치화된 문인들이고, 그로 인해 교과서는 마치 정권의 이념과 가치를 선전하는 홍보책자와도 같은 모습을 보여주었다. 교과서가 이렇듯 정치화된 것은 그만큼 우리의 교육이 자율성을 확보하지 못했다는 반증이고, 그것은 한편으로 탈(脫)정치화를 통한 정체성의 확보가 시급하다는 것을 의미한다.

▲『고등국어』(1차 교육과정기)

이 글의 대상이 되는 '국어' 교과서는 일종의 정치적 텍스트라고 할 수 있다. 교과서는 일정한 목표와 의도를 갖고 편찬된 것이기 때문에 완성체로서의 텍스트라는 측면과 함께 교재로서의 상호적 기능에 의한 비완성체로서의 텍스트적 성격을 동시에 갖는다. 텍스트가 우리들에게 제공하는 것은 문장들의 연쇄로 표출된 언어의 표면적 구조일 뿐이지만, 언어의 이해 과정을 중심으로 생각하자면 이러한 표면적 구조는 심층적인 의미내용에 의해 재구조화된다고 할 수 있다. 텍스트를 바르게 이해하기 위해서는 텍스트의 결락 부분들을 메워 나가는 능력이 무엇보다 필요하다. 텍스트 상의 공백들을 메워 가면서 텍스트의 의미 내용을 재구조화할 수 있는 능력을 기르는 것은 한편으로 '국어' 교육의 중요한 목표이기도 하다.

이 책에서 주목한 것은 그러한 측면이다. '국어' 교과서를 정치적 텍스트로 바라본다는 것은 텍스트의 의미 내용의 재구조화 양상을 정치석 시각에서 바라본다는 것이고, 그런 이해를 바탕으로 교과서에 작용한 다양한 정치적 기율의 실체를 이해하고자 하는 것이다.

03.

왜 '국어' 교과서를 연구하는가

교과서 연구사

그동안 '국어' 교과서는 교육학의 대상으로 인식되어 문학(혹은 문화) 연구자들로부터 큰 주목을 받지 못하였다. 기존의 논문은 대부분 국어교육사 연구의 일환으로 씌어졌고, 그렇지 않은 경우는 대개 출판과 서지에 주목한 것이 대부분이었다. 물론 교과서란 교과교육론의 대상이고, 특히 '국어' 교과서는 국어과 수업의 자료인 관계로 이런 사실은 자연스러운 현상으로 이해될 수도 있다. 하지만 언급한 대로 '국어' 교과서는 여러 교과의 글들이 결합된 통합 교과서라는 점에서, 그리고 다양한 장르의 글들이 편재된 혼종적 텍스트라는 점에서 새롭게 주목할 필요가 있다.

이 글에서 '국어' 교과서에 주목하는 이유는 무엇보다도 교과서에 대한 체계적인 연구가 거의 이루어지지 않았다는 데 있다. 그렇게 된 데는 여러 이유가 있겠지만 우선 생각할 수 있는 것은 교과서의 실태가 온전하게 파악되지 않았다는 점이다. 최근 들어 그 실체가 분명해지고 또 여러 자료들이 발굴·정리되고 있지만 얼마 전까지만 해도 근대 초기 교과서를 구하는 일 자체가 쉽지 않았다. 여러 기관과 개인들에게 산재된 교과서를 찾고 정리하는 일은 한 개인이 감당하기에 버거웠던 까닭이다. 초기 연구의 대부분이 서지와 자료조사 등 기초 연구에 모아졌던 것은 그런 사실과 관계될 것이다.

기존 연구에서 특히 주목되는 것은 박붕배와 이종국의 경우이다.[21] 박붕배와 이종국에 의해 개화기와 일제강점기의 교육정책, 교과서의 편찬과 출판, 저자와 서지 사항 등이 상당 부분 정리되었는데, 특히 박붕배는 일제의 제1차 교육령기, 제3차 교육령기, 제4차 교육령기의 보통학교 및 고등보통학교, 여자고등보통학교 교과서 자료집을 간행하여 교과서 연구의 중요한 기초를 제공하였다. 이종국은 기존 연구에서 누락된 서지를 보완하고, 원산학사를 비롯한 근대 초기 학교의 교과서를 두루 연구하였다. 개화기 교과용 도서목록을 작성하고 개별 교과서의 출판과 서지사항을 정리해서 교과서 연구의 중요한 터전을 마련하였다. 이들의 연구에 의해서 교과서의 전체상이 드러나고 서지와 출판, 교과서 정책 등이 상세하게 체계화될 수 있었다. 그렇지만 교과서 편찬의 구체적 과정이라든가 간행 주체, 교과 내용의 사회·문화적 특성 등에 대해서는 깊이 있는 연구가 이루어지지 않았고, 또 간행된 자료집 역시 일부가 누락되거나 발행 부수가 제한되는 등의 한계를 안고 있었다.

이런 문제점을 보완하고 한층 진전된 성과를 보여준 게 최근의 연구들이다.[22] 허재영은 박붕배의 연구를 이어받으면서 일제강점기 조선어과 교과서에 적용된 식민정책과 교과서의 출판 실태를 확인하고, 약 62종의 교과서가 개발되었음을 새롭게 밝혀내었다. 그는 일제 교과서 정책과 조선어과 교과서

---

21) 박붕배의 『한국국어교육전사』(상, 하)(1987), 이종국의 『한국의 교과서 변천사』(2008), 『한국의 교과서: 근대 교과용 도서의 성립과 발전』(1991), 『한국의 교과서 출판 변천 연구』(2001).

22) 허재영의 『일제강점기 교과서정책과 조선어과 교과서』(2009)와 강진호의 『국어 교과서와 국가 이데올로기』(2007)와 『조선어독본과 국어문화』(2011) 참조.

국어 교과서의 탄생

의 관련성을 고찰하여 교과서 편찬에 적용된 식민정책을 규명하는 등 교과서 연구의 중요한 전기를 마련하였다. 허재영은 그 결과물을 강진호와 함께 5권의『조선어독본』으로 영인하였다.[23] 강진호는 교과서와 이데올로기의 관계를 통시적으로 연구하여 교과서에 작용한 여러 이데올로기를 고찰하여 교과서가 단순한 기획물이 아니라 국가와 사회의 여러 필요성에 의해 구성된 정치적 산물이라는 것을 밝혀내었다. 이와 함께 강진호 등은 개화기 교과서 14종을 정리하고 번역하여 '근대개화기 교과서 총서' 17권을 간행하였다.[24] 이런 성과들을 통해서 개화기에서 일제강점기에 이르는 '국어' 교과서 자료의 상당수가 영인되어 자료 획득의 어려움을 어느 정도 완화시켜 주었다. '국어' 교과서에 대한 본격적인 연구의 기반이 마련된 셈이다.

이제 기존의 성과들을 발판으로 '국어' 교과서에 작용한 정부의 정책과 목적, 다양한 이데올로기, 교과서가 담고 있는 내용과 가치, 교과 구성과 편제, 학생과 학교 등 교과서의 사회·문화적 측면들이 본격적으로 조망되고 연구되어야 할 시점이다.

'국어' 교과서를 연구하는 이유

'국어' 교과서에 대한 관심은 우선, '국어' 교과서가 한국인이 오늘날과 같은 모습을 갖게 된 일련의 과정과 근거를 보여주는 텍스트라는 데서 찾을 수 있다. 한국인의 삶이 오늘과 같은 모습을 갖게 된 주된 원인은 근대적 제도와 근대적 자아라는 멘탈리티(mentality, 내면의식)의 형성에 있다. 우리가 개화기

---

23) 강진호·허재영 편,『조선어독본』5권, 제이앤씨, 2010.

24) 강진호, 구자황 외,『한국개화기 국어 교과서』17권, 경진, 2012.

에 대해서 관심을 갖는 것은 이 두 요소가 등장하고 구체화된 시기가 바로 개화기라는 데 있다. 근대적인 제도와 틀은 개항(1876) 이후 각종 '조서(詔書)'와 '칙령(勅令)'에 의해 구체적인 형태를 갖추었고, 근대적 자아 역시 각종 서적과 신문, 교육과 종교 등을 통해서 구체적인 내실을 갖게 되었다. '국어' 교과서는 이런 근대적 주체의 내면을 구성하고 창안한 핵심 매체였다.

그런 사실은 무엇보다도 '국어' 교과서가 통합 교과라는 데서 찾을 수 있다. '국어' 교과서에는 논설과 설명, 전기와 수필, 시와 소설 등 다양한 양식의 글들이 편재되어 있다. 이를 통해서 국민들에게 말하고 듣고, 읽고 쓸 수 있는 기준과 형식을 제공하고, 또 논리적 사고와 감성적 사유의 능력을 배양해 준다. 사물의 개념을 익히고 지식을 축적하며, 자기를 표현하고 상대를 수용하는 능력은 국어 교과가 의도하는 중요한 교육 목표이다. 최초의 국어과 교과서로 평가되는 『국민소학독본』에서 볼 수 있듯이, '국어' 교과서에는 당대 정부가 추구했던 가치와 이념, 문명개화의 의지, 궁극적으로 만들고자 했던 '국민의 상'이 담겨 있다. '독본(讀本)'이라는 제목처럼 『국민소학독본』은 그런 국민을 주형해내기 위한 '읽기' 교재였고, 그것은 곧 근대적 주체를 양성하는 핵심적 도구였다. 그런 사실을 고려할 때, '국어' 교과서에 대한 연구는 근대 한국인의 탄생과 기원에 대한 고찰이라고 할 수 있다.

'국어' 교과서는 또한 근대 지식장(場)을 이해할 수 있는 중요한 매개물이다. 근대 초창기는 서구적 지식이 맹렬하게 유입되면서 전통적 세계를 흔들고 새롭게 그 형체를 만들어내던 때였다. 교과서에는 거세게 밀려든 서구 지식과 함께 재래의 가치와 이념이 혼재하는 등 당대 지식계의 혼란스러운 풍경이 담겨 있다. 국가가 주도한 국정 교과서와 개인들이 편찬한 민간 교과서에는 일본이나 서구로부터 수용된 근대 지식과 개념뿐만 아니라 급변하는 역사 현실을 배경으로 한 국가와 개인에 관한 다양한 담론들이 담겨 있다. 학교 울타리 안에서만 보자면 교과서란 교과수업 시간에 사용되는 교사와 학생 사이의 매

국어 교과서의 탄생

개물이자 수업을 가능케 하는 자료에 지나지 않지만, 시각을 조금 확장해 보자면 국가와 제도, 사회·문화와 연동된 공적 기획물이라는 것을 알 수 있다. 그런 점에서 국어(과) 교과서는 서구적 지식이 어떻게 호명되고 근대 담론으로 창출되었는가, 거기에 작용하는 국가 사회적 의도는 무엇인가 등을 두루 살펴볼 수 있는 중요한 텍스트이다.

『국민소학독본』에는 근대 지식이 도입되고 우리 식으로 변용되는 일련의 과정이 담겨 있다. 최초의 국어과 교과서로 평가됨에도 불구하고『국민소학독본』은 일본의『고등소학독본(高等小學讀本)』(文部省)을 그대로 옮겨놓다시피 하였다.『국민소학독본』에 수록된 단원의 70% 이상이 일본 문부성 교과서를 요약하거나 축소하는 등의 변용된 내용들이다. 그렇지만 그 과정은 직역(直譯)이 아니라 일정한 선별을 전제로 한 것이라는 점에서, 단순한 모방이나 흉내내기가 아니라 선택과 배제의 과정임을 알 수 있다.『국민소학독본』에서 주로 언급되는 내용은, 독일과 영국과 프랑스와 미국 등 서양 각국을 두루 소개한 일본의『고등소학독본』과는 달리, 미국을 중심으로 한 서구 사회의 문물이다.『국민소학독본』에는 미국의 산업과 사회 문화, 역사적 인물과 남북전쟁, 대륙의 발견 등이 집중적으로 소개된다.「아가(我家)」,「식물변화」,「시계」,「낙타」,「풍(風)」,「봉방(蜂房)」 등은 사물에 대한 과학적 관찰과 응용을 주된 내용으로 하며,「윤돈」,「뉴약」,「아미리가 독립」 등은 런던과 뉴욕, 그리고 미국의 독립전쟁을 통해서 근대화된 미국의 모습을 제시한다. 그리고「상업 급 교역」에서는 사람이 고립해서 살 수 없는 것처럼 외국과 교역을 해야 한다는 사실을 강조한다. 서구의 문물과 그에 대한 선망과 우리의 자세까지 표명한 것이다. 일본 교과서를 중요하게 참조했으면서도 우리의 처지에 맞게 내용을 선별·변용했고, 그것을 통해 우리가 나가야 할 길을 주체적으로 제시한 것이다. 그런 점에서 이 교과서는 기존의 왕권을 강화하고 애국심을 고취해야 한다는 식의 동도서기론(東道西器論)의 입장을 견지한다. 전통적인 가치를 지키면서 서양을 수용해야 한다는 입장을 굳건히 한 것인데, 이는 개화를 주도했던 세력의 상당수가 조선 왕조와 운명을 같이 하는 부르주아 계층이라는 사실을 시사해 주지만, 한편으로는 서구의 수용이 결코 무비판적인 것이 아니었음을 말해준다. 따라서 '국어' 교과서를 통해서 우리는 근대 지식의 흐름과 추이, 모방과 변용, 전통의 계승 등을 두루 살필 수 있다.

'국어' 교과서에는 또한 '국어(語)'의 성장이 반영되어 있다. 근대 교육은 자국어를 일차적인 교육의 대상으로 삼으면서 이루어졌다. 근대 계몽기 '국어' 교과서의 형성은 한글 위주의 문장이 공식어로 사용될 여건이 성숙되지 못했음을 보여주는 국한혼용체(國漢混用體)가 근대화의 열망과 함께 일제 식민주의와 결합하면서 발달하는 일련의 과정과 보조를 같이 한다. 그런 사실은 학부(學部) 간행의 초기 교과서 중에서 유일하게 '서문'이 붙어 있는 『신정심상소학(新訂尋常小學)』에서 단적으로 확인된다. 가령, 서문에는 문체에 대한 당대의 고심이 담겨 있다.

▲ 「신정심상소학 서」

(…전략…) 천하만국의 문법과 시무의 적용훈 자를 의양ᄒ야 혹 물상으로 비유ᄒ며 혹 도화로 형용ᄒ야 국문을 상용홈은 여러 아해들을 위선 ᄭᅢ닷기 쉽고조 홈이오 점차 쏘 한문으로 진계(進階)ᄒ야 교육홀거시니 므릇 우리 군몽은 국가

의 실심으로 교육ᄒ심을 봄바다 각근ᄒ고 면려ᄒ야 재기를 속성ᄒ고 각국의 형
세를 암련(諳鍊)ᄒ야 병구자주ᄒ야 아국의 기초를 태산과 반석갓치 조치ᄒ기를
일망ᄒ노이다. (밑줄, 띄어쓰기-필자) (『신정심상소학 서』에서)

"국문을 상용흠은 여러 아해들을 위션 깨닷기 쉽고자 흠"이라는 구절은, 한
글을 사용하는 것은 어디까지나 아이들의 편의를 위한 것이라는 주장이다. 언
문은 아이들이 일상적으로 사용하는 말이기 때문에 지식을 전달하는 편리한
도구이고, 궁극적으로는 그 단계를 지나면 한문으로 교육을 시행해야 한다는
내용이다. 언문의 현실적 필요성을 인정하지만 근본적으로는 한자가 교육의
중심이 되어야 한다는 주장으로, 완고한 한자 중심의 문자관을 엿볼 수 있거
니와, 당시 한자와 한글의 중간 문체인 국한혼용체가 주류적 문체가 될 수밖
에 없었던 저간의 사정을 짐작케 해준다.

사실 '국어'는 본래부터 존재하는 고정된 개념이 아니라 근대 계몽기 이후
새롭게 발견되어 인공적으로 형성된 개념이다. 국어는 한 나라의 공용어로
인정되어 널리 사용되는 언어, 즉 국가어(national language)로 정의할 수 있
다. 우리나라에서 국가어의 개념이 정립된 것은 19세기 말엽의 일로, 그때부
터 새로운 정서법과 표준어를 제정하려는 노력이 시작되었다. 일제강점기에
는 국어가 일개 지방어로 격하되고 대신 '일본어'가 국어의 자리를 차지하였
다. 우리말이 국어의 지위를 되찾고 국가의 표상으로 복귀한 것은 일제로부터
벗어난 해방 이후였다. 이러한 국어의 성격 변화와 함께, 국어를 가르치기 위
한 교과서의 모습 역시 큰 변화를 겪었다. 이 과정에서 근대적인 문체가 정립
되고 유통되었으며, 그 결과 근대어로서의 국어가 재발견되었다. 일제강점기
에서 목격되었던 『조선어독본』과 『國語讀本』(일본어)의 병립은 국어를 둘러싼
당대의 사회·문화적 갈등과 교호작용이 복잡한 양상을 띠고 있었음을 보여준
다. '국어'가 '조선(대한제국) → 일본 → 대한민국'이라는 국가 체제의 변화에

민감하게 반영하는 항목이라면, 시대에 따라 새롭게 정의되는 '국어'의 의미를 적시하여 상징 권력을 드러내는 매체가 바로 '국어 교과서'이다. 이처럼 국어 교과서의 사적 전개 과정에는 국어의 성장뿐 아니라, 그것을 둘러싼 다양한 층위의 사회·문화적 계기들이 작용한다.

그럼에도 불구하고 근대 계몽기·일제강점기·교수요목기로 이어지는 기간 동안 간행된 '국어' 교과서는 지금까지 단절적으로 파악되고 이해되는 경향이 강했다. 그것은 '국어' 교과서에 대한 연구가 단편적이고 자의적인 수준에서 이루어졌다는 사실과 관계되지만, 더 큰 이유는 세 시기의 교과서 편찬 주체가 극적으로 변했다는 데 원인이 있다. '조선 → 일제 → 미군정/대한민국 정부'로 변화되는 일련의 과정은 단순한 편찬 주체의 변화가 아니라 교육 목표와 교과 내용, 학제와 교과 편제 등 여러 요소들의 변천 과정이기도 하다. 그리고 그것은 교과서의 유통 경로와 교육 상황, 당대 독자층의 요구 등과 맞물려 있다. 이 때문에 이전 시기의 교과서에 수록되었던 내용이 새로운 교과서에 그대로 재수록되거나, 혹은 삭제되었던 내용들이 다시 호출되는 경우도 적지 않다.

'국어' 교과서가 갖는 이런 중요성에도 불구하고 그에 대한 연구와 조망의 필요성이 적극적으로 제기된 예는 드물다. 이제 기존 연구의 성과를 이어받으면서 교과서에 대한 체계적이고 종합적인 연구가 필요한 시점이다.

II ‘국어’ 교과서 탄생의 사회·문화사

근대 교과서는 당대 사회의 복잡한 역사적·사회적·정치적·문화적 여러 상황과 조건
들의 필요에서 나온 시대의 산물이다. 교과서를 제대로 이해하기 위해서는 무엇보다
그 교과서가 당대 공동체의 어떤 필요성에 의해 간행되었는가를 살펴야 한다.

01.

근대 교육의 등장과 학교

근대 교과서는 학교 교육을 전제로 한다. 서당과는 다른 차원의 근대적 학교가 성립되어야 표준화된 형태의 교과서가 탄생할 수 있다. 여기서 '탄생'이라는 말은 단순한 출현을 뜻하는 것은 아니다. 양쪽 부모로부터 유전자를 물려받아야 새로운 생명체가 태어나듯이, 탄생이란 여러 요소들의 결합과 구성의 산물이고, 구체적으로는 제도와 이념과 주체 등의 문제와 실타래처럼 얽혀 있는 것이기도 하다. 그래서 국어 교과서의 탄생을 말하기 위해서는 여러 요소들의 근간이 되는 전통(교육과 교과서)과 근대성의 교섭과 길항 등에 대한 전반적인 이해를 전제할 수밖에 없다.

근대문학의 기원을 말하는 자리에서 가라타니 고진(柄谷善男)은 일본 근대의 성격을 '비서양의 서양화, 극도로 압축된 형태, 모든 영역이 서로 연관된 형태로 노출된 점'에서 찾은 바 있다.[25] 이는 근대 조선의 교과서에도 그대로 적용될 수 있다. 조선의 '국어' 교과서는 전통 교육의 변화와 외래 교육(제도)의 정착, 일제의 식민화와 그에 대한 저항 등 여러 영역과의 연관 속에서 탄생하

---

25) 가라타니 고진, 박유하 역, 『일본근대문학의 기원』, 민음사, 1999, 1-102면.

였다. 특히 '국어'라는 인식은 자기 민족의 자립적 특성에 대한 자각과 함께 그를 형성하는 상황적 맥락에 대한 인식을 필요로 한다. 그러므로 개화기에서 일제강점기와 해방 후의 교과서의 탄생과 변화 과정을 고찰하는 일은 근대 체험뿐만 아니라 그 체험에 존재하는 전통의 전도와 길항의 양상을 밝혀내는 일이기도 하다. 그런 점에서 우선 주목해야 할 항목이 그런 흐름을 구체적으로 표상하는 교육제도, 그 중에서도 제도로서의 '학교'이다. 근대 학교가 제도적으로 정착되고 제 기능을 발휘해야 교과서가 존재할 수 있는 까닭이다.

개화기 교육은 크게 두 개의 방향에서 진행되었다. 하나는 개화파 정부를 중심으로 진행된 관공립학교 교육이고, 다른 하나는 민간의 선각이나 종교인들을 중심으로 진행된 민간학교 교육이다. 전자가 대체로 근대적 교재를 통해서 근대 지식을 보급하고 서구와 같은 문명사회를 만들고자 하는 점진개화론의 입장을 취했다면, 후자는 상대적으로 전통적인 교육을 고수하는 경향이 강해서 기존의 경학(經學)을 중시하는 특성을 갖고 있었다. 교과서 역시 이들 학교의 특성에 따라 각기 다른 양상을 보여주었고, 따라서 정부 주도의 교과서와 민간 간행의 교과서를 분리해서 살피지 않을 수 없다.

근대 교육과 학교

1876년 개항과 함께 여러 나라와 국교를 확대하면서 조선 정부는 서세동점의 위기를 극복하기 위해서는 부국강병책을 시행해야 한다고 인식하였다. 그러기 위해서는 먼저 주변국의 사정을 살필 필요가 있었다. 중국과 일본 등 주변국들의 정책과 교육제도를 파악하기 위해 정부는 우선 수신사, 조사시찰단, 영선사 등을 주변국에 파견하였다. 주변국의 상황과 대외 정책을 파악하고 그것을 바탕으로 본격적인 부국강병책을 추진하고자 한 것이다.

고종은 1882년 국가 정책의 기본 방향을 제시했는데, 곧 조선을 '갱신(更新)' 하는 '유신(維新)'을 단행한다는 것이었다. 세계 각국이 '춘추열국시대'처럼 서로 대치하는 상황에서 국가를 보존하고 다른 나라와 대등한 관계를 맺기 위해서는 본격적으로 부국강병정책을 시행해야 한다고 판단한 것이다. 유신의 기본 방향은 교육의 근본을 '유교'에 두고, 정치와 교육을 개편하고, 새롭게 서구의 기(器)를 배워 부강할 방도를 모색한다는 이른바 '동도서기론(東道西器論)'이었다.

조선 정부는 유신을 표방하면서 신분제 해체라는 시대적 흐름에 부응해서 학교 교육에서 신분적 차별을 철폐하고 '재능'을 기준으로 인재를 등용하고자 하였다. 사(士) 계층뿐만 아니라 농공상 계층의 자제들도 학교에 입학할 수 있게 하고, 신분이 아닌 '재(才)'를 기준으로 관리를 임용하여 능력 있는 사람들을 두루 등용하고자 했다. 그리고 시무(時務)에 대응할 수 있는 재능을 갖춘 인재를 양성하기 위해서 새로운 형태의 학교를 설립하고자 했다. 근대화 운동에서 가장 긴요한 급무는 인재를 양성할 학교의 설립이라고 판단한 것이다. 그런 취지에서 '동문학'과 '육영공원'이 설립되었다.

그렇지만 개항과 더불어 근대 교육이 본격적으로 시행된 곳은 민간이었다. 최초의 민간 교육기관은 '원산학사'이다. 이 학교는 덕원부 민중의 기금에 의해 1883년 개교하여 문예반과 무예반을 두고 근대적인 교육을 시행하였다. 원산이 1880년 4월 개항을 하자 일본인 체류자가 늘어나고 거류지가 형성되면서 덕원과 원산의 지방민들은 새로운 세대에게 신지식을 교육하고 인재를 육성해서 외국의 도전에 적극 대응해야 한다는 자각을 하게 되었다. 그러다가 1883년 1월 새로 부임한 덕원부사 겸 원산감리 정현석에게 설립 자금을 모금할 뜻을 전하고 학교를 설립해 줄 것을 요청하였다. 정현석은 서북경략사 어윤중과 원산항 통상 담당의 통리기무아문 주사 정헌시의 지원을 받으면서 마침내 1883년에 원산학사를 설립한다.

원산학사는 종래 한국 최초의 근대학교로 알려졌던 배재학당보다 2년이나 앞서 설립되었다. 그래서 한국 최초의 근대 학교이자 근대 최초의 민립(民立)학교로 평가된다. 원산학사는 외국인에 의하지 않고 우리나라 사람의 손에 의해 설립되었고, 정부의 개화정책에 앞서 민간인들의 자발적 헌금으로 설립되었으며, 또 지방의 개항장에서 시무에 대처하기 위해 설립되었다는 점에서 중요한 교육사적 의의를 갖는다. 이후 원산학사는 소학교와 중학교의 기능을 나누어 원산소학교와 (중학교의 기능을 담당한) 역학당(譯學堂)으로 분화되어 1945년 해방까지 지속되었다. 이 원산학사가 기원이 되어 이후 종교 계통의 학교와 우국 선각들에 의한 민간학교들이 다양하게 설립된다.

사립학교가 우후죽순처럼 등장한 것은 1904년 러일전쟁 이후부터이다. 수천 개를 헤아리는 사립학교가 이 시기에 설립되었는데, 이는 가히 사립학교의 전성기라 부를 만한 것이었다. 이 시기에 설립된 사립학교는 3천 개에 이르렀고, 1910년 5월 사립학교령에 의해 사립학교를 정리할 때까지 겨우 1년 9개월 동안 인가 취득한 사립학교만도 2,250개였다.[26] 당시 이와 같이 많은 학교들이 설립된 것은 한반도가 일본의 군사 통제 아래 놓이면서 국가 존망의 위기가 현실화된 데 원인이 있다. 일본은 한일의정서 제1조에서 '시정개선에 관하여 충고를 받아들일 것'을 규정하여 한국의 내정을 본격적으로 간섭하기 시작하였다. 이에 따라 대한제국 정부가 추진했던 여러 정책들은 벽에 부딪치고 정치적 주도권은 점차 일본인 고문관의 손에 넘어간다. 또한 대한제국 정부의 정치적 통제력 상실로 인해 그동안 탄압 속에 있었던 구(舊)독립협회 세력과 동학세력 등 민간세력의 움직임이 다시 활성화되었다. 동학세력은 전쟁 발발과 동시에 진보회를 조직하였으며 이후의 독립협회 세력이 만든 일진회와 통합하였다. 이들 단체가 민족 구국운동의 일환으로 전국 각지에 학교를 설립하

---

26) 이만규, 『조선교육사 2권』, 1947, 번간 거름, 『조선교육사』, 103면.

면서 이른바 사립학교 설립운동이 본격화된 것이다.[27]

공립학교는 고종 23년(1886년)에 육영공원이 설립되면서부터 본격적으로 등장하였다. 육영공원의 설립은 조미수호통상조약 체결에 따라 영어를 구사하는 지식인이 필요해진 상황과 긴밀하게 관련된다. 민영익이 보빙사로 미국을 다녀온 뒤, 1882년에 영어를 본격적으로 가르칠 수 있는 근대식 교육기관의 설립을 계획하고 1884년 고종에게서 육영공원 설치 허가를 받은 뒤, 1886년 미국인 교사 3인을 초청하여 설립하였다. 육영공원은 좌원(左院)과 우원(右院)으로 나뉘어져 있었는데, 좌원에서는 젊은 현직 관리를 학생으로 받았고, 우원에서는 관직에 아직 나가지 않은 명문가 자제들을 입학시켰다. 영어를 위주로 세계사와 지리, 수학 등의 신학문을 가르쳤고, 학교 운영 경비는 인천과 부산, 원산의 항구에서 받는 해(海)관세로 충당되었다. 육영학원에서는 무료로 침식을 제공하였으며, 책도 무료였고 심지어 매달 담뱃값 명목으로 6원(600전) 씩의 생활보조금까지 지급하였다. 그렇지만, 학생들은 규칙이 너무 까다롭다는 이유로 불만이 많았다. 당시 학생들은 대부분 현직 관리의 자제들이었고 신학문에 대한 관심과 열망이 적었으며, 대신 글공부를 출세와 직결시키는 재래의 사고방식에 젖어 있었다. 그런 상태에서 정부의 재정이 악화되고 국력이 쇠하면서 육영공원은 1894년 폐교되기에 이른다.

교육조서와 공교육

공교육이 본격화된 것은 갑오개혁(1894) 이후이다. 갑오개혁으로 학무아문

---

27) 정숭교, 「대한제국기 지방학교의 설립주체와 재정」, 『한국문화』(22), 서울대 한국학연구원, 1998.12, 298-300면.

이 설치되어 근대적 교육기관의 설립과 운영이 본격화되는데, 공교육을 한층 구체적으로 천명한 것은 이른바 '고종의 교육조서'(1895, 2.2)이다. 이 '교육조서'는 교육에 의한 입국(立國)의 의지를 천명한 것으로, 한말 근대 교육의 정신적 지표이자 동시에 민족 보존의 이념과 독립사상의 고취를 강조한 고종의 의지에 의한 것이다. 이를 근거로 근대식 학제와 교육이 시행되어 여러 단위의 관학이 세워지고, 전 국민을 상대로 한 새로운 교육이 시행되었다.

"짐이 생각하건대, 조종(祖宗)께서 업(業)을 시작하시고 통(統)을 이으사 이제 504년이 지났도다. 이는 실로 우리 열조의 교화와 덕택이 인심에 젖고 우리 신민이 능히 그 충애를 다한 데 있도다. 그러므로 짐이 한량없이 큰 이 역사를 이어나가고자 밤낮으로 걱정하는 바는 오직 조종의 유훈을 받들려는 것이니, 너희들 신민은 짐의 마음을 본받을지어다. 너희들 신민의 조선(祖先)은 곧 우리의 조종이 보유한 어진 신민이었고, 너희들 신민은 또한 조선의 충애를 잘 이었으니 곧 짐이 보유하는 어진 신민이로다. 짐과 너희들 신민이 힘을 같이하여 조종의 큰 터를 지켜 억만년 평안함을 이어가야 할지로다. 아아 짐이 교육에 힘쓰지 아니하면 나라가 공고하기를 바라기 심히 어렵도다. 세계의 형세를 살펴보건대 부강하고 독립하여 웅시(雄視)하는 모든 나라는 모두 다 그 인민의 지식이 개명하였도다. 이 지식의 개명은 곧 교육의 선미(善美)로 이룩된 것이니, 교육은 실로 국가를 보존하는 근본이라 하리로다. 그러므로 짐은 군사(君師)의 자리에 있어 교육의 책임을 몸소 지노라. 또 교육은 그 길이 있는 것이니 헛된 이름과 실제 소용을 먼저 분별하여야 하리로다. 독서나 습자로 옛사람의 찌꺼기를 줍기에 몰두하여 시세의 대국(大局)에 눈이 어두운 자는, 비록 그 문장이 고금을 능가할지라도 쓸데없는 서생에 지나지 못하리로다. 이제 짐이 교육의 강령을 보이노니 헛이름을 물리치고 실용을 취할지어다. 곧 덕을 기를지니, 오륜의 행실을 닦아 속강(俗綱)을 문란하게 하지 말고, 풍교를 세워 인세(人世)의 질서를 유지하며, 사회의 향복(享福)

을 증진시킬지어다. 다음은 몸을 기를지니, 동작을 떳떳이 하고 근로와 역행을 주로 하며, 게으름과 평안함을 탐하지 말고, 괴롭고 어려운 일을 피하지 말며, 너희의 근육을 굳게 하고 뼈를 튼튼히 하여 강장하고 병 없는 낙(樂)을 누려 받을지어다. 다음은 지(智)를 기를지니 사물의 이치를 끝까지 추궁함으로써 지를 닦고 성(性)을 이룩하고, 아름답고 미운 것과 옳고 그른 것과 길고 짧은 데서 나와 남의 구역을 세우지 말고, 정밀히 연구하고 널리 통하기를 힘쓸지어다. 그리고 한 몸의 사(私)를 꾀하지 말고, 공중의 이익을 도모할지어다. 이 세 가지는 교육의 강기(綱紀)이니라. (중략) 너희들 신민의 마음이 곧 짐의 마음이니 힘쓸지어다. 진실로 이와 같을진대 짐은 조종의 덕광(德光)을 사방에 날릴 것이요, 너희들 신민 또한 너희들 선조의 어진 자식과 착한 손자가 될 것이니, 힘쓸지어다."[28]

여기서 고종은 "교육을 국가보존의 근본으로 여기고 임금이 교육에 관심을 기울여야 교육이 제대로 설 수 있고, 국민은 교육을 받아야 국가가 바로 서고, 세상의 일에 무지몽매한 자는 필요가 없다."고 하여 교육의 필요성을 역설하였다. 또한 "백성을 교육하지 않으면 국가를 부강하게 하지 못하고 독립하여 융성하는 제국은 인민의 지식이 개명하고 교육의 최선이라 교육은 실로 국가보존의 근본이다."라고 하여 국가주의에 입각한 교육의 중요성을 강조하였다. 그리고 교육의 삼대 강령은 덕양(德育), 체양(體育), 지양(智育)에 있으며, 교육을 위한 학교의 설립과 이를 통한 인재를 양성하여야 한다는 것을 천명하였다.

---

28) 『고종실록』33권, 1895. 2. 2

▲교육입국조서

　이 교육조서는 외견상 당시 동학혁명과 갑오개혁으로 혼란스러웠던 사회 분위기를 안정시키고자 하는 절실한 필요성과 맞물려 있지만, 사실은 개항 이후 서서히 싹트기 시작한 근대화에 대한 자각의 결실이라고 할 수 있다. 조서에서 교육의 목적을 개인의 능력 함양보다도 국가를 보존하는 중요한 수단이라고 천명한 것은 그런 자각이 국가적으로 구체화되었음을 시사해준다. 그런 점에서 이 교육 조서는 국가가 교육을 관장하고 시행하는, 국가 주도의 교육이 본격화되는 중요한 계기를 제공한다.

　1880년대에 들어서면서 구한말 정부가 취한 교육정책의 가장 큰 특징은 교육을 국가 발전의 중요한 수단으로 생각하고 적극적으로 관장한 데 있다. 국가의 의도와 기획에 의해 주도되는 국가주의적 교육은 교육을 국가 발전의 중요한 수단으로 간주하고, 개인의 인권이나 민권의 확대와 같은 목표 가치는 상대적으로 소홀히 하였다. 교육을 철저히 국가의 통제 아래에 두는 이러한 교육정책은 제국주의의 침략에 저항해야 하는 당대의 긴박한 요청에 의한 것이지만, 국민교육제도가 지닌 본래의 근대적 이념과는 차이를 갖고 있음을 알

수 있다.[29)]

그렇지만, 고종의 교육 조서는 조선시대의 교육과 비교하자면 획기적 의미를 지닌 것이었다. 조선시대 내내 소학 교육을 담당했던 기관은 민간의 '서당'이었다. 서당은 고려시대에 일반화되어 조선 중·후기를 거치면서 전국적으로 보급되었는데, 주로 유학의 기초를 교육하였다. 서당의 주목적은 명인륜(明人倫)에 있었고, 아울러 향촌 사회에서 상하의 분별을 포함한 예법과 성리학을 전파하는 데 있었다. 지역사회에서 일반 백성들을 교화하는 초급 교육기관으로써 일정한 역할을 담당했던 것이다. 하지만 급격한 근대의 소용돌이 속에서 이런 식의 교육은 더 이상 현실성을 갖기 힘들었다. 덕양(德養)·체양(體養)·지양(智養)으로 요약되는 고종의 교육조서는 그런 '허명(虛名)'을 버리고 '실용(實用)'을 숭상하는 새로운 교육 노선의 천명이었던 셈이다.

"헛된 이름과 실제 소용을 먼저 분별하여 (…) 헛이름을 물리치고 실용을 취할지어다."

갑오정부는 소학 교육을 더 이상 민간에 일임해서는 안 된다고 판단했고, 그런 이유로 신학제를 채택하고 소학교를 국민교육기관으로 천명한 것이다. 이는 '문벌과 반상 등의 계급을 타파하고 귀천을 가리지 않고 인재를 선발하여 채용한다'는 취지로, 곧 국민 전체에게 교육의 기회를 부여한 근대 교육의 출발을 알리는 것이었다. 신분제 철폐는 새로운 사회적 신분 결정을 위하여 학력과 능력에 기초한 경쟁을 중요하게 간주하는 계기가 되었고, 동시에 그 획득적 신분으로서의 학력이 출현하게 된 것이다. 그로 인해 민중들의 교육에

---

29) 정순우, 「근대 초등교육 백년」, 『교육개발』, 한국교육개발원, 1994.7, 55면.

대한 열망은 한층 고조된다. 말하자면, 교육의 기회균등이 천명되면서 학교교육의 기본 전제가 설정된 것이다.[30]

이후 근대 학교의 설립은 탄력을 받으면서 한층 광범위하게 이루어진다. 그런데, 당대 정부를 주도했던 인물들은 대부분 친일 개화파 인사들이고, 또 일제의 침략적 의도가 노골화되었기 때문에 개화기 교육은 점차 일제 식민주의에 침윤되는 양상을 보여준다. 일인 학정참여관이 파견되고 교육행정과 교과서 편찬에서 직접 관여하면서 일본식의 제도와 교과 내용이 뿌리내리게 되는 것이다.

사학과 민간교육

사학은 관학의 이런 문제점을 비판하면서 점차 본격적인 형태를 갖추게 된다. 민간의 선각들은 일제의 침략주의를 경계하면서 민족의 정기와 역사를 강조하고, 근대 지식을 적극적으로 받아들여야 한다는 입장을 견지하였다. 1898년 11월 민영환이 흥화학교를 설립한 이래 그러한 취지로 세워진 사립학교의 숫자가 급격히 증가하였다. 1909년에는 사립학교의 총수가 2,250개교에 이르렀으며, 이 중 1,402개교가 민족주의 계열 교육운동가들에 의해 설치·운영되었다. 이는 사립학교가 관학이 할 수 없었던 민족교육을 중요하게 담당했다는 것을 시사해준다. 그런 초기 사학의 성격을 단적으로 보여주는 게 흥화학교이다.

---

30) 그렇지만 고종의 교육조서가 온전히 근대적인 것만은 아니어서 가령, 교육 내용에서 전통적인 유교교육과 만국지리, 산술과 같은 근대교육이 혼재하는 과도적인 성격을 갖고 있었다. 류준필의 「대한제국기의 교육제도 구상과 '실학'」(『동아시아의 자국학과 자국문학사 인식』(소명출판, 2013) 참조.

홍화학교의 교육은 국가의 발전과 문명개화를 목적으로 이루어졌다. 교수된 교과목들도 서양의 근대학문을 수용하여 문명개화의 기틀을 잡고자 한 것이었다. 그것은 영어교육을 특히 강조한 데서도 드러난다. 그러나 1906년 11월 을사조약의 강제 체결에 반대하여 교장 민영환이 자결한 이후, 홍화학교의 교육은 국권회복을 목적으로 했을 것으로 추정된다. 물론 그 방법은 국민계몽을 전제로 한 실력양성론이었음은 쉽게 짐작될 수 있다. 특히 홍화학교는 매년 11월 30일 민영환의 추도회를 개최하였으므로, 학생들에게 자연스럽게 국권회복 의식을 고양시킬 수 있었다. 1906년의 경우에는 추도가를 지어 부르기도 하였다. 홍화학교가 구체적으로 어떠한 교육을 실시하였는지, 또 어떠한 교과서를 사용했는지는 알 수 없지만, 민영환이 설립자이며 교장이었던 만큼 반일적인 분위기에서 교육이 이루어졌을 것으로 추정할 수 있다. 민영환의 용인묘지를 학생들 전체가 참배하기도 하고, 민영환의 별장에서 운동회를 가지기도 했다는 것은 그의 정신을 이어가기 위한 조치로 볼 수 있는 것이다.

▲ 민영환

이후 조선이 일본의 침략을 받게 된 것은 일본과 같이 근대화되지 못했기 때문이라는 주체에 대한 반성이 일어나고 그것은 민족적 각성으로 이어진다.

일본에 대항하여 국권을 회복하려면 일본과 같은, 아니 그보다 더 큰 실력을 갖추어야 일본을 몰아내고 자주독립국가로 명맥을 유지할 수 있다는 것이었다. 그러기 위해서는 모든 국민을 무지로부터 깨우쳐 근대학문의 지식을 보급하고 이들에게 애국의 정신을 일깨워 주어야 한다는 교육구국운동이 애국계몽운동의 근간으로 자리 잡는다. '아는 것이 힘, 배워야 산다', '교육이 일어나지 않으면 생존할 수 없다' 등의 구호는 일제의 침략 앞에 놓여 있던 한국민의 절박한 자기인식이었다.

※ 민간 유지들에 의한 대표적인 사립학교

학교명	설립연대	설립자명	소재지	비고
흥화학교	1895	민영환	서울	영어, 일본어, 측량술을 교육함. 심상, 특별, 양지과(量地科)
을미의숙	1895	사회 유지	서울	뒤에 럭영(樂英)의숙으로 새발쪽. 일어 교육
중교의숙	1896	민영기	서울	일본어, 영어, 한문을 교육함
점진학교	1899	안창호	강서	남녀공학제 실시
정선여학교	1897	김양당	서울	
순성여학교	1898	찬양회	서울	일명 승동(承洞)학교
낙연의숙	1901	서광세 등	서울	일본어로 교육, 사범과 설치, 뒤에 보광(普光)학교로 개칭
우산(牛山)학교	1902	양재빈 등	서울	뒤에 의법(懿法)학교로 개칭, 법률을 교육함
청산학원	1904	전덕기	서울	신민회의 기관학교, 독립사상 고취
양정의숙	1905	엄주익	서울	보통교육
보성학교	1905	이용익	서울	보통교육

이런 자각은 을사조약을 전후로 더욱 고조되어 요원의 불길처럼 전국에 확산되어 수많은 사립학교의 설립으로 나타났다. 민간 선각들이 초등 교육기관에서 점차 중등과 고등 교육기관의 설립으로 나가게 된 것도 그런 자각의 연

국어 교과서의 탄생

장으로 볼 수 있다. 중등 교육기관으로 양정의숙을 비롯하여 휘문의숙, 숙명학교, 진명여학교 등이 설립되고, 전문교육 내지 고등 교육기관의 설립도 추진되어 1905년에는 보성전문학교와 한성법학교가 설립되었다. 애국과 교육 열만으로 설립되었던 당시 사립학교는 시설이라든가 경비, 교과내용 등에서 열세를 면치 못했지만 민족을 구하고 나라의 주권을 되찾아야겠다는 민족정신과 민족의식은 무엇보다 투철하였다.

기독교 계열 학교

기독교계 학교의 설립은 제천의 배론 신학당을 그 효시로 본다. 1855년(철종 6년), 신부 메스트르(Maistre) 등이 천주교를 전파하는 한편, 방인(放人)사제 양성을 목적으로 교황청의 승인을 받아 제천시 봉양읍 구학리에 설립하였다. 이 학당은 단순히 신학생 교육만이 아니라 민중 교화에까지 공헌하였으며, 초·중·고등 교육을 함께 실시한 근대 학교였다. 그런데 안타깝게도 이 학교는 1866년 천주교 탄압으로 인해 바로 폐쇄되었다. 이후 선교계 학교가 본격적으로 등장한 것은 개항 이후의 일이었다. 특히 1880년대에 들어와서 기독교 선교사들의 활동이 묵인된 이후 이들에 의해 선교의 방편으로 교육사업이 적극적으로 추진되었다. 1884년 천주교단은 서울에 한한학원(韓漢學院)을 설립했고, 감리교 선교사 아펜젤러는 배재학당(1885)을 설립했다. 또 이화학당이 1886년에설립되었고, 같은 해에 개신교 선교사 알렌은 국립의료기관 광혜원에 의학교를 부설하여 운영했다. 1890년대 중엽 이후에는 장로교와 감리교가 주도하는 선교계 학교의 설립이 확대되었다. 1910년 당시 선교계 학교의 통계를 보면 장로교는 501개 학교, 감리교가 158개 학교, 천주교는 124개 학교를 설립 운영하고 있었다. 그밖에 성공회 안식교 등 각 교과에서 경영하던 학교를 합치면 총수가 807개교에 이르렀다.

1886년 미국 북감리교 선교사인 아펜젤러(H.G. Appenzeller)와 메어리 스크랜튼(Mary F. Scranton)에 의하여 각각 배재학당과 이화학당이 서울에 세워졌다. 배재학당은 한국 최초로 외국인이 설립한 근대적 사립학교로 동교의 특색은 그 당훈(堂訓)이 지적하는 바와 같이 「욕위대자 당위인역(欲爲大者 當爲人役)」으로 봉사정신에 입각한 인재의 육성을 목적으로 하였다. 교과목으로 한문, 영어, 천문지리, 생리, 수학, 성경을 가르쳤으며 특히 과외활동에 치중하여 연설회, 토론회, 각종의 체육경기를 실시하여 지·덕·육의 모범을 보여주었다. 그리하여 학생 2명으로 출발한 이 학교는 다음 해인 1887년에 67명으로 증가하였으며, 고종으로부터 '배재학당(培材學堂)'이라는 편액까지 헌사 받았다. 이화학당은 남존여비의 사회규범이 강한 한국사회에 최초로 여성교육, 그것도 근대적 여성교육기관으로 출발하였다는 데 큰 의미가 있다. 당시 이 학교를 설립한 스크랜튼 여사는 다음과 같이 술회하였다.

> (1886년 5월경) 학생 하나를 상대로 수업이 시작되었다. 학생이라는 사람은 정부 관리의 첩으로서 그 관리는 자기 첩이 영어를 배워가지고 왕후의 통역이 되는 것을 희망하고 있었다. 그 여자는 3개월쯤 밖에는 우리와 같이 있지 않았다. 제일 처음의 장기적 학생은 김부인보다 한 달 뒤인 1886년 6월에 왔다. 이 女兒가 우리에게 온 것은 틀림없는 가난 때문이었는데 며칠이 지나 그의 어머니는 차라리 가난은 참을지언정 자기 딸을 외국인에게 맡겨둘 수는 없다고 생각하게 되었다……[31]

---

31) 『梨花 八十年史』, 이화여대 출판부, 1967, 43~44면.

이와 같이 어려운 역경 속에서 스크랜튼의 불굴의 정신과 집요한 노력으로 다음 해에는 학생이 47명으로 늘어났으며, 민비는 '이화학당(梨花學堂)'이라는 편액을 내려 학교의 존재를 정식으로 인정하고 미래를 축복했다. 이화학당도 배재학당과 마찬가지로 기독교 포교활동을 통하여 신앙인만을 만들기 위한 학교가 아니라 이 나라의 풍속과 예절을 존중하고 한국사회에 맞는 한국인을 양성하고자 하였다. 스크랜튼은 "이 여아들을 우리 외국 사람의 생활, 의복 및 환경에 맞도록 변하게 하는 데 있지 않다. ……우리는 단지 한국인을 보다 나은 한국인으로 만듦으로 만족한다. 우리는 한국인이 한국적인 것에 대하여 긍지를 가지게 되기를 희망한다."고 하였으며, 길모어(Gilmore)도 "한국 여아를 그들이 생활을 영위하여야 하는 조건 밑에서 모범적 주부들로 만드는 동시에 그들의 친척과 동료 사이에서 기독교의 선교자가 되도록 만드는 데 있다"고 하였다.[32]

▲ 이화학당(1886)

---

32) 「근대교육기관의 설립」『한국현대문화사대계』 고려대민족문화연구소, www.krpia.co.kr 참조.

※ 대표적인 기독교주의 학교

학교명	설립 연대	교파	소재지
광성학교	1894	감리교	평양
숭덕학교	1894	감리교	평양
정의여학교	1894	감리교	평양
정신여학교	1895	장로교	서울
일신여학교	1895	장로교	동래
정진학교	1896	감리교	평양
공옥(攻玉)학교	1896	감리교	서울
숭실학교	1897	장로교	평양
신군학교	1897	감리교	서울
영화여학교	1897	감리교	인천
배화여학교	1898	남감리교	서울
명신학교	1898	장로교	재령
맹아학교	1898	감리교	평양
평양신학교	1900	장로교	평양
숭의여학교	1903	장로교	평양
루씨(樓氏)여학교	1903	감리교	원산
정명여학교	1903	장로교	목포
덕명학교	1904	감리교	원산
호수돈여학교	1904	감리교	개성
진성여학교	1904	장로교	원산
의창(懿昌)학교	1904	감리교	해주
영명학교	1905	감리교	공주

외국 교육의 수용과 교과서

국어 교과서가 탄생하기 위해서는 외국 교과서의 수용과 변용의 과정이 필요하다. 개화기에는 근대적인 의미의 교과서 제도와 개념이 형성되지 않았던 까닭에 무엇보다 본받을 수 있는 모델이 필요했다. 일본의 제도와 학제를 본받아 우리 식의 제도와 학제를 만들긴 했지만 교수할 수 있는 마땅한 콘텐츠 (곧 교과서)가 존재하지 않았던 것이다. 그래서 외국의 것을 참조하지 않을 수 없었는데, 조선에서 그 과정은 중역의 형태로 이루어진다.

한국 정부는 강화도 조약(1876)을 계기로 일본과 외교관계를 개시하면서 일본에 시찰단을 파견하고 국제법을 비롯한 서양 학문을 본격적으로 도입하기 시작하였다. 그런데 1870년대 일본은 서양 학문의 도입과 고등교육의 촉진을 통해 근대 국가를 수립하기 위한 방안을 모색하는 초기 상태였다. 그런 상황에서 서양 학문의 수용은 중국에서 한역된 서양 서적들을 중심으로 이루어진다. 강화도조약 다음 해인 1877년에 일본 공사대리 하나부사(花房義質)가 예조판서 조영하에게 준『만국공법(萬國公法)』도 중국에서 마틴이 한역한 것이었다. 1880년대 들어서면서 한국 정부는 신문물을 수용하기 위한 적극적인 대책을 강구하기 시작하였다. 이 무렵 국왕이 중국에서 구입한 도서가 한역된 서양문물 소개서를 포함해서 약 3천여 종 4만여 책이 될 정도였다.[33] 그리고 고종은 통리기무아문을 설치한 뒤 아문의 실무를 담당할 유학생을 중국에 파견해서 1881년 11월에는 김윤식이 이끄는 60여명의 영선사 일행이 중국을 다녀왔다. 그렇지만 중국과의 교류는 더 이상 진행되지 못하고 대신 일본과의 교류가 활발해진다. 1881년 2월에는 62명으로 구성된 신사유람단이 일본에 파견되어 문교·농상·재무·외무·세관 등을 시찰 조사하였다. 어윤중의 수행원이던 유길준, 유정수, 윤치호 세 명은 신사유람단이 동경에 도착한지 얼마 되지 않아 학교에 입학해서 최초의 일본유학생이 되었다. 이후 관비 내지 사비로 일본에 유학하는 사람들이 급증해서 1881년에서 1884년 사이에 67명 이상이나 되었다. 이들이 중심이 되어 서양 근대 문물과 학문이 본격적으로 수입된다.

이 과정에서 근대 교육 역시 본격적으로 도입된다. 조선 정부는 갑오개혁으로 학무아문을 설치하고 근대교육을 적극적으로 도입하는 등 교육개혁을 본격화하였다. 학무아문은 계급 차별을 폐지하여 널리 영재를 교육한다는 원칙 하에 초등교육기관으로 소학교와 중등교육 수준의 중학교, 사범학교, 외국어학교, 의학교, 상공학교, 법관양성소 등을 설치하였다. 이러한 개혁으로 국가의 교육체제는 오랜 전통의 구교육제도에서 탈피하여 점차 근대학교 중심의 신교육제도로 이행한다. 그리고, 민간에서도 조선에 진출한 개신교 선교회 등이 교회 부설 학교를 세우고 사경회를 여는 등 근대교육을 실시하였다.[34]

그런데, 이런 과정은 일본을 통한 간접적인 수용이었기에 일본의 가치와

---

33) 전상숙·노상균, 『병합 이전 한국정부의 근대적 교육체제 개혁과 관학』, 『한국동양정치사상사연구』 12, 한국동양정치사상사학회, 2013.3, 91면.

34) 이윤갑의 「일제하의 근대교육론과 식민지 교육문화」(『계명사학』 10집, 계명사학회, 1999.11)와 정형우의 「개화기 서구근대교육의 수용과정과 그 성격」(『정신문화연구』 15집, 한국학중앙연구원, 1992.12) 참조.

이념을 동시에 수용하지 않을 수 없게 된다. 교육개혁의 실질적 모델은 일본의 근대 교육이었다. 일본인들이 서양에서 받아들인 것을 다시 배우는 식이었고, 이는 곧 일본의 세계관과 가치를 수용하는 것이었다.

일제가 러일전쟁(1904)을 일으키고 을사조약을 강요하자 조선 전국에서 국권회복을 위한 민족운동이 치열하게 일어난 것은 그런 사정과 무관하지 않다. 국권회복운동은 의병투쟁과 애국계몽운동으로 전개되었다. 그 중에서 애국계몽운동은 국권회복을 위한 실력양성의 수단을 교육과 산업의 진흥에서 찾고 근대교육을 조직적으로 도입하기 위해 맹렬한 활동을 펼쳤다. 그러한 노력으로 불과 2, 3년의 짧은 기간에 크고 작은 근대식 학교가 무려 3천여 개가 생겨났다. 이를 통해 조선에서는 근대 교육이 본격적으로 시행되기 시작한다. 개항과 함께 조선은 봉건적 정치·사회체제의 청산과 근대 체제의 수용으로서의 근대국가 건설, 전근대적인 정신문화와 이데올로기 청산과 근대정신의 수용을 시대적 당면 과제로 안고 있었다. 서구의 입헌정치는 문명부강의 주축이요 문명부강은 입헌국가 건립에서 오는 것으로써 입헌사상이 없으면 독립을 회복하기 어렵다는 인식이 지배적이었다. 그런 인식에서 1895년 관비유학생들은 일본에서 법률과 정치를 공부해 와 국내에 소개하기 시작했고, 〈황성신문〉 등은 일본이 조선의 문명개화에 부득불 모범이 된다고 하였다.

이 과정에서 외국의 교과서가 조선에 소개되어 교수되기도 하였다. 대표적인 것이 미국의 초등학교 교과서인 『National Reader』와 『The Union Reader』[35]이다. 이들 교재는 1880년대 미국에서 초등학교 교재로 널리 사용되었는데, 조선에서는 영어학교와 선교계 학교의 외국어 교재로 활용되었다.

---

35) Barnes, C. J., 『New National Reader』, 1884, N.Y American Book Company.
   Sanders, C. W., 『The Union Reader』, 1869-1875, N.Y. Houghton Mifflin Compay.

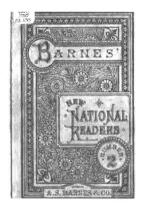

▲ 『National Reader』(1883)

우리나라 최초의 영어교육기관인 동문학(同文學)이 세워진 것은 한미수호
조약이 체결된 다음 해인 1883년이다. 동문학은 육영공원, 영어학교 등으로
이어지는 교육기관으로 정부의 직접적인 후원이나 관리 하에서 세워졌고 대
체로 통역관, 외교관, 또는 정부 관리를 양성하는 목적을 갖고 있었다. 그리고
미국 선교사들에 의한 선교사업의 일환으로 세워진 배재학당, 이화학당, 경신
학교 등 선교계 학교로 대표되는 교육기관은 선교사들에 의해 영어교육이 행
해졌다. 처음에는 알파벳에서 단어를 익히는 식이었으나 점차 실력이 향상되
면서 『National Readers』와 같은 책이 사용되었다. 육영공원의 후신인 관립 외
국어학교 졸업생인 이희승의 회고에서 당대의 풍경을 확인할 수 있다.[36]

합방직전 당시 외국어학교 한국인 교관으로는 상기한 교관 말고도 이기
용이 있었다. 이기용은 개발회사의 주선으로 Hawaii에 갔다 돌아온 사람인
데, 회화를 가르쳤다. 당시 영어 교과서로 썼던 것은 미국의 초등학교에서 썼
던 National Readers였고 그밖에 Frampton이 펴낸 회화책도 사용했는데 이

---

36) 문용, 「구한말 영어교육고」, 『영어교육』 12, 한국영어교육학회, 1976.12, 1-12면.

국어 교과서의 탄생

회화책은 그다지 언어적으로나 학습상 충분한 배려가 되었던 책은 아니었다. 수신을 학감인 이능화 선생이 가르쳤고, 한문을 권영우 선생이 가르쳤는데 그 밖에 다른 과목은 영어로 교수되었다. 그런데 학생들은 이 과목의 내용을 이해한다기보다는 마치 서당에서 한문공부를 하듯이 영문 자체를 읽고 암송하는데 주력을 했다. (요지음 학교에서 영어 수업시간에 상당한 비중을 차지하는) 영어 구조의 체계적인 설명─다시 말해서 (영문법)을 배우지는 못했다.[37]

이런 진술에 따르자면『National Readers』와『The Union Reader』는 육영공원의 후신인 영어학교 교재로 사용된 것을 알 수 있다. 이들 교과서는 이후『국민소학독본』이나『신정심상소학』등에 일정한 영향을 준 것으로 드러난다.[38] 한편, 일본 교과서 역시 적극적으로 수입되고 활용된다. 학부에서 최초의 근대 교과서인『국민소학독본』을 간행할 당시 정부는 주일공사관에게 훈령을 내려 일본 교과서 구입을 요청한다. 1895년 5월 1일 외부대신 김윤식이 주일공사관 사무서리 한영원에게 "금번 학부에서 관립사범학교 및 소학교 교사의 교육서를 편찬하는 바 이에 참고하기 위하여 일본 심상사범학교와 고등사범학교의 교과서 및 참고서 각 1부를 구득하여 보낼 것"을 지시하였다.

"외부대신 김윤식이 주일공사관 사무서리 한영원에게 훈령하여 금번 학부에서 관립사범학교 및 소학교 교사의 교육서를 편찬하는 바 이에 참고하기 위하여 일본 심상사범학교와 고등사범학교의 교과서 및 참고서 각 1부를 구득하여 보낼 것을 지시하다."[39]

37) 이희승 회고, 앞의 논문, 7-8면 재인용.
38) 박승배, 「갑오개혁기 학부 편찬 교과서 저자가 활용한 문헌 고증」, 『교육과정연구』(30), 2012.9,
39) 舊韓國外交文書 3日案 3623號, 高宗 32年 5月 1日, 국사편찬위원회 한국사 데이터베이스

이렇게 일본 교과서를 구했고, 그것을 바탕으로『국민소학독본』등이 간행된다.『국민소학독본』의 저본이 된 것은 일본의『高等小學讀本』(1888)이었다.『국민소학독본』과 일본의『高等小學讀本』[40]을 대조해 본 결과 놀랍게도『국민소학독본』은『高等小學讀本』을 거의 베끼다시피 해서 수록 단원의 70% 이상이 동일한 것을 알 수 있다.『高等小學讀本』에 수록된 글을 요약하거나 축소해서 옮겼고, 동일한 소재를 다룬 몇 개의 단원을 정리해서 한 단원으로 만들었으며, 심지어 글의 형식을 그대로 차용한 채 내용을 일부 바꾸어 수록한 경우도 있었다. '최초의 국어 교과서'로 평가되는 책에서 목격되는 이런 현상은 자못 충격적일 수밖에 없다. 이는 우리 근대가 파행과 불구의 과정이었듯이, 국어 교과서의 탄생 과정 또한 불구성을 면하기 힘들었다는 사실을 보여주는 것이다.

이렇듯 근대 교과서는 외국의 근대 교육과 교재를 참조하면서 새로운 탄생의 과정을 밟게 된다.

(http://db.history.go.kr) 참조.

40) 여기서 텍스트로 사용한 책은 1888년 11월(명치 21년 11월)에 재판으로 간행된『高等小學讀本』(1-7권)이다.

국어 교과서의 탄생

교과서 편찬 주체와 정치적 성격

근대 교과서는 당대 사회의 복잡한 역사적·사회적·정치적·문화적 여러 상황과 조건들의 필요에서 나온 시대의 산물이다. 따라서 교과서를 제대로 이해하기 위해서는 무엇보다 그 교과서가 당대 공동체의 어떤 필요에 의해 간행되었는가를 살펴야 한다. 가령, 구한말 근대화의 기치를 앞세운 정부[學部]에서 간행한 교과서와 민간의 선각들에 의해 간행된 교과서는 상당히 다른 모습으로 나타난다. 편찬 주체의 입장과 정치적 태도에 의해 교과서의 내용과 이념은 확연한 차이를 보이는데, 이는 교과서가 정치권력과 긴밀하게 연결되어 있다는 것을 말해준다.

근대 초기 교과서 개발은 신교육 체제를 실행하기 위한 구체적이고도 우선적인 과제였다. 교과서의 개발 없이는 신교육을 시행할 수 없었기 때문에 개화 정부는 여러 가지 교육개혁을 실시하면서 우선적으로 교과서 개발을 고려하였다. 당시 개화사업을 추진하는 중추 기관이었던 군국기무처가 '학부'로 하여금 소학교 교과서를 개발토록 지시한 것은 교육 개혁에서 교과서의 개발이 얼마나 시급한 일인가를 정부가 인지하고 있었기 때문이다. 그러나 신학문에 대한 기반이 미흡했고 또 교과서를 제작할 수 있는 제반 문화적 축적이 없었던 상황에서 교과서의 개발은 결코 쉬운 일이 아니었다.

아래 표에서 볼 수 있는 것처럼, 근대 초기 교과서 개발은 여러 단계를 거치면서 이루어졌다. 교과서 개발에 대한 논의가 이루어지기 시작한 것은 1894년 갑오개혁 이후이다. 그러나 그 선행 조건이 되는 교육과정의 개발, 즉 교육 목표, 교육 내용, 교육 방법 등에 대한 논의가 이루어지기 시작한 것은 1880년대 초기였다. 따라서 교육과정 개발에 대한 논의와 교과서 개발에 대한 논의는 시간적으로 보아 약 10년 정도의 시차를 갖는다. 그것은 한마디로 개화기의 교육 관료들이 교육과정은 논의하면서도 교과서에 대한 인식이 미흡했다는 것을 의미한다. 그래서 교과서의 개발은 어떤 원칙이나 이념에 의거해서 체계적으로 이루어지지 못하였다. 말하자면 교과서의 개발은 교육과정 개발과 연계되지 못하고 현실적인 요구를 적당히 수용하는 식이었다. 그래서 교육과정의 전체 체계와 일치하지 않거나 개발의 주체도 일정하지 않았고, 교과서의 내용이나 체계도 통일성을 갖추지 못하였다. 말하자면 초기 교과서는 교육 목표를 달성하기 위한 도구로서의 기능을 제대로 수행하지 못하였다.

※ 개화기 교과서 개발 연표[41]

연대	내용
1894	군국기무처, 소학교 교과서를 학무아문에서 편찬케 함
1895	외부(外部), 주일공사관에게 사범학교 및 소학교 교과서 편찬에 참고하기 위해 각종 일본 교과서 구입 훈령 하달
1895	학부, 『국민소학독본』, 『소학독본』 발간
1896	학부, 『신정 심상소학』 발간
1898	시무(時務) 책자와 교과서 발간의 필요성 증대
1899	교과서 부족 현상 심각

---

41) 이 표는 이해명의 『개화기 교육개혁 연구』(을유문화사, 1999)의 표(221면)를 참조하여 작성하였다.

연대	내용
1899	학부에서 서양 학문을 간략히 소개하는 신간 서적 발행
1900	번역 도서의 내용 빈약
1901	외국 산술책 번역
1904	교과서 편찬의 긴요성 증대
1904	학교에 서적이 급히 필요함
1905	교과서를 일어로 편집하는 데 대한 항의 일어남
1906	학교마다 각기 다른 교과서를 사용함으로써 교육 내용에 통일성이 없다는 비판 일어남
1907	교과서는 국어로 편찬되어야 함이 논의됨
1907	교과서가 초중등으로 구분되기 시작함
1908	교과서 내용은 ①추상적인 것이 아니라 일상생활과 관련되는 것이어야 함, ②문장은 간결하고 평이하여야 함, ③외국 것을 참고하되 우리 실정에 맞는 내용이어야 한다는 논의가 일어남
1909	현행 교과서의 미비점으로 ①편제의 불규칙성, ②생도의 학습 수준에 맞지 않음, ③내용이 진부함 등이 지적되고, ①편제의 통일, ②아동의 수학 정도의 맞춤, ③학년별, 학기별 연계성 고려 등이 논의됨

교과서 개발이 교육과정 개발과 연계되어 이루어졌더라면, 외국 교과서를 무비판적으로 번역하는 일은 없었을 것이다. 왜냐하면, 개화기 교육과정 개발의 중요한 목표가 동도서기론이었기 때문에 교과서의 내용 역시 거기에 맞게 취사와 선택이 이루어졌을 것이고, 한편으로는 교육과정의 개발이 국력 회복 또는 국권 회복이었기 때문에 사대(事大)의 시비를 불러일으킬 외국 교과서의 무조건적 모방은 없었을 것으로 보이기 때문이다.

개화기 교과서의 상당수가 우리 실정에 맞지 않는 내용을 포함한 것도 그런 사실과 관계될 것이다. 개화기 교과서가 우리 현실에 맞지 않을 뿐만 아니라 내용이 부실하다는 비난을 받았던 것은 교과서의 내용이 구체적인 사실을 담지 못하였고 또 실용성이 없었기 때문이다. 외국의 교과서를 번역하여 우리 교과서로 개발하였지만 그 내용이 우리 현실에 맞지 않고 피상적이었기 때문

에 그런 결과를 초래한 것이다.[42]

개화기의 교과서를 제대로 이해하기 위해서는 그런 당대 현실 여건과 함께 교과서 개발 주체가 누구인가를 파악할 필요가 있다. 그런 사실은 불과 두 달의 시차를 두고 간행되었음에도 불구하고 교과의 내용과 정치적 입장, 역사 인식 등에서 상당한 차이를 보이는『국민소학독본』과『신정심상소학』을 비교해 봄으로써 확인이 가능하다.

『국민소학독본』이 간행된 1895년을 전후한 시기는 민비와 대원군을 둘러싼 갈등과 알력이 극에 달했던 때였다. 『국민소학독본』은 박정양이 총리대신으로 내각을 총괄하던 시기에 간행되었는데, 당시 교과서 편찬의 실무를 맡았던 인물은 학부아문 참의 겸 학무국장인 이상재였다. 학부대신 이완용을 포함한 박정양, 이상재 등은 모두 친미·친러파 인사로 민비의 후원을 받으면서 배일 정책을 폈고,『국민소학독본』은 그 민비가 위세를 떨치던 1895년 음력 7월에 간행되었다. 그런데, 민비가 그해 8월(양력 10월)에 시해되고 대원군이 옹립되면서 친러·친미파 내각은 몰락하고, 한동안 권력에서 배제되었던 김홍집이 다시 정권을 잡는다.『신정심상소학』은 민비 중심의 친러파가 권력에서 물러나고 김홍집을 중심으로 한 친일내각이 들어선 뒤에 편찬되었다. 친일적이고 친중국적인 태도를 보인 것이나 서문에서 밝힌 '건양 원년 2월 상한(建陽元年 2月上澣)'(1896년 2월 상순)(음력 1895년 12월 18일~27일)이라는 구절에서 그런 사실을 구체적으로 확인할 수 있다. '건양'이라는 연호는 김홍집 내각에서 최초로 사용되었다. 1895년 을미사변 이후 김홍집은 일련의 개혁을 추진하면서 11월 15일에 칙명으로 개국 505년(고종 33)부터 일세일원(一世一元)[43]의 원칙에 입각하여 연호를 세우기로 하였다. 그리하여 음력 1895년 11월 17일을

---

42) 이해명,『개화기 교육개혁 연구』, 을유문화사, 1999, 219-222면.

43) 한 임금의 재위 동안에 하나의 연호만을 사용함.

양력 1896년 1월 1일로 정하고, 이때부터 태양력 사용과 함께 건양(建陽) 연호를 사용하기 시작한다.『신정심상소학』에 '건양'이라는 연호가 표기된 것은 그것을 정한 이후에 간행되었다는 것을 말하며,『국민소학독본』에 '조선 개국 오백사년 오추(朝鮮開國 五百四年 梧秋)'로 간행일을 명기한 것은 연호를 사용하기 전에 간행되었다는 것을 말해준다. 그것을 계산해보면『국민소학독본』은 음력 11월 17일 이전에 간행되었고,『신정심상소학』은 그보다 한 달 보름가량 늦은 12월 하순에 간행된 것을 알 수 있다.[44]

그런 상황의 변화를 반영하듯이,『신정심상소학』은 편찬과정에서 일본인이 본격적으로 개입한 것을 목격할 수 있다. '서문'에는 일본인 보좌원 다카미 가메(高見龜)와 와사카와 마쓰지로(麻川松次郎)가 관여했다는 것을 밝혔고, 책의 내용도 일본에서 간행된『尋常小學讀本』을 상당 부분 그대로 옮기거나 발췌해서 수록하였다. 근대적인 체계를 앞서 갖춘 일본의 교재를 차용한 것이지만, 2권 12과(「小野道風의 이이기라」)와 3권 3과(「塙保己一의 사적이라」)에서 일본인을 소개한 단원이 수록된 데서 알 수 있듯이, 교과 내용의 상당 부분이 친일적인 것으로 변해서 이전의 교과서와는 다른 모습을 보여준다. 그것이 가능했던 것은 언급한 대로 친일 내각의 수립으로 인해 일제가 개입할 수 있는 여지가 생겼고 그것을 일제가 기민하게 이용한 때문이다. 실제로 조선에는 1894년 11월부터 익년 초에 걸쳐 일본인 고문이 속속 초빙되었고 그 수가 40명이나 되었다. 다카미 가메와 와사카와 마쓰지로는 1895년 1월(양력 2월)에 이미 학부에 고용되어 있었고, 와사카와 마쓰지로는 한성사범학교에서 교관으로도

---

44) 『소학독본』이 간행된 '大朝鮮國開國 五百四年 仲冬'은 음력으로 1895년 11월이고,『신정심상소학』이 간행된 '建陽元年 二月上澣'은 양력으로 1896년 2월 상순인데, 음력으로 환산하면 1895년 12월 18일에서 12월 27일 사이가 된다.

활동하고 있었다.[45] 『신정심상소학』이 한층 정비된 '국어' 교과서의 모습을 갖는 것은 그런 사실로 설명이 가능하다. 이들 일인의 관여로 일본 교과서의 체제와 내용이 상당 부분 차용된 것이다.

교과서는 이렇듯 간행 주체의 정치적 신념이나 이데올로기와 긴밀하게 연결되어 있다. 그런 사실이 전제되기 때문에 근대 교과서 역시 편찬 주체가 누구인가를 중요하게 살펴야 한다. 교과서 편찬에는 교육 지침이 전제되고, 그 지침은 국가가 훈육하고 관리하기 위한 국민을 양성하는 데 목적을 둔다. 그런 점에서 교과서는 정치적 텍스트인 것이다.

정부와 민간의 교과서

갑오개혁에 의해 각종 학교의 관제와 규칙이 제정되고 이에 따라 근대적 형태의 교육과정이 구성되었는 바, 교육과정이 실행되기 위해서는 교육내용을 전달하는 매체인 교과서를 먼저 구비할 필요가 있다. 그런 관계로 정부는 무엇보다 교과서 편찬을 서두른다. 당시 교과서 편찬을 관장했던 정부 기구는 '학부 편집국'이었다. 편집국은 일반도서와 교과용 도서에 관한 업무를 관장하였다. 편집국은 ①도서의 인쇄 ②교과용 도서의 번역 ③교과용 도서의 편찬 ④교과용 도서의 검정 ⑤도서의 구입, 보존, 관리 등에 관한 제 사무를 관장하고 있었다.

학부 관제 공포 초기에는 정부가 편찬하는 교과서가 중심이 되었다. 검정 교과서 편찬의 길이 열린 것은 학부 관제보다 4개월 뒤에 공포된 소학교령

---

45) 서태열, 「개화기 학부발간 지리서적의 출판과정과 그 내용에 대한 분석」, 『사회과교육』52권1호, 2013, 64면.

(1895, 7, 19.)에 의해서인데, 소학교령 제15조에는 "소학교의 교과용서는 학부의 편집한 외 혹 학부대신의 검정을 거친 것을 사용함"이라고 규정되어 있다. 그렇지만 검정 교과서 출판은 초기에는 검정의 과정을 거치기보다는 신청과 함께 그것을 추인하는 식으로 이루어졌다.

정부는 교과서의 시급성을 절감하여 교과서 출판을 신속히 추진하였다. 근대적 교과서 제작에 요구되는 인력과 기술이 미비한 상황임에도 불구하고 학부 관제가 공포된 지 불과 5개월만인 1895년 8월경 최초의 교과서인『국민소학독본』을 출판하였다는 사실에서 정부가 교과서 출판을 위해 얼마나 많은 노고를 기울였는가를 짐작할 수 있다.

그러나 당시의 교과서에는 자주성과 아울러 식민성의 흔적이 동시에 드러난다. 을사늑약 이후뿐만 아니라 그 이전에도 이미 일본 서적이 다수 유입되어 있었고, 또 학부가 교과서 편찬에 착수한 초기부터 이미 일본인의 개입이 이루어지고 있었다.

1897년부터 민간인 저자와 출판사에 의해 교과서 출판이 이루어지기 시작하였으나 1905년까지는 그렇게 활발하지는 못하였다. 수신, 국어, 한문, 한국 및 외국 역사, 한국 및 외국 지리, 산술, 물리, 화학, 미술, 체육, 외국어, 법률, 의약학, 법률, 농업, 상업 등 전 교과에 걸쳐 교과서 출판이 이루어졌는데, 모든 교과에 외국 서적 특히 일본 서적이 많이 유입된 것을 볼 수 있다. 출판된 교과서 목록은 뒤의 〈부록1〉과 같다.

민간인에 의한 교과서 출판은 을사늑약 이후 활기를 띠기 시작한다. 일제의 강압 하에 추진된 정부의 교과용 도서 편찬 계획에 불만을 품은 지식인들이 자주적 한국인 양성에 적합한 교과용 도서를 편찬하고자 힘을 모으는데, 그 편찬의 주체가 된 것이 각종 학회와 교육회였다.

학회 및 교육회 회원들을 중심으로 한 교과용 도서 편찬 계획은 우선 종래 서당에서 사용되던 중국 경전의 비교육적 모순을 비판하는 데서부터 시작되었다. 천자문, 동몽선습, 사략, 통감, 팔세보, 운음록, 소학, 맹자 등의 서적이 한국 교육을 후퇴시키는 구실밖에 하지 못했다는 것이 역설되었고, 아동들을 위한 교과용 도서로서 그 수준이 너무 높을 뿐만 아니라 헛되이 중국에 대한 사대심을 고취하는 것밖에 되지 않는다는 사실이 강조되었다.[46] 이와 같은 중국 경전의 맹점에 대한 비판에 뒤이어 일본의 개입 하에 만들어지는 정부의 교과용 도서의 문제점을 지적하였다. 구자학은「논아국소학교과서」라는 글에서 교과서 편찬을 일본인에게 의뢰하는 것의 부당함을 지적하고, 지식인들이 우리의 형편에 맞는 교과서 저술에 나설 것을 촉구하였다.

근간 학부에서 외국인을 고빙하여 교과서를 편집한다 하니 이는 자기의 생명 재산의 생사여탈을 타인에게 의뢰함과 같다. 하루 이틀에 양법미규(良法美規)를 정부에만 바라는 것은 현대 인사가 할 바가 아니니 여러분은 자기의 식견과 열강의 교과서를 참고하여 제국 형편에 적당하게 저술하여 당국의 채용을 받도록 하시오.[47]

외국인을 초빙하여 교과서를 제작하는 것은 "자기의 생명 재산의 생사여탈을 타인에게 의뢰함"과 같다는 것, 그래서 정부만 바라보지 말고 각자 자기의 식견을 바탕으로 교과서를 만들라는 주장이다. 1890년대에 설립된 사립학교들이 문명개화를 목적으로 하는 교과서를 주로 만들었다면, 1905년 11월 을사조약이 강제 체결된 이후에는 국권회복을 주된 목적으로 하는 교과서를 만든 것은 그런 배경을 갖는다. 민간에서 편찬된 교과서 특히 국어와 국사 과목에서

---

46) 강윤호,『개화기의 교과용 도서』, 교육출판사, 1983, 112-3면.

47) 구자학,『논아국소학교과서(論我國小學敎科書)』,『공수학보』제2호, 1907. 4 ;『한국 근대학교 교육 100년사 연구(1)』, 122면 재인용.

국권회복을 상대적으로 강조했던 것은 그런 현실에서 당연한 귀결이었다.

1900년대 후반기에 사용된 대표적인 교과서인『유년필독(幼年必讀)』과 그 교사용 참고서였던『유년필독 석의(釋義)』를 살펴보면, 당시 교과서의 내용을 어느 정도 짐작할 수 있다.『유년필독』은 1907년 6월에 현채에 의하여 발간된 초등학교용 국어 교과서로, 한국의 역사와 지리 및 국가학에 관련된 내용이 주를 이룬다.『유년필독 석의』는 교과서의 내용이 소략했던 관계로 교사들의 지식을 보충하고 동시에 주목해서 강의해야 할 부분을 제시하기 위해 발간된 책이었다.

▲『유년필독』(1907)

『유년필독』에서 가장 강조된 주제는 국권 회복의 문제였다. 저자는 노예의 처지에 놓인 현실을 극복하여 국권을 회복하고 독립국의 지위를 유지하기 위해서 문명개화를 통한 실력 양성을 이루어야 한다고 주장한다. 구습과 구일(舊日)사상을 개혁하고 외세에 의존하지 않으며 학문을 자수(自修)해야만 실력 양성이 가능하다는 생각이다. 실력 양성은 군사력이나 산업 발진보다 학문과 외교에 중점을 두었다. 또 국권 상실의 원인을 한국민 스스로의 책임으로 돌려서 특히 지배층의 권력 투쟁에 주안점을 맞추었다. 전반적으로 개인의 권리보다 국가나 황제를 우선하는 충군애국의 관점을 견지하고, 친청·반러적인 입장을 분명히 하였다. 일본에 대해서는 대체적으로 우호적이었으나, 을사조약 강제체결 이후에는 일본에 대한 부분적인 반감이 드러내기도 하였다.

초등학교의 국어 교과서로 널리 사용된 것으로 보이는『유년필독』은 1만부 가량 발행되었을 것으로 추정되는데, 이후 국권회복과 관련된 내용이 문제가 되어 일제와 친일정부의 규제를 받는다. 그래서 1909년 초부터 실시된 학부의 교과서 검정을 받지 못했을 뿐만 아니라, 1909년 5월에는 출판법의 규제로 서적의 발매 금지 및 압수처분을 받았다.

이러한 교과서를 통해 사립학교에서는 학생들에게 애국사상을 고취하고 민족적 주체성을 확립하고자 했던 것이다.

사립학교의 대부분은 남학교였지만, 한편에서는 여성 교육이 강조되고 여학교가 설립된 것도 주목할 대목이다. 1880년대부터 선교사들에 의하여 이화학당을 비롯한 여학교들이 설립되었고, 이어 민간에서도 1897년경에 정선(貞善)여학교가, 1898년에는 순성(順成)여학교가 설립되었다. 순성여학교를 설립한 찬양회는 여성단체의 효시로서 여성의 문명개화를 위하여 학교를 설립하였다.

정부에서 학교 몇을 시작하여 아이들을 가르치나 계집아이 가르치는 학교는 없으니 국민 교육에 어찌 남녀가 차별이 있으리요, 계집아이도 조선국민이요, 조선인의 자식이거늘 오라비는 정부학교에서 공부하고 계집아이는 가정에 가두어 놓고 다만 사나이에게 종노릇할 직무를 가르쳐왔으니, 우리는 계집아이를 위해 분하게 여기노라 (…) 정부에서 사내아이를 위해 학교를 하

나 짓겠으면 계집아이를 위해서도 학교 하나를 지음으로써 (…)[48]

남녀평등의 원칙 아래 여성교육을 강조하며, 남녀의 공평한 대우와 여자에게 교육의 기회 균등을 주장하고 있다. 이러한 인식이 사회적으로 확산되고, 특히 선교사들이 학교 건립에 적극 나서면서 여학교 건립이 본격화되었다.

1905년 이후에는 진명여학교를 비롯하여 숙명, 명진여학교, 여자보학원, 양정여학교, 양원여학교 등이 설립되었다. 또 1906년 7월에는 여자교육회, 1907년 4월에는 진명부인회, 1908년 대한여자흥학회 등이 조직되었다. 물론 이 시기 여성 단체는 남성들의 주도로 조직되는 경우가 적지 않아 서울에 조직된 8개 단체 중 3개와 지방에 조직된 20개 중 12개만이 여성들이 주도한 것이었다. 여성교육은 가정교육의 중요성을 강조하고 현모양처 교육을 중시하는 등 사회 흐름과는 거리가 있었지만, 당시 여학교의 설립은 크게 증가하여 전국에 170여 개에 이르렀다.

> 혹쟈 이목구비와 ᄉᆞ지오관류테가 남녀가 다름이 잇는가 엇지하야 병신 모양으로 사나희의 버러쥬는 것만 안져 먹고 평생을 심규에 처하야 눔의 졀졔만 밧으리오 이왕에 우리보다 몬져 문명기화헌 나라들을 보면 남녀가 동등권이 잇는지라 어려셔브터 각각 학교에 ᄃᆞ니며 각종 학문을 다 빅호아 이목을 널펴 증셩헌 후에 사나희와 부부지의을 결허여 평생을 살더리도 그 사나희의게 일호도 압졔를 밧지 아니허고 후대흠을 밧음은 다름 아니라 그 학문과 지식이 사나희와 못지 아니헌 고로 권리도 일반이니 엇지 아름답지 아니허리오 슬프도다 전일을 생각허면 사나희가 위력으로 녀편네를 압졔허랴고 한갓 녯글을 빙자하야 말허되 녀ᄌᆞ는 안에 잇셔 밧글 말허지 말며 술과 밥을 지음이 맛

---

48) 《독립신문》, 1896. 5. 12, 논설.

당허다 허는지라 엇지허여 〻지류톄가 사나희와 일반이여놀 이 곳흔 압졔를 밧어 셰샹 형편을 알지 못허고 죽은 사람 모양이 되리오 이져는 녯풍규를 전폐허고 긔명진보허야 우리나라도 타국과굿치 녀학교를 셜립허고 각각 녀아들을 보뇌여 각항 지조를 빅호아 일후에 녀즁 군즈들이 되게 허올초로 방즁 녀학교를 창셜허오니 유지허신 우리 동포 형뎨 여러 녀즁 영웅호걸님네들은 각각 분발지심을 내여 귀흔 녀아들을 우리 녀학교에 드려보뇌시랴 허시거든 곳 챡명허시기를 부라나이다 구월 일일 녀학교 통문 발긔인 리소〻 김소〻(띄어쓰기-인용자)[49]

여학교가 설립되면서 집안일에 국한되었던 조선 여성들의 역할이 점차 사회 영역으로 진입한다. 비록 숫자는 적었지만 여성들의 진학이 꾸준히 늘고 사회 활동이 활발해지면서 이른바 '신여성'과 '모던걸'이라는 용어가 출현한다. 이들 여성은 세상의 이목을 두려워하지 않고 순종을 미덕으로 알았던 구식 삶에서 벗어나 점차 근대적인 여성의 삶을 살게 되는 것이다.

---

49) 「오백년유(五百年有)」, 《황성신문》, 1898, 9.8. 1면.
혹자 이목구비와 사지오관 육체가 남녀가 다름이 있는가. 어찌하여 병신 모양으로 사나이가 벌어주는 것만 앉아서 먹고 평생을 깊은 방에 있으며 남의 절제만 받으리오. 이왕에 우리보다 먼저 문명개화한 나라들을 보면 남녀가 동등권이 있는지라 어려서부터 남녀 각각 학교에 다니며 각종 학문을 다 배워 이목을 넓혀 장성한 뒤에 사나이와 부부의 연을 맺어 평생을 살더라도 그 사나이에게 털끝만큼도 압제를 받지 않는 까닭에 권리도 일반이니 어찌 아름답지 않으리오. 슬프도다. 옛날을 생각하면 사나이가 위력으로 여편네를 압박하고 옛글을 빙자해서 여자는 안에 있으면서 밖의 일을 말하지 말고 술과 밥을 만드는 것이 마땅하다고 하니 어찌하여 온몸이 사나이와 일반이거늘 이 같은 압제를 받어 세상 형편을 알지 못하고 죽은 사람 모양이 되리오. 이제는 옛 풍습을 타파하고 개명 진보하여 우리나라도 타국과 같이 여학교를 설립하고 여아들을 보내어 여러 가지 재주(학문)를 배워 나중에 여자들의 대표가 되게 하기 위하여 여학교를 창설하오니 뜻 있는 우리 동포 형제 여러 여중호걸들은 각각 떨쳐 일어나 우리 여학교에 들여보내시려 하거든 곧 이름을 적어 넣기를 바라나이다. 9월 1일 여학교 통문 발기인 이 소사, 김 소사.

Ⅲ 근대 계몽기 교과서

『국민소학독본』은 갑오개혁 이후 '학부'에서 편찬·간행한 신교육용 교과서이다. 1895년 음력 7월에 간행된 근대 최초의 관찬 교과서로, 오늘날의 국정 교과서에 해당한다. 제1과 「대조선국」에서 「성길사한 2」에 이르기까지 모두 41과로 편성되어, 우리의 역사와 인물, 근대 생활과 지식, 서양 도시와 역사와 위인 등을 다루었다.

01.

조선의 근대화와 '국정' 교과서

1) 민족주의와 근대 교과서의 탄생
(-『국민소학독본』의 경우)

쇄국양이정책을 취해 오던 조선 정부가 개항을 하게 된 것은 1876년(고종 13)에 체결된 강화도조약에 의해서이다. 쇄국에서 개항으로의 전환은 역사적 필연으로 이해할 수 있다. 개항은 일본의 무력 교섭이라는 외래적 계기와 함께 민족 사회 내부에 자라고 있던 대외 개방의 내재적 요인이 맞물리면서 이루어진 것이다.

당시 정부는 서구의 등장과 일제의 압력 등 급변하는 정세 속에서 스스로를 개혁하지 않으면 살아남을 수 없다는 절박한 인식을 갖고 있었다. 전근대적인 주체로는 노도처럼 몰아치는 근대의 물결에 맞설 수 없고, 오직 합리적 사고와 가치관을 지닌 근대적 주체만이 그 격랑을 감당할 수 있다는 인식에서, 조선의 지배층과 지식인들은 갑오개혁과 청일전쟁을 겪은 이후 본격적인 개혁에 착수한다. 1894년 7월 근대적 교육 행정기관인 학무아문(學務衙門)을 설치하고, 다음해 2월에는 근대 교육의 이념과 필요성을 담은 「교육에 관한 조칙」을 발표하며, 이어 9월 7일에는 우리나라 최초의 근대 초등교육 관련 법령인 「소학교령」을 발표한다. 근대를 향한 이런 도도한 흐름 속에서 무엇보다 긴급했던 것은 교육이었다. 근대적 교육을 통해서만 급변하는 현실에 맞서는 주체를 만들 수 있다는 인식이 팽배했고, 그런 요구에 의해『국민소학독본』등의 근대 교과서가 기획되었다. 그래서『국민소학독본』에는 근대인의 양성, 근대적 국민을 만들고자 하는 개화 정부의 의지가 강하게 투사되어 있다.

『국민소학독본』의 편찬과 간행 주체

『국민소학독본』은 갑오개혁 이후 '학부(學部)'에서 편찬·간행한 신교육용 교과서이다. 1895년 음력 7월에 간행된 근대 최초의 관찬(官撰) 교과서로, 오늘날의 국정 교과서에 해당한다. 제1과 「대조선국」에서 「성길사한 2」에 이르기까지 모두 41과로 편성되어, 우리의 역사와 인물, 근대 생활과 지식, 서양 도시와 역사와 위인 등을 다루었다. 서양 문명의 수용과 외세의 진출로 인해 복잡한 양상을 띠었던 당대 현실을 타개하고자 하는 민족적 의지와 자주독립, 주권 수호의 시대적 사명감 등이 강하게 투사된 것을 볼 수 있다.

『국민소학독본』은 국한혼용체로 되어 있다. 그러나 아직 근대적 문장 관념이 정립되지 않은 관계로 비문이 많고 오자 또한 여러 곳에서 발견된다. 단원의 구성이나 내용은 '국민소학'이라는 표제와는 달리 어렵고 전문적인 내용이 많다. 「식물 변화」, 「풍(風)」, 「기식(氣息)」, 「원소」 등은 과학에 대한 전문적인 지식을 담고 있고, 사용되는 한자 역시 쉽지가 않아서 초등 수준의 학생보다는 어느 정도 한자 해독력을 갖춘 사람들을 대상으로 하고 있음을 알 수 있다. 그런 점에서 이 책은 학생들의 수준을 고려한 초등학교용 교재라기보다는 당대 정부의 가치와 지향을 담은 국민 교육용 교재라 할 수 있다.

최초의 국어(과) 교과서로 평가되는 책이라는 점에서 『국민소학독본』은 그동안 많은 연구자들의 관심을 끌었다. 『국민소학독본』에 대한 연구는 크게 둘로 나누어 볼 수 있는데, 하나는 국어 교육의 측면에서 이루어진 것이고,[50] 다른 하나는 문화사적 측면에서의 연구이다.[51] 전자를 통해서 『국민소학독본』이 갖는 국어교육사적 의미와 특징, 구성과 내용 등이 드러났고, 후자를 통해서는 이 책이 갖는 이념과 지식 내용, 계몽적 특성 등이 거의 밝혀졌다고 할 수 있다.

그렇지만, 서문이 없고 목차와 본문만으로 구성되어 있어 편찬자나 인쇄 장소 등의 서지 사항에 대해서는 거의 밝혀진 게 없다. 이 책보다 몇 개월 뒤에 간행된 『신정심상소학』이 간행 과정과 취지를 상세하게 설명한 '서문'을 붙이고 서지사항을 첨부한 것과는 대조적이다. 그래서 『국민소학독본』의 편찬자가 구체적으로 누구인지 또 어떤 과정을 거쳐서 인쇄되었는지 등에 대해서는 확정된 견해가 없다. 더구나 간행 주체가 '학부 편집국'이라는 기관으로 표기되어 있어 편찬자를 특정(特定)하기가 더욱 어렵다. 그래서 기존 연구에서는 대개 간행될 당시 관련 부서의 담당자를 중심으로 편찬자를 추정해 왔는

---

50) 대표적인 논문으로는, 김만곤의 「국민소학독본」고」(『국어문학』, 국어문학회, 1979), 이석주의 「개화기 국어 표기 연구」(『논문집』, 한성대학, 1979), 최현섭의 「개화기 학부 발행 국어교과서의 편찬의도」(『논문집』, 인천교대, 1985), 허형의 「한국개화기 초의 교과서 '국민소학독본'에 나타난 주제 분석」(『교육과정연구』, 1993), 윤치부의 「'국민소학독본'의 국어교과서적 구성 양상과 그 의미」(『새국어교육』, 2002), 김혜정의 「근대적 텍스트의 구조적 특성과 함의」(『국어교육』, 2004) 등이다.

51) 대표적인 논문으로는, 김종인의 「'국민소학독본'을 통해 본 개화기의 주거관」(『산업기술연구소논문보고집』, 1989), 구자황의 「독본을 통해 본 근대적 텍스트이 형성과 변화」(『한국 근대문학의 형성과 문학장의 재발견』, 소명출판, 2004), 전용호의 「근대 지식 개념의 형성과 '국민소학독본'」(『우리어문연구』, 2005), 송명진의 「'국가'와 '수신', 1890년대 독본의 두 가지 양상」(『한국언어문화』, 2009)이 있다.

데, 그 가운데 특히 주목을 끄는 것은 전용호의 견해이다.

전용호는『국민소학독본』이 박정양이 학부대신으로 있던 시기(1894, 7.27~1895, 5.31)에 기획되어, 이완용이 학부대신으로 근무하던 시기 즉, 1895년 6월에서 10월 8일 사이에 간행되었다고 한다. 책의 표지에 명기된 간행 시기가 '開國504年 梧秋' 즉, 1895년 음력 7월(양력으로는 8월 20일에서 9월 18일)인데, 그 시기가 바로 이완용이 학부대신으로 있던 때라는 것이다.[52] 필자 역시이 주장이 사실에 가깝다고 보는데, 그것은 당대의 여러 정황과 자료를 참조할 때 그런 사실을 새롭게 확인할 수 있었던 까닭이다.

▲『국민소학독본』

갑오개혁을 추진할 당시 개혁의 주체인 군국기무처는 역점을 두어야 할 교육정책으로 두 가지 안(案)을 가결시켰다. 하나는 총명하고 우수한 자제를 선발하여 외국으로 유학 보내는 것이고(1894년 7월 13일), 둘은 소학교 교과서를

---

52) 앞의 전용호의「근대 지식 개념의 형성과 '국민소학독본'」249면 참조.

학무아문으로 하여금 편찬하도록 한 것(7월 28일)이다. 이에 따라 학무아문은 1895년 3월 25일 칙령 제46호로 제정한 '학부관제'에 따라 명칭을 학부로 고치고 그 산하에 대신방(大臣房), 학무국, 편집국을 설치하였다. 편집국에서는 교과서를 편집하고 외국의 책을 번역하거나 기존에 출간되어 이용되던 책을 교과용 도서로 인정해서 사용하도록 하는 업무를 담당하게 했다. 신교육을 실시하기 위해 가장 시급한 과제가 소학교육이라고 판단하고 소학교에서 쓰일 교과서 편찬을 규정한 것이다.

여기에 따르면 교과서 편찬이 계획된 것은 1894년 7월 이후지만, 실무 부서를 두어 편찬에 착수한 것은 1895년 3월 25일 이후로 볼 수 있다. 그런 다음 정부는 일본공사에게 훈령을 보내 참조할 책을 구하라고 지시한다. 1895년 5월 1일 외부대신 김윤식이 주일공사관 사무서리 한영원에게 "금번 학부에서 관립사범학교 및 소학교 교사의 교육서를 편찬하는 바 이에 참고하기 위하여 일본 심상사범학교와 고등사범학교의 교과서 및 참고서 각 1부를 구득하여 보낼 것"을 지시하였다. 1895년 8월까지 교과서가 간행되어야 8월에 설립되는 서울의 관립소학교에서 교육을 실시할 수 있었기 때문이다.

"외부대신 김윤식이 주일공사관사무서리 한영원에게 훈령하여 금번 학부에서 관립사범학교 및 소학교교사의 교육서를 편찬하는 바 이에 참고하기 위하여 일본 심상사범학교와 고등사범학교의 교과서 및 참고서 각 1부를 구득하여 보낼 것을 지시하다."[53]

이런 일련의 상황을 고려하자면, 『국민소학독본』은 1895년 3월 하순부터

---

53) 舊韓國外交文書 3日案 3623號, 高宗 32年 5月 1日, 국사편찬위원회 한국사 데이터베이스 (http://db.history.go.kr) 참조.

기획되어 5월 이후 일본 교과서를 참조해서 편집되고, 오추(梧秋)인 7월에 간행되었다고 할 수 있다. 물론 일본에 훈령을 보내기 이전인 1894년 7월 이후 기획되었다고 볼 수도 있으나, 그것은 대략적인 것이지 단원의 구성과 내용까지를 염두에 둔 세부 기획은 아니었을 것이다. 『국민소학독본』에 수록된 글의 대부분이 일본 교과서에 나오는 까닭이다. 그렇다면 『국민소학독본』이 편집·간행된 것은 3월 하순에서 6월까지, 불과 4개월 정도였을 것으로 추정된다. 네 달도 안 되는 시기에 가건물을 짓듯이 제작되었고, 그러다 보니 여러 곳에서 오자가 발견되고, 학생들의 수준도 고려하지 않은 채 일본책을 그대로 옮기는 난맥상을 드러낸 것이다.

그렇다면 책의 편찬 실무를 담당했던 인물은 누구인가? 전용호는 북한에서는 이 시기 소학교 교과서 편찬 책임자로 이상재(1850~1927)를 언급한다는 사실을 소개하는데, 필자 역시 당시 실무 담당자가 이상재였다는 점에서 『국민소학독본』 편집을 주도한 인물은 이상재였던 것으로 생각한다. 이완용이 학부대신으로 있고, 박정양이 내각총리로 있던 시절 내내 학부에서 실무를 봤던 인물은 학부참서관(學部參書官) 이상재였다.[54]

	김홍집·박영효 내각 (1894. 12. 17-1895. 5. 21)	박정양·박영효 내각 (1895. 5. 31-1895. 8. 23)	박정양·유길준 내각 (1895. 8. 24-1895. 10. 8)
박정양	학무·학부대신	총리대신	총리대신
이완용	외무협변	학부대신	학부대신
이상재	학무참서관	학부참서관	학부참서관
윤치호	학무참의	학부협판	외부협판

---

54) 표는 한철호의 『친미개화파연구』(국학자료원, 1998) 103면에서 인용하였다.

이상재는 박정양의 개인비서를 13년간 수행하면서 박정양이 초대 주미대사에 임명되자 그를 따라 미국으로 건너가 1등서기관으로 근무하면서 미국을 유람하였다. 1887년 10월부터 다음해 10월까지 1년간 박정양 일행을 따라 미국을 둘러보면서 이상재는 미국의 정치와 사회제도 등에 깊은 감화를 받았고, 특히 교육에 대해서 많은 관심을 보였다. 그런 관심을 바탕으로 이상재는 미국에서 돌아온 후 박정양 내각이 출범한 1895년 5월 31일부터 명성황후 시해가 일어났던 10월 8일까지 '학부참서관'으로 근무하면서 각종 교육개혁을 주도한다. 박정양 등 개혁파 인사들은 대부분 서구의 교육제도에 대해 많은 지식과 호감을 갖고 있었고, 조선이 서구와 같은 문명강국이 되기 위해서는 무엇보다 교육이 급선무라는 것을 잘 알고 있었다. 그래서 이들은 정권을 잡은 뒤 교육 개혁에 박차를 가하는데, 『국민소학독본』은 그 과정에서 산출된 결과물이다.

▲ 이상재

그런 관계로 책에는 박정양, 이완용, 이상재 등 당대 개화파의 세계관이 투사되어 있는데, 특히 『미속습유(美俗拾遺)』의 몇몇 구절이 『국민소학독본』에 삽입된 것을 목격할 수 있다. 『미속습유』는 박정양이 주미전권공사 시절 미국에서 쓴 일기와 각종 자료를 바탕으로 미국에 관한 여러 정보를 담은 총 90항으로 된 미국 견문기이다. 박정양은 미국에 머무는 동안(1888, 1.1~11.27) 자주외교를 전개하는 한편, 자신의 시찰·견문 사항을 낱낱이 「해상일기초(海上日記草)」·「미행일기(美行日記)」·「종환일기(從宦日記)」 등에 적어 두었고, 귀국 후 이를 바탕으로 총 90면, 44개 항목으로 된『미속습유』를 편찬하였다. 책으로 간행되지 않은 수고(手稿) 형태로 된 책이지만 고종을 비롯한 정부 요로의 관리들에게 읽혀 미국의 실정을 이해하고 대미정책을 고안하는 데 많은 영향을 준 것으로 평가된다.[55] 뒤의 표에서 볼 수 있듯이 「아미리가 독립1-3」에는『미속습유』의 내용이 일부 삽입되어 있는데, 이는 교재의 편찬과정에서 이 책이 일정하게 참조되었음을 말해준다.[56]

『국민소학독본』과『高等小學讀本』

그렇지만 결정적인 참고서 역할을 한 것은 일본의 『高等小學讀本』이었다. 『고등소학독본』은 일본 '문부성편집국' 간행의 책으로, 표지에는 '소학교과용서(小學校教科用書)'라는 문구가 적힌 것을 볼 수 있다. 『고등소학독본』이 소학교용 교재라는 것을 알 수 있는데, 당시 일본의 소학교는 1886년 '소학교령'에 의거해서 심상소학교와 고등소학교로 나누어져 있었다. 심상소학교는 의무교육으로 4년제이고, 고등소학은 그 후의 4년 과정이었다.

---

55) 한철호,『친미개화파 연구』, 국학자료원, 1998, 39-55면.

56) 『미속습유』와『국민소학독본』의 관련성은 한철호의『친미개화파 연구』1장 제2절 및 전용호의 앞의 논문 참조.

『고등소학독본』은 이 고등소학교에서 사용되었던 교재로, 심상과를 마친 고등과 학생들이 배우는 7권짜리 교과서였다.[57] 책의 서문에 언급되어 있듯이 이 책을 배우는 아동은 심상과를 이미 마친 상태이고, 그래서 책의 내용을 상대적으로 어렵게 했다고 한다. 그리고, 지리에 관한 사항은 일본의 유명 대도시, 명승지의 기사로 시작하여, 중국, 구미 여러 나라, 일본과 친밀한 관계가 있는 대도시의 정황을 간단히 설명하는 식으로 서술했으며, 역사는 일본 고금의 저명한 사건을 기술하여 아동들에게 황실을 존경하고, 국가를 사랑하는 마음을 함양시킬 것을 기대한다고 적고 있다.

▲『고등소학독본』(일본)

---

57) 『高等小學讀本』의 서문에는 8권이 개발될 것이라고 밝혔으나, 1895년까지는 7권밖에 간행되지 않았다. 그것은 이 책과 함께 간행된 사전, 즉 『高等小學讀本 字引』의 표지에 '自一至七'로 되어 있고, 실제 내용도 7권까지밖에 없다는 데서 확인된다. 필자가 확인한 8권은 1904년도에 간행되었다. 따라서 조선의 『국민소학독본』이 참조한 책은 『고등소학독본』 7권이라고 할 수 있다.

서언(緖言)

― 이 책은 본국(本局)이 편찬하게 된 심상소학독본에 이어 고등소학과 제1학년 처음부터 제4학년 마지막까지, 아동에게 독서를 가르치는 용도에 이바지하기 위하여 편찬한 것으로, 전부 8권으로 되어 있다.

― 이 책을 배우는 아동은, 이미 조금씩 지식을 습득했기 때문에, 본 교재 도, 따라서 고등의 사항을 선택하지 않을 수 없었다. 또한 언어, 문장을 가 르치는 목적은, 모든 학술, 공예의 단서를 여는 것에 있기에, 본 교재가 차츰 어려워지는 것은, 자연의 순서인 것이다. 그렇기에 본서에는, 도덕(수신), 지리, 역사, 이과 및 농공상의 상식에 중요한 사항들을, 그 주지(主旨)의 난 이도에 따라, 함께 제시하도록 했다.

― 이 책에 기술한 수신 상의 사항은, 성현의 격언, 가르치는 뜻과 같이, 건장한 신체를 기르고, 오로지 소설, 비유, 속담, 전기, 시가 등을 가르쳐, 아 동의 유쾌심을 환기시키고, 통독할 때에 자연스럽게 지혜와 용기의 기력을 양성하여, 고분고분하고, 정숙하고, 우애의 정을 알게 하여, 아동에게 자신 의 몸을 애중하게 하고, 그 뜻을 고상하게 하기를 기대한다. (중략)

― 이 책에 대해서는 문장은, 화려하기만 하고 아순하지 않는 것보다는, 오히려 그 기술하는 사항의 가치를 소중히 여기는 것으로, 그 문체는, 가능 한 간단명료하며, 이해하기 쉬운 것을 주로 하였다. 한편 문자는, 신기하기 만 하고 배우기 어려운 것은, 그 단원의 끝에 요점만을 적고, 거기에 주석을 달았으며, 또한 읽기 어려운 지명, 인명에는, 후리가나(한자 옆에 다는 토) 를 달았고, 원어를 그대로 쓴 곳에는, 그 아래에 알파벳을 써 넣어 대조하기 편하도록 하였다.[58]

---

58) 「緖言」,『高等小學讀本』, 文部省編輯局, 1988. 11, 1-5면 번역.

『고등소학독본』은 이런 취지를 바탕으로 '고분고분하고 우애의 정을 아는 아동'을 기르는 데 목적을 두었다고 한다. 우리의『국민소학독본』이 학생들의 수준을 고려하지 않은 채 임의로 단원을 배치한 것과는 확연히 다른 모습이다. 말하자면『고등소학독본』은 내용만을 전달하기 위해 만들어진 교재가 아니라 아동들의 발달 상태와 장차 육성하고자 하는 인간상까지 염두에 둔, 정교하게 고안된 국어과 교재라는 것을 알 수 있다.

그렇다면『국민소학독본』은 이『고등소학독본』을 어떻게 수용하고 변형했는가? 아래 표에서 볼 수 있듯이,『국민소학독본』에 수록된 단원의 대부분은 일본 교과서와 제목이 거의 동일하다. 내용 역시 일본책을 거의 옮겨놓다시피 해서 준비 없이 매우 급박하게 만들어진 것을 알 수 있다.「吾國」을「대조선국」으로,「東京」을「한양」으로,「吾家」를「아가(我家)」로 하는 등 우리의 사정에 맞게 단어를 조정하거나,「植物ノ增殖」을「식물변화」로,「苦学ノ結果」를「싸흴드」로,「貨幣ノ必要」,「貨幣ヲ論ズ」,「貨幣ノ商品タルベキ價格」등의 내용을 통합해서「전(錢)」으로 조정하는 등의 변화를 볼 수 있다. 이러한 제목의 조정과 함께 『국민소학독본』은 크게 세 가지 방식으로 일본의『고등소학독본』을 옮겨 놓은 것을 볼 수 있는데, 1)모방과 조정, 2)요약과 축소, 3)발췌와 정리이다.

	국민소학독본	高等小學讀本 (권-과)	미속습유(박정양)	비고
1	대조선국	吾國(1권-1과)		유사
2	광지식	知識ヲ得ルノ方法(1-2)		동일
3	한양	東京(1-5)		유사
4	아가(我家)	吾家(1-7)		유사
5	세종대왕기사	×		집필
6	상사급교역	商賣及交易(1-16)		동일
7	식물변화	植物ノ增殖(2-26)		동일
8	서적	書籍(1-35)		동일
9	이덕보원(以德報怨)	怨ニ報ユルニ德ヲ以テス(2-7)		동일

	국민소학독본	高等小學讀本(권-과)	미속습유(박정양)	비고
10	시계	時計(1-26)		동일
11	낙타	駱駝(3-19)		동일
12	조약국	條約國(4-7)		유사
13	지식일화	知識ノ話(4권)		동일
14	윤돈1	倫敦(6-8)		동일
15	윤돈2	倫敦(6-8)		동일
16	풍(風)	風(1권)		동일
17	근학(勤學)	勤學の歌(4-3)		동일
18	봉방(蜂房)	蜂房(5-14)		동일
19	지나국1	×		집필
20	전(錢)	貨幣ノ必要(5-1), 貨幣ヲ論ズ(5-2), 貨幣ノ商品タルベキ價格(5-20)		유사
21	뉴약(紐約)	紐約克(4-29)		동일
22	을지문덕	×		집필
23	경렵(鯨獵)	鯨獵(3-10)		동일
24	노농석화	老農ノ談話(3-32)		동일
25	시간각수	時間ヲ守ル可シ(5-34)		동일
26	지나국2	×		집필
27	까휠드1	苦學ノ結果1(5-11)		동일
28	까휠드2	苦學ノ結果2(5-12)		동일
29	기식(氣息)1	通氣(4-22)		유사
30	기식(氣息)2	〃		〃
31	아미리가발견1	亞米里加發見(4-12)		동일
32	아미리가발견2	亞米里加發見(4-13)		동일
33	아미리가독립1	×	開國事蹟, 獨立事情, 民主幷歷史	집필
34	아미리가독립2	×		집필
35	아미리가독립3	×		집필
36	악어	鰐魚(4-4)		동일
37	동물천성	動物ノ天性(4-32)		동일
38	합중국광업	合衆國ノ鑛業(5-29)		동일
39	원소	元素(5-31)		동일

	국민소학독본	高等小學讀本(권-과)	미속습유(박정양)	비고
40	성길사한1	×		?
41	성길사한2	×		?

모방과 조정

『국민소학독본』의 첫 단원은 「대조선국」이다. 조선의 학부에서 간행한 최초의 근대 교과서라는 점에서 자국에 대한 소개로 책을 시작하는 것은 자연스러운 일이라 할 수 있다. 조선은 아시아 주에 있는 한 왕국이고 독립국이며 오랜 역사를 갖고 있는 나라라는 것. 이런 내용은 일본『고등소학독본』의 첫 단원을 그대로 차용한 것으로, 주어만 일본에서 조선으로 바꾸어 놓았다. 일본이 자국을 '제국'으로 표현한 데 반해 조선은 '왕국'으로 표현했고, 조선의 실정에 맞게 지형과 기후의 특성을 조정해 놓았다.

① 우리 大朝鮮은 亞細亞洲 中의 一王國이라 其 形은 西北으로서 東南에 出흔 半島國이니 氣候가 西北은 寒氣 甚ㅎ나 東南은 溫和ㅎ며 土地ᄂ 肥沃ㅎ고 物産이 饒足ㅎ니라 世界萬國 中에 獨立國이 許多ㅎ니 우리 大朝鮮國도 其 中의 一國이라 檀箕衛와 三韓과 羅麗濟와 高麗를 지난 古國이오 太祖大王이 開國ㅎ신 後 五百有餘年에 王統이 連續흔 나라이라 吾等은 如此흔 나라에 生ㅎ야 今日에 와서 世界萬國과 修好通商ㅎ야 富强을 닷토ᄂ 찍에 當ㅎ얏시니 우리 王國에 사ᄂ 臣民의 最急務ᄂ 다만 學業을 힘쓰기에 잇ᄂ니라 또한 나라의 富强이며 貧弱은 一國 臣民의 學業에 關係ㅎ니 汝等 學徒ᄂ 泛然이 알지 말며 學業은 다만 讀書와 習字와 算數 等 課業을 修흘ᄲ니아니오 平常 父母와 敎師와 長上의 敎訓을 조차 言行을 바르게 ㅎ미 最要ㅎ니라(띄어쓰기, 밑줄-인

용자)[59]

② 吾大日本ハ、亞細亞洲ノ一帝国ニテ、其形ハ、東北ヨリ西南ニ向ヒ、ホソ長キ島
國ナルニヨリ、氣候モ從テ變化スレド、概シテ温和ニシテ、其土地ハ肥エ、産物ニモ富
ミタリ. 世界萬國ノ中ニテ、独立國ト云ヘルモノ、其數多シ. サレド、萬世一系ノ天子、
是ヲ統御シ給ヒテ、二千年餘連續セル國ハ、吾國ノ外ニ其類アラズ. 吾等ハ、斯ル國ニ
生レ、而モ今日ハ、萬國ト富強ヲ競フベキ時ニ當レリ. 故ニ此帝國ノ臣民タル吾等ガ
務ヲ盡サンニハ、只力ヲ致シテ學問スルニアリトス. 學問トハ、唯讀書、習字、算術等
ノ課業ヲ修ムル「ノミヲ謂フニ非ず. 常ニ教師、父母、及長上ノ教ニ從ヒテ、言行ヲ正
シクスル「ハ、其最ド緊要ナルモノトス.(밑줄-인용자)[60]

(우리 대일본은 아시아주의 한 제국으로, 그 모양은 동북보다 서남을 향해
가늘고 긴 섬나라로 되어 있어, 기후도 따라서 변하나 대개는 온화하고, 그 토
지는 비옥하고 생산물도 풍부하다. 세계만국 중에서 독립국이라고 말할 수 있
는 나라는 그 수가 많다. 그러나 만세일계의 천자, 이를 통어하시어 이천년 이
상을 이어온 나라는 우리나라 외에는 없다. 우리들은 이런 나라에 태어나, 게
다가 오늘은 여러 나라와 부강을 경쟁해야 하는 시대에 처하였다. 그러므로
이 제국의 신민이라는 우리들이 책임을 다하려면, 다만 노력하여 학문을 하는
데 있다. 학문이란 오직 독서, 습자, 산술 등의 과업을 배우는 것만을 말하는
것이 아니라, 언제나 선생님 부모 및 윗사람의 가르침에 따라 언행을 바르게
하는 것은 그 가장 긴요한 점이다.)

①과 ②를 비교해 보면, 주어와 술어가 같을 뿐만 아니라 문장의 형식 역시
거의 동일하다. 기후와 토지를 말하고, 이어서 독립국이라는 사실을 강조하면

---

59) 『국민소학독본』, 학부편집국, 1895, 4면. (『국민소학독본』은 『한국개화기교과서 총서1』(한국
학문헌연구소편, 아세아문화사, 1977) 수록본을 텍스트로 하였다.)

60) 『高等小學讀本 1』, 文部省編輯局, 1888, 1-2면.

서 지난 과거의 역사를 언급하고, 마지막으로 학생들에 대한 당부의 말을 덧붙이고 있다. ①은 ②를 거의 옮겨놓았다고 해도 지나친 말이 아니다. 그럼에도 '대일본'을 '대조선'으로 바꾸고, 나라의 형태를 우리나라에 맞게 조정한 것을 알 수 있는데, 이런 데서 일본과는 다른 우리 교과서로서의 특성을 확인할 수 있다. 특히 밑줄 친 ②에서 볼 수 있는 것은 천황 중심의 민족 관념이다. 일본 민족은 '동조(同祖)의 혈류(血類)'이며, '만세일계의 황위는 곧 민족의 시조인 천조(天祖)의 영위(靈位)'라는, 다시 말해 일본인은 조상이 동일한 혈족적 유연관계로 맺어진 하나의 민족이고, 황실은 이 민족의 종가로서 만세일계의 황위의 지고성과 주권설을 지닌다는 내용이다.[61] 그런데, 이런 구절은『국민소학독본』인 ①에서는 "세계만국 중에 독립국이 허다ᄒ니 우리 대조선국도 기 중의 일국이라"고 하여, 독립국으로서의 우리의 위상을 강조하고, 이어서 "檀箕衛와 三韓과 羅麗濟와 高麗를 지난 古國이오 太祖大王이 開國ᄒ신 後 五百有餘年에 王統이 連續ᄒ 나라"라고 서술한다. 일본은 역성(易姓)혁명이 없이 2천년간 황통이 이어진 나라이지만, 우리는 그와는 달리 계속해서 왕조가 바뀌었다는 것, 하지만 그럼에도 불구하고 독립국으로서의 위상을 유지해 온 '고국(古國)'이라는 사실을 강조한다. 일본과는 다른 우리의 역사와 처지를 서술한 것으로, 우리 현실에 대한 자의식이 짙게 투영되어 있는 것을 볼 수 있다.

이런 식의 서술은 「조약국」에서도 동일하게 나타난다. 두 책의 첫 단락은 동일하지만, 두 번째 단락은 각국의 사정에 맞게 서술되어 내용이 서로 다르다.『국민소학독본』은 우리 군주 폐하께서 일본과 수교통상조약을 맺은 이후

---

61) 교과서가 간행된 1888년 당시 일본에서는 일본 고유의 역사와 전통을 토대로 한 민족 관념을 통해서 맹목적인 서구화의 폐해를 극복하자는 움직임이 강하게 일고 있었는데, "萬世一系ノ天子ᆞ是ヲ統御シ給ヒテ_二千年餘連續セル國"(만세일계의 천자, 이를 통어하시어 이천년 이상을 이어온 나라)라는 주장은 이러한 천황 중심의 민족 관념에서 비롯된 표현이다. 함동주의『천황제 근대국가의 탄생』(창비사, 2009) 161-162면 참조.

조약을 원하는 나라가 끊이지 않아 마침내 8개 나라와 조약을 맺었다는 내용이고,『고등소학독본』은 30년 전인 덕천막부가 미국과 가조약을 조인한 이래 여러 나라에서 조약을 청해 와 오늘날 19개국에 이르렀다는 내용이다. 각국의 사정에 맞게 조약국의 수와 유래를 소개하였다.

그런데 마지막 단락에서는 확연한 차이를 보이는데,『고등소학독본』에서는 각 조약국의 대도시를 거론한다. 중국의 북경, 합중국의 뉴욕, 보스톤 등과 영국의 런던, 프랑스의 파리, 독일의 백림 등을 나열하고 이 도시들은 모두 세계 굴지의 도시인 까닭에 순차적으로 이 도시들의 정황을 (교과서에서) 소개하겠다는 내용이다. 그렇지만『국민소학독본』에서는 이와는 달리 조선을 보는 외국의 시선을 소개한다. 즉, 외국의 평론에는 우리나라를 소국이기 때문에 약하고 가난하다고 하지만 나라의 빈부강약은 크기의 대소에 있지 않다는 사실을 말하고, 그 사례로 영국과 프랑스와 독일을 들고 있다. 빈부강약은 개화 여부와 인민의 임금을 존중하고 나라를 사랑하는 마음의 유무에 있다는 것, 그런 관계로 임금을 존중하고 나라를 사랑하는 마음을 잠시라도 잊지 말라는 당부로 글을 맺는다. 일본책을 모방했지만 세부 내용을 조선의 현실에 맞게 조정하고 학생들에게 당부하는 말을 덧붙여 민족적 자의식을 드러낸 것이다.

요약과 축소

『국민소학독본』은 한편으로 일본 교재를 축소하거나 요약해서 수록하기도 하였다.『고등소학독본』이 내용을 상세하게 서술하는 식이라면,『국민소학독본』은 그것을 간략하게 정리해서 핵심만을 제시하였다. 「시계」, 「낙타」, 「지식일화」, 「봉방」, 「경렵」 등 단원의 대부분이 그러하다. 학생들의 수준과 편의를 고려해서 단원을 서술하기보다는 내용만을 간략하게 요약해서 전달하고자 했던 것이다. 18과 「봉방」의 경우, 『국민소학독본』은 3단락으로 되어 있지만 『고등소학독본』에는 한 단락이 더 많은 4단락으로 되어 있다. 중간의 한 단락을 생략하고 내용을 간결하게 정리한 뒤 『국민소학독본』에 수록했고, 그래서 수록된 단락의 내용은 거의 같은 것을 볼 수 있다.

① 蜜峰은 山野에 잇스느 그 蜜과 蠟을 爲ᄒ야 人家에도 길으며 體客이 小ᄒ야 三四分에 지느지 안코 全身의 微黃色 毛가 잇고 背느 淡黑이오 翅느 灰白이라 그 種類느 雄蜂 雌蜂 工蜂에 分ᄒ니라 (중략) 蜜蜂 中에서 蜂王이 될 者느 그 어릴 째 廣大ᄒ 圓形宮殿에서 花液汁으로 醸成ᄒ 飲食을 享ᄒ고 여름이 되어 蜂數가 漸漸 더ᄒ야 房中이 充滿ᄒ면 他處를 求ᄒ고져 ᄒ야 幼王이 一群을 거느려 外征ᄒ야 植蜂ᄒᄂ니라[62]

② 蜜蜂ハ、山野ニ栖ム者ナレモ、基蜜ト蠟トヲ取ランガ爲ニ、人家ニ養フ多シ. 基形ハ、小サクシテ、長サ三四分ニ過ギズ。全身ニハ、微黃色タ毛アリ、背ハ、淡墨ニシテ、翅ハ、灰白色ナリ。基種類ハ、雌蜂、雄蜂、工蜂ノ三鐘アリ。(중략) 又蜂蜜中ノ蜂王トナルベキ者ハ、其幼稚ナル時、頗ル廣キ圓筒形ノ宮室ニ養ハレ、花ノ液汁ヨリ醸成セル滋味ノ食物ヲ食フ。夏季ニ至リテ、蜂數漸ク增加シ、其蜂房内ニ充滿スルハ、他ニ住所ヲ搜索センガ爲ニ、幼蜂王、是ヲ率テ一群ノ殖民ヲ派遣スルナリ。[63]

(꿀벌은, 들과 산에 사는 것이지만, 그 꿀을 채취하기 위해서, 인가에서 기르는 경우가 많다. 그 모양은, 작고, 길이는 삼사분에 지나지 않는다. 전신에는, 미세한 노란 털이 있고, 등은 엷은 흑색이며, 날개는, 회백색이다. 그 종류에는, 수벌, 암벌, 일벌의 세 종류가 있다. (중략) 또한 벌 중의 왕벌이 될 것은, 그 어릴 때에, 굉장히 넓은 원통형 궁실에서 키우고, 꽃의 액즙으로 양성시킨 자양분 있고 맛있는 음식을 먹는다. 여름에 이르러, 벌의 수가 차차 증가

---

62) 『국민소학독본』, 학부편집국, 1895, 23-24면.

63) 『高等小學讀本 5』, 文部省編輯局, 1888, 56-60면.

하며, 그 벌집 안에 가득 차면, 다른 살 곳을 찾기 위해서 어린 왕벌, 그리고 이 것을 따르는 한 무리의 식민을 다른 곳으로 보낸다.)

①과 ②를 비교해 보면, 『국민소학독본』에 수록된 ①이 『고등소학독본』에 수록된 ②를 그대로 번역해 놓았다는 것을 알 수 있다. 내용뿐만 아니라 술어와 토씨까지 동일하고, 단락 구분 역시 일본책을 그대로 따르고 있다. 다만, 일본책은 마침표와 쉼표를 사용하여 띄어쓰기의 효과를 내고 있지만, 우리 교과서는 아직 부호에 대한 자각이 없었는지 부호를 전혀 사용하지 않았고 띄어쓰기도 하지 않은 것을 알 수 있다.

이와 같은 '요약과 축소'는 두 책에서 동일한 제목으로 되어 있는 단원 거의 전부에서 목격된다. 25과 「시간각수」와 동일한 「時間ヲ守ル可シ」(5-34)의 경우, 첫 단락과 두 번째 단락은 거의 같은 내용이나. 첫 단락에서는 사람이 세상에 입신을 못하는 것은 시간을 지키지 않았기 때문이고, 또 자신의 직업을 조심성 없이 행하는 사람은 남의 시간을 방해하는 일이 많다는 것을 말하며, 시간을 잘 지킨 사례로 미국 대통령 조지 워싱턴을 들고 있다. 두 번째 단락은 두 책 모두 가 워싱턴의 일화로 되어 있는데, 『국민소학독본』에는 일화가 한 개만 소개되지만, 『고등소학독본』에는 두 개가 소개된다. 그리고 세 번째 단락에서는 두 책 모두 길거리에서 우연한 만난 두 친구의 사례를 통해 시간을 지킨 경우는 성공했고, 그렇지 않은 경우는 실패했다는 것을 소개한다. 그런데 『고등소학독본』에서는 독립된 단락으로 '어릴 때부터 시간을 지키는 습관을 길러야 한다'는 것을 강조하지만, 『국민소학독본』에서는 앞의 일화 끝에 그런 내용을 간략히 덧붙여 글을 마무리하였다. 말하자면 『국민소학독본』은 『고등소학독본』을 거의 번역해 놓다시피 했으나, 일화의 수를 줄이고 내용을 간결하게 요약해서 핵심만을 전하고 있다. 일본 교과서의 내용을 보편적인 것으로 받아들이고, 그것을 통해 국민들을 개화시키려는 당대 정부의 의지를 보여준 것이다.

국어 교과서의 탄생

발췌와 정리

『국민소학독본』에서 목격되는 또 다른 특성은 발췌와 정리이다. 『고등소학독본』의 여러 단원에서 필요한 부분을 발췌하거나 정리해서 한 단원으로 만들어 『국민소학독본』에 수록한 경우이다. 20과의 「전(錢)」은 『고등소학독본』 5권의 「貨幣ノ必要」(1과), 「貨幣ヲ論ズ」(2과), 「貨幣ノ商品タルベキ價格」(20과), 「貨幣ノ鑄造」(21과)를 정리해서 만든 단원이다. 「전」의 첫 단락은 「貨幣ノ必要」의 첫 단락과 동일하고, 나머지 부분은 「貨幣ノ商品タルベキ價格」와 「貨幣ノ鑄造」에서 한 두 문장씩 따와서 정리하였다.

① 錢은 物貨의 交易을 便히 ᄒᆞᄂᆞᆫ 거시라 假令 冠 ᄑᆞ는 塵의셔 冠를 팔아 그 錢으로 米를 사면 이ᄂᆞᆫ 곳 冠과 米와 交易ᄒᆞᄂᆞᆫ 分數ㅣ라 故로 錢의 所用은 二箇 商品을 交易ᄒᆞᄂᆞᆫ ᄉᆞ이에 드러 그 媒ㅣ 될 ᄲᅮᆫ이니라 元來 交易은 物貨와 物貨의 交換이라 故로 太古 時節에ᄂᆞᆫ 錢을 쓰지 안코 各各 物貨를 交易ᄒᆞ더니 人智가 開ᄒᆞ기에 隨ᄒᆞ야 彼此의 交際가 煩雜ᄒᆞ고 物貨의 需用이 增加ᄒᆞ미 運用에 便利ᄒᆞᆫ 錢이 업스면 엇지 人間의 交易을 融滑케 ᄒᆞ리오 物貨를 交換ᄒᆞ기에 便利ᄒᆞᆷ을 爲ᄒᆞ야 貨幣에 金銀과 白銅과 赤銅으로 此 交易에 適當ᄒᆞᆷ은 左列ᄒᆞᆫ 緣故ㅣ니라[64]

② 今日、世ノ中ニ何故ニ貨幣ヲ用フルゾト云フニ、物品ノ交易ヲ便ナラシメンガ爲ニ用フルナリ. (중략) 例ヘバ、一ノ帽子商アリ、我商品タル帽子ヲ賣リテ、貨幣ヲ得テ、其貨幣ニテ、米屋ヨリ、其商品タル米ヲ買フハ、是レ即チ帽子ト米トヲ交易シタルナリ. 故ニ、貨幣ハ、此二個ノ商品ヲ交易スル間ニ居リテ、其媒介ヲ爲スニ過ギザルモノナリ. (중략) 元來、交易ハ、物ト物トヲ交換スル事ナレバ、太古ノ人民ハ、皆直接ノ物品交易ヲ爲シタリ. 然レ、各人ノ交際、漸ク錯雜シ、需要スル物品モ、增加スルニ從ヒ、斯ル古風ノ交易ハ、實際ニ行フベカラズ. 今、試ニ此世界ニ貨幣ノ通用絶テナシ

---

64) 『국민소학독본』, 학부편집국, 1895, 25-26면.

ト思フベシ. 然ルハ、諸人ノ交易ノ有樣ハ、如何ガアルベキゾ. (중략) 故二、貨幣ヲ使
用スル交易ハ、極テ輕便ニシテ、直接二物品ヲ交換スルハ、却テ不便困難ナルノ理由、
自ヲ明瞭ナラン.[65]

　　(오늘날, 세상은 어째서 화폐를 사용하느냐고 이르는데, 물품의 교역을 편
리하게 하기 위해서 사용하는 것이다. (중략) 예컨대, 한 모자상이 있다. 자기
상품인 모자를 팔아서 화폐를 얻고, 그 화폐로 쌀가게에서 쌀을 사면, 이것이
바로 모자와 쌀의 교역이다. 따라서 화폐는 두 개의 상품을 교역하는 사이에
있는, 그 매개를 행할 때 과하지 않은 물건이다. (중략) 원래 교역이 물건과 물
건을 교환하는 것이라면, 먼 옛날의 인류는 모두 직접적인 물품 교역을 행하
였다. 하지만 각자의 교제는 점차로 착잡해지고 수요 물품도 증가함에 따라,
이 고풍의 교역은 실제로 행해지지 않는다. 지금 시험하는 이 세계에 화폐의
통용을 가로막아서는 안 된다고 생각한다. 그러한 모든 사람의 교역의 형편은
여하가 있을 것이다. (중략) 그러므로 화폐를 사용하는 교역을 깊이 연구하고
경편히 하여, 직접적으로 물품을 교환하는 것은 오히려 불편하고 곤란해진다
는 이유로, 스스로를 명료하게 해야 한다.)

　두 글을 비교해 보면, ①은 ②의 「貨幣ノ必要」에서 많은 부분을 발췌하고
있는 것을 볼 수 있다. ①의 첫 문장에서 볼 수 있듯이, '전(錢)'을 주어로 해서
간략하게 정의를 내리고, 그 정의에 맞게 사례를 삽입하여 논지를 전개하였
다. 그런 다음 교역의 편리함을 말하고, 그 편리를 위해서 화폐를 적절하게 만
들어야 한다는 내용을 서술한다. 그 뒤의 내용은 20과인 「貨幣ノ商品タルベ
キ價格」에서 한 단락 정도를 발췌하고, 21과인 「貨幣ノ鑄造」에서 몇 문장을
빌려 정리하고 있다. '돈'이라는 주제에 맞게 내용을 체계적으로 정리한 것이
지만, 이 역시 학습의 수준이나 단계를 고려하기보다는 핵심 내용만을 간추려

---

65) 『高等小學讀本 5』, 文部省編輯局, 1888, 1-3면.

정리한 것임을 알 수 있다.

이렇듯, 『국민소학독본』은 여러 면에서 일본의 『고등소학독본』을 참조하고 모방하였다. 당시 국내에는 근대 교과서의 모델이 될 만한 책이 없었고, 또 단원을 집필할 충분한 시간과 능력을 갖고 있지도 못하였다. 게다가 교과의 내용을 구성하는 교육과정조차 구비되지 않은 상태였기에 교재는 편찬자의 임의적 선택과 판단에 의존하지 않을 수 없었다. 그런 상황에서 개학을 몇 달 앞두고 급하게 교재를 간행해야 했고, 그러다보니 일본에서 구해온 『고등소학독본』을 상당 부분 차용하게 된 것으로 보인다.

하지만 일본 책을 그대로 모방한 것이 아니라 우리의 처지와 현실에 맞게 단원을 선별하고 변용했다는 점에서, 일본 교재의 무비판적 수용이 아니라 우리의 현실 여건에 맞는 선택적 수용이었음을 알 수 있다. 7권이나 되는 방대한 분량의 『고등소학독본』을 우리의 현실에 맞게 변용했다는 것은 그만큼 조선에 대한 자의식이 작동하고 있었다는 것을 말해준다.

근대적 자아와 독립적 주체

『국민소학독본』이 간행된 1890년대는 봉건지배 체제의 몰락과 제국주의 침략에 직면하여 근대 민족주의가 싹트고 형성된 때였다. 개항과 함께 타자에 대한 인식이 싹트기 시작하여 근대화된 서구와 같은 방향으로 발전하고자 하는 동일시의 욕망이 태동하고 청일전쟁 이후 열강들의 이권침탈이 본격화되면서 반제적 인식이 싹트기 시작한 것이다. 『국민소학독본』에는 민족주의가 형체를 갖추기 시작하는 이 초기상태의 모습이 담겨 있다.

먼저 주목할 것은 교재 전반에서 목격되는 '국한혼용의 문체'이다. 『국민소학독본』에서 보이는 국한혼용체는 말만이 혼용체일 뿐 사실은 한자에 토(吐)

를 단 정도지만, 그럼에도 거기에는 한글에 대한 고양된 의식이 투사되어 있음을 볼 수 있다. 한자만을 글이라고 생각하던 시절에 한글과 한자를 혼용했다는 것은 그만큼 한글의 위상이 높아졌다는 뜻인데, 실제로 갑오개혁을 전후로 해서 한글에 대한 의식이 상당히 고조되어 있었다. 1894년에 발표된 고종의 '칙령 제1호'에는 "법률과 칙령은 모두 國文으로 기본을 삼고 漢文으로 번역을 붙이거나 혹은 國漢文을 섞어서 사용한다."라고 되어 있고, 그해 12월에 고종은 종묘에 고하는 글을 국문, 한문, 국한문 세 가지로 작성하여 국문에 대한 한층 진전된 인식을 보여주었다. 이런 흐름이 한문을 완전히 밀어낼 정도로 강력했던 것은 아니지만, 공식어의 영역에서까지 한글이 사용되는 등 국어에 대한 자각이 매우 향상된 것을 알 수 있다. 그런 현실에서 국한혼용체의 교과서를 정부 기관에서 간행한 것인데, 이는 앤더슨의 용어로 말하자면, 지방어(oral vernacular)에 불과했던 한글이 점차 세력어(language-of-power)의 지위로 상승하는, 즉 한자에 의해 통합된 공동체가 점차 분해되고 새롭게 영토화되는 과정[66]이라고 할 수 있다.

『국민소학독본』에서 역사 관련 서술이 상대적으로 큰 비중을 차지하는 것은 그런 민족주의적 흐름과 연결해서 이해할 수 있다. 민족이라는 하나의 공동체를 만들기 위해서는 공통의 정체성을 갖추어야 하는데, 그것을 가능케 하는 손쉬운 방법이 바로 공통의 시간적 기원과 계보학적 연속성을 확보하는 일이다.[67] 단원의 1/3 이상이 역사 관련 내용으로 채워진 것은 그런 견지에서 이해할 수 있는데, 흥미로운 것은 단원 중에서 「세종대왕 기사」와 「을지문덕」을 제외한 나머지 모두는 영국과 미국의 역사를 내용으로 한다는 점이다. 미국을

---

66) 베네딕트 앤더슨, 윤형숙 역, 『상상의 공동체』, 나남출판, 2002, 41면.

67) 채백, 「근대 민족주의의 형성과 개화기 출판」, 『한국언론정보학보』, 한국언론정보학회, 2008 봄, 27면.

소재로 한 단원은 「짜휠드」, 「아미리가 발견1-2」, 「아미리가 독립1-3」 등 10개나 되는데, 이는 미국의 역사를 소개해서 폐쇄된 왕국에 유폐되어 있는 조선을 넓은 세계로 안내하려는 친미 개화파의 의지를 담은 것으로 볼 수 있다. 박정양이 미국을 유람하면서 느낀 바를 기록한 『미속습유』의 한 구절이 「아미리가 독립」에 삽입된 것이나, 미국의 건국 과정을 서술하면서 자주 국가로서의 면모를 언급한 것은 모두 우리를 미국처럼 발전시키자는 근대 지향의 의지로 이해할 수 있다.

교과서의 첫 글로 「대조선국」을 정하고 조선의 역사와 지리, 기후 등을 언급한 것은 그런 점에서 매우 상징적이다. '대조선국'은 글의 제목이자 동시에 교과서 전체를 아우르는 하나의 주체(主體)라 할 수 있다. 조선은 독립국의 하나이고, 역사적으로는 "단군·기자·위만과 삼한과 신라·고구려·백제와 고려를 거쳐 온 오래된 나라이며, 태조 대왕이 개국하신 후 5백여 년에 걸쳐 왕통이 이어진 나라"라는 것. '대일본'을 부정하고 '대조선'으로 주체를 변경하여 중심을 세우고 그 중심의 역사와 문화를 서술해서 우리나라에 대한 자부심과 함께 민족의 정체성을 만들고자 한 것이다. 「조약국」에서 사적 계보와 함께 횡적 위계화를 시도한 것은 우리를 대타화해서 주체적으로 인식하려는 의식의 산물이다. 조선은 현재 독립국의 자격으로 8개 나라와 대등한 조약을 맺고 있으며, 조약국들은 서로 공사(公使)라는 관원을 파견하여 외교 사무를 처리하고, 무역장에는 영사관을 파견하여 무역과 관계되는 일을 처리한다는 것. 박정양 일행이 주미전권공사로 파견되었던 시절에 청나라로부터 갖은 수모를 당했던 사실을[68] 환기하듯이, 조약국 사이의 대등한 관계를 강조하면서 조선

---

68) 고종이 1887년 내무부협판 박정양을 주미전권공사로 임명하고 미국에 파견하려 하자 중국은 조선이 자국의 속국이기 때문에 파견할 수 없다고 적극 반대하였고, 그것이 불가능하자 임지에서 중국공사와 함께 주재국 외무성에 간다, 회의나 연회석상에서 청국공사 밑에 자리

의 정체성을 세우려는 의도를 엿볼 수 있다.

그런 사실은 청나라와의 종속관계가 이제 청산되었다는 진술에서도 나타난다. 청나라와는 원래 형제의 나라였으나 병자년에 중국이 무력으로 침범하고 핍박하여 어쩔 수 없이 종속관계가 되어 몇 백 년 동안 국치를 설욕하지 못했는데, 지금에 이르러 그런 조약은 의미를 상실했고, 이제 중국과는 차등 없는 나라가 되었다. 또 우리나라를 소국이기 때문에 약하고 가난하다고 하는데 이 역시 옳지 못하며, 임금을 중심으로 단결한다면 부강해지리라는 내용이다. 민족이라는 개념이 홀로 만들어지는 것이 아니라 타자와의 대비를 통해 형성된다는 사실을 염두에 두자면, 이런 진술은 외국의 시선으로 우리를 조망하면서 우리 스스로를 평가하고 대타적으로 위계화한 것이라 하겠다.

「상업 급 교역」에서 사람은 고립하여 생활할 수 없듯이 외국과 교역을 해야 한다고 언급한 사실 역시 같은 맥락에서 이해할 수 있다. 각국은 도지와 기후가 같지 않기 때문에 그 산물이 각기 다르고, 그런 관계로 자연스럽게 서로 부족한 것을 보충할 수밖에 없는데, 그것이 바로 교역이 생기는 이유라고 한다. 여기서 조선의 농업이나 광업 등이 구체적으로 언급되어 조선의 특성이 구체화되지는 않지만, 글의 이면에는 조선을 타국과의 관계 속에서 조망하고 자신의 정체성을 만들려는 주체화 전략이 내재된 것을 알 수 있다.

우리를 상대화해서 이해하고 정립하려는 태도는 우리의 역사를 소환해서 서술한 「세종대왕 기사」와 「을지문덕」에서 한층 구체화되어 나타난다. 역사 인물들의 소환은 과거사의 단순한 환기가 아니라 공동체의 문화적 준거를 마련하는 것으로 볼 수 있는데, 가령 「세종대왕 기사」에서 세종대왕의 업적이

를 잡는다, 중대사건이 있을 때 반드시 청국공사와 미리 협의한다 등 3가지 영약삼단(另約三端)을 준수해야 한다는 조건을 달았다. 그러나 박정양은 미국에서 이를 의도적으로 무시하고 독자적인 외교활동을 했고, 그로 인해 그해 11월 귀국길에 올랐다.

국어 교과서의 탄생

상세히 나열된다. '농사집설(農事集說)'이라는 책을 지었고 형벌의 참혹함을 측은히 여겨 태배법(笞背法)을 없앴으며, '용비어천가'를 지어 조상의 덕을 찬양하였다. 또 외국에는 모두 그 나라의 문자가 있으나 우리나라에는 없기 때문에 훈민정음을 만들었다는 내용이다. 세종대왕의 업적을 나열하면서 그의 공적을 찬양하고 있지만, 사실은 세종의 '인민에 대한 사랑'이 주목되는 것을 볼 수 있다. '인민의 농사를 위하여' 농업 교본을 지었고, 가혹한 형벌을 없앴으며, 인민들의 편의를 위하여 훈민정음을 지었다는 것이다. 세종이 조선시대 왕 가운데 가장 뛰어난 왕으로 평가되는 것은 그의 능력과 함께 백성을 사랑한 어진 임금이었다는 것, 그런 점이 중국의 어느 왕보다도 뛰어나다는 주장이다. 세종대왕에 대한 이런 의미화는 「을지문덕」으로 이어져, 을지문덕은 작은 나라의 장수에 지나지 않으나 뛰어난 지혜와 용맹으로 중국의 백만 대군을 물리쳤다는 사실로 환기된다. 과거 중국을 고목 부러뜨리듯 했으니, 오늘날도 애국심을 분발하여 을지문덕과 같은 인물이 되어야 한다는 주장이다.

이런 주장은 중국이 이제는 섬기는 대상이 아니라 그 몰락상을 반면교사로 삼아야 할 비판과 반성의 대상이라는 인식으로, 이전 시기까지만 하더라도 감히 상상할 수도 없었던 내용이다. 민족주의적 자각이 이루어지는 과정에서 중국 중심의 화이관이 부정되고 점차 자주 국가라는 의식이 분명해진 증거라 하겠는데, 그런 사실은 「지나국 1, 2」에서 한층 구체화되어 드러난다. 여기서는 중국이 오늘날 아편전쟁에서 패하고, 세계로부터 비웃음과 능욕을 당하는 근본 이유를 "문교(文敎)의 실패"라고 진단한다. 공자와 그 후 성현의 가르침이 중국의 문화를 열고 진보시켰으나 후학들이 그 가르침의 실제를 진정으로 연구하지 않고 허문만을 숭상하여 날로 갱신하지 못하였기에 마침내 스스로 포기하는 것이 습성이 되었다는 것이다. 이런 지적을 바탕으로 "임금을 존중하고 나라를 사랑하는 마음"을 기를 것을 학도에게 주문하는데, 여기에 이르면 중국에 대한 사대주의는 거의 사라졌음을 알 수 있다.

지나국은 여차흔 대국이오 고국이오 쏘흔 문화의 선진국이로딕 방금에 점점 쇠잔ᄒ야 인을 모ᄒ고 기를 존ᄒ야 만연히 외국과 흔단을 열어 아편 싸홈에 영국의 패흔 바 l 되고 상차 준준 불성ᄒ더니 또 개흔ᄒ야 영법 동맹군과 싸와 일패도지 ᄒ야 북경 성두에 백기를 세워 원명원을 회신에 위ᄒ고 역대 보물을 견탈ᄒ며 성하에 맹을 걸ᄒ야 허다흔 상금을 닉이고 만주 일부ᄂ 아국에 할ᄒ야 주고 향항은 영국에 점령흔 바 l 되고 안남 섬라 등 남방 번병은 양인의 유린에 일위ᄒ야 국세ᄂ 날노 능이호딕 지금도 중화라 자대ᄒ고 타국을 외이라 멸시ᄒ야 무식 무의 ᄒ야 세계의 치소와 능욕을 감수ᄒ니 가련ᄒ고 가소롭도다(제십구과「지나국 일」에서)

책에서 보이는 반청 자주정신 역시 이런 민족주의적 의식과 연결된다. 주지하듯이, 1895년 당시 중국은 조선의 내정에 대해 일본 이상으로 강압적인 요구를 하고 있었다. 청나라는 일본의 조선 진출을 견제하기 위해 조선으로 하여금 서양 각국과 조약을 맺도록 했고, 이후 조선에서 임오군란(1882)이 일어나자 출병하여 적극 개입했으며, 1884년에는 갑신정변이 일어나자 군사를 보내 3일만에 진압하였다. 그리고 다음해에 일본과 천진조약을 체결하여 양국 군대의 철수를 약속하고, 이후 한국에 출병할 때는 상호 통고하기로 하였다. 그 결과 청국과 일본 군대는 조선에서 철수했지만 청은 원세개(袁世凱)를 조선에 상주시켜 조선의 내정을 본격적으로 간섭하였다. 이런 상황에서 청일전쟁을 계기로 정권을 장악한 개화파 인사들은 중국을 부정하고 서양에 의지해서 개화를 해야 한다는 입장을 강력하게 표명하였다. 이런 역사적 사실을 염두에 두자면 교재에서 언급되는 중국에 대한 조소와 비판은 조선이 더 이상 청국의 간섭을 받지 않겠다는 독립과 자주 선언임을 알 수 있다. 『국민소학독본』은 이런 내용들을 통해 문명개화와 자주 국가를 추구하는 민족주의적 지향을 강하게 표명하였다.

그렇지만, 이를 통한 궁극의 지향이 왕권 강화와 애국심 고취라는 사실에서 아직은 온전한 형태의 민족주의와는 거리가 있다는 것을 알 수 있다. 이런 사실은 앤더슨이 관(官) 주도 민족주의를 설명하면서, 민족주의를 주도하는 계층에는 부르주아 계층이 틀림없이 끼어 있고, 그래서 이들의 애도(哀悼)에는 언제나 연극적 요소가 깃들어 있다고 언급한 사실을[69] 떠올리게 하거니와, 당시 개화 주도세력들은 조선 왕조와 운명을 같이 하는 부르주아 계층이었다는 점에서 이들의 주장은 한계를 가질 수밖에 없었다. 중국의 허문 숭상의식을 비판하면서 오히려 왕국의 충실한 신민이 되기를 소망한 것은 민족을 사회 공동체의 기본 단위로 보고 그 자유의지에 의해 국가적 소속을 결정하는 근대적 의미의 민족주의와는 거리가 먼 것이다.

더구나 「윤돈」, 「뉴약」, 「아미리가 독립」 등에서 알 수 있듯이, 서구 열강에 대한 동경과 선망의 시선 역시 제국주의에 대한 안이한 인식을 보여준다. 「윤돈 1, 2」에서는 인도와 호주 등을 지배한 영국의 거대 제국으로서의 면모는 전혀 언급되지 않고, 단지 문명이 발달하고 세계 각국 사람들로 홍성되는 런던에 대한 부러움만이 표현된다. 「아미리가 독립 1~3」에서는 영국의 경제적·정치적 침략에 맞서 독립을 쟁취한 이야기를 서술하면서 미국의 독립은 워싱턴과 같은 인물의 공이 없었다면 불가능했을 것이라는 사실을 말한다. 이런 내용은 미국이나 영국이 본받아야 할 나라이지 결코 경계와 부정의 대상은 아니라는 것으로, 이후 열강의 이권 침탈과 을사늑약, 고종 퇴위 등의 역사적 사건을 겪으면서 점차 제국주의의 침략적 본질을 깨닫고 경계하기 시작했던 사실에 비추자면, 아직은 소박하고 안이한 수준이다. 물론 이들 단원이 모두 일본의 『高等小學讀本』을 베낀 것이라 하더라도, 민족주의적 자각이 좀 더 성숙했더라면, 취사선택의 과정에서 제국주의에 대한 막연한 공감과 동경만을 표현하지는 않았을 것이다.

---

69) 베네딕트 앤더슨, 윤형숙 역, 『상상의 공동체』, 나남출판, 2002, 148면.

민족주의와『국민소학독본』

『국민소학독본』에는 갑오개혁을 주도한 세력의 정치적 이념과 가치가 투사되어 있다. 갑오개혁이 전근대와의 전면적인 단절을 통해 새로운 시대를 열고자 했듯이,『국민소학독본』역시 전근대 교과서와는 확연히 다른 불연속 선상에 존재한다.『국민소학독본』에는, '소학(小學)'이라는 명칭이 동일하게 사용되고 있음에도 불구하고,『小學』의 내용은 한 줄도 등장하지 않는다. 교과서 편찬 세력이 그만큼 철저하게 과거를 부정하고 새로운 시대를 열망했기 때문이고, 한편으로는 중화 보편주의에서 벗어나 우리의 처지를 냉정하게 자각한 때문이다. 갑오개혁을 근대의 출발로 보는 것은 그런 민족적 자각을 통해 새로운 시대의 패러다임을 제시한 데 있다.

그동안『국민소학독본』이 높이 평가되었던 것도 그런 사실과 무관하지 않다. 조선시대의 교과서와는 달리 근대 지식과 생활을 주된 내용으로 해서 당대 교육계에 경천동지의 충격을 제공했기 때문이다.『국민소학독본』을 두고 '근대적 교과서의 효시'라거나 '개화사상의 원류'라고 했던 것은 모두 그런 사실을 전제한다. 물론 이런 평가와는 달리『국민소학독본』은 일본의『高等小學讀本』을 그대로 옮겨놓았다는 점에서, 우리의 근대가 파행과 불구의 과정이었듯이, 이들 내용 역시 우리 현실과 맞지 않는 대목들이 적지 않은 것을 볼수 있다. 실제로 수록 단원의 70% 이상이 일본 교과서를 그대로 옮겨 놓았다. 하지만 그런 사실에도 불구하고, 모방이란 단순한 베끼기가 아니라, 호미 바바가 지적했듯이, 피식민자가 식민자의 문명을 받아들여 흉내내는 것과 같은 일종의 동일화(同一化) 과정으로 이해할 필요가 있다. 말하자면 선진 문명의 이식이 아니라 선진문명과 교섭하면서 상호텍스트적으로 혼성화되는 과정이 바로 모방이다. 그렇다면『국민소학독본』을 우리나라 최초의 근대 교과서라 평가해도 무방할 것이다. 더구나 이 책은 당대 민족주의의 큰 흐름 속에서 탄생한 근대적 기획의 산물이다. 개항 이후 서구와 접촉하면서 구체적 형체를 갖추기 시작한 민족주의의 흐름이 갑오개혁으로 잠시 솟구치면서 이『국민소학독본』을 탄생시킨 것이다. 말하자면,『국민소학독본』은 국어에 대한 향상된 의식, 우리의 역사와 인물에 대한 긍정적 인식, 당대의 현실적 필요성을 적극적으로 반영해서 편찬한 교재라는 데 의의가 있다.

물론 교과서는 가르치는 사람과 배우는 사람의 상호 교감과 소통을 위한 수단이라는 점에서『국민소학독본』이 아직은 온전한 형태의 교과서라 할 수는 없다. 교과서는 학생들의 발달 상태와 수준을 고려한 교육 매체로서의 기능뿐만 아니라 교육적 가치가 있는 내용을 집약적으로 선정하고 조직한 표본적 매체이다.『국민소학독본』에는 그러한 특성이 상대적으로 빈약하다. 보통학교 학생들이 보기에 지나치게 높은 수준의 교과 내용이나 학습 단계를 고려하지 않은 무작위적 배치와 구성 등은 편찬자의 의도와 이념만이 우선적으로 고려되었음을 보여준다. 사실 학생들의 수준이 고려되고 거기에 맞는 학습 방법이 고민되기 시작한 것은『국민소학독본』출간 다음해에 간행된『신정심상소학』에서부터다. 물론 이 책 역시 일본의『尋常小學讀本』을 중요하게 참조했지만, 그럼에도 이 책은 우리의 현실을 적극 수용하고 거기에 맞게 교과 내용을 구성했다는 점에서 '국어' 교과서의 중요한 성과로 봐도 무방하다. 그렇다면,『국민소학독본』은 조선시대에서 근대로 넘어가는 초기 단계에서 본격적인 교과서의 탄생을 알리는 민족주의의 산물이자 기획물이었다는 점, 개화정부의 근대화에 대한 의지가 적극적으로 반영된 국정 교과서라는 점, 그리고 서구와 일제라는 강국에 둘러 싸여 갈등하는 근대 전환기 지식계의 풍경을 보여주는 문화적 사료라는 점 등에서 그 의의를 찾을 수 있을 것이다.

2) 전통 교육의 계승과 근대적 변용

(-『소학독본』의 경우)

『소학독본(小學讀本)』(1895)은 학부에서 간행한 두 번째 교과서이다. 이 책은 근대화의 흐름이 본격화된 시점에서 간행된 전근대적인 내용의 교재라는 점에 우선 주목할 수 있다. 최초의 근대 교과서로 평가되는『국민소학독본』(1895)을 비롯한『신정심상소학』(1896) 등 학부(學部) 간행의 교재가 거의 대부분 근대 지식과 문물, 서구 사회에 대한 정보를 주된 내용으로 하고 있고, 심지어『신정심상소학』은 집필 과정에서 일본인 다카미 가메(高見龜)와 아사카와 마츠지로(麻川松次郎)이 개입하여 우리보다 학제가 한층 정비된 일본의 직접적인 영향으로 제작되었다. 그런 흐름 속에서 유독『소학독본』만이 전근대적 덕목과 가치를 고색창연하게 담고 있는 것을 볼 수 있다. 더구나『국민소학독본』과『소학독본』은 모두 같은 책임관 밑에서 간행되었다. 두 책은 학무아문의 참서관이었던 이상재가 총괄해서 만든 것으로 추정되는데,[70] 같은 기관에서 불과 몇 개월의 시차를 두고 간행된 교과서가 이렇듯 서로 상반된 내용을 보인다는 것은 그 자체로 기이하고 문제적이다.

---

70) 박득준,『조선교육사(조선부문사 Ⅱ)』(사회과학출판사, 1995) ; 번간『조선교육사』(한국문화사, 1996) 32면. 두 책은 모두 박정양이 총리대신, 이완용이 학무대신, 이상재가 학부참서관으로 있던 시기에 편집되었고,『소학독본』은 민비시해(1895. 10.8) 직후에 간행되었다. 반면『신정심상소학』(1896.2 ; 음력 1895.12.18-12.27)은 아관파천 직후 김홍집 4차 내각 집권기(1895.10.12~1896.2.11일)에 간행되었다.

전통 교육의 수용

근대를 바라보는 입장에 따라 교과의 내용과 구성은 달리질 수 있겠지만, 같은 책임관 밑에서 엇비슷한 시기에 간행된 책들이 서로 다른 내용을 보인다는 것은 잘 납득되지 않는다. 물론, 개화기 교과서 개발이 교육과정과 연계되지 않은 채 현실적 요구에 의해 무원칙하게 이루어졌기 때문이라고 이해할 수도 있다.[71] 하지만 찬찬히 그 이면을 들여다보면 거기에는 근대화를 주도했던 당대 지배층의 깊은 고심이 숨어 있는 것을 볼 수 있다. 이를테면, 당대 정부를 주도한 박정양, 이완용, 이상재 등의 개화파는 근대화를 향한 거친 행보를 보였지만 한편으로는 그런 흐름이 현실에서 수용되기에는 너무 급진적이고 또 당대 시류와도 이질적이라는 사실을 잘 알고 있었다. 국왕과 정부의 강력한 의지가 있었고 또 많은 선각들이 근대 교육의 필요성을 역설했음에도 불구하고 사회 전반의 분위기는 여전히 전근대적인 구(舊)교육의 틀에서 벗어나지 못하고 있었다. 교육이란 '한문(漢文)을 배우는 것'이라는 전통적 관념이 완강하게 자리 잡고 있었고, 그것을 금과옥조로 여기는 서당이 전국 방방곡곡에 포진해 힘을 발휘하고 있었다. 『신정심상소학』의 서문에서 목격되듯이, 언문(한글)을 통한 교육이 중요하지만 그것은 어디까지나 "여러 아해들을 위션 께닷기 쉽고자 홈"에 목적이 있었다.

> "… 천하 만국의 문법과 시무의 적용혼 자룰 의양ᄒ야 혹 물상으로 비유ᄒ며 혹 화도로 형용ᄒ야 국문을 상용홈은 여러 아해들을 위션 깨닷기 쉽게자 홈이오 점차 또 한문으로 진계ᄒ야 교육홀거시니 므릇 우리 군몽은 국가의 실심으로 교육ᄒ심을 봄바다 각근ᄒ고 면려ᄒ야 재기룰 속성ᄒ고 각국의 형세룰 암련ᄒ야 …"(「신정 심상소학 서」에서)

71) 이해명, 『개화기 교육개혁 연구』, 을유문화사, 1999, 219-222면.

말하자면, 언문을 사용하는 것은 아이들이 일상적으로 사용하는 한글을 통해서 지식을 쉽게 전달하기 위한 것이지, 궁극적으로는 그 단계를 지나 한문 교육으로 나가야 한다는 게 당대의 지배적인 견해였다.[72]

그런 현실에서 정부는 양반 계층을 근대 교육의 장으로 끌어들이기 위한 방안을 고민했고, 그래서 이들을 겨냥한 유교 경전 중심의 『소학독본』을 간행한 것으로 보인다.[73] 그런 점에서 『소학독본』을 낡고 전근대적인 교재가 아니라 당대 개화파의 현실적 필요에 의해 구성된 근대적 의도의 산물이라는 것을 추정할 수 있다. 책명에 근대적 용어인 '독본'이라는 말을 앞세운 것이나, 재래의 『소학』(주희 편)과는 달리 당대 현실에 맞는 실용과 치세(治世)를 내용으로 본문을 구성한 점, 인용되는 인물들이 중국이 아니라 우리나라의 성현들이라는 점, 과거제도를 비판하고 실용적인 학문을 권장하는 내용 등에서 이전과는 확연히 다른 근대적 의도를 목격할 수 있다. 그리고, 한문체에서 벗어나 한주국종체(漢主國從體)로 서술된 문체 역시 사대부층의 기호를 고려해서 근대적 현실에 맞게 변형한 것으로 볼 수 있다. 말하자면, 『소학독본』은 '근대적 국민'을 양성하려는 취지로 간행된 근대적 기획물이다.

그런데, 기존 연구에서 이 『소학독본』을 한문 학습이 더 강화되고, 선정된 제재들이 유교 경전을 중심으로 엮어져서 흡사 중세의 경전 학습서와 같고,

---

72) 게다가, 교재 간행을 주도한 이상재나 박정양은 경제나 법률과 같은 서양 학문도 중요하지만 경서, 자전, 육예(之禮)와 백가(百家)를 교육해야 한다는 생각을 갖고 있었다. 이들은 종래의 공맹 숭상만으로 이루어진 틀에서 탈피해야 하지만 교육 내용에서 유교를 배제해서는 안 된다는 생각을 갖고 있었다. 뒤의 3장 참조.

73) 『국민소학독본』은 '독서' 과목이고, 『소학독본』은 '수신' 과목이라는 이유로 양자의 차이를 이해할 수도 있다. '수신'은 재래의 『소학』과도 같은 전통 교과목이고, 따라서 그 내용을 기존의 유교적 가치와 이념으로 채울 수도 있을 것이기 때문이다. 그렇다면 개화 정부는 왜 근대화의 기치를 높이 든 상태에서 굳이 기존의 유교를 불러와서 교재를 만들었을까 하는 의문이 남는다. 따라서 두 권의 차이는 이와는 달리 좀더 복합적인 요인 속에서 찾아야 한다.

심지어 개화에 역행하는 퇴행적인 내용의 교재라고 평하는데,[74] 이는 교재를 상세하게 살피지 않은 단견이다. 한문 번역투의 문장이라든가 난해한 한자와 고사성어 등의 외형만을 보고 그 이면의 기획의도와 실제 내용을 간과한 것이기 때문이다. 그런 점에서『소학독본』은 전통 교육이 어떻게 근대를 받아들이고 변용하면서 근대교육으로 나갔는가를 살피는 좋은 시사점을 제공한다.

▲『소학독본』

그동안 개화기 교과서에 대한 연구는 주로 근대화의 측면에 집중되었고, 그러다 보니 전통과의 연관성에 대해서는 거의 관심을 두지 않았다. 개화기 교육은 조선시대 전통교육과의 단절 속에서 이해되면서 개화기 교재에서 목격되는 전통적인 측면들이 외면되었지만, 사실은 그와는 달리 근대 교과서는 전통 교과서를 적절하게 변형하고 조정한 바탕 위에서 만들어졌다. 이를테면, 근대 교과서란 단순한 서구의 모방이 아니라 우리의 전통적 교육을 근대적 현실에 맞게 조

---

74) 『한국 국어교육 전사』(상)(박붕배, 대한교과서주식회사, 1987) 98-99면,『국어교육 100년사』(윤여탁 외, 서울대학교출판부, 2006) 199-200면 참조.

정하고 변용하는 과정에서 탄생하였다.『국민소학독본』이 '국민'을 표나게 내세우면서 근대적 주체를 양성하고자 했듯이,『소학독본』역시 '독본'의 형태로 우리 옛 성현들의 일화와 가르침을 소환해서 근대 국민 만들기에 동참한 것이다.

『소학독본』의 구성과 내용

『소학독본』을 전통 교육의 흐름 속에서 이해할 수 있는 것은 무엇보다 수록된 내용이나 이념이 기존의『소학』과 많은 부분 일치한다는 데 있다. 외견상으로는 '소학'에다가 '독본'이라는 말을 덧붙인 형태지만 사실은 기존의『소학』이 갖고 있는 교의(教意)와 취지를 그대로 이어받았고, 내용 역시 기존『소학』에서 크게 벗어나지 않는다. 어릴 때 효심이 지극하면 장성한 후에도 임금에게 충성하지 않을 리 없다는 가르침이나 자애로운 마음이 두터우면 세상에 나가 백성을 사랑할 것이라는 가르침, 덕(德)이 드러나면 위로 임금을 섬기고 아래로 백성을 다스림에 저절로 교화를 이룰 것이라는, 수기(修己)와 치인(治人)의 덕목들은 모두 기존의『소학』에서 목격되던 내용들이다.

이런 덕목들은『소학』을 구성하는 기본 요소들로, 주지하듯이『소학』은 유교의 윤리사상과 성현들의 언행을 담아 유교적 개인들을 수양하는 도덕 지침서로의 역할을 해왔다.『소학』은 효(孝)와 경(敬)을 중심으로 이상적인 인간상과 아울러 수기·치인의 군자를 기르기 위한 계몽의 가르침을 주된 내용으로 하는데,『소학독본』이『소학』의 연장선상에서 이해되는 것은 그런 유사성 때문이다.

하지만 그런 사실에도 불구하고『소학독본』을 근대적 교과서라고 할 수 있는 것은 '독본'이라는 명칭이나 제재의 구성이 근대적인 의도와 목적에 부합한다는 데 있다.『소학독본』은 기존의 '소학'에다 '독본'을 덧붙인 형태로, 곧 '어린 학생'(소학)을 위한 제재들을 '독본'의 형식으로 재구성한 교재라 할 수 있다. 조선시대에는 '소학'에다가 '언해'(『小學諺解』) 혹은 '주해'(『小學註解』)라는 말을 덧붙임으로써 기존의 『소학』을 우리 식으로 쉽고 상세하게 풀이했다면, 여기서는 '독본(讀本)'이라는 근대적 용어를 붙임으로써 그와는 다른 새로운 의미와 형식을 만들어낸 것이다.[75] 당시 조선에서 '국민소학독본'이나 '소학독본' 등의 명칭을 사용한 것은 이들 책이 일반 국민을 대상으로 해서 꼭 읽히고자 한 내용들을 모아 놓은 교과서로 제작된 때문이었다. 우리 교육사에서 '독본'이라는 말이 처음 등장한 게 바로 『국민소학독본』이 나온 1895년이라는 점에서 『소학독본』의 출현은 기존의 『소학』을 그런 당대의 흐름에 맞게 새롭게 정리해서 간행한 것임을 시사해준다.

여기서 '소학'이라는 말은 대상층과 교재의 수준을 동시에 지시하는 용어로 볼 수 있다. 원래 '소학'은 다의적 의미를 갖고 있었다. '대학'과 상대되는 교육기관을 '소학'이라고 했고, 또 주희가 편찬한 책 이름을 지칭하기도 했다. 교육기관으로서의 '소학'은 8살 전후의 아동들이 입학해서 공부하던 초등교육기관이고, 그런 학생들을 상대로 가르치던 주희 편찬의 교재가 『소학』이기도 했다. 학부 간행의 『소학독본』은 이 두 개념을 포괄하는데, 곧 소학생을 대상으로 한 초급 교재라는 의미이다. 물론 여기서의 '소학'은 8살에 입학해서 배우던 초급학교(곧 서당)라기보다는 학문의 세계에 진입하는(또는 사회로 나가는데 필요한) 초급 단계의 교재라는 뜻이 더 강하다. 『국민소학독본』이 '일반 국민들 대상으로 하는 초급 독본서'라는 의미를 갖듯이, 『소학독본』 역시 초급생을 위한 교과서라는 의미를 갖는 셈이다. 그렇다면 '소학독본'이란 단순한 '독본'이 아니라 소학생을 대상으로 해서 의도적으로 구성된 엔솔로지(anthology)이고, 그런 점에서 이 책은 근대적 기획물이 되는 것이다.

---

75) 앞에서 언급한 것처럼, '독본(讀本)'이라는 말은 일본에서 수입된 말로, 근대적 의도와 목적을 갖고 있는 교과서를 지칭하는 용어이다.

『소학독본』이 근대적인 의도와 목적으로 구성된 교재라는 것은 기존의『소학』과 달리 한층 간결하고 목적의식적으로 내용이 선정·배치된 데서 드러난다. 기존의『소학』과 비교해보면, 주희의『소학』은 '소학서제(小學書題)', '소학제사(小學題辭)'라는 서두를 두고, 이어 내편(內篇)에 입교(入敎), 명륜(明倫), 경신(敬身), 계고(稽古)를 배치하고, 외편(外篇)에 선행(善行)과 가언(嘉言)을 나열하였다. 내편은『서경』,『의례』,『주례』,『예기』,『효경』,『좌전』,『논어』,『맹자』등의 문헌에서 인용하여 편집했고, 외편은 주로 정호, 정이 형제, 장재, 사마광 등 송대 제유(諸儒)의 언행을 기록하였다. 이를 통해서 효(孝)와 경(敬), 수기(修己)와 치인(治人)의 도를 제시하였다. 주희는『소학』편찬의 의도를 '그대들은 처음 공부할 때 먼저 소학을 보아야 한다(後生初學且看小學之書)', '소학을 미처 배우지 못한 사람일지라도 건너뛰어 대학을 공부하지 말고 반드시 소학부터 읽어야 한다(旣失小學之序矣請授大學何如朱子曰授大學也須先看小學書)'고 하면서,『소학』공부가 단순히 어린 시절에만 국한되는 것이 아니라『대학』공부 이전에 학습되어야 하는 필수 과정이라고 말하였다. 이를테면,『소학』은 학문의 과정에서 이제 막 그 출발점에 선 학생들에게 그 기초를 마련해 주려는 의도에서 만들어진 책이었다.[76]

학부 간행의『소학독본』역시『소학』의 이런 취지와 의도를 계승하였다. 『소학독본』은 제1 입지(立志), 제2 근성(勤誠), 제3 무실(務實), 제4 수덕(修德), 제5 응세(應世) 등 5개 부분으로 나누어져 각각의 내용이 서술되는데, 이는

---

76) 『소학』은 주희(晦菴, 1130~1200)가 그의 제자이자 동료인 유청지(子澄)와 함께 편찬한 성리학의 입문기 교재이다. 성리학의 교육과정에서 「천자문」이나 「유합(類合)」 등으로 기초적인 문자 학습을 마친 학생들은 그 다음 순서로 누구나 예외 없이 「소학」을 공부하였다. 그런 만큼 그것은 「대학」을 위시하여 사서를 접하게 될 학생들이 성리학 공부를 본격적으로 시작하기에 앞서 반드시 익히도록 되어 있었던, 성리학의 필수 교과서였다. 이 글에서는 윤호창 역의『소학』(홍익출판사, 2005)과 한용순 역의『소학』(자유문고, 1990)을 참조하였고, 관련 논문으로는 다음을 참조하였다. 진원의 「소학」의 편찬 이유와 이론적 입장」(『한국학논집(49)』, 2012), 권윤정의 「소학」의 세계; 유교문화와 도덕교육」(『도덕교육연구』, 한국도덕교육

『小學』처럼 교육의 과정에서 이제 막 그 출발점에 들어선 학생들에게 필요한 덕목을 단계별로 제시하려는 의도로 볼 수 있다. 그렇지만 그 내용이나 인용된 인물들이『小學』과는 판연히 다르다는 점에서 편찬의 의도와 목적이 그와는 일정하게 구별되는 것을 알 수 있다.

언급한 대로,『소학』은 '내편'과 '외편'으로 나뉘고, '내편'에서 유가의 덕목을 제시하고 '외편'에서는 그에 부합되는 선행과 가언을 나열했는데,『소학독본』에서는 한 장(章)에 그 두 개가 결합되어 있다. 총 5개의 장에서, 각 장의 앞부분에 유가의 덕목을 제시하고 뒤이어 우리 옛 성현들의 일화를 통해서 그것을 구체화했고, 그래서 앞부분에는『소학』의 내편처럼『논어』,『맹자』,『효경』,『예기』등의 명구(名句)가 제시되고, 그 뒤에는 그에 부응하는 성현들의 일화가 배치된다. 이런 단원 배치와 함께 전체 목차를 비교해보면,『소학독본』은 형식 상『소학』의 축약본 형태로 만들어진 것을 알 수 있다.

※『小學』과『소학독본』의 목차

책명	『小學』	『소학독본』
구성	소학서제(小學書題) 소학제사(小學題辭) 내편(內篇) 입교(入教) 명륜(明倫) 경신(敬身) 계고(稽古) 외편(外篇) 선행(善行) 가언(嘉言)	입지 제일(立志 第一) 근성 제이(勤誠 第二) 무실 제삼(務實 第三) 수덕 제사(修德 第四) 응세 제오(應世 第五)

학회, 2012.2), 윤인숙의 「16세기 '소학' 언해의 사회 정치적 의미와 대중화」(『한국어문학연구』(58)), 최광만의 「유학 교육에서의 '소학'의 위상」(『교육사학연구』, 1999), 정호훈의 「조선 후기 '소학' 간행의 추이와 그 성격」(『한국사학보』, 2008.5)

그런데, 세부 내용에서 본받고 따라야 할 모델로 제시된 성현들이 모두 우리나라 인물이라는 점을 주목할 필요가 있다.『小學』에서는 중국의 성현을 통해서 행위와 가치의 표준을 제시했지만,『소학독본』에서는 그것을 조선의 역사상의 인물들로 대체해 놓았다.

幼時에 孝心이 極ᄒ면 長後에 忠君치 아니리 업쓰며 在家에 慈情이 厚ᄒ면 立世에 愛民치 아니리 업ᄂ니라

是故로 古聖이 曰 孝란 者ᄂ 써 親을 事ᄒᄂ 비오 悌란 者ᄂ써 長을 事ᄒᄂ비오 慈란 者ᄂ 써 衆을 使ᄒᄂ비라 ᄒ시니라

大凡 幼時에 學홈은 長後에 行ᄒ기를 爲홈이라 歲月이 流ᄒ듯 ᄒ야 長ᄒ고 老홀 일이 遠치 안ᄒ니 一生이 幼홀 줄 알지 말고 勉强ᄒ야 學을 勤히 홀씨어다

孟文貞公이 八歲에 入學ᄒ야 禹貢을 學ᄒ다가 啓呱呱而泣予不子 句에 至ᄒ야 問曰 禹ᄂ 何如ᄒ人也잇고 答曰 古에 聖君이시니라 公이 曰 聖君갓ᄒ시면 天下事 ᅵ 卽 몸의 일이어를 予不子 三字에 德色이 有ᄒ 것갓ᄒ니 禹를 爲ᄒ야 取치 안ᄒ노라 ᄒ여 쓰니 公이 비록 禹의 本意와 書經大義를 詳解치 못ᄒ여 쓰나 八歲兒의 志趣가 ᄯ또한 奇偉치 아니ᄒ냐[77]

(어릴 때 효심이 지극하면 장성한 후에 임금에게 충성하지 않을 리 없고 집에 있으면서 자애로운 마음이 두터우면 세상에 나가 백성을 사랑하지 않을 리 없다. / 이런 까닭에 옛 성인이 말하기를, "효라는 것은 부모를 섬기는 것이며 공경이라는 것은 나보다 나이 많은 연장자를 섬기는 것이며, 인이라는 것은 이로써 뭇사람을 부리는 것이다."라고 하였다. / 무릇 어릴 적에 배움은 장성한 뒤 행하기 위함이다. 세월이 물 흐르듯 하여 장성하고 늙을 날이 멀지 않으니, 일생이 어릴 줄로만 알지 말고 힘써 노력하여 배움을 부지런히 해야 한다. / 맹문정공이 여덟 살에 배움에 들어『서경』의「우공」편을 배우다가 "아들 계(啓)가 울어대며 눈물 흘리는데도 나는 자식을 돌보아주지 못했네(啓呱呱

---

77) 「立志 第一」,『小學讀本』, 學部編輯局, 1985. 3-5면.

而泣予不子)” 하는 구절에 이르러 (선생에게) “우공은 어떤 사람인지요.” 하고
물었다. (선생이) 대답하기를 “옛날 성군이니라.” 하였다. 문정공이 말하기를
“성군 같으시면 천하의 일이 곧 자기 일 아닌가요. ‘여불자(予不子-나는 자식
을 돌보아주지 못했네)’ 세 글자에는 덕색이 있는 듯해서 우공을 받들어 취하
지 않겠습니다.”라고 하였다. 공이 비록 우공의 본뜻과 『서경』의 대의를 상세
히 이해하지는 못하였으나, 여덟 살 아이의 뜻과 취향이 또한 아주 기이하고
돋보이지 않는가.) (해설, 띄어쓰기-인용자)

유가적인 도덕과 교훈을 제시한 뒤 그에 부합되는 사례를 제시하는 이런
방식대로 『소학독본』에는 정몽주, 백문보와 같은 고려 후기 명신들의 일화를
비롯해서, 조선 명현들의 글과 일화들이 나열된다.

1장의 「입지」에서는, 무릇 남자가 뜻을 세워 부지런히 배워야 한다는 교
훈을 제시한 뒤, 그 구체적 사례로 맹문정공, 송시열 등 성현의 일화가 소개
된다. 송시열은 사람의 배움은 임금과 나라를 위한 것이라는 사실을 알려주
었고, 이퇴계는 배움을 시작하는 때부터 덕의(德義)를 길러야만 백성을 위하
고 만물을 성취하는 근본 토대를 마련하게 된다는 것을 가르쳐 주었다. 2장
의 「근성」에서는, ‘근성(勤誠)’ 두 글자는 쉽고도 어렵기에 처음 배우는 사람들
은 그것을 힘써야 한다고 말한 뒤, 조선 전기의 문신 정구가 정성을 다해서 배
움을 구해 1년 만에 문장을 이루었다는 내용과, 이율곡의 '마음의 거울을 한
번 닦으면 백 가지 일에 어려움이 없을 것이니, 만일 일을 도모하고자 한다면
반드시 정성스럽게 해야 한다'는 가르침이 언급된다. 3장의 「무실」에서는, 허
(虛)한 것을 폐하고, 실(實)한 것을 힘쓰는 것이 이른바 무실(務實)이라는 사실
을 말한 뒤, 김굉필의 ‘말이 참되면 친구가 스스로 다가오고 행동이 실하면 복
과 명예가 스스로 온다’라는 말과, 송준길의 ‘얻는 것도 스스로 취하는 것이고
잃는 것도 스스로 취하는 것’이라는 교훈이 제시된다. 4장 「수덕」에서는, ‘도
의(道義)로 성정을 닦아 인애(仁愛)가 마음에 넉넉해지면 어질고 넉넉한 덕의

기운이 저절로 밖으로 드러난다'는 것을 언급한 뒤, 그 구체적 사례로 조선 중기의 문신인 조광조와 신흠, 서화담이 소개된다. 그리고, 5장의 「웅세」에서는, 기쁨과 노여움을 가벼이 하지 말아야 하고, 또 물건에 대한 애증(愛憎)을 소중히 하지 말아야 한다는 교훈을 제시한 뒤, 구체적인 사례로 남효온, 이율곡, 정몽주, 유몽인, 이항복 등의 일화가 서술된다.

여기서 인용된 인물들은 정몽주, 백문보와 같은 고려 후기 명신들에서부터, 조선시대의 맹사성, 송시열, 조목, 이황, 김집, 김장생, 정구, 이이, 김굉필, 송준길, 김성일, 신흠, 조광조, 남효온, 유몽인, 이항복, 이덕형, 윤두수, 이수광, 김인후, 서경덕, 이지함 등에 이르기까지 매우 다양하다. 이들의 면면은 조선 전기에 나라의 기틀을 세운 인물에서부터 조선 후기의 문신, 학자들에 이를 정도로 광범위하다. 이들의 제시는 중국과는 다른 우리나라의 역사와 현실에 대한 자각을 전제한다. 『국민소학독본』에서 우리의 역사와 인물에 대한 자각을 통해서 중국을 떠받들던 재래의 사대주의를 부정하고 중국을 몰락하는 병든 나라로 조롱했던 것처럼,[78] 여기서는 중국의 성현들을 우리의 성현들로 대체함으로써 중국과는 다른 우리나라의 문화와 역사에 대한 차별화된 의식을 구체화한 것이다. 민족주의가 중세 보편주의를 부정하고 개별 민족의 문화와 정치 현실에 대한 자각적 인식을 전제한다는 점에서 여기서 목격되는 우리 성현들에 대한 관심과 수용은 그 자체가 근대 의식의 산물이라 하겠다. 우리 성현들을 행동과 가치의 표본으로 제시함으로써 우리 식의 주체(아동)를 길러내고자 한 것이고, 그런 점에서 『소학독본』은 우리 식의 자주적이고 근대적인 국민을 만들고자 한 근대적 기획물이라 하겠다.

---

78) 「支那國一」(『國民小學讀本』, 學部編輯局, 1985) 참조. 여기서 편자는 중국이 아시아의 대국이지만, 오늘날은 쇠락하여 영국과의 아편전쟁에서 패했고, 또 영국 동맹군과의 싸움에서 패하여 북경 성두에 백기를 세우는 등 세계의 조소와 능욕을 받는 가련한 처지가 되었다고 한다.

게다가, 각 장의 내용은 대부분 위인지학(爲人之學)으로 되어 있다. 전통유학에서는 공부의 목적을 스스로의 삶에 충일한 위기지학(爲己之學)에 두었다. 인간에 대한 내성적이고 성찰적인 이해를 중시하는 전통 유학에서는 인격과 덕성의 함양을 교육의 본질로 삼았다. 위기지학은 먼저 자신을 변화시킴으로써, 학문과 수양을 통해 성숙시킨 자신의 존재로 마치 난초가 향기를 내뿜듯이 다른 사람을 감화시킨다는 내용이다. 그런데 이『소학독본』에 제시된 사례들은 그보다는 위인지학 곧, 공부는 세상(인간)을 위해서 하는 것이라는, 공부를 치세(治世)의 수단으로 간주한다. '무릇 어릴 적에 배움은 장성한 뒤 행하기 위함이다.', '남자가 천하에 태어나 천하를 스스로 감당하지 못하면 어찌 남자라 칭하겠는가.', '사람의 배움이 본시 나라를 위하고 뭇사람을 구제하는 것이다.'라는 진술들은『소학』에서 강조되는 수신(修身)의 덕목들과는 구별된다. 외견상 효와 충을 말하고 있지만 실제 내용에서는 실용과 실질을 강조한 것으로, 이는 전통적인 교육과는 달리 교육을 사회 발전의 수단이나 도구로 생각하는 기능주의적 사고에 해당한다.

『소학독본』은 이런 내용들을 통해 주체가 갖추어야 할 자세와 태도, 학습의 방향과 가치 등을 구체적으로 명기해 놓았다. 여기서 우리는『소학독본』의 편찬자들이 유교적 지반에서 성장한 사대부들이라는 사실과 함께, 기존의 세계관을 유지하면서 근대 세계를 받아들여야 한다는, 소위 온건 개화론자들이라는 것을 확인할 수 있다.

민족주의적 자각과 근대적 지향

『소학독본』의 중요한 특징은 전통 교과서와 근대 교과서의 과도기적 양상을 보여준다는 데 있다. 『소학독본』은 전통적인 수신서를 표방하고 있으나,

사실은 개화기의 급변하는 정세에 대응하는 '(근대적) 국민 만들기'에 궁극적 의도를 두었다. 그런 사실은 『소학독본』이 외견상 전통적인 효와 충, 성(誠)과 근(勤)을 강조하지만, 한편으로는 당대 정부의 교육 이념에 따른 제반 현실적 가치들이 중요하게 나열한 데서 알 수 있다.

『소학독본』은 고종이 '교육조서'에서 강조한 '실용을 존중하는 교육'을 시행하기 위한 도구적 교재였다. 그래서 교재 전반에는 근성(勤誠)이나 무실(務實)과 같은 실용적 가치들이 중요하게 환기된다. 1장 입지(立志)에서는 배움은 임금과 나라를 위한 것이라고 하며, 2장 근성(勤誠)에서는 처음 배우는 사람들은 무엇보다 부지런하고 검소해야 할 것이라고 하고, 3장 무실(務實)에서는 허한 것을 폐하고 실한 것만 힘써야 한다는 것을 강조한다. 그리고 그 구체적인 사례들로, 사람이 마땅히 힘쓰는 것은 모두 이롭게 하기 위함이고, 농사에 힘쓰는 것은 굶주림을 면하기 위함이며, 옷감을 힘써 짜는 것은 의복을 만들기 위함이고, 연장으로 힘쓰는 것은 궁실(宮室)을 짓기 위함이다. 만약 장기와 바둑을 일삼고 해학을 좋아 하여 유소년 시절을 헛되게 보낸다면 우선은 편할지 모르지만 결국은 부모와 형제, 처자들을 굶주리고 추위에 떨게 할 것이라고 말한다. 고종의 '교육조서'에서 강조된 '실용적 교육'을 구체적인 사례를 들어서 나열한 것이다.

그런데, 여기서의 실용 교육은 김옥균, 박영효 등의 급진개화파가 주장한 것처럼 서양의 과학기술뿐만 아니라 근대적인 사상과 제도까지도 수용해야 한다는 적극적인 형태는 아니다. 그보다는 유교의 덕이나 효, 충 등의 가치가 영원불변의 도리인 양 강조되고 그것이 궁극적으로 백성과 군주를 위한 것이 되어야 한다는, 이른바 동도서기론자(東道西器論者)들의 주장과 맥을 같이 한다. 실제로 박정양, 이상재, 윤치호 등은 김옥균, 박영효 등 갑신정변의 주역들과 달리 온건개화파에 속하는 인물들이었다. 이들은 기존 성리학에 근간을 두면서 서구적 기(器)를 받아들여야 한다는 점진적 개화론자들이었다. 교

국어 교과서의 탄생

재 편찬에 영향력을 행사한 것으로 보이는 박정양은 1894년 8월 2일, 학무아문의 대신으로 '학무아문 고시'를 내려 학교 교육에 관한 방향을 제시한 바 있다. 여기서 그는 학무아문에서 만든 소학교와 사범학교를 통해 경제나 법률과 같은 서양 학문은 물론이고, 경서, 자전, 육예와 백가를 교육하겠다고 밝혔는데,[79] 이는 기존의 유학을 근거로 서구를 수용해야 한다는 동도서기론의 전형적 태도이다. 그런 입장을 반영하듯이 『소학독본』에서 무엇보다 강조되는 것은 실용적 교육이고, 그 연장선상에서 비판되는 것은 조선의 체제가 아니라 그 체제 하에서 야기된 부정성, 곧 허학(虛學)과 허식(虛飾)이다. 유교적 덕목을 언급하는 가운데 느닷없이 과거제도가 비판되는 것은 그런 맥락에서 이해할 수 있다.

3장 「무실」편에서, 편찬자는 과거 성현들의 행실은 실하지 않은 것이 없었지만, 과거법이 시행되면서부터 선비의 행실이 점차 어지러워지고 청탁하는 일이 여기저기 나타나 뇌물이 성행하게 되었다고 지적한다. 후학들은 실지(實地)에 힘쓰지 않고 대신 걱정만 하거나 놀면서 하루하루를 보내 마침내 늙고 쇠약해졌다는 것. 중종 때 재상을 지낸 송질(宋軼)의 일화는 과거제도를 비판하는 구체적인 사례에 해당한다.

> 宋肅靖公이 幼少로부터 芬華를 尙치 아니ᄒ고 少時에 擧業을 務ᄒ다가 一朝에 翻然이 棄擲曰 비록 잘ᄒ여도 國家에 有助홈이 업쓸 工夫ㅣ라 엇지 조흔 光陰을 虛地에 送ᄒ리오 ᄒ고 綱目과 史記를 閱覽ᄒ야 古今에 治亂과 得失을 살피며 當世에 經濟홀 道理를 思諒ᄒ야 中宗 靖社ᄒ신 後에 匡濟ᄒ 事業이 多ᄒ지라 因ᄒ여 靖國功臣을 封ᄒ고 官이 首相에 至ᄒ니라 七十 後에 東城 外에 別業을 築ᄒ고 世事를 相關치 아니ᄒ나 君을 愛ᄒ고 國을 憂ᄒᄂ 싸에는 오히려

79) 『박정양 전집』(4), 아세아문화사, 1984, 267-268면.

衰치 아니ᄒ야 屢次 疏劄를 上ᄒ니라.[80]

(송숙정공이 어린 시절부터 높은 지위에 올라 귀하게 되는 것을 숭상하지 않았다. 어릴 적부터 과거에 응시하기 위한 학문에 힘썼지만, 하루아침에 갑자기 과거시험 준비를 내던지며 말하기를, "비록 잘 하여도 국가에 도움이 될 것이 없을 공부이다. 어찌 좋은 세월을 헛된 곳에다 보낼 것인가." 그리고,『강목』과 『사기』를 두루 읽고 고금의 치란과 득실을 살피며 당대를 다스릴 도리를 생각하고 살폈다. 중종반정 후에 널리 바로잡아야 할 일이 많았기 때문에, 정국공신에 봉해졌고 관직이 영의정에 이르렀다. 칠십이 된 후에 동대문 바깥에 별채를 지어 세상사를 상관하지 아니하였으나 임금을 사랑하고 나라를 걱정하는 마음은 오히려 줄어들지 않아 거듭해서 상소를 임금께 올렸다.) (해설, 띄어쓰기-인용자)

일찍이 과거 제도의 문제점을 간파하고 고전을 두루 읽고 고금의 치란과 득실을 살펴 관직에 오른 뒤에 큰일을 수행했다는 내용이다. 이런 내용은 국가에 실제적 도움이 되지 않는 허학 중심의 인재 등용방식을 비판한 것으로 실제 역사 현실을 전제한 것이다.

알려진 대로, 우리나라에 과거제가 처음 도입된 것은 958년(고려 광종 9년)이었다. 왕권 강화책의 일환으로 쌍기(雙冀)의 건의에 의해 실시된 과거제도는 상당 기간 동안 본연의 순기능을 유지해 왔다. 왕권 강화와 호족세력의 견제를 위해 국가적으로 장려되어 좋은 인재들을 등용하는 창구 역할을 충실하게 수행했으나, 조선 후기로 들어서면서 과도하게 많은 합격자를 배출했고, 그 결과 과거에 합격하고도 보직을 받지 못하는 사람들이 늘어났다. 그 과정에서 당파의 소속이나 뇌물과 정실에 의해 합격이 좌우되는 등의 폐단이 노정되었다. 게다가 근대에 접어들면서 과거 시험에 대한 인식이 바뀌기 시작하였

---

80) 「務實 第三」,『小學讀本』, 學部編輯局, 1985. 18면.

다. 중국이 서양 각국에게 뒤쳐진 것은 과거제도 때문이라는 인식이 팽배해지고, 과거시험의 허문과 허식적 경향이 한층 강력하게 비판되었다. 실학자인 유형원, 정약용 등은 과거제도를 개혁해야 한다는 방안을 제출하기도 하였다. 그런 비판과 인식 상의 변화를 겪으면서 건국 이래 500여 년 동안 지속 되었던 과거제도는 결국 갑오개혁(1894)에 의해 폐지되기에 이른다. 김홍집 내각은 "문벌 및 반상의 등급을 벽파하고 귀천에 구애되지 않고 인재를 선용할 것"을 표방하면서 과거제도를 폐지하였다.[81] 『소학독본』이 박정양, 이상재 등의 온건개화파에 의해 간행된 사실을 상기하자면 과거제도에 대한 본문의 비판은 당대 현실에 대한 절박한 인식을 반영한 것으로 볼 수 있다.

『소학독본』에『채근담』(홍자성) 전·후집(前後集) 중에서 특히 전집의 내용이 집중적으로 수록된 것도 현실에 대한 실제적 인식과 무관하지 않을 것이다.[82] 『채근담』후집은 도가의 탈속 지향적인 측면과 불가의 선정(禪定)이 주축이 된 물아일체의 은일 관념이 강하고, 전집은 실생활에 소용되는 잠언과 경구들로 이루어져 있다.『채근담』전집의 내용이 다수 수록되었다는 것은 이『소학독본』이 과거제도를 비판한 것처럼 허문을 부정하고 실용과 후생을 강조한 데 원인이 있다. 고종이 '교육조서'에서 강조한 '실용적 교육사상'에 맞게 교재를 편찬했고, 그 결과『소학독본』은 이와 같은 실용적 내용들로 채워진 것이다.

『소학독본』에는 또한 일본에 대한 경계의 심리도 엿보인다. 「입지」끝부분의 일화를 통해서 그런 사실을 확인할 수 있다. 곧, 1592년 임진왜란 때 호조 정랑이 되어 명나라 군사의 군량 조달에 큰 공을 세운 김장생의 일화가 소개

---

81) 과거제도에 대해서는 김경용의 「19세기말 경장기 조선의 교육개혁과 '관학원록'」(『교육사학연구』, 2008.6, 1-38면)과 이원재의 「과거시험의 교육적 역기능」(『한국교육사학』(35), 한국교육사학회, 2013.3, 161-186면), 강준만의 『한국 근대사산책(1)』(인물과사상사, 2007) 등.

82) 유임하, 「해설: 개화기 교육 이념과 신민 육성의 과제」, 『한국 개화기 국어교과서』 2, 경진, 2012.

된다. 김장생은 어릴 때부터 성행이 순박하고 두터워서 화려함을 사모하지 않고 실심으로 배움에 힘써 마침내 유학의 거두가 되었다. 일찍이 정산 현감 시절에 왜인들이 노략질을 하기 위해 나라 안으로 쳐들어왔는데, 김장생은 백성과 피난 온 사대부 집안 사람들의 마음을 어루만지고 위로하며 정성껏 돌보았다. 이런 사실을 목격한 백성들은 그를 따르고 존경했다는 내용이다. 이는 외견상 '넉넉한 인품을 갖추어야 아래로 백성을 돌보고 위로는 나라를 섬기는 인물이 된다'는 것을 말하기 위한 사례로 이해되지만, 이 책이 러일전쟁 이후 일제의 침략이 본격화된 시점에서 간행된 사실을 고려하자면, 그리고 박정양, 이상재 등 친서구적이고 친러적인 인사들에 의해 간행된 것을 감안하자면, 그 한편에는 일제에 대한 경계의 심리가 놓여 있는 것을 부인할 수 없다. 학생들이 김장생처럼 순독한 성행과 실심을 갖추고 배움에 임한다면 어떠한 외우와 내환도 이겨낼 수 있다는 가르침은 일제의 침략이 가시화된 현실에서 무엇보다 절실한 과제였을 터이다.

이러한 진술들을 바탕으로 『소학독본』은 궁극적으로 학생들이 국운을 새롭게 일으킬 주역이라는 사실을 강조함으로써 근대적 주체를 만들고자 하는 의도를 내보인다.

後進 幼學들아 우리 「大君主陛下」계읍서 峻德을 克明ᄒ샤 詔飭이 屢降ᄒ시니 詩에 이론바 周雖舊邦이나 其命維新ᄒᆯ 씨라 우리도 聖意를 效慕ᄒ야 學習을 힘쓰며 忠孝를 일사마 國家와 ᄒᆫ가지 萬歲太平ᄒ기 拜祝ᄒ노라[83]

(후배 어린 학생들아, 우리 대군주 폐하께옵서 높은 덕을 분명히 밝히시어 조칙을 자주 내리시니, 『시경』에 이르는 바 "주나라가 비록 오래된 나라이나 그 명이 새롭구나"라고 할 때이다. 우리도 임금의 뜻을 받들고 본받아 학습을

83) 「立志 第一」, 『小學讀本』, 學部編輯局, 1985. 10면.

힘쓰며 충효를 일삼아 국가와 함께 만세 태평하기를 절하여 축원하노라.) (해설, 띄어쓰기-인용자)

고종의 '교육조서'를 언급하면서 인용된 '주수구방 기명유신(周雖舊邦 其命維新)'이라는 구절은 원래『시경(詩經)』'대아(大雅)' 편에 등장하는 말로, 세워진 지 오래된 나라라도 제도를 쇄신하면 새로운 나라가 될 수 있다는 것을 의미한다.『大學』에도 언급된 이 구절을 끌어들여 학생들에게 당부의 말을 전한 것은『소학독본』이 지향하는 교육의 목적과 의도를 분명히 하기 위한 전략으로 이해할 수 있다. 조선 역시 주나라처럼 오랜 역사를 갖고 있기에 이제 그 명을 새롭게 갱신할 때라는 것, 그러기 위해서 학생들은 임금의 뜻을 받들고 학습에 힘써야 한다는 주장이다.[84] 여기서 '어린 학도'란 개화기라는 변화와 모색의 시대를 이끌어갈 피교육의 주체를 뜻하고, '충효를 일삼아, 국가와 함께 만세태평'을 이루어야 한다는 것은 그들에게 주고자 한 교육의 궁극적 목적인 셈이다. 이런 데서『소학독본』은 전근대적이기보다는 근대적이고 자주적인 내용과 취지를 갖는 교과서라는 것을 새삼 확인할 수 있다.

그런데『소학독본』에서 지향하는 궁극의 목적이 근대 국가가 아니라 조선 왕정의 부활이라는 데서, 근대에 대한 인식이 아직은 혼란스럽다는 것을 알 수 있다. 교재 전체의 내용이 '무릇 사람의 배움은 임금과 나라를 위한 것이다'로 요약되는 것은 그런 사실을 말해준다. 물론 그런 점은 이 책만의 한계라

---

84) 湯之盤銘曰 "苟日新, 日日新, 又日新". 康誥曰 "作新民". 詩曰 "周雖舊邦, 其命維新" 是故君子無所不用其極. (大學 傳文 十章〈各論〉2장) 탕탕은 세숫대야에 새겨놓기를 "진실로 날마다 새로워지려거든, 날로 날로 새로워야하고, 또 날로 새로워야 한다."하였고, 강고에는 이르기를 "백성을 새롭게 일깨워라."하였고,〈시경〉에는 "주왕조가 비록 오래된 나라이나 그 운명은 구법을 혁신한다."하였으니, 이러하므로 훌륭한 군자(정치가)는 그 새로움을 극진하게 하지 않는 데가 없다.

고 할 수는 없다. 『국민소학독본』이 근대적인 국민의 양성과 문명강국의 건설이라는 근대적 지향을 담고 있음에도 불구하고 궁극적으로는 왕권 강화와 애국심 고취를 소망한 것과 비교해 볼 수 있다. 「조약국」이나 「지나국 2」에서 볼 수 있듯이, 중국의 허문 숭상의식을 비판하면서도 오히려 (조선) 왕국의 충실한 신민이 되기를 소망하는데, 이는 근대적 의식이 아직은 근대 국가를 지향할 정도로 온전하지는 못했다는 것을 시사해준다. 『소학독본』 편찬을 주도한 박정양과 이상재는 친서구적인 가치관을 갖고 있었음에도 불구하고 유교를 근간으로 근대 문물을 수용해야 한다는 전통적인 입장을 견지하고 있었다. 이런 계층의 세계관을 담고 있었던 관계로 『소학독본』은 전근대와 근대가 뒤섞인 혼종적인 특성을 보이는 것이다.

근대·전근대의 결합과 한계

개화기는 조선 사회를 지배해 온 유교문화가 서구문화를 만나 새롭게 변화가 일어나던 시기이다. 전통적인 유교 문화는 근대화와 독립 국가의 유지라는 현실적 과제 속에서 지배문화로서의 위상이 흔들리던 시기였다. 그래서 개화기의 사회 변화는 유교문화를 기반으로 해서 유교와의 상호 연관 속에서 이루어진다. 서구와 접촉하는 과정에서 급격한 변화를 보였음에도 불구하고 유교문화는 완강하게 그 흐름을 이어가고 있었고, 그래서 서구문화는 일방적으로 수용되고 이입된 것이 아니라 기존의 교육을 갱신하고 조정하는 바탕 위에서 이루어진다. 이를테면, 개화기 교육은 서세동점의 강탈적 상황에 대한 기존 교육의 대응 과정으로 정리할 수 있다. '기명유신(其命維新)'이라는 말에서 환기되듯이, 구한말 정부는 제도를 새롭게 만들어 조선의 명운을 일신해야 한다는 절박한 의지를 갖고 있었다. 소학교육(즉 초등교육)을 전면적으로 시행하고

자 했던 것은 급격한 근대의 소용돌이 속에서 기존의 서당교육으로는 더 이상 현실을 감당할 수 없다는 데 이유가 있었고, 그런 위기감에서 갑오정부는 신학제를 채택하고 소학교를 국민교육기관으로 천명한 것이다.

하지만 교육이란 오랜 기간 축적된 사회의 공적인 가치와 이념을 전승하고 지배집단이 요구하는 국민의 정신을 함양하는 훈육의 과정이라는 점에서 사회의 급격한 변화가 전제되지 않는 한 교육의 내용과 이념은 쉽게 변경되지 않는다. 개화기 교육이 두 개의 방향에서 진행된 것은 그런 데 원인이 있다. 곧, 관(官) 주도로 이루어진 관공립학교와 민간의 선각과 종교인들을 중심으로 진행된 민간학교 교육이 개화기 교육의 두 축이다. 전자가 근대적 교재를 통해 근대 지식을 보급하고 서구와 같은 문명사회를 만들고자 했다면, 후자는 상대적으로 전통적인 교육을 고수하는 경향이 강해서 기존의 경학(經學)과 훈고(訓詁) 중심의 교육을 시행하였다. 실제로 당시 거의 모든 학교에서 전통 교과와 근대 교과를 동시에 개설·교육했는데, 여기서 주목한『소학독본』은『국민소학독본』과 함께 그런 이원적 교육 현실에 상응해서 만들어진 교재였다. 『국민소학독본』이 서구적 가치를 중심 내용으로 하는 근대적 교재라면,『소학독본』은 전통적 가치와 이념을 당대 현실에 맞게 조정해서 간행한 전통적 교재였다. 물론, 전자가 관학(官學)용 교재이고 후자가 민간 교재라는 것은 아니다.『소학독본』은 한학 중심의 사고에 젖어 있던 지배층 자제들을 근대교육의 장(場)으로 끌어들이기 위해 개발되었고, 그것은 한편으로 동양의 도(道)를 근간으로 서양의 기(器)를 수용해야 한다는 당대 개화파의 가치관을 집약한 것이었다. 박정양, 이상재 등은 갑신정변의 급진성과 무모함을 목격하면서 유교를 근간으로 서양의 기를 수용해야 한다는 점진적 입장을 갖고 있었다. 그런 점에서『소학독본』은 단순한 교재가 아니라 이들 개화파의 가치와 지향이 투사된 공적 매체였다는 것을 새삼 확인할 수 있다.

그런데, 동도서기론이 현실적 실행안을 갖고 있지 못했듯이, 이들의 주장도 사실은 추상과 관념의 수준을 벗어나지는 못하였다. 동양의 도와 서양의 기를 결합한다는 것은 그럴듯한 외양에도 불구하고 사실은 현실성을 갖기 힘들다. 도와 기가 분리될 수도 없거니와 유가적 이념에다가 서양의 과학을 결합한다는 것은 논리적으로도 성립되기 힘들다. 과학과 기술을 잉태하고 키워온 서양의 사회제도와 그 근간으로서 서양의 윤리 도덕의 존재를 무시하고 도와 기를 결합한다는 것은 서양인의 몸과 동양인의 머리를 기계적으로 결합하겠다는 주장과도 같다. 『소학독본』 전반을 관통하는 유가적 이념과 가치를 바탕으로 서양의 기술과 문명을 받아들인다는 것은 한갓 관념에 지나지 않았던 것이다. 갑오정부는 『국민소학독본』과 『소학독본』을 연이어 간행하면서 근대와 전통적 가치가 보완적으로 교수되기를 희망했을 지도 모르지만, 당시에는 그런 주장의 한계를 자각하지 못했던 것이다. 이들 개화파가 사회 현장에 뛰어 들어 《독립신문》을 창간(1896)하고, 그것을 통해서 시양의 기술뿐만 아니라 서양의 문화까지도 배워야 한다고 주장했던 것은 그보다 몇 년이 지난 뒤에나 가능한 일이었다. 서양의 기술과 문화는 서로 분리될 수도 없거니와, 근대의 거친 물결은 그러한 착오를 조정하거나 바로잡을 시간적 여유조차 주지 않은 채 흘러갔다. 곧 일제의 침략과 더불어 근대화의 노도는 조선 반도 전체를 휩쓸었다. 그렇다면, 『소학독본』은 근대화의 웅비를 품은 채 전근대에 발목이 잡혀 있던 조선 왕조의 운명을 상징적으로 보여주는 교재라 해도 틀린 말은 아닐 것이다.

3) 교과의 분화와 '서사'의 수용

(-『국민소학독본』,『신정심상소학』,『국어독본』의 경우)

'국어' 교과서가 성립되기 위해서는 교과 단원의 분화가 이루어져야 한다. 교과의 분화는 쓰기와 읽기 등의 기능적 분화뿐만 아니라 문종(文種)의 분화도 포함한다. 곧, '말하기, 듣기, 읽기, 쓰기 영역'과 '언어와 문학', '표현, 이해, 문법과 감상 영역'이 기능적으로 분화되고, 문종도 설명, 논설, 시, 소설 등이 적절하게 분화·배치되어야 국어 교과서로서 온전한 형태를 갖는다.

국어를 바르게 익혀서 일상의 언어생활을 원활히 하고, 인격을 형성하며 국민문화의 전승·창조와 국어 개선에 이바지하는 교육이 국어 교육이라면, 영역의 분화는 그것을 효과적으로 수행하기 위한 도구적 장치에 해당한다. 그렇지만 근대 초기 교과서에서는 그것이 온전한 형태로 이루어지지 않았다. 전통적 양식이 그대로 답습되거나 조금씩 변형되는 모습을 보여주지만 근대적인 분화가 본격적으로 이루어지지는 않았다. 오늘날 우리가 사용하는 시, 소설, 수필 등의 문종은 전(傳), 기(記), 화(話), 설(說) 등 전통적 양식이 근대적으로 조정되면서 형성되는데, 이 과정에서 일본과 미국 교재의 번역과 수용이 중요한 역할을 수행한다. 말하자면 전통적 양식들이 서구의 양식과 교섭하고 경합하면서 새로운 양식으로 정립되는 것이다.

오늘날과 같은 의미의 '소설'이 정착되기 위해서는 무엇보다 '허구'나 '상상적 사실' 등이 그 자체로 인정받고 존중되어야 한다. 근대 이전 사회에서 소설이 낮게 평가되었던 것은 무엇보다 소설이 포함하고 있는 '허구'라는 요소 때문이었다. 중국의 독자들은 『논어』에서 공자가 자신은 사실(事實), 검증된 것을 존중하며 꾸며낸 것보다는 실제로 일어난 것들을 존중한다고 말한 구절에 익숙하다. 공자는 자신이 저승과 영적인 존재, 이상한 것, 초자연적인 것, 난

폭한 것, 기이한 것들에 대해 말하는 것을 꺼린다고 밝혔다.[85] 술이부작(述而不作)이라는 구절을 통해서 공자는 자신이 창조자라기보다는 문화적·문학적 유산의 전달자라는 사실을 분명히 하였다. "길거리의 소문들은 함부로 말하는 것은 덕에서 벗어나는 일"(道聽而塗說 德之棄也)이기 때문이다.[86] 그런 점에서 중국에서 소설은 서구의 소설과 비슷할 뿐 결코 동일한 것이 아니었다. '역사/소설, 사실/허구, 문자 그대로의 사실/상상적인 사실' 등과 같은 평범한 이분법적 구별은 이 두 문화에서 상당히 다른 개념적 전제를 가지고 있으며, 서로 다른 문학적 함의를 지니고 있었다. 그런데, 그런 인식은 명·청대 이후에는 확연히 변한다. 명·청대 사람들은 많은 허구 서사들이 비역사적이며 분명히 창조된 것이라는 것과, 허구가 불완전한 역사 및 준(準)역사로서가 아니라 그 나름의 방법으로 이해되어야 한다는 것을 깨달았다. 비평가들은 소설을 더 이상 역사에 충실해야 하는 것으로 여기지 않았고, 어떤 저작의 진실한 내용은 과거 역사의 특정한 세부 묘사를 고수하는 데에 있지 않다고 믿었다. 역사서에서는 사건과 이치들이 모두 진짜여야 하지만 소설에서는 이야기가 어떤 보편 진리를 나타내기만 한다면 과거 사건의 세밀한 내용을 그대로 따를 필요가 없다고 보았다.[87] 그런 인식이 확산되면서 역사 글쓰기와는 다른 허구적 글쓰기로서의 소설의 의의가 인정되기 시작한다.

---

85) 『論語』, 『述而』, 子不語 怪力亂神.

86) 루샤오핑, 조미원 외, 『역사에서 허구로(중국의 서사학)』, 길, 2001, 79-80면.

87) 루샤오핑, 위의 책, 212-215면.

국어 교과서의 탄생

교과의 분화

문종의 분화에는 몇 가지 요소가 변인으로 작용하는데, 지식의 분화와 범주 설정 과정, 서구적 개념의 유입, 글쓰기를 독립된 교과이자 기능으로 인식하게 되는 양상 등을 들 수 있다. 교과 내용을 한정하고 구획해야 하는 필요성 속에서 국어/철학/역사, 문학/비문학의 구별이 생겨난 것이다. 근대 초기 독본은 문종이 분류되지 않은 채 혼재하는 양상이지만, 그 한편에는 이미 문종을 의식한 글쓰기가 이루어지고 있었다. 그런 사실을 염두에 두면서 여기서는 '서사'의 형성에 대해 주목하고자 한다.

그동안 근대소설에 대한 연구는《제국신문》,《경향신문》,《그리스도신문》등의 신문에 실려 있는 다양한 갈래종(種)들을 대상으로 이루어졌다. 서사의 형식을 갖고 있는 글들을 근대소설의 전사로 파악하면서 근대소설의 탄생과 발전 과정을 논하였다. 전(傳), 록(錄), 기(記), 화(話), 설(說) 등 전통적 서사 양식이 근대 계몽기라는 시대 환경에 부응하면서 각기 다른 양식들과 결합하고 섞이면서 소멸하거나 때로는 변형된 형태로 양식적 진화를 거듭해 근대에 이르렀다는 것. 이를 통해 근대소설은 전통적 장르종들의 단선적인 변화와 발전이 아니라 시대 환경에 대응하는 다양한 조정과 배제와 습합의 과정이라는 것을 알 수 있다.[88] 충분히 공감되고 또 의미 있는 견해지만, 한편으로는 새로운 양식이 대부분 인접한 집단과의 접촉과 교환을 통해서 출현한다는 사실을 간과할 수는 없다. 말하자면, 외부와의 접촉을 통해서 그에 대응하는 내적 동기가 마련되고 그 대응을 통해 새로운 양식적 변화와 출현이 이루어지는 것이다. 더구나 소설이라는 양식은 하나

---

88) 김영민의『한국 근대소설의 형성과정』(소명출판, 2005)과『한국 근대소설사』(솔, 1997), 김윤규의『개화기 단형서사문학의 이해』(국학자료원, 2000), 정선태의『개화기 신문논설의 서사 수용 양상』(소명출판, 1999), 김찬기의『한국 근대소설의 형성과 전』(소명출판, 2004), 문한별의『한국 근대소설 양식의 형성과정 연구』(고려대 박사논문, 2007) 참조.

의 제도이고 따라서 역사적인 제한성을 갖는다. 소설은 실체적이고 선험적인 것이라기보다 일종의 관계 혹은 계통 발생적 약호(code)에 가깝다. 근대 계몽기에 소설이라는 장르는 형성 중에 있었고, 따라서 그 실상을 온전히 이해하기 위해서는 거기에 작용한 여러 역사적 요인들을 두루 살펴볼 필요가 있는 것이다.

그런 견지에서 여기서는 최초의 근대 교과서로 평가되는『국민소학독본』과 뒤이은『신정심상소학』과『보통학교학도용 국어독본』을 고찰하고자 한다. 세 권은 모두 당시 학무 행정을 관장하던 학부(學部)에서 편찬되어 문명개화를 꿈꾸던 당대 정부의 열망과 의지를 전하는 중요한 매체였고, 그래서 한편으로는 한국 근대문학의 출발과 정착의 문화적 토대로 기능하였다. 독본은 다양한 장르와 영역을 포괄하고 사회적으로 지식의 '보편성'을 인정받으면서 개념을 유통시킨 대표적인 매체였고, 또 당시로는 가장 광범위한 독자를 갖고 있었다. 이들 독본이 당대 현실에 어떤 영향을 미쳤는지 수치적으로 검증해내기는 어렵지만, 교재에서 목격되는 다양한 종류의 문(文)은 장차 근대 문종에 대한 개념 형성의 인식적 토대가 되는 것을 알 수 있다. 1920년대에 이르면, 정론성과 계몽성에 구속되어 있던 문종은 점차 그로부터 독립해서 문학적 자율성을 획득하고 마침내 시, 소설, 평론 등의 문종으로 구체화되는 것을 보게 되는데, 여기서 주목하는 독본은 그런 변화 과정을 보여주는 개화기의 대표적 매체이다.

여기서 특히 주목하는 것은 독본 수록 서사의 형성적 기원이 되는 외래적 요소들이다. 사실 개화기 독본은 일본 교과서의 번역과 수용을 통해서 편찬되었다. 최초의 근대 교과서인『국민소학독본』은 일본의『高等小學讀本』을 거의 옮기다시피 해서 수록 단원의 70% 이상이 동일하다.『高等小學讀本』에 수록된 글을 요약하거나 축소해서 옮겼고, 동일한 소재를 다룬 몇 개의 단원을 정리해서 한 개의 단원으로 묶었으며, 심지어 글의 형식을 그대로 차용한 채 내용만을 일부 바꾸어 수록하기도 하였다. 또 일본의『尋常小學讀本』(1887)을 참조해서 만든『신정심상소학』에는『尋常小學讀本』에 수록된 여러 편의 설명과 논설문이 번역·소개되었다.[89) 여기서 주목하는 서사의 경우도 예외가 아니어서『국민소학독본』등의 독본에는 전통 서사뿐만 아니라 다양한 형태의 번역 서사가 등장한다.『국민소학독본』에는 서사를 지칭하는 '화'(話), '이야기', '담화'(談話)가 나타나고, 역사 서술방식의 하나인 '기사'(紀事)도 서사를 중심 내용으로 한다. '화'(話)는『국민소학독본』의 목차에서 2번 나타나고, '이야기'는『신정심상소학』에서 8번이나 등장한다. 여기다가 이야기를 지칭하면서도 장르의식을 드러내지 않고 인물이나 소재를 제목으로 명기한, 이를테면 주인공의 이름이나 소재로 작품의 제목을 삼은 서사도 다수 존재한다. 이들 서사의 상당수는 일본 교과서의 번역문이다. 여기서 서사는 근대적 양식 개념이 형성되기 이전의 혼종적 형태로 편자의 계몽적 의도를 전하는 도구로 활용되었지만, 시간의 경과와 더불어 점차 오늘과 같은 형태로 발전한다는 점에서 근대 서사의 형성을 살필 수 있는 중요한 단서가 된다.

▲『신정심상소학』

89) 여기서 참조한 텍스트는 다음과 같다.
　　『국민소학독본』, 학부편집국, 대조선개국오백사년 오추. /『신정심상소학』, 학부, 건양원년 이월상한. /『심상소학독본』, 문부성편집국, 명치 이십년 오월. /『通俗伊蘇普物語』, 渡邊溫, 明治21年. /『高等小學讀本』, 文部省編輯局, 1988.11. /『童蒙敎草』, 福澤諭吉譯, 尙古堂, 明治五年(1872).

『국민소학독본』이나『신정심상소학』의 서사에 대해서는 그동안 몇몇 논자들의 연구가 있었다. 조문제는『국민소학독본』에서부터 1910년의『신찬 초등소학』까지 모두 39권의 독본을 대상으로 수록 서사의 특성을 고찰하였다. 전용호는 개화기의 서사를 경험적 서사와 허구적 서사로 나누어 고찰하면서, 개화기 독본이 문자 해독층의 확대, 근대소설 독자층의 확대, 민족 현실의 반영 등에서 중요한 역할을 했다고 논하였다. 송명진은 이들 연구를 이어받아『국민소학독본』에서『신찬 초등소학』까지 학부 간행의 독본들을 대상으로 수록 서사를 고찰하였다. 그런데 이들의 논의는 일본 교과서라는 외적 요소를 고려하지 않고 단지 전통적 양식이 근대 계몽기를 통해서 양식적 진화를 거듭했다는 식의 주장에 머무는 경우가 대부분이다.[90] 필자가『신정심상소학』과 일본의『尋常小學讀本』을 비교하여 근대 서사의 상당수가 일본 교재의 번역문임을 밝혀낸 것은 그런 전통계승론의 한계를 보완하려는 의도라 할 수 있다. 독본의 서사가 어디서 유래했고 또 근대소설의 형성과정에서 어떤 의미를 갖는지 등은 그 저본이 되는 일본 교과서와의 관계 속에서 파악이 가능한 까닭이다.

그런 사실을 여기서는『국민소학독본』과『신정심상소학』,『국어독본』에 수록된 서사종들을 통해 고찰하고자 한다. '기사(紀事)', '화(話)', '이야기', '우화' 등의 서사 양식의 특성과 의미는 무엇인지? 그것을 서술자(화자)의 형태와 서사의 자율성이라는 측면에서 살피기로 한다. 주지하듯이, 고대소설과 근대소설의 중요한 차이는 서술자의 존재방식이다. 고대소설이 대부분 전지적 서술자의 시점을 취한다면, 근대소설은 그것과 함께 3인칭 관찰자 시점과 1인칭 주

---

90) 조문제의「개화기 국어교과서에 수록된 교재에 관한 연구(1)」(『국어생활』4호, 국어연구소, 1986), 전용호의「고종·순종시대 국어교과서의 서사유형 연구」(『어문논집』53, 민족어문학회, 2006), 송명진의「개화기 독본과 근대 서사의 형성」(『국어국문학』160, 국어국문학회, 2012.), 강진호의「한·일 근대 국어 교과서와 '서사'의 수용」(『일본학』39호, 동국대 일본학연구소, 2014) 참조.

인공 혹은 관찰자 시점 등으로 다원화된다. 전지적 시점은 서술자가 모든 것을 설명해서 독자들이 작중인물과 함께 호흡하고 공감하기보다는 일방적으로 전달받는 식이지만, 작가 관찰자 시점은 인물이 객관화되어 제시되는 까닭에 독자들은 한층 긴밀하게 서사 내용과 교감할 수 있다. 『국민소학독본』의 서사는 대부분이 전지적 시점으로 서술자의 의도를 일방적으로 전하는 식이지만, 『신정심상소학』에서는 이솝우화가 번역·소개되면서 작가 관찰자 시점이나 액자구성의 전지적 시점이 등장한다.

이런 모습들을 통해 서사가 점차 자율적인 형태를 갖추는 것을 보게 되는데, 이는 문종(文種) 의식의 심화 과정으로 볼 수 있다. 물론 이런 변화는 일본 교과서의 번역과 수용에 따른 것이라는 점에서 한계를 지적할 수 있지만, 한 편으로는 그런 번역과 모방이 근대를 익히고 수용하는 과정이라는 점에서 그 의의를 소홀히 할 수는 없다. 말하자면, 근대 서사의 형성은 전통적인 양식의 변형과 조정을 바탕으로 서구 장르의 유입과 수용을 통해서 이루어졌다는 게 이 글의 요지이다.

『국민소학독본』의 '기사(紀事)'와 '화(話)'

최초의 근대 교과서라는 평가처럼 『국민소학독본』에는 다양한 양식의 근대적 글들이 소개된다. 계몽적 주제를 전달하기 위한 예화(例話)에서부터 세계 주요 도시를 소개하고 설명한 글, 세종대왕을 비롯한 옛 성현들의 일화를 소개한 전기문, 근대적 문물에 대한 소개, 지식을 넓히고 노동을 해야 한다는 내용의 논설문 등 다양한 종류의 글이 등장한다. 하지만 근대적인 문종의 분화가 이루어지지 않은 관계로 글의 종류는 제한적이어서 대부분의 글들은 혼종적 특성을 보여준다. 설명문의 경우 논설문의 성격을 갖는 논설적 설명문이 많고, 논설문도 설명식의 논설문이나 서사적 논설문이 많다. 전기문은 서사 양식의 대표적인 글이지만, 실제로는 서사적 논설이 대부분을 차지한다. 이들 독본에 논설 투의 글이 상대적으로 많이 수록된 것은 무엇보다 근대 지식을 소개하고 계몽하기 위한 데 독본의 목적이 있었기 때문이다. 『국민소학독본』의 편찬에 관여한 것으로 추정되는 이상재, 박정양, 이완용 등은 갑오개혁을 추진하면서 신교육이 무엇보다 시급한 과제라는 인식 하에서 교과서를 제작하였다. 그런 관계로 이들 독본은 계몽적 의도에 의해 조율되고, 수록 단원은 대부분 서사적 논설문의 형태를 취한다. 이야기의 형식을 빌려서 전문적이고 생소한 근대 지식을 전달함으로써 학생들은 마치 친근한 주변의 이야기를 듣는 듯이 받아들이게 되는데, 『국민소학독본』의 편자들이 일본 교과서를 수용하면서 유독 서사적 논설을 많이 차용한 것은 그런 당대적 필요성과 무관하지 않을 것이다.

『국민소학독본』에는 모두 16개 단원에 걸쳐 11개의 서사가 수록되어 있다. 아직은 양식적 분화가 이루어지지 않은 상태지만, 상대적으로 서사의 비중이 큰 글을 정리하면 다음 표와 같다. 역사적 인물을 소재로 한 서사가 7개이고, 나머지 4개는 이른바 서사적 논설에 해당한다.

※『국민소학독본』수록 서사

	국민소학독본	高等小學讀本(권-과)	비고
2	광지식	知識ヲ得ルノ方法(1-2)	허구적 서사
5	세종대왕기사		역사인물(한국)
9	이덕보원(以德報怨)	怨ニ報ユルニ德ヲ以テス(2-7)	허구적 서사
13	지식일화	知識ノ話(4권)	허구적 서사
22	을지문덕		역사인물(한국)
24	노농석화	老農ノ談話(3-32)	허구적 서사
25	시간각수	時間ヲ守ル可シ(5-34)	역사인물(미국)

국어 교과서의 탄생

	국민소학독본	高等小學讀本(권-과)	비고
27	싸휠드1	苦學ノ結果1(5-11)	역사인물(미국)
28	싸휠드2	苦學ノ結果2(5-12)	〃
31	아미리가발견1	亞米里加發見(4-12)	역사인물(스페인)
32	아미리가발견2	亞米里加發見(4-13)	〃
33	아미리가독립1	출처 미확인	역사인물(미국)
34	아미리가독립2	〃	〃
35	아미리가독립3	〃	〃
40	성길사한1	〃	역사인물(중국)
41	성길사한2	〃	

이들 서사는 크게 둘로 나누어 볼 수 있다. 하나는 「세종대왕 기사」나 「을지문덕」처럼 인물의 행적을 기록한 글이고, 다른 하나는 「광지식」이나 「노농석화」처럼 허구적 일화를 바탕으로 편자의 주장을 논설한 글이다. 「세종대왕 기사」는 세종대왕의 행적을 '기사(紀事)'의 형식으로 기록했고, 「지식일화」와 「노농석화」는 편찬자의 계몽적 의도를 전하기 위해 '화(話)'의 형식을 차용하였다. 여기다가 제목에서 문종 의식을 드러내지는 않았으나 서사를 내용으로 하는 단원들이 많이 등장하는데, 그 대부분은 인물서사이다. 세종대왕과 을지문덕을 비롯해서 워싱턴과 가필드, 징기스칸 등은 이들 역사 인물들의 실제 행적을 서사로 기록한 글들이다.

'기사'와 전통 양식

'기사'는 「세종대왕 기사」에서 한번 명기되었을 뿐이지만 개화기 서사의 존재 방식을 이해할 수 있는 중요한 단서를 제공하는 글이다. '기사(紀事)'는 '사건의 줄거리를 기록한다.'는 뜻으로, 역사 서술방식의 하나인 기전체(紀傳體)

와 연결되어 있다. 『사기(史記)』의 주석서인 〈정의(正義)〉의 "본계와 관련되었으므로 본(本)이라고 하였으며, 여러 가지 일을 통합하여 해결한 것을 연월일 순서에 따라 정리하였으므로 기(紀)라고 한다."는 구절에서 알 수 있듯이, '본기'는 정통성을 가진 나라의 제왕의 역사를 기록한 것으로, 그 방법의 하나가 바로 '기(紀)'이다. 이 '기'를 강화해서 서술한 게 이른바 '기사본말체'이다. 기사본말체는 역사를 사건의 시말로 기록하는 편찬 체재로 남송 때 원추(袁樞)가 『자치통감』을 기본 자료로 하여 『통감기사본말』이라는 책을 간행하면서 하나의 편찬 체재로 자리 잡았다. 사건의 명칭을 제목으로 내걸고 그와 관련된 기사를 모아 서술해서 사건의 시말을 기술하는 방식이다. 이는 동양에서 가장 발전된 역사 편찬 체재로서, 기존의 역사 편찬 체재인 기전체와 편년체(編年體)의 단점을 보완하기 위해 고안해낸 것으로,[91] 역사에서 사건의 전말을 알고자 하는 새로운 역사의식의 산물로 평가된다.

우리나라 세종대왕게서 만고의 대성인이시라 인민의 농사를 위ᄒ샤 농사집 설이라 ᄒᄂ 책을 지어 반포ᄒ시고 형벌의 참혹ᄒᄆᄅ 측은히 녀기사 태배법(笞背法)을 제ᄒ시고 윤기의 강령을 정ᄒ사 삼강행실이라 ᄒᄂ 책을 반행ᄒ시고 용비어천가를 찬ᄒ사 조종의 덕을 찬양ᄒ시고 또 아악을 정-ᄒ시며 또 만세에 흠앙ᄒᆯ 자ᄂ 세종대왕이 글아ᄉᄃ 외국에ᄂ 다 기국 문자ㅣ 유ᄒ되 아국에ᄂ 무ᄒ다 ᄒ샤 훈민정음을 지으시고 책판삭이ᄂ 법이 불편ᄒ다 ᄒ사 활자를 주ᄒ시니

차ᄂ 다 대성인의 개물성무ᄒ시ᄂ 문명ᄒ 덕이라 지나의 요순우탕이 아모리 성인이라 ᄒᄂ 아 세종대왕의 성신ᄒ신 덕을 엇지 당ᄒ리오 지나 고석 제왕

---

91) 기전체는 하나의 사건에 관한 자료가 본기(本紀)·열전(列傳)·지(志) 등에, 그리고 지 중에서도 경우에 따라서는 여러 지에 분산되어 기록되는 단점이 있기 때문에 사건의 전모를 이해하기 어렵다. 편년체는 역사 기록을 연월일 순으로 기술하여 한 사건의 자료가 함께 기록되지 못하고 다른 기록이 중간에 끼어들게 되는 단점이 있다.

에 비록 성현이 다ᄒ다 ᄒ야도 세종대왕게서 행ᄒ신 여러 가지 문명ᄒ신 덕을 합흔 자ㅣ 무ᄒ니라 시고로 아 세종대왕게서 요순우탕뻐 상에 대성인이시니 여등 학도들은 아국에 이러ᄒ신 대성인이 계오신 쥴 알지어다 아 대군주 폐하 게서 대성인의 도덕으로 대성인의 왕통을 계승ᄒ시니 오등은 대성인의 인민 이라 아모조록 애국심으로 공부를 잘 ᄒ야 부강문명흔 화를 협찬ᄒ야 대성인 자유독립국의 활발근면ᄒᄂ 자유양민이 되미 가ᄒ니라(띄어쓰기 - 인용자)(「제 오과 세종대왕 기사」 전문)

'세종대왕'의 업적을 순서대로 소개하면서 학생들에 대한 당부를 덧붙여 놓은 「세종대왕 기사」의 전문이다. '농사집설 간행 → 태배법 삭제 → 삼강행실 간행 → 용비어천가 → 아악 → 훈민정음 → 활자 주조' 등의 일화를 순서대로 나열한 뒤 그런 행적을 '문명한 덕'으로 간주하고 중국의 성인들과 비교해서 '대성인'이라고 규정하는 내용이다. 서술자가 인물의 일대기를 시간 순서로 언급한 뒤, 전지적 서술자가 되어 일화를 서술하고 평가하는 형식이다.

인물의 행적을 기록한 '을지문덕'이나 '까힐드', '성길사한(成吉思汗)' 등도 '세종대왕 기사'와 동일한 형식으로, '기사'라는 말을 사용하지 않았을 뿐이지 실제 서술방식은 동일하다. 을지문덕은 고구려의 대신으로 사람됨이 침착하고 지혜가 있어서 수양제의 일백삼십만 대군의 허실을 엿보고 평양 근처에서 크게 물리쳤다는 내용이다. 이들 단원은 서사를 포함하고 있지만, 사실은 서사라기보다는 역사 시술이라고 해도 틀린 말은 아니다. 「세종대왕 기사」나 「을지문덕」 등은 인물의 일화를 간략히 기록한 형태라는 점에서 본기(本紀)가 아닌 기사(紀事)에 해당한다.

그런데, '기사'는 과거 인물들의 단순한 기록이 아니라 시대적 필요를 바탕으로 한 서술로, 인물의 일화에다 계몽적 해설을 덧붙인 형식이다. 「세종대왕 기사」에서 세종의 업적을 말한 뒤 "애국심으로 공부를 잘 ᄒ야 부강문명흔 화를 협찬ᄒ야 대성인 자주독립국의 활발근면ᄒᄂ 자유양민이 되미 가ᄒᄂ니라"라고 당부하는데, 이는 세종대왕을 근대 계몽기의 현실에 부합하는 인물로 호명한 것이다. 객관적 사실만을 간략히 기록했던 기존의 역사 서술과는 달리 인물의 행적을 평가하고 의미를 부여함으로써 편찬자의 서술 의도를 구체화한 것을 볼 수 있다. 「을지문덕」의 경우도 일화를 간략하게 서술한 뒤, '군사의 강약은 나라의 대소가 아니라 그 나라 사람의 심(心)과 기(氣)에 달렸다'는 것, 그런데 오늘날은 잔약한 청인도 이기지 못하는 상황이 되었으니 이는 조선 사람의 애국심이 옛날만 못하기 때문이라는 것을 말하고, 학도들은 열심히 공부해서 을지문덕처럼 되어야 한다고 당부한다. 을지문덕의 일화에다가 학생들에 대한 당부를 덧붙였는데, 이 역시 「세종대왕 기사」와 동일한 형식이다. 「아미리가 발견」이나 「아미리가 독립」은 인물의 일화를 상세하게 기술하여 한층 리얼리티가 강화된 형국이지만, 앞의 경우와 마찬가지로 '기사'라는 역사 서술방식에서 크게 벗어나지는 않는다. 그런 점에서 이들 인물 전기는 전통적인 전(傳)이 근대 계몽기라는 시대 현실에 맞게 새롭게 형태적 진화를 꾀한 것이라고 할 수 있다.

그런데 「싸휠드1」라든가 「아미리가 발견」 등은 일본 교과서를 옮긴 것이라는 점을 주목할 필요가 있다. 이들 글은 앞의 「세종대왕 기사」나 「을지문덕」보다 한층 더 진전된 형태의 서사를 보여준다. 「싸휠드1」는 마치 한편의 역사전기소설을 보는 듯하다.

미국의 20대 대통령인 제임스 가필드(J.A. Garfield, 1831~1881)의 일대기를, '苦學ノ結果'라는 일본 교과서의 제목처럼, 고학을 통해 입신출세 하는 과정을 주요 일화를 통해서 서술하였다. 어려서 부친을 잃은 뒤 형과 모친의 도움으로 학교에 다닌 이야기에서부터 선원이 되어 목숨을 잃을 뻔한 이야기, 공업과 농업에 종사하면서 학비를 버는 일화, 대학에 다니는 도중에 남북전쟁에 참전한 이야기, 이후 국회의원을 거쳐 대통령이 된 이야기 등이 상세하게 서술된다. 원래 제목처럼 고학을 통해서 난관을 극복하고 성공에 이른 내력을

기록한 것으로, 앞의 「세종대왕 기사」나 「을지문덕」에 비해 한층 서사가 강화되어 있다. 더구나 이 글은 '고학의 결과'라는 제목 하에 인물의 행적만이 사실적으로 서술된다는 점에서 한층 더 역사전기소설에 가깝다. 「아미리가 발견」은 그보다도 한층 더 진전된 형태를 보여준다. 이 글 역시 「亞米里加發見」이라는 제목으로 일본 교과서에 실린 글이지만, 내용과 형식은 한층 더 소설에 근접해 있다. 콜럼부스 일행이 3척의 배를 타고 서쪽을 향해 진행하였으나, 1개월이 지나도 목적지가 나타나지 않자 선원들이 불안해하면서 콜럼부스를 바다에 던지자고 약속하였다. 콜럼부스는 3일 안에 당도하지 못하면 바로 본국으로 귀항하자고 약속하고 항해를 계속해서 마침내 육지에 닿았다는 내용이다. 글의 말미에 "이는 곳 아미리가주 발견의 개략이니라"라는 구절을 통해서 글의 취지를 설명하고 있지만, 이 자체가 한편의 소설이라 해도 과언이 아니다. 서두에서 출항하기 전의 부두 풍경을 묘사한 대목이나 인물 간의 갈등을 언급한 대목 등은 소설의 기본 요소를 이 글이 두루 갖추고 있음을 보여준다. 하지만 허구적 사실보다는 실제 일화를 기록한 것이라는 점에서 근대적 서사로 보기에는 한계가 있다.

이들 인물이 『국민소학독본』에 번역·수록된 것은 나라의 기초를 세우고 부흥시킨 이들의 행적이 전근대 사회에서 벗어나 문명 강국을 꿈꾸었던 이상재 등의 교재 편찬자들에게 큰 호감을 주었기 때문일 것이다. "창업 수성(創業 守成)에 대수완"을 발휘한 워싱턴(「아미리가 독립 3」에서)과 같은 인물의 행적은 조선의 입장에서 볼 때 본받고 따라야 할 모델과도 같았을 것이다. 특히 박정양과 이상재는 수신사로 미국을 견문하면서 미국의 눈부신 발전상을 목격하고 크게 감동을 받은 상태였다. 『미속습유(美俗拾遺)』 곳곳에 표현된 미국 사회에 대한 박정양의 찬탄은 미국 건국의 주역들인 이들에 대한 자연스러운 관심으로 나타났을 것이다. 그런 점에서 이 글들은 1905년 이후 널리 성행한 역사전기소설과 목적을 같이 한다. 역사전기소설은 과거의 민족 영웅들을 호출해서 민족적 기억을 복원함으로써 민족 통합과 근대 국가 수립으로 나가려는 의도에서 창작되었다. 작가들은 자신들의 정치적 지향과 세계관을 구조화하는 데 가장 이상적인 담론 형태로 역사전기소설을 창작했고 그래서 그것은 근대 계몽기라는 시대의 요구와 부합하였다. 「세종대왕 기사」나 「을지문덕」, 「싸휠드1」 등은 모두 근대 계몽기라는 시대의 요구를 바탕으로 소환된 인물들이고, 또 글의 형식 역시 시대에 맞게 변형된, 계몽적 의도에 기반한 글들이다.

그런데, 기존 연구에서는 인물 서사가 처음 등장한 것은 《죠선크리스도인회보》라고 한다. 1897년 11월 10일에 발표된 「고륜포」가 최초의 것이라는 주장이다. 그리고 1898년 2월 22일 《독립신문》에도 인물 기사가 등장한다고 한다.[92] 1907년 고종 양위 직후부터 1909년 애국계몽운동이 가장 치열하게 전개되는 시기는 역사전기소설이 가장 많이 창작되었다는 것. 그렇지만 이런 견해는 '독본'을 중심으로 볼 때 수정되어야 한다. 1895년 『국민소학독본』에 수록된 여러 편의 기사와 인물전기는 그보다도 한층 발전된 형태의 서사물이고, 그래서 장차 번성할 역사전기소설의 전사로 볼 수 있다. 따라서, 근대 계몽기의 역사전기소설은 전통적인 '기사'와 '전'의 형식을 계승하지만, 보다 결정적으로는 일본 교과서의 번역을 통해서 근대적 형식과 내용을 갖게 되었다고 정리할 수 있다.

'화(話)'와 외래 서사

서사의 측면에서 또 하나 주목할 형식은 '화(話)'이다. '화'는 『국민소학독본』의 목차에 2번 등장한 이후 『신정심상소학』에서도 목격되는 용어이다. 『국

---

92) 김영민, 『한국 근대소설의 형성과정』, 소명출판, 2005, 15-21면.

민소학독본』에 「노농석화」와 「지식일화」가 수록되었다면, 『신정심상소학』에는 「호(虎)와 호(狐)의 화(話)라」, 「화성돈의 화(話)라」, 「숙류의 화(話)라」, 「작이 연의 소를 탈혼 화(話)라」 등 모두 4개가 등장한다. 앞의 '기사'가 실제 인물의 일화를 간략히 정리한 형태라면, 『국민소학독본』에 등장하는 2개의 '화'는 모두 경험적 일화를 소재로 한 서사라는 점에서 구별된다. 그런데, 이들 서사역시 일본 교과서의 번역이라는 점에서 근대 계몽기의 서사를 이해할 수 있는 중요한 실마리를 제공한다. 앞의 표에서 알 수 있듯이, 수록된 서사 11개 중에서 7개가 일본 교과서를 그대로 옮기거나 일부를 축소한 글이다. 그런 재수록과정의 특성을 전형적으로 보여주는 글이 「노농석화」이다.

「노농석화」는 늙은 농부가 자손을 모아 놓고 주고받는 이야기이다. 늙은농부는 자식들에게 자신이 지금처럼 부지런한 사람이 된 것은 순전히 물고기와 새를 지켜보면서 배운 교훈 때문이라고 말한다. 새와 물고기는 손이 없으나 부지런해서 자기보다 더 낫다는 것, 자기는 신체를 굽혔다 폈다 하고 수족을 자유로이 움직이는 데도 불구하고 새나 물고기보다 못하다는 생각에서, 지난 과오를 뉘우치고 부지런히 근로하여 오늘날의 행복을 누리게 되었다는 것이다. 이런 사실을 말한 뒤 서술자는 자식들에게 게으르지 말 것을 당부하는 교훈을 덧붙이고, 궁극적으로 학생들에게 부지런히 '근로'할 것을 주문한다.

　　한 노농이 일일은 자손을 모아 일너 왈 너가 어릴 찌는 태타ᄒ야 무업에 마음이 업고 혹 취업홀 찌도 남을 위ᄒ야 ᄒ눈가 성각ᄒ더니 금일갓치 농업을 힘쓰게 되믄 전혀 어(魚)와 조(鳥)의 사흔 바ㅣ라
　　일일에 어를 낙ᄭ랴 천변에 유ᄒ더니 수중에 여러 어가 유영호듸 그 중에한 어는 안전흔 곳에 란을 산부코져 ᄒ야 몸과 입으로 소석을 흔들고 맛츰 한조가 니겻히 잇다가 봉망 중으로 비겨ᄒ야 입에 태선의 류를 물어 그 집을 지으랴 ᄒ거늘 ①(이때의 나는 물고기 낚는 것을 잊고, 다만 새와 물고기가 만든

<u>것에 주의를 기울였다.</u>) 닉 인ᄒᆞ야 숙사ᄒᆞ니 조어는 수가 업스나 그 근로는 오히려 나보다 더 ᄒᆞ니 ②(지금 내 손을 보니) 나는 신체의 굴신과 수족의 개합이 자재ᄒᆞᆫ 고로 물건의 파거 휴척을 임의로 못ᄒᆞᆯ 거시 업고 노동사위를 지보치 못ᄒᆞᆯ거시 업스니 연칙 ᄉᆞ름이 태타ᄒᆞ야는 생존이 난ᄒᆞᆯ지니 나갓튼 자는 조와 어에 비ᄒᆞ면 수치가 다ᄒᆞ니라 여차히 짐작ᄒᆞ고 작비를 개오ᄒᆞ야 크게 분발ᄒᆞ고 자후로 영영 근로ᄒᆞ야 황무한 전원을 개척ᄒᆞ고 경운을 용력ᄒᆞ야 시시로 소홀홈이 업더니 맛ᄎᆞᆷ닉 금일에 여차ᄒᆞᆫ 행복을 향ᄒᆞ노라

여등이 만일 근로를 어렵고 괴롭게 알거든 맛당히 야외에 나가 동물의 ᄒᆞ는 거슬 숙시ᄒᆞᆯ 것시라 루의가 음식을 저축ᄒᆞ야 집을 지으며 봉이 밀을 모ᄒᆞ는 일은 다 오등의 양사우ㅣ라 동물도 이갓치 근로ᄒᆞ기는 각각 그 행복을 구홈이니 ᄉᆞ름도 ᄯᅩ한 태타치 못ᄒᆞᆯ 거시라 태타는 곳 불행의 본이니 여등은 경경히 간과치 말지어다 ᄒᆞ더라

③(그 노농의 말을 자세히 ᄉᆡᆼ각ᄒᆞ야 보니 행복은 사람마다 스스로 구ᄒᆞᆯ거시라 왕후장상이나 여등이나 근로를 아니ᄒᆞ고 행복을 어들 슈 업기는 일반이라 나라의 부강은 국민의 근로에 잇다ᄒᆞ니 여등의 근로는 ᄯᅩ한 나라에 부강의 행복이니 학교에 잇슬 ᄯᅢ와 졸업ᄒᆞᆫ 후에도 일생 근로를 잇지 말지어다) (띄어쓰기-필자) (「노농석화」 전문)[93]

이런 내용은 경험적 체험을 기록한 것이지만 앞의 '기사'와는 달리 화자의 적극적인 의미 부여와 설명이 더해진다는 점에서 한층 계몽적인 의도(곧, 편집자적 의도)가 강화되어 있다. 이는 서술자의 의도를 전하는 도구로 서사가 이용되었다는 것을 보여주고, 그래서 이 글은 계몽적 의도에 서사가 종속되는 이른바 '서사적 논설'이 된다. 그런데 이 과정에서 해설과 함께 서사가 한층 풍

---

93) 「老農夕話」, 『國民小學讀本』, 學部編輯局, 大朝鮮開國五百四年 梧秋.

부해지고 보다 사실적으로 제시되는 것을 볼 수 있다. 앞의 '기사'가 큰 사건(혹은 행적)만을 나열하는 식이었다면, 여기서는 사건의 경위를 시간의 흐름에 따라 서술함으로써 서사의 개연성과 함께 리얼리티가 한층 강화된 것이다.

그런데 이 글은 일본의 『高等小學讀本』을 그대로 옮긴 것이다. ①과 ②는 일본 교과서에는 나오지만 『국민소학독본』에는 생략된 부분이고,[94] ③은 새로이 추가된 부분이다. 이 세 부분을 제외하면 두 글은 거의 같다. ①과 ②는 의미와는 상관없는 묘사이기 때문에 생략한 것으로 보이지만, ③은 새롭게 추가된 것이라는 점에서 편찬자의 의도를 엿볼 수 있다. 근로를 하지 않으면 행복을 얻을 수 없기 때문에 학교에 있을 때나 졸업한 후에도 일생 근로를 잊지 말라는 당부. 근로와 행복을 연결시키고 학생들에게 근로할 것을 당부함으로써 궁극적으로 부강한 나라를 만들고자 하는 조선 편자의 의도를 제시한 것이다.

「지식일화(智識一話)」 역시 같은 형식이다. 한 아이와 노인이 지식에 대해서 논하면서 지식의 귀함은 실지 응용에 있다는 것을 사례를 들어 말한다. 지식을 실제 현실에서 잘 응용하면 악한 힘도 선한 힘이 되지만 그렇지 못하면 선한 힘도 악한 힘이 된다는 것, 가령 말을 잘 다루면 사람을 태우고 천리를 달리지만, 그렇지 못하면 말에서 떨어진다는 것, 또 물은 논밭에 필요한 물이 되면 선하지만 사납게 넘쳐나면 범람해서 제방이 무너지고 교량이 파괴된다는 것. 따라서 지식의 귀함은 응용 여하에 달려 있다는 주장이다. 이 글 역시 앞의 경우와 동일하게 서술자의 해설적 의도가 앞서고 그것을 보조하는 도구로 서사가 활용된다는 점에서 시사적 논설과 동일하다. 이 글 또한 일본의 『高等小學讀本』을 그대로 옮겨 놓았다. 앞의 「지식일화」가 뒷부분을 첨가해서 편찬자의

---

94) 文部省編輯部, 『高等小學讀本』 3, 明治22년, 88면. ①과 ②는 다음과 같다.
　　① 此時, 予ハ, 魚ヲ釣ルフヲ忘レ, 只鳥ト魚トノ爲ス所ニノミ注意セリ.
　　② 今, 吾手ヲ見ルニ,

의도를 구체화했다면, 여기서는 말미의 한 줄을 덧붙여 의도를 정리해 놓았을 뿐이다. "저 아이는 이를 말없이 듣고 있었지만, 갑자기 큰 소리로 부르며 나는 능히 이를 이해하고 있고 나는 능히 이를 깨달았다고 했다."[95]를 "그 아는 일을 실상 됴흔 일에 응용홈이 귀호니 만일 불연호야 올치 못흔 일에 응용호면 오히려 세상을 해호고 스름을 상호니 여등이 능히 명심홀지어다"[96]로 조정했을 뿐이다. 의미에는 변함이 없고 어투를 조선의 현실에 맞게 조정한 것이다.

그런데, 「노농석화」 등의 서사는 앞의 '기사'보다도 한층 더 서사적 논설에 가깝다는 것을 알 수 있다. 앞의 「세종대왕 기사」는 '세종대왕'에 초점이 모아지는데, 「노농석화」 등은 서술자의 해설에 강조점이 놓여 있다. 그런 사실은 「知識ヲ得ルノ方法」을 번역한 「광지식」이나 「怨ニ報ユルニ德ヲ以テス」을 번역한 「이덕보원(以德報怨)」 등의 경우도 동일하다. 「광지식」은 지식을 넓히기 위해서는 천사만물을 정밀히 관찰해야 한다는 것을 말하기 위해서 야만인의 일화를 예로 들고 있다. 「이덕보원」에서는 덕으로 원수에 보답한다는 교훈을 전하기 위해서 세 아들의 일화를 언급한다.

이들 글은 모두 서술자의 의도를 전하기 위한 도구로 서사가 활용된다는 점에서 신문의 서사적 논설과 동일하다. 신문은 당시 계몽의 유력한 도구였고, 그런 매체의 특성에 부합하는 글쓰기 방식이 바로 서사적 논설이었다. 교과서 역시 당대 정부가 의욕적으로 추진하던 문명개화의 도구였다는 점에서 신문과 동일한 특성을 지녔고, 수록된 글들 역시 같은 의도를 갖는다. 그렇다면, 「지식 일화」 등은 수록 매체가 교과서일 뿐이지 형식과 내용은 신문의 서사적 논설과 동일하다고 볼 수 있다. 서사적 논설이란 근대 계몽기 신문에 실린 논설들 가

---

95) 彼兒童ハ, 是ヲ默聽シテ居タリシガ, 忽チ大聲ニテ呼ビテ曰ク, 我レ, 能ク是ヲ了解セリ, 我レ, 能ク是ヲ了解セリト. (『高等小學讀本』4권, 31면)

96) 「老農夕話」 말미, 앞의 『國民小學讀本』 참조.

운데 서사성을 띠고 있는 글들을 말하지만, 거기서 편자의 의도가 들어가는 핵심적인 부분은 해설이다. 이때 편집자 주나 해설이 붙는 방식은 서사문의 앞에 붙는 경우와 뒤에 붙는 경우, 그리고 앞과 뒤에 모두 붙는 경우로 나눌 수 있는데, 앞의 「노농석화」와 「지식일화」는 모두 글의 말미에 붙어 있다. 이들 글은 그런 방식을 통해서 편자의 계몽 의도를 직설적으로 제시한 것이다.

서사적 논설은 서사성을 드러내는 방식이 매우 다양한데, 크게 세 가지로 유형화할 수 있다. 하나는 서술체 방식이고, 둘은 문답체 방식, 셋은 토론체 방식이다.[97] 『국민소학독본』에 수록된 서사적 논설은 모두 서술체로, 등장인물의 일화를 중심으로 이야기를 끌어가는 방식이다. 여기서 서술자는 관찰자가 되어 서사를 해설한다. 그런 점에서 이들 서사는 내용뿐 아니라 형식까지도 일본 것을 그대로 옮겼다는 것을 알 수 있다. 일본 『高等小學讀本』에 등장하는 서사는 대부분 서사적 논설문이고, 글의 궁극적 목적인 해설이 서사의 말미에 붙어 있다. 서술자는 관찰자가 되어 서사를 제시하고 해설한다. 그래서 외견상 서사의 형태를 취하지만 실제로는 논설문인데, 그것을 『국민소학독본』의 편자들이 그대로 옮겨 놓은 것이다.[98] 그렇다면, 서사적 논설은 1897년 5월경부터 등장하기 시작해서 1898년경 활성화되었고, 1990년대 초반까지 매우 빈번하게 등장한 단형 서사양식이라는 기존의 주장은 재고되어야 한다. 1897년 5월 7일 《그리스도신문》에 수록된 「코기리와 원숭이의 니야기」, 1897년 5월 26일 《죠션크리스도인회보》에 실린 「됴와문답」이 초기 서사적 논설이라는 주장과는[99] 달리 1895년 음력 7월(梧秋)에 간행된 『국민소학독본』에 이미 여러 편의 서사적 논설이 등장해서 활용되고 있었던 것이다.

---

97) 김영민, 『한국 근대소설의 형성과정』, 소명출판, 2005, 15-21면.

98) 강진호, 「'국어'교과서의 탄생과 근대 민족주의」, 『상허학보』 36집, 상허학회, 2012.

99) 김영민 외, 『한국 근대소설의 형성과정』, 소명출판, 2005.

『신정심상소학』의 '이이기'와 '우화'

근대 서사의 형성이라는 측면에서 특히 주목을 끄는 독본은 『신정심상소학』(1896)이다. 문체면에서 국한혼용체에서 벗어나 국문체가 되었고, 전체 단원의 40%(97개 단원 중에서 41개 단원)가 서사일 정도로 많은 양의 서사가 등장한다. 그렇듯 많은 수의 서사가 수록된 것은 무엇보다 계몽의 도구로 서사의 유용성이 널리 인식된 데 있다. 『신정심상소학』을 비롯해서 『초등소학』, 『보통학교학도용 국어독본』 등 당대 독본의 필자들은 주장하는 바를 설득력 있게 전달하는 데 서사적 양식이 유용하다는 것을 두루 인식했던 것으로 보인다.[100] 독본에 등장하는 서사의 상당수가 예화나 지식 일화의 형태를 취하는 것은 그런 이유로 설명할 수 있다.

그렇지만 무엇보다 결정적인 것은 『신정심상소학』이 일본의 『尋常小學讀本』을 저본으로 한 데 있을 것이다. 『신정심상소학』에는 일본의 『尋常小學讀本』에 수록된 우화 12개가 번역·수록되었고, 또 당시 일본에서 민간 교재로 널리 활용되었던 『童蒙教草』[101]와 『通俗伊蘇普物語』[102]가 중요하게 참조되었다. 이들 교재를 저본으로 해서 편찬된 관계로 『신정심상소학』에는 다양한 종류의 서사와 함께 우화들이 대거 수록된 것이다.

※『신정심상소학』수록 서사

단원	신정심상소학(학부) 권1(12개)	尋常小學讀本 (문부성)	비고
14	김지학		

---

100) 조남현, 『한국현대소설사1』, 문학과지성사, 2012, 74면.

101) 渡邊溫, 『通俗伊蘇普物語』, 明治21年(1888). 원본은 1863년에 간행되었으나, 여기서는 1888년(명치 21년) 증보판을 참조하였다.

102) 福澤諭吉譯, 『童蒙教草』, 尙古堂, 明治五年(1872).

15	부엉이가 비둘기의게 우슴을 보앗더라		『셜원(設苑)』(梟逢鳩)
17	쥐의 이이기	1권 16課	
19	정직한 아해		
20	탐심 잇는 개라	2권 19課 慾ふかき 犬の話	『通俗伊蘇普物語』『第24 犬と牛肉の話』/ 이숍우화
21-22	화목한 가권1, 2		
23	탐욕은 그몸을 망홈이라		
24	손가락짓이라		
26	승과 비아의 이이기라		
27	조고마한 양이라		
29	가마귀와 여호의 이이기라		『通俗伊蘇普物語』「第193 狐と鴉の話」/ 이숍우화
30-31	포도전1, 2		福澤諭吉,『童蒙教草』1권,第4章 百姓其 子ふ遺言の事』/ 이숍우화
단원	신정심상소학 권2(11개)	심상소학독본	비고
3	지성의 지혜라		「説郛續」
4	장유의 이이기라		
12	소야도풍의 이이기라	1권 30課	
18	사마온공 어린씨 이이기라		『장유(莊兪)』
19	여호와 괴의 이이기라	1권 9課	이숍우화
22-23	시계를 보는 법이라1, 2	2권 9-10課 時計1	
25	가마귀가 조개를 먹는 이이기	4권 12課 鳥蛤な食ふ話	
26-27	무식한 스룸이라1, 2		
29-30	산웅성이라		
31	사슴이 물을 거울슴음이라	4권 23課 鹿の 水鏡	이숍우화
32	생각훌 일이라		
단원	신정심상소학 권3(13개)	심상소학독본	
3	塙保己一의 事績이라	3권 11課 塙保己一 の話	
6	虎와 狐의 화라	3권 28課 虎と狐と の話	『전국책』
7	화성돈의 話라		《New National Readers》 제2권 제29과[103]
8	심의 평이라		
9	효서의 이이기라	4권 18課 自鼠とお や鼠	
10	영조조게옵서 욕을 환급호신 이이기라		

11	이시백이 곳을 밧치지 아니 ᄒᆞᄂᆞᆫ 이이기라		
12	숙류의 話라		
13	조되믈 원ᄒᆞᄂᆞᆫ 문답이라	4권 8課 がん	
17	작이 연의 소를 탈ᄒᆞᆫ 화라	3권 30課 燕の巣を うばひ雀の 話	
20	일본거류지의 지도라	4권 26과 公園の 地 圖	
22	밀봉이라		
23	교활ᄒᆞᆫ 마라	3권 16課 ほねをく みせく馬の 話	『通俗伊蘇普物語』「第116 驢馬と主人の 話」/ 이솝우화

표에서 볼 수 있는 것처럼, 『신정심상소학』에는 모두 36개의 서사가 수록 되어 있다. 물론 장르의식이 형성되기 이전의 상황이라 서사로 분류할 수 없 는 경우도 있고 또 서사라고 말하기에는 그 분량이나 내용이 빈약한 경우도 있다. 그런 경우를 제외하고 상대적으로 서사의 비중이 높은 단원만을 계산하 면 36개인데, 그 중에서 14개가 일본 『尋常小學讀本』을 옮긴 것이다.

36개의 서사 중에서 경험적 서사에 해당하는 것은 20개이고, 허구적 서사 에 해당하는 것은 16개이다. 경험적 서사는 실제 인물의 일화를 서술한 전기 (傳記)가 반을 차지하는데, 여기서 다루어진 인물들은 한국과 중국, 일본과 미 국이다. 사마온공(司馬溫公)과 숙류(宿瘤)는 중국 사람이고, 소야도풍(小野道風) 과 고보기일(塙保己一)은 일본 사람이며, 화성돈(華盛頓)은 미국 사람이고, 장 유와 영조와 이시백은 조선 사람이다. 그리고, 허구적 인물로는 김지학, 박정 복, 지성, 무식한 사람, 용복이, 농부, 삼형제 등인데 이들은 모두 특정 교훈을 전달하기 위해 허구적으로 만들어진 가상의 인물들이다. 여기서, 문학으로 분 류할 수 있는 허구적 서사는 모두 16개인데, 이 중에는 이솝우화를 옮긴 것이

<hr>

103) 박승배, 「갑오개혁기 학부 편찬 교과서 편찬자가 활용한 문헌 고증 II」, 『교육과정연구』(31), 2013. 88면.

6개이고, 나머지는 재래의 전통 설화나 외국의 민담들이다.

다음에서는 이들의 특징을 살펴봄으로써 서사의 양상과 특성이 어떠했는가를 보기로 한다.

※ 서사의 유형 및 수

서사	경험적 서사		허구적 서사	
	실제인물	가상인물	이솝우화	기타 민담
1권(12)	.	4	3	5
2권(11)	3	5	2	1
3권(13)	5	3	1	4
총수(31)	20		16	

'이이기'와 인물 서사

『신정심상소학』에서 우선 주목할 수 있는 서사는 '이이기'이다. '이이기'는 『신정심상소학』에서 모두 11개가 등장한다. 「쥐의 이이기」를 비롯해서 「승(蠅)과 비아(飛蛾)의 이이기라」, 「가마귀와 여호의 이이기라」, 「장유의 이이기라」, 「소야도풍의 이이기라」, 「사마온공 어린쩌 이이기라」, 「여호와 괴의 이이기라」, 「가마귀가 조개를 먹는 이이기」, 「효서의 이이기」, 「영조조게옵서 욕을 환급ᄒ신 이이기라」, 「이시백이 꼿을 밧치지 아니ᄒ는 이이기」 등이다. 여기서 「가마귀와 여호의 이이기라」와 「여호와 괴의 이이기라」는 이솝우화이고, 「사마온공 어린쩌 이이기라」는 『장유(莊兪)』에 나오는 내용이다. 그리고 표에서 언급한 것처럼, 「쥐의 이이기」를 비롯해서 14개 단원이 일본의 『尋常小學讀本』을 저본으로 하고 있다. 11개의 서사 중에서 '장유', '소야도풍', '사마온공', '영조', '이시백' 등은 모두 실제 인물을 대상으로 한 경험적 서사에 해당한다. 따라서 '이이기'는 허구에서부터 실제 인물의 일화까지를 두루 포함하는 것을 알 수 있다.

여기서 서사는 실제 인물이나 현실의 일화를 내용으로 하는 것과 가상의 인물과 사건을 내용으로 하는 것으로 나눌 수 있다. 신문 기사처럼 서술자가 드러나지 않고 실제 현실(혹은 경험)을 서술하는 것이 전자라면, 서술자가 직접 드러나 서술자의 판단이나 느낌, 원망 등을 명시적(또는 암시적)으로 서술하는 것이 후자이다. 전자가 비허구적 서사(혹은 경험적 서사)라면, 후자는 허구적 서사라 할 수 있다. 『신정심상소학』에는 이 두 가지 서사가 모두 나타난다. 여기서 경험적 서사는 크게 두 가지 형태인데, 하나는 '서술자의 해설+서사'(혹은, 서사+서술자의 해설)의 형식이고, 둘은 '서사'만 단독으로 제시된 경우이다.

첫 번째인 '서술자의 해설+서사'를 대표하는 작품은 「제4과 장유의 이익기라」로, '서술자'가 '서사'를 해설하는 형식이다. '옛날부터 유명한 학자와 현인은 태어나면서부터 되는 것이 아니라 각고의 노력 끝에 비로소 그렇게 되었다.'는 모두의 언급을 바탕으로 그에 부합하는 사례로 장유의 일화가 소개된다. 열심히 노력해야 한다는 주장과 그 사례를 제시한 것으로, 여기서 서사는 그 자체가 목적이 아니라 주제를 전달하는 도구로 기능한다. 「제18과 사마온공 어린씨 이익기」는 이와는 달리 서사가 먼저 제시되고 그 뒤에 주제가 덧붙여진다. 곧, 사마온공이 5, 6세 때 아이들과 함께 놀다가 한 아이가 물독에 빠지자 급히 구하려고 했지만 독이 깊고 물이 많아서 어떻게 할 수가 없는 상황이었다. 이에 사마온공은 돌로 독을 깨고 아이를 구했다는 내용이다. 이런 이야기를 서술한 뒤 화자는 사람의 지혜는 측량할 수 없다고 말하면서 단원을 마무리한다. 여기서도 '서사'는 서술자의 의도를 전하는 도구로 활용되어 서사 자체의 자율성을 갖고 있지 못한 것을 알 수 있다.

'서사'만이 제시된 두 번째 유형으로는 「영조조게옵서 욕(褥)를 환급ᄒ신 이익기라」를 들 수 있다. 여기서는 서술자가 배제되고 단지 일화만이 제시된다. 영조가 호조판서에게 침욕(寢褥)을 하나 지어 달라고 하니 호관이 즉시 청목으로 솜을 많이 넣어 요를 만들어 바쳤다. 후일에 정조가 호판을 불러 그것을 돌려주면서, 요가 너무 편해서 점점 게을러지고 백성 돌보기를 소홀히 하니 어찌 그것을 계속 사용하겠는가 했다는 내용이다. 여기서는 이 일화만이 제시되고 어떤 주제나 해설이 더해지지 않는다. 백성을 근심하는 영조의 애민 정신이 본문에 직접 드러나기 때문에 굳이 서술자가 개입시킬 필요가 없었기 때문으로 보이지만, 만약 이 글의 분량을 늘이고 이야기성을 강화하면 바로 소설이 된다는 점에서 앞의 경우보다 한층 진전된 형태이다. 소설이란 전달하고자 하는 바를 형상을 통해서 제시하는 양식이고, 그 자체로 자율적인 속성을 갖는다. 그런 사실에 비추자면 이 서사는 그 전단계에 해당하는 모습이다. 「제11과 이시백이 곳을 밧치지 아니ᄒᆞ는 이익기라」 역시 같은 형태로, 이시백이 임금을 모시는 방법을 말한다. 효종대왕이 이시백의 집에 모란이 무성하다는 소식을 듣고 꽃을 꺾어 보내라고 하자, 이시백이 정색을 하면서 모란을 꺾어버린 뒤 북향 재배하고, 자신이 정도로써 임금을 섬기지 못하고 간사한 행동을 하라 하시니, 이를 그치지 않으면 장차 뇌물을 주고받는 행동으로 연결되어 나라가 위태로울 것이라 하였다. 임금이 이 말을 듣고 스스로 반성하고 더욱 신중하게 정사에 임했다는 내용으로, 이 역시 어떠한 해설이나 교훈이 덧붙여져 있지는 않다.

　『신정심상소학』에 수록된 경험적 서사는 위와 같은 두 유형이다. 실제인물을 소재로 한 서사의 경우는 '인물기사(記事)' 혹은 '인물고(㩀)'의 형태를 취하는데, 이들 서사는 지금 상태에서 허구적 요소를 좀 더 첨가하고 분량을 늘인다면 역사전기소설과 같은 형태가 된다. 사실 인물기사나 인물고는 그 성격이 역사전기소설과 큰 차이가 없고 단지 작품의 길이에서만 차이가 난다. 역사전기소설이 여러 회(回)에 걸쳐 연재된 뒤 작품으로 출간되거나 아니면 바로 단행본으로 출간되는 것과는 달리 인물기사와 인물고는 한 회 발표로 끝나는 경우가 대부분인데,[104] 이는 아직 장르에 대한 인식이 자리 잡지 못했기 때문으로 보인다. 그렇지만 근대소설의 형성과정에서 이들 인물서사는 당시 성행했던 외국 서적의 번역 및 번안과 함께 한국 전래의 문학 양식인 전(傳)류 문학이 근대 계몽기에 어떻게 자기 변신을 했는가를 보여주는 좋은 사례로 이해될 수 있다. 기사와 전이 인물서사의 형태로 변신하고 그것이 역사전기소설이라는 새로운 유형의 양식으로 이어졌음을 짐작케 해주는 대목이다.

이솝우화와 허구 서사

『신정심상소학』에서 허구적 서사에 해당하는 것은 이솝우화를 비롯한 야담과 설화 등이다. 『신정심상소학』 전체에서 이솝우회는 6개가 등장하고 나머지 10개는 우리나라와 중국 등의 야담과 설화이다. 이솝우화를 제외한 우화나 설화는 이전부터 우리나라에 전승되던 이야기로, 「호(虎)와 호(狐)의 화라」처럼 고사성어[즉 호가호위(狐假虎威)]로 알려진 것이라든지 「생각홀 일이라」처럼 민간에 널리 알려진 교훈적 이야기가 포함된다. '이이기'를 붙이고 있는 이솝우화는 「가마귀와 여호의 이이기라」와 「여호와 괴의 이이기라」이다. 다른 우화들은 「탐심 잇는 개라」, 「사슴이 물을 거울숨음이라」, 「교활한 마라」와 같이 작품의 주제 혹은 제재를 제목으로 붙여서 표면상으로는 문종의식이 드러나지 않는다. 이들 우화도 '이이기'를 붙인 것과 동일하지만 굳이 그 명칭을 사

---

104) 김영민의 앞의 책, 40-41면. '역사인물기사'나 '인물고' 등의 용어는 김영민의 이 책에서 차용하였다. 여기서 인물기사는 형식과 내용 양 측면에서 근대 계몽기라는 과도기의 서사물이고, 〈그리스도신문〉이나 『조선크리스도인회보』에 실렸던 인물기사들이 이후 1900년대 성행하는 역사·전기소설의 토대를 이루었다고 한다.

국어 교과서의 탄생

용하지 않았다는 것은 '이이기'가 특정 장르를 지칭하는 양식적 명칭이 아니었기 때문이다. 허구적 인물뿐만 아니라 실제 인물의 일화를 말하면서도 '이이기'를 사용하는데, 이는 앞의 '화'(話)가 인물 서사와 허구 서사를 구분하지 않고 사용했던 것과 동일하다. 이들 단원의 서사는 모두 학생들에게 지식과 교훈을 전달하기 위한 설명의 과정에서 동원되었고 그래서 서사로서 자율성을 갖고 있지 못하다. 그렇지만 『신정심상소학』에 제시된 이솝우화는 우리나라 교과서에 처음으로 등장하였고[105] 또 이 시기에 문학이라고 이름붙일 만한 것으로 최초의 작품이라는 데 주목할 수 있다.

『신정심상소학』에 수록된 '이이기'를 붙인 우화는 앞의 경험적 서사와 마찬가지로 '서사'에다 '서술자 해설'이 더해진 형식이다. 그리고 서사의 형식도 앞의 경우처럼 '서사+서술자 해설'로 되어 있다. 이런 형식은 우화가 원래부터 도덕 교육의 자료로 널리 활용되었던 사실과 관계될 것이다. 본래부터 우화에는 '이야기(서사)'와 '교훈'이 결합되어 있었다. 이솝의 시대에는 우화가 소박하게 이야기되고, 교훈은 따로 뒤에 붙어 있었다. 『신정심상소학』은 지육(智育)과 덕육(德育)을 중시한 교재였고, 그것이 교훈을 전하기에 적합한 우화와 자연스럽게 결합한 것으로 보인다.

> 흔 괴가 산중에서 여호를 맛나 문안흔디
> 여호는 답례도 아니흐고 다만 귀를 옷독이 세우고 꼬리를 흔들며 괴더러 무러 왈
> 너는 무슴 기예잇느뇨 괴 대답흐야 갈오디 나는 아모 기예도 몰으옵나이다 흐니
> 여호 ㅣ 웃고 갈오디 어어 불샹흐다 기예 몰으는 놈아 네 만일 산냥기가 올진
> 디 엇지 흐랴느뇨 흐고 욕흐더니 그 찍 못춤 렵구가 오는지라 괴는 급히 나무 우
> 희 올느안젓스나 여호는 나무에 올으지 못흐고 황망이 사면으로 피흐야 다라

---

105) 허경진 외, 『근대 계몽기 조선의 이솝우화』, 보고사, 2009, 11면.

나다가 못춤뇌 개의게 접혓ᄂ이다.

여러분도 자기일만 힘쓰고 남을 웃지 마시오.

- 「여호와 괴의 이이기라」

널리 알려진 이솝우화 「여우와 고양이」이다. 원문을 번역하듯이 서사만이 제시되고, 서술자의 해설이 마지막 줄에 덧붙여져 있다. 교훈을 전달하려는 취지의 서사로, 서술자의 진술을 통해서 교훈이 제시되고 거기에 서사가 종속되어 있다. '자기 일만 하고 남을 비웃지 말라'는 교훈을 전하기 위해 여우와 고양이의 일화를 제시한 것이고, 그런 점에서 서사는 교훈을 전하는 도구에 머문다. 『신정심상소학』에 우화가 대거 수록된 것은 교훈을 전달하기 용이한 우화의 이런 특성과 무관하지 않을 것이다. 『신정심상소학』은 아동용 교재였고, 우화는 할머니들이 들려주는 옛날이야기처럼 아동들에게 교훈을 전달하는 편리한 양식이었다.

일본 교재를 번역·수록하는 과정에서 서사의 디테일을 생략하고 줄거리만 간략하게 옮긴 것도 그런 교훈적 의도와 관계될 것이다. 일본 교과서에 수록된 우화는 『신정심상소학』에 수록되면서 줄거리만이 간략하게 소개된다. 일본의 『尋常小學讀本』의 우화를 옮기다시피 한 「제20과 탐심잇는 개라」에서 그것을 단적으로 확인할 수 있다.[106] 일본 교과서는 욕심 많은 개의 모습을 비교적 상세하게 제시하여 마치 그림을 보는 듯한 실감을 제공한다. 물속의 개가 물고 있는 고기까지도 상세하게 묘사하여 욕심 많은 개가 결국 자기 형상을 실물로 착각해서 물고 있던 고기마저 잃었다는 것을 사실적으로 서술하였다. 반면 『신정심상소학』에서는 그런 상세한 묘사와 설명이 생략되고 단지 욕심 많은 개의 행위만이 간결하게 서술된다. 개가 고기를 물고 다리를 건너다가 탐심이 발하여

---

106) 『尋常小學讀本』의 2권 「19課 慾ふかき 犬の話」와 『신정심상소학』의 「제20과 貪心잇는 개라」 참조.

다리 아래를 향해 짖다가 물고 있던 고기마저 잃었다는 것을 간략히 서술한 뒤, 탐심으로 인해 자기 고기마저도 못 먹었다는 해설을 덧붙여 놓았다.『尋常小學讀本』이 사실적인 묘사를 통해 하나의 장면을 그림처럼 보여주었다면,『국민소학독본』은 내용을 간략히 정리하여 주제만을 제시한 것이다. 짧은 이야기를 통해 도덕적 가르침과 함께 사회적 의무를 깨닫게 하려는 취지에서 교과서가 편찬된 관계로, 서사 본연의 문학성보다는 교훈의 전달에 초점이 모아진 것이다.

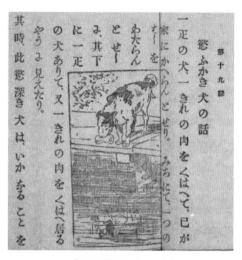

▲「19課 慾ふかき 犬の話」

『通俗伊蘇普物語』에 수록된 것을 옮겨 놓은 「가마귀와 여호의 이이기라」에서도 그런 특성을 확인할 수 있다.『通俗伊蘇普物語』의 우화는 오늘날의 소설과도 같이 섬세하고도 사실적이다.

① 或鴉が窓に出しておる一片の乾酪を攫去て. 喬木の上に飛び上り. こでゝゆつくり御馳走にならうと 歡んで衘て居ると. 狐が散然とそれを見て. 心の内に悪計を生じ. まづあれに近寄る手段をめぐらして「オヤ. おくろさん。汝の尊羽は. ナ

ント美しいぢゃァありませぬか. 夫にマァ御眼の光ます事は尊頷もとの好事。御胸
の形状がよく鷲に似て御出でなさる. ほんに汝の御爪にはどんな獸でも叶ゃァし
ませぬ. 玄かし汝の樣な不足のない鳥はたいがい聲の醜いものだと聞きましたが.
さうか知れませぬ.」といふと.

鴉. おだてに乗て憤然となり. 吾が一ッ妙聲を出して. 野狐を驚かしてくれや
うと. うつかりと口を開けば衝居たりし乾酪は地におちたり. さうすると狐が馳
けよつて引くはへ. 前から呆鴉を種々にふめてやつたか. まだ腦力の事に付ては
なんともいャァしなかつたッケ」と. 心の中で考へながら跡をくらまし逃げ去り
けるとぞ.

内心お見込がなくて. なんで他が諂諛を云ふものか. 夫を歡んで聞くものは.
後で諂諛料を取れるのだと覚悟をして居るがよい.(「第百九十三 狐と鴉の話」
전문)[107]

(한 까마귀가 창문에 내어놓은 한 조각의 치즈를 훔쳐서 높은 나무 위에 날
아가 앉았다. 여기서는 마음 놓고 먹을 수 있겠다고 좋아하며 쪼아 먹고 있었
다. 여우가 잠깐 이것을 보고는 마음속에 나쁜 계책이 생겨 우선은 까마귀에
게 다가갈 수단을 생각해 냈다. / 여우는 「아 까마귀님, 당신의 그 깃털은 어쩌
면 그리도 아름답습니까? 게다가 그 눈빛의 영롱함, 그 목덜미의 아름다움,
그리고, 가슴의 형상은 어쩌면 매와 흡사합니다. 정말로 당신의 발톱에는 어떤
짐승이라도 미칠 수가 없을 겁니다. 그러나, 당신처럼 부족한 것이 없는 새로
는 대개 음성이 좋지 못한 법이라고 들었습니다만 정말 그럴지도 모르지요.」
라고 말했다. / 까마귀는 치켜세우는 말을 듣고 불쑥 화가 났다. 내가 한번 고
운 소리를 내서 저 여우를 놀라게 해야지 하고는 입을 열었다. 그랬더니 입에
물었던 치즈 조각은 땅에 떨어지고 말았다. 이때에 여우는 달려와 차지하고는
「아까부터 바로 까마귀를 여러 가지로 추켜올렸지만, 아직도 정신 좋다는 이
야기는 한 일이 없었던가」 하고 마음속으로 생각하고 어디론가 도망해버렸다.
/ 내심으로 정신을 차리지 않고, 타인이 아첨해서 이르는 말을 즐겁게 듣는 것
은 뒤에 아첨 값을 빼앗기기 마련임을 각오해 두는 게 좋다.)

---

107) 渡邊溫, 『通俗伊蘇普物語』, 明治21年(1888), 214-215면.

② 흔 가마귀가 생선 흔 마리롤 물고 나무가지에 안저서 먹으랴 홀 시 여호
가 보고 욕심을 늬여 그 생선을 쎄서 먹고즈ㅎ야 급히 그 나무 아릐에 와서 가
마귀롤 향ㅎ야 말ㅎ되

　　당신소릐ᄂᆞ 춤ᄋᆞ롬다온지라 아무커ᄂᆞ 흔번 소릐롤 들닙시소고 ㅎ니

　　가마귀가 여호의 와서 칭찬ㅎᄂᆞ 말을 듯고 하조아 ㅎ야 짜악이라고 흔 소릐
롤 ㅎ다가 곳 그 고기 ᄯᆞ에 ᄯᅥ러지거ᄂᆞᆯ 여호―급히 집어 입에 물고 즉시 수풀
노다라낫소.

　　가마귀ᄂᆞ 그제야 비로소 속음을 쎼다라ᄡᆞ나 엇지홀 수 업섯ᄂᆞ이다.

　　　　　　　　　　　　　　　　　- 「제이십구과 가마귀와 여호의 이익기라」 전문

두 글을 비교해 보면, 일본의 경우는 비교적 상세하게 까마귀와 여우의 말
과 행동을 제시해서 마치 실물을 보는 듯한 느낌을 준다면, 조선의 경우는 여
우의 유혹에 넘어간 까마귀의 어리석은 모습만이 간결하게 서술된다. 까마
귀가 생선을 먹고 있다가 여우의 칭찬에 속아서 물고 있던 고기를 떨어뜨리
자 그것을 여우가 물고 갔다는 것을 서술한 뒤, 까마귀가 속았다는 사실을 환
기하면서 글을 마무리한다. ①이 사실적 묘사를 통해 하나의 장면을 실감나
게 제시했다면, ②는 내용만을 간략히 서술하여 교훈적 의도를 앞세웠다. 이
과정에서 조선의 현실에 맞게 '치즈'를 '생선'으로 바꾸고, 주제 역시 간결하게
처리하는 등의 조정이 이루어지지만, 『신정심상소학』은 묘사라든가 흥미 유
발에는 관심이 없고 오로지 교훈의 전달에만 초점이 모아진 것을 알 수 있다.
일본이 사실적 묘사나 개관적 진술을 통해서 문학적 특성을 고려했다면, 조선
의 경우는 교육적 측면에서만 서사를 이해한 것이다.

　실제로, 당시 일본에서는 위의 지문에서 짐작되듯이, 근대 문학에 대한 인
식이 상당한 정도로 이루어진 상태였다. 일본 근대문학은 서양 문학이 번역·
소개되기 시작한 메이지 시대(1868~1912)를 경과하면서 본격화되는데, 특히
쓰보우치 쇼요(坪內逍遙)의 평론 『소설신수(小說神髓)』(1885)가 발표되면서 근

대화의 흐름은 한층 가속화된다. 당시 일본에 소개된 서양 작품을 연구한 坪內逍遙는 현대 생활의 실체를 묘사할 수 있는 새로운 문학작품과 순수 예술표현으로서 소설을 확립할 필요성을 절감하였다. 그는 현대 사회를 표현하는 방법으로서 사실주의 소설의 미덕을 주장했으며, 구어체 문장의 필요성과 순수 문학에서 요구되는 다양성과 정확성을 표현할 수 있는 작가의 필요성을 강조했다. 이 같은 쓰보우치 쇼요(坪內逍遙)의 이론과 지도에 의해 일본 최초의 근대소설이라고 불리는『부운(浮雲)』(1887)이 탄생한다.『부운』은 일본 최초의 언문일치체 소설이라는 점과 함께 급변하는 사회 속에 놓인 주인공의 역경을 사실적으로 드러내고 동시에 그 미묘한 심리를 적확히 묘사했다는 점에서 근대 문학의 출발을 보여준 것으로 평가된다.『심상소학독본』과『童蒙敎草』와『通俗伊蘇普物語』에 수록된 우화들은 모두 일본 초기 근대문학의 흐름 위에 존재한다. 그래서『심상소학독본』과 함께 간행된 고등과 학생용『고등소학독본』의「서문」에는 구체적으로 '문학'이 언급되고 활용된 것을 볼 수 있다. 여기서 '소설과 시가 등을 통해서는 유쾌한 마음을 기르고 지혜와 용기를 양성하고, 궁극적으로는 고분고분하고 우애의 정을 아는 아동을 기르려는 목적을 갖고 있다'[108]고 책의 간행 의도를 밝혔는데, 이는 시와 소설이 제도화되어 활용되고 있음을 시사해준다. 실제로,『소설신수』가 나온 1885년의 메이지 중엽에는 근대적 의미의 문학 개념과 작품이 서양을 통해서 도입되어 향유되고 있었다.[109]

그런 사실에 비추어볼 때,『심상소학독본』에 수록된 우화는 단순한 교훈담이 아니라 문학적 서사로 인식되고 기능했음을 알 수 있다. 그렇지만, 당시 조선에서는 근대적 의미의 '문학' 개념이 형성되지 않은 상태여서, 우화 역시

---

108) 文部省編輯局,『高等小學讀本』, 1988. 11, 1-5면.

109) 스즈키 사다미, 김채수 역,『일본의 문학개념: 동서의 문학개념과 비교고찰』, 보고사, 278-284면.

독립된 양식으로 간주되기보다는 오히려 교훈을 전하는 도구로 이해되었다. 『신정심상소학』에 수록된 우화의 대부분이 당시 유행한 '서사적 논설'이나 '논설적 서사'의 형태를 취하는 것은 우화가 그런 도덕적 차원에서 인식된 데 원인이 있다.

이들 우화가 문학적으로 의미를 갖는 것은 전형화된 인물 유형을 제시하고 전파했다는 데 있다. 가령, 여우는 교활하고, 늑대는 탐욕스럽고, 사자는 용감하고 위엄스럽게 그려진다. 고전소설에서 계모가 악의 화신이고 서자가 정의로운 인물로 나오듯이, 동물들의 개체적 특성을 개성적으로 성격화함으로써 소설의 중요한 요소인 인물에 대한 인식을 제고하는 역할을 수행한 것이다. 그리고 도덕을 서사 속에 용해시킴으로써 서사의 자율성에 대한 인식을 증진시키는 계기를 제공하였다. '이이기'가 붙은 두 편의 글은 모두 앞의 '話'와는 달리 서술자의 개입이 현저하게 줄어 있다. 인물의 행동을 설명하고 거기에 포함된 도덕을 설명해주는 앞의 경우와는 달리 서사가 간결하게 제시되면서 동시에 도덕이 환기되는데, 이는 그만큼 서사의 자율성이 향상되었다는 것을 시사해준다.

『국어독본』의 교육용 단형서사

『국어독본』에서 서사는 설명의 방법이자 교육용 도구로 기능한다. 이들 서사는 교육서사로 명명되거니와,[110] 이는 서사가 사물의 이치를 교육하려는 현실적 요구에 의해 구성되었다는 것을 시사해준다. 『국어독본』에 교육용 서사가 많이 등장하는 것은 교육 목표를 달성하는 데 서사가 그만큼 효과적이었다

---

110) 전용호, 앞의 글, 231-4면.

는 방증이다. 실제로, 학부 간행의 교재 12권 중에서 서사가 수록되지 않은 것은 3권에 불과하고, 민간 발행의 국어과 교재에서도 30권 중에서 16권에 서사가 수록되어 있다. 이들 교재에는 권당 3~4편의 서사가 수록되어 적극적으로 평가되고 활용된 것을 알 수 있다.[111]

※『보통학교학도용 국어독본』수록 서사

권 / 단원	제목	특징
2권		
제1, 2과	동자1, 동자2	허구적 서사
제6, 7과	나자(懶者)1, 나자2	허구적, 화자 표시 / 『尋常小學讀本』(7권-3과) なまけもの
제12과	마(馬)	이솝우화
제18과	욕심이 만흔 견(犬)	이솝우화, 『尋常小學讀本』(2권-19과) 慾ふかき犬の話 // 〈신정심상소학〉수록
제23과	모심(母心)	허구적 서사 / 『國語讀本』(坪內雄藏, 1903, 富山房), 5권 4과 母ごころ
제25과	렵부와 원숭이	우화 / 『國語讀本』(坪內雄藏, 1903, 富山房), 3권 2과 ガりらどとさす
3권		
제3과	영조대왕 인덕	경험적 서사, 〈신정심상소학〉수록
제6과	시계	허구적 서사, 〈신정심상소학〉수록
제8과	연습 공효	허구적 서사 / 『國語讀本』(坪內雄藏, 1903, 富山房), 7권 14과, 修練の功
제12과	편복화(蝙蝠話)	우화
제15과	방휼지쟁(蚌鷸之爭)	우화, 〈신정심상소학〉수록
제19과	빈계 급 가압(牝鷄及家鴨)	허구적 서사
제21과	정직지리(正直之利)	허구적 서사 / 『國語讀本』(坪內雄藏, 1903, 富山房), 5권 22과, 正直の德
제22과	홍수	허구적 서사
4권		
제1과	정직지리(正直之利)	허구적 서사(앞의 21과와 동일)
제2과	홍수	허구적 서사(앞의 22과와 동일)

---

111) 조문제, 앞의 글, 90면.

국어 교과서의 탄생

권 / 단원	제목	특징
제13과	문덕 대승	경험적 서사
제21과	옥희의 자선	허구적 서사, 액자 형식 /『尋常小學讀本』(8권-3과) おふみの慈善
제22과	김속명의 탄식	경험적 서사
5권		
제2과	상(象)의 중량	허구적 서사 /『國語讀本』(坪內雄藏, 1903, 富山房), 6권 11과, 象の目方
제8과	타인의 악사	허구적 서사
제23과	정와(井蛙)의 소견	우화, 화자 표시
6권		
제1과	명군의 영단	경험적 서사
제6과	무익한 노심(勞心)	허구적 서사
제9과	공자와 맹자	경험적 서사
제13, 14과	철의 대화1, 2	허구적 서사, 화자 표시 /『國語讀本』(坪內雄藏, 1903, 富山房), 8권 14,15과, 鐵の物語 上下
제17과	수당의 내침	경험적 서사
8권(7권 缺)		
제14과	회사	허구적 서사

『국어독본』에서 단순한 교육용 서사를 제외하고 상대적으로 서사의 비중이 큰 단원만을 정리하면 위의 〈표〉와 같다. 인물이 등장해서 사물을 설명하는 단순 교육서사까지 포함하자면 그 수는 훨씬 늘어나겠지만, 상대적으로 인물과 사건의 비중이 큰 것을 정리하면 위와 같다는 의미이다. 이들 서사는 「馬」와 「방휼지쟁」처럼 『신정심상소학』에 수록된 것을 재수록한 경우도 있고, 일본의 『국어독본』이나 『심상소학독본』(문부성)에 수록된 서사를 번역·수록한 경우도 있다.[112] 이들 서사는 다양한 형태를 보이지만, 대체로 실제 인물을 대상으로 한 경험적 서사보다는 가상 인물을 소재로 한 허구적 서사가 훨씬 많은

---

112) 三土忠造가 교재 편찬을 주도하면서 일본의 교재를 적극 참조한 결과로 볼 수 있다.

것을 알 수 있다. 『국어독본』에서 경험적 서사는 영조대왕, 을지문덕, 김속령, 세종대왕, 공자와 맹자 등을 대상으로 하며, 허구적 서사는 학생들의 흥미를 느낄 수 있도록 동물이나 인간처럼 말을 하거나 학생들과 비슷한 연령의 인물을 가상적으로 창조하여 만들어진 「동자」나 「욕심 많흔 견」 등이 대표적이다.

경험적 서사와 이야기의 형식

경험적 서사가 집중적으로 등장한 교과서는 앞의 『국민소학독본』이다. 『국민소학독본』에는 세종대왕, 을지문덕, 워싱턴, 가필드, 칭기즈칸, 콜럼부스 등 실제 인물을 대상으로 한 서사가 전체 서사의 2/3를 차지할 정도로 많다. 이는 일본 교과서에 수록된 것을 그대로 옮긴 데도 이유가 있지만, 한편으로는 전통적인 전(傳)이 여전히 힘을 발휘한 때문이다. 열전(列傳), 별전(別傳), 잡전(雜傳)을 포함하는 전(傳)은 전통적인 역사서술 방식의 하나이다. 전(傳)은 후손에게 성공과 칭찬을 받는 행위 과정을 보여주면서 본받아야 할 모델로서 기능하기도 하고, 가끔은 하지 말아야 할 잘못을 설명하는 위협적인 예로 기능하기도 한다.[113] 『소학독본』(1895)에서 옛 성현들의 일화를 나열하고 교훈을 덧붙인 것처럼, 여기서도 실제 인물을 통해 교훈을 전하는 방식이 그대로 유지된다. 「세종대왕 기사」에서 목격되듯이, 경험적 서사는 인물의 업적과 일화를 서술하고 그 뒤에 교훈을 간략히 덧붙이는 형식이다. 『국민소학독본』에 수록된 서사의 2/3가 이와 같은 실록의 형태로 되어 있다.

『국어독본』에 수록된 인물 서사도 이와 크게 다르지 않다. 「공자와 맹자」라

---

113) 류사오평의 『역사에서 허구로—중국의 서사학』, (조미원 역, 길, 2001), 158면.

든가 「개국기원절」 등에서 목격되는 서술 방식은 실제 사실의 기술이고, 그래서 허구적 성격은 상대적으로 약하다. 「개국기원절」(3권 18과)은, 태조 고황제가 개국하여 5백년간 우리나라를 조선이라 칭하셨고, 현금 상황제께서는 국호를 대한이라 개칭하고 황제에 즉위하셨다. 음력 7월 16일은 태조 고황제께서 즉위하여 나라의 기초를 정하신 날인 까닭에 개국기원절이라 칭한다. 태조 고황제의 덕택을 영원히 잊지 않기 위하여 이날에는 휴업하고 국기를 단다는 내용이다. 그리고 말미에 '日光은 국기에 빛나고 국기는 바람에 나부껴 상서로운 기운이 하늘에 가득 찬다'는 말을 덧붙였다. 학생들에 대한 당부 대신에 국가에 대한 축원을 서술하였지만 형식은 「세종대왕 기사」와 동일하다. 한편, 「공자와 맹자」는 두 인물의 일대기를 사실적으로 서술한 전(傳)이다. 이들 단원은 모두 실록과도 같고 그래서 허구에 대한 인식을 찾을 수 없다.

그런데 주목할 점은 『국어독본』에 수록된 경험적 서사의 대부분은 이와는 달리 일화(혹은 사건) 하나를 이야기하듯이 서술한 단형(短形) 서사의 형태를 취한다는 사실이다. 「명군의 영단」, 「세종대왕 인덕」, 「문덕 대승」, 「김속명의 탄식」 등의 경우처럼, 이들 서사는 주인공의 주요 일화를 간략하게 서술했는데, 그 전형적인 모습을 「명군의 영단」(6권 1과)에서 볼 수 있다. 「세종대왕 기사」와 비교되는 이 글은 연대기가 아니라 특정 일화만을 소개한 단형서사이다.

본조 세종대왕은 성신문무ᄒ신 위덕이 만고의 성군이시라. 상 유질ᄒ시니 시신 등이 우려ᄒ야 무녀로 ᄒ야곰 성균관 근처에서 기도케ᄒ다. 당시 성균관 유생에 항직ᄒ 사가 만혼지라. 무녀배의 기도흠을 보고 사군망상ᄒᄂ 간신배의 소사ㅣ라 ᄒ야 이에 무녀를 구축ᄒ얏더니.

시신 등이 분노ᄒ야 차의를 진상ᄒᄃᆡ, 왕이 역질ᄒ시고 기어ᄒ샤 글ᄋ샤ᄃᆡ 「사기가 여차ᄒ니 짐 병이 즉유ㅣ로다. 무녀는 여가 하천의 도로 우부우부를 사롱ᄒ야 기도를 행ᄒ니 풍속을 퇴패케흠이 막심ᄒ지라. 금야에 유생 등이 차

등 폐풍을 일소흠이니 실로 가상하다」ᄒ신ᄃᆡ. 시신 등이 왕의 영명ᄒ심을 경복ᄒ야 공구히 퇴ᄒ니라. (6권 1-2면)

세종대왕이 병들자 신하들이 무녀를 불러 기도하게 했고, 강직한 신하가 무녀를 쫓아내자 이를 듣고 세종이 폐풍을 일소하는 것이니 가상하다고 칭찬했다는 내용이다. 세종의 영단(英斷)을 보여주기 위해서 무녀를 쫓는 일화를 도입했고, 그것만을 압축적으로 서술한 것이다. 게다가 세종이 한 말을 부호(「」)를 통해 밝힘으로써 이야기의 사실성을 한층 제고하였다. 무속을 배척한 세종의 일화는 여러 업적 중의 하나에 불과하지만, 이와 같이 그 하나만을 제시함으로써 교육적 의도를 한층 명확히 한 것이다. 이런 형식은 개화기 단형서사의 대부분이 신문 논설란에 수록되었고, 작가들은 신문 발행에 깊이 관여한 논개들이었다는 사실과 연결헤 볼 수 있다. 단형시사는 서사 자체보다도 논설을 통한 계몽에 목적이 있었다. 소설적 구성이나 흥미는 효과적인 계몽을 위해 동원된 수단이었을 뿐 글의 목적은 현실과 연관된 교훈에 있었다.[114] 『국어독본』에 수록된 서사 역시 당대의 그런 흐름과 무관하지 않은 것이다.

「영조대왕 인덕」 역시 그런 취지의 글이다.[115] 이 글 역시 영조의 인덕(仁德)을 일화를 통해서 이야기하는 형식이다. 내용은 앞에서 언급한 것처럼, 인덕하신 성군 영조의 일화이다. 침욕을 만들어 달라는 부탁과 그것을 받을 뒤 게을러지는 자신을 반성하는 행위, 그런 자신에게 미루어 나이 들어 굶주림과 추위에 떠는 사람들을 잘 돌보라는 당부를 신하에게 내렸다는 내용이다. 학생들에 대한 당부의 말을 덧붙이는 대신에 '만민을 애무하고 동락케 하라'는 영조의 말로 글을 마무리하여 앞의 「세종대왕 기사」와 동일한 형식이지만, 하나

---

114) 김영민, 『개화기 신문 논설의 서사 수용 양상』, 소명출판, 1999, 22-27면.
115) 이 글은 『신정심상소학』에 있던 글을 재수록하였다.

의 사건을 통해서 주제를 제시했다는 점에서 구별된다. 역사적 사실을 이야기 형태로 전환해서 교육적으로 활용한 것으로, 곧 『신정심상소학』에서 우화를 소개하고 간략히 주제를 덧붙인 것과 같은 형식이다.

하나의 이야기를 짧게 서술한 것은 「문덕 대승」이나 「김속명의 탄식」에서 도 동일하게 나타난다. 「문덕 대승」(4권 13과)은 고구려 을지문덕이 수나라 수 제가 이끈 30만 대군을 방어하다가 거짓으로 패한 뒤 평양 북방까지 도망하다 가 수군이 피폐하여 싸울 수 없다는 것을 알고 사면에서 공격하여 30만 대군 을 대패시켰다는 내용이다. 여기서는 화자의 서술은 배제되고 오직 역사적 사 실만이 간략하게 기록되는데, 이는 제목처럼 을지문덕이 대승한 내용을 이야 기 형태로 진술한 것이다. 「김속명의 탄식」(4권 22과)에서는 고려 말의 충신 김 속명의 일화를 내용으로 한다. 고려 말, 김속명은 어지러운 나라를 혼자의 힘 으로는 바로잡을 수 없어서 근심하다가 병이 나서 누웠는데 여러 대신들이 문 병을 오자 자신은 녹을 도적하고 지위를 욕심내는 등 심법(心法)이 부정하다고 탄식한다. 이를 듣고 대신들이 스스로를 돌이켜보면서 놀란다. 또 속령이 자 기가 후록을 받고 높은 자리에 있으면서 인군의 불의를 교정치 못하고 인민의 환란을 구제치 못하였으니 스스로 부끄럽다고 하였다. 이런 사실을 기록한 뒤 마지막에 '속명의 말은 실로 당시 조신의 실정을 설파한 소이'라고 간략한 해 설을 첨가하였다. 제목처럼 김속명의 탄식을 서술한 것인데, 이 역시 앞의 경 우처럼 한 개의 일화를 통해서 교육적 의도를 직설적으로 제시한 것이다.

『국어독본』에 수록된 경험적 서사는 이와 같이 기존의 형식을 반복한 것도 있지만, 그 중심은 하나의 사건을 서사로 소개하는 단형서사에 있다. 교육적 의도에 부합하는 일화를 선정해서 이야기하듯이 서술한 단형서사는 최초의 독본인 『국민소학독본』에서는 거의 찾을 수 없었으나, 그로부터 10년이 경과 한 『국어독본』에서는 이와 같이 대폭 늘어나 있는 것을 볼 수 있는데, 이는 허 구 서사에 대한 인식이 그만큼 높아졌다는 것을 말해준다.

허구서사와 우화

앞의 〈표〉에서처럼, 『국어독본』에는 경험적 서사 대신에 허구적 서사의 비중이 현저하게 높아져 있다. 언급한 대로 『국어독본』은 전체가 한 권의 이야기책이라 할 정도로 서사를 적극적으로 활용하였는데, 짧은 교육용 서사까지 포함하면 허구적 서사의 수는 40개를 상회한다. 허구적 서사를 거의 찾을 수 없었던 『국민소학독본』에 비하자면 이는 허구적 서사에 대한 인식이 현저하게 향상되었다는 것을 뜻한다. 그런 사실은 무엇보다 전통적인 전(傳)에서 배제되었던 동물이나 무생물, 초자연적인 존재들이 서사 영역에 대거 유입된 데서 알 수 있다. 기존의 전기들은 훌륭한 관리, 가혹한 관리, 효성스러운 대신, 신뢰할 만한 친구, 절개 있는 여성, 유생, 은둔자 등 특별한 인간 유형이 대상이었지만, 여기서는 말이나 개와 같은 동물, 물(水), 아동과 어머니 등이 두루 등장해서 서사에 대한 정형화된 인식이 한층 유연해진 것을 볼 수 있다.

여기서 허구적 서사는 크게 두 유형으로 나눌 수 있다. 하나는 서술자가 개입해서 교훈을 직접 전하는 경우이고, 다른 하나는 서사만을 논평 없이 제시한 경우이다. 전자는 우화와 교육서사에서 두루 목격되는 가장 보편적인 형식으로, 「욕심 만흔 견」에서 그 단적인 특징을 엿볼 수 있다. 고기를 물고 가던 개가 다리 밑의 그림자를 보고 그마저 욕심을 내어 짖다가 물었던 고기를 빠뜨렸다는 내용이다. 이를 서술한 뒤 화자는 끝에다 "심히 욕심이 만흔 자는 도로혀 손해되는 일이 만흐니라."라는 논평을 덧붙여 놓았다.

  혼 머리 개가 잇는디 고기를 물고 드리를 건너 갈식 드리아릭에도 쏘 혼 고기
를 먹는 개가 잇는 것을 보앗더라.

  이 개는 심히 욕심이 만흔 개라 그 고기신지 쎅앗고져 호야 짓더라. 지즐 째
에 입이 열녀서 물엇던 고기가 곳 물가온디 쌔진지라 이째 아릭에 잇던 개가
물엇던 고기도 홈쐬 업셔졋더라. 심히 욕심이 만흔 자는 도로혀 손해되는 일이
만흐니라.

  욕심을 부리면 손해를 본다는 내용의 논평을 통해 서사의 주제를 말하고,
궁극적으로 학생들이 깨우치기를 소망한 것이다. 여기서 논평이란 사람, 장
소, 대상, 행동들에 대한 설명이나 해석이다. 그것의 중요한 기능은 추상적
인 용어로 정치적·사회적·경제적인 판단뿐만 아니라 윤리적이고 심미적인 판
단을 내려서 그것들의 성격을 정의하고, 청자가 어떤 행동의 과정에 참여하

도록 설득하는 데 주안점을 둔다.[116] 위의 논평은 학생들에게 욕심을 경계하라는 설득에 초점이 있다. 그런데, 우화는 당대 현실의 실제적인 문제가 아니라 대개는 보편적이고 추상적인 문제를 다룬다는 점에서 간접적이고 우회적인 교훈 전달의 방식이다. 우화에서는 이야기 자체의 의미에 초점이 맞추어지는 것이 아니라 이야기 속에 기탁된 숨겨진 의미, 즉 이야기를 통해 별도로 산출되는 우의(寓意)에 초점이 모아진다. 말하자면, 우언의 이야기 내용은 이야기 밖의 일상적 삶의 어떤 국면과 유비적 관계를 이루고, 작품 내적 세계는 나름의 독자성을 지니고 있으면서도 작품 전체를 통해 작품 외적 의미를 가탁한다.[117] 그런 점에서 이 글은 조선 침략이 임박한 시점에서 일제가 조선 사람들에게 전파하고자 했던 덕목이라고 해석할 수도 있을 것이다.[118]

교육서사도 대부분 이와 동일하다. 대표적으로 들 수 있는 것이 2권의 「동자1, 2」이다. 곧, 복동이는 가난한 집의 자식이어서 매일 나무를 팔아서 부친을 도와야 하는 관계로 공부할 시간이 없고 그래서 말을 끌고 가면서 책을 읽는다. 이웃의 부잣집 아들인 순명은 복동이의 학구열에 감동해서 저녁마다 복동에게 독서하는 법을 가르쳐 준다. 이를 서술한 뒤 마지막 부분에서 "동리 사롬들이 이 두 동자를 미오 스랑ᄒ고 공경ᄒ더라."라는 주변 사람들의 평을 덧붙여 놓았다. 전지적 화자가 인물들의 특성과 행위를 서술한 것으로 짧은 한편의 소설과도 같은 형식이다. 계몽적 의도를 직설적으로 드러내지 않고, 전지

116) 웰무트 본하임, 오연희 역, 『서사 양식』, 예림기획, 1998, 59-66면.

117) 윤승준, 「근대 계몽기 단형 서사문학과 우언」, 『동양학』(38), 단국대 동양학연구소, 2005.8, 6-7면.

118) 이는 『편복화』, 『방휼지쟁』, 「빈계급가압」, 『정와의 소견』 등의 우화에서 목격된다. "二心을 가진 사람을 경계홈이니라.", "양인이 상쟁에 타인이 이익을 엇는 것을 방휼의 닷톰이라 ᄒ느니라.", "타인의 여하홈을 문견치 못하고 자기의 지각과 재능이 출중홈으로 망신ᄒ는 자를 경계혼 고담이라." 등의 진술은 외견상 우화의 주제를 말한 듯하지만 한편으론 『국어독본』의 편자가 학생들에게 가르치고자 했던 도덕과 가치라고 볼 수 있다.

적 시점을 통해서 인물들의 일화를 실제 인물의 일화인 듯이 서술함으로써 신빙성을 높이는 전략을 취했고, 그래서 이 글은 분량이 적다뿐이지 형식과 내용면에서 신소설과 별반 차이가 없다.

그런 특성은 「모심(母心)」에서도 볼 수 있다. 여기서는 배경이 서사보다 먼저 제시된다. 곧, 해가 지고 달은 아직 나오지 않은 저녁, 바람이 차서 춥고 사방이 적막한데 아직 밖에 나간 아이들이 돌아오지 않았다. 모친은 깊이 우려하면서 문에 서서 애들이 길을 잃지는 않았는지 아니면 어디 다치지나 않았는지를 근심하며 기다린다. 아이들은 실컷 놀다가 돌아오자 어머니가 기뻐서 아이들을 끌어안는다는 내용이다. 여기다가 서술자는 부모에게 심려를 끼치면 불효막심하다는 것을 언급한다. 서사가 제시되고 그것을 간략히 정리하는 식으로 서술자의 논평이 덧붙여진 것이다.

> 부모의게 우려를 씨치는 자는 불효막대홈이로다. 공자 | 글 ㅇ 사대 부
> 모 | 계시거던 멀니놀지말며 노라도 반드시 방향이 잇다 ㅎ 시니라.

여기서 서사에 제시된 인물과 사건은 일상 현실에서 목격되는 구체적인 현실이다. 앞의 인물 서사나 우화가 추상적이거나 과거의 시간을 배경으로 편자의 의도를 제시했다면 교육서사는 대부분 아동과 어머니 등 주변의 인물이 주인공으로 등장한다. 그리고 이들 서사에서 언급되는 내용 역시 주변에서 흔히 목격되는 평범한 일상사라는 점에서 한층 더 현실적이다. 추상적인 시공간에서 전개되는 서사는 보편적이고 일반적인 교훈을 전달할 가능성이 많지만, 여기서는 구체적 인물과 사건을 통해서 한층 현실성 있는 교훈을 전달하는 것이다.

다음으로, 서사만이 논평 없이 제시된 경우이다. 서술자의 개입 없이 우화만이 제시된 경우는 「마(馬)」와 「엽부와 원숭이」를 들 수 있다. 「마」는, 소금을 옮기는 말이 물에 넘어져 소금이 모두 녹아 가벼워지자 좋아하였고, 이튿날

마른 풀을 싣고 가다가 일부러 물속에 넘어졌으나 말은 매를 맞고 고생하면서 귀가했다는 내용이다. 「엽부와 원숭이」는, 엽사가 세 마리 원숭이를 발견하고 총을 쏘려 하자 어미 원숭이가 새끼들을 도망하게 한 뒤 피살되었다. 잡은 원숭이를 집에 매달아 두었더니 밤에 새끼들이 와서 어미를 달라고 울어서 던져 주니 사체를 등에 지고 돌아갔다는 내용이다. 이들 우화는 이렇듯 서사만을 제시하고 어떤 논평이나 교훈을 제시하지 않고 독자들이 직접 공감하고 느끼도록 하였다. 앞의 경우처럼 작가가 개입하여 논평을 가하면 독자들은 쉽게 알아들을 수 있지만, 소설 속에 빠져들어 작중인물과 함께 호흡하고 긴장하는 등의 공감대를 형성하기는 어렵다. 근대소설이 전지적 시점에서 탈피하여 시점을 다원화한 것은 그런 한계를 보완하고자 한 것으로, 그것은 보다 실감나게 서사를 전하려는 방법에 대한 인식을 전제한다. 「馬」나 「엽부와 원숭이」가 보여주는 것은 바로 그런 모습이다.[119]

이 부류 서사에서 목격되는 또 다른 특징은 본문에 화자를 명기한 점이다. 「나자(懶者) 1, 2」에서 목격되는 다음과 같은 형식은 개화기 소설의 일반적 형식이기도 하다. 가령, 마을에는 두 개의 길이 있는데 하나는 학교 가는 길이고, 다른 하나는 들로 나가는 길이다. 학생 '장'(張)은 학교에 가기 싫어서 들로 나가고, 학생 '이'(李)는 매일 새것을 배우는 것이 즐겁다는 이유에서 학교로 나간다. 「나자2」에서는 20년 후 놀기를 좋아 했던 사람은 남루한 의복을 입고 대갓집 문 앞에서 구걸을 하며, 배우기를 즐긴 다른 한 사람은 그 집 주인이 되었다는 이야기이다.

---

119) 「엽부와 원숭이」는 일본의 『國語讀本』에 수록되었고, 그것을 그대로 번역해서 옮긴 때문으로 볼 수도 있지만, 다음에서 볼 수 있듯이, 서사의 리얼리티를 높이려는 시도들이 여럿 목격된다는 점에서 서사에 대한 인식이 진전된 것이라 하겠다.

(張) 나는 학교에 가기 실흐니 이리 오너라 들에 가자. 草茵에 누어서 꼿이

　나 짜면서 놀자.

(李) 너는 엇지흐야 학교롤 됴화흐지 아니흐ᄂ뇨 每日 새것을 비호는 것이 ᄀ

　장 즐겁지 아니흐뇨.

(張) 산술 국어 일어 한문 ᄀᆺ흔 것을 비혼덜 무엇에 쓰리오 나는 홀로 들에

　가셔 자미잇게 놀겟다 흐더라.

이처럼 흐고 張은 原野로 가고 李는 학교로 가니라.

- 「나자1」에서

　두 학생의 성(姓)을 밝히고 대화를 서술함으로써 서사는 마치 연극의 한 장면처럼 한층 객관화된 모습으로 나타난다. 고전소설이 전지적 시점을 통해서 대상 인물과 화자의 구분이 모호한 형태를 보여주었다면 여기서는 초점인물과 거리를 둠으로써 한층 객관화된 서술이 된 것이다. 더구나 여기에 등장하는 인물과 사건은 주변에서 목격되는 지극히 일상적인 것들이다. 일상 현실이란 이완 와트(Ian Watt)의 주장처럼 근대소설이 탄생하는 바탕이고, 동시에 리얼리티의 근간이다. 그 일상을 근거로 개인을 발견하면서 근대소설이 탄생하였다. 여기서 개인이란 전통이라는 이름의 과거 사상과 행동 양식으로부터 독립해 있는 그런 의미의 개인이다.[120] 물론 「나자」는 열심히 공부한 사람이 성공한다는 전통적인 주제로 귀결되고 한편으론 이솝우화 「개미와 베짱이」를 패로디한 듯한 모습이지만, 구체적이고 현실석인 인물을 통해서 서사를 전개했다는 점에서 앞의 경우보다도 한층 리얼리티를 갖는다. 이런 형식의 진술은 4권 22과 「김적명의 탄식」, 5권 23과 「정와의 소견」, 6권 13, 14과 「철의 대화

---

120) 이언 와트(Ian Watt), 강유나·고경하 역, 『소설의 발생』, 강, 2009, 89-92면.

1, 2」등에서도 두루 목격된다. 『혈의 누』나 「금수회의록」이 화자를 제시하여 한층 객관화된 서술을 보여준 것처럼 화자를 명기한 이런 식의 서술을 통해서 한층 리얼리티를 높인 것이다.

서사의 측면에서 또 하나 주목할 점은 『국민소학독본』에서보다 한층 진전된 형태의 액자식 구성이 등장한다는 사실이다. 액자 소설은 이야기 속에 하나 또는 여러 개의 내부 이야기를 안고 있는 것으로, 이야기 밖에 또 다른 서술자의 시점을 배치하여 작품의 시점을 다원화한 것이다. 4권 21과 「옥희의 자선」에서 그런 사실을 볼 수 있다. 이 글의 경우 신문 기사를 내화(內話)로 소개하고, 외화의 서술자가 기사의 인물을 찾아서 도와준다는 점에서 내화와 외화의 경계가 사라지고 리얼리티가 한층 더 강화되어 있다.

> 어느날 신문지에 「가련ᄒᆞᆫ 모자」라 ᄒᆞ는 제목 하에 좌기ᄒᆞᆫ 사실을 게재ᄒᆞ얏더라.
> 백동 십이통 일호에 사는 이여원은 금년 십일세 되는 동자ㅣ라 여원의 부는 목공으로 자생ᄒᆞ더니 어느날 모가의 수리공 역에 피용ᄒᆞ엿다가 중상ᄒᆞ야 사망ᄒᆞ니 이ᄣᅢ는 여원의 나히 오세라 기 모ㅣ 비통ᄒᆞᆫ 중에 매일 낮에는 의상을 재봉ᄒᆞ야 근근히 세월을 보ᄂᆞᆫ지라 (중략) 슯흐다 여원이 자금으로 엇더케 돈을 엇으며 엇더케 약을 살 수 잇스리오 그 모자의 신세가 참 가련ᄒᆞ도다.
> 옥희라 ᄒᆞ는 여자의 모친이 그 신문을 닑을 ᄉᆡ 옥희가 듯고 크게 감심ᄒᆞ야 평일에 저축ᄒᆞᆫ 돈 육십전을 여원의게 연조(捐助)ᄒᆞ겟다 ᄒᆞᆷ이 그 모친도 옥희의 자선심에 감동되야 나도 의복을 주겟다 ᄒᆞ더니 익일에 옥희와 그 모친이 여원의 집을 차져서 돈과 의복을 연조ᄒᆞ니 여원이 희열ᄒᆞᆫ ᄆᆞ음과 감격ᄒᆞᆫ 정을 익의지 못ᄒᆞ야 무수히 배사ᄒᆞ고 여원의 모친도 병상에서 간절히 그 은혜를 닐콧더라.

옥희가 모친이 읽어주는 신문 기사를 듣고 기사 주인공의 딱한 처지를 동정해서 저금한 돈과 어머니가 보탠 의복을 갖고 다음날 여원을 찾아가 전달했다는 내용이다. 불상한 이웃을 돕는 선행을 기록한 짧은 일화로, 신문 기사의 내용이 내화가 되고 그것을 읽고 도와주는 옥희 모녀의 행동이 외화가 된다. 내화와 외화가 긴밀하게 연결되어 이야기의 경계선이 사라진 형태로, 외부의 액자틀은 내부 이야기의 근원을 제시하고 동시에 내부 이야기와의 거리를 발생시키면서 내부 이야기의 개연성을 증진시키는 효과를 발휘하였다. 사실 이 글은 불쌍한 이웃을 도와야 한다는 내용의 계몽적 이야기이고, 그래서 서사의 의도는 앞에서 언급한 서사적 논설과 별반 차이가 없다. 그런데 서사적 논설에서는 외화에 해당하는 옥희 모녀의 이야기가 서술자의 해설(논설)로 제시되지만, 여기서는 그것을 이야기 형식으로 제시했다는 점에서 한층 더 실감을 주게 된다.

물론 액자 형식은 이 시기만의 산물은 아니다. 이전의 민담과 설화를 전달하는 구술자도 서사의 신빙성을 높이고 흥미를 유발하기 위해서 이러한 형식을 택하기도 하였다. 주지하듯이, 서사적 논설은 조선 후기의 한문단편과 야담의 형식을 계승한 글쓰기 양식이다. 이 서사적 논설은 일화, 문답, 우화, 몽유, 토론, 인물전기 등 다양한 형식으로 나타났는데, 「옥희의 자선」은 그런 견지에서 볼 때 평범한 인물의 일화를 소재로 한 서사적 논설의 하나라 할 수 있다. 말하자면 「옥희의 자선」은 서사적 논설과 양식적으로 공통된 특성을 갖는다. 단순하고 짧은 서사를 활용하여 교훈적 주제를 전달했던 서사적 논설은 이후 매체와 대상 독자가 변함에 따라 장형화되고 그것이 단행본의 형태로 출간되어 신소설로 대중에게 널리 소개된 것은 익히 알려진 사실인데, 「옥희의 자선」은 그 중간 형태에 해당하는 모습이다.

근대 서사의 도입과 '국어' 교과

근대 계몽기 독본에는 이렇듯 다양한 형태의 서사물이 등장한다. 이들 서사물이 모두 시대 현실과 조응해서 양식적 진화를 거듭했다고 단정하기는 힘들지만, 근대 서사의 양식적 기초가 된 것을 부인할 수는 없다. 전통적인 문(文)이 근대 전환기라는 시대 현실에 조응해서 그 형태를 변화시킨 데서 그 근거를 찾을 수 있다. 1900년대에도 '문'(혹은 '문학')은 포괄적이고 통합적인 의미를 갖고 있었고, 그래서 문은 개인에서 국가에 이르기까지 사회의 전 단위를 유지시키는 힘으로 간주되었다. 근대 초기의 서사가 계몽적이고 정론적 특성을 갖는 것은 그런 전통이 완고하게 작용한 때문이다. 거기에는 물론 서사의 효능에 대한 자각도 작용한다. 조선 후기 국문소설이나 잡기(雜記)류의 번성에서 알 수 있듯이, 서사 양식은 어떤 사실이나 이념을 구체적 형상을 통해서 전달하고, 그래서 실감을 주고 내용을 쉽게 이해하도록 한다. 일본의『심상소학독본』의 머리말에서 '아동들이 쉽게 이해할 수 있도록 이야기체를 활용한다'고 했던 것은 그런 특성과 관계되는데, 조선의 경우도 예외가 아니었다. 서사의 중요성을 구체적으로 표명하지는 않았지만 일본 교과서를 참조하면서 그런 사실을 자연스럽게 터득하고 독본에 활용했고, 그래서 최초의 독본인『국민소학독본』에서부터 많은 수의 서사가 수록된 것이다. 그렇지만 아직은 문종에 대한 자각이 이루어지지 않은 상태였기에 근대적 문종의식을 발견하기는 힘들다. '기사(紀事)'와 '화(話)'와 '이이기' 등 서로 다른 명칭을 사용하고 있음에도 불구하고 각각에 대한 차별적 인식을 보여주지는 않는다. 이들 글은 대부분 주장하는 바를 좀 더 설득력 있게 전달하기 위해 서사를 활용한 서사적 논설의 수준이다.

그렇지만 이 과정에서 조금씩 서사의 자율성이 확보되는 것을 볼 수 있다. 전통 서사에서는 서술자가 적극적으로 개입해서 논평을 가하는 경우가 많았지만,『국민소학독본』과『신정심상소학』의 서사에서는 그런 특성이 상대적으로 약화되어 있다. 서술자의 개입이 축소되거나 사라지고 대신 서사가 독립된 형태가 되면서 자율성이 보다 강화된 것이다. 그래서 이들 글은 '서사적 논설'이 아니라 '논설적 서사'가 된다. 서술자의 의도가 주변적인 것으로 축소되고 서사가 보다 큰 비중을 차지할 경우 논설과 서사의 관계가 역전된 논설적 서사가 되거니와, 그것을『신정심상소학』이 보여주는 것이다.

한편, 이솝우화의 수용은 서사에 대한 인식을 향상시키는 계기가 된다. 전형화된 인물과 함께 보편적인 교훈이 제시됨으로써 이솝우화는 이후 아동문학의 창작적 토대를 제공한다. 화자의 존재 방식에 변화가 오는 것도 그런 사실과 관계될 것이다. 고대소설은 대부분 전지적 시점을 취하지만 독본의 서사에서는 그것이 한층 다양한 형태로 나타난다.『국민소학독본』의 서사는 대부분 전지적 시점으로 이루어져 서술자의 계몽적 의도가 직접적으로 드러나지만,『신정심상소학』에서는 이솝우화가 소개되면서 작가 관찰자 시점이 등장하고 심지어 액자 구성의 전지적 시점이 나타나기도 한다. 이런 형식이 사회적으로 확산되어 신소설과 같은 반향을 일으키지는 못했지만, 교과서를 통해서 지속적으로 전파됨으로써 아동문학 탄생의 중요한 토대를 제공한다.『심상소학독본』의 서사는 신소설을 비롯한 초기 근대문학이 계몽성을 지반으로 성장하는 중요한 터전이 된 것이다. 이광수의『무정』은 어느 날 갑자기 솟아난 작품이 아니라 근대 계몽기 이래의 서사적 논설과 논설적 서사의 연속선상에서 태생의 근거를 갖는다. 개화기 이후 국어 교과서에서「가마귀와 여호의 이이기라」나「탐심 잇는 개라」등의 우화가 지속적으로 수록되면서 서사의 원형을 제공했고, 그 지반 위에서 근대적 양식이 뿌리를 내릴 수 있었던 것이다. 교과서가 갖는 중요한 사명의 하나는 국민정신의 함양에 있는 바, 이들 서사는 그런 양식과 문화의 토대를 제공한 것이다.

소설과 역사에서 진실의 의미는 각기 다르다. 소설 작가는 역사와는 다른 형태로 사건, 인물, 감정, 진실을 창조한다.[121] 근대소설은 이 허위 진술이 실

---

121) 류사오핑, 앞의 책, 128면.

록과는 다른 가치와 의미를 갖는다는 인식이 확립되면서 자리를 잡는다. 신문이나 잡지를 통해 볼 때 그런 의식이 등장하기 시작한 것은 대체로 1890년대 후반이다. 그런데 '독본'에서는 그보다 4~5년이나 빠른 시점에서 그런 현상이 나타난다. '독본'의 변천에 따른 서사 종(種)의 추이는 허위 진술의 가치에 대한 인식의 진전과 함께 서사의 자율성이 점차 확보되는 과정과 맞물려 있다. 그런 점에서 근대 '독본'은 근대소설이 형성되고 탄생하는 과정을 보여주는 리트머스 시험지와도 같다. 독본은 단순한 교육용 매체가 아니라 서구와 일본의 영향이 본격화되고 거기에 대응하는 전통 양식의 내적 변화가 이루어지는 조정과 경연(競演)의 장이었다. 소설은 그 장에서 점차 세력을 키우면서 자생력을 갖게 된 존재인데, 개화기 독본은 그 초기 양상을 구체적으로 보여주는 것이다.

4) 일제 식민주의와 대한제국의 열망

(-『보통학교학도용 국어독본』의 경우)

『보통학교학도용 국어독본』(1907)은 근대화의 희망을 품고 개혁에 매진한 구한국 정부의 열망과 좌절의 궤적을 동시에 보여준다. 『보통학교학도용 국어독본』은 그 이전에 간행된 교재들보다 한층 정비된 형태의 '국어' 교과서이다. 최초의 국어과 교과서로 평가되는『국민소학독본』이나 뒤이어 간행된『신정심상소학』이 모두 '국어과'에 대한 자각을 갖추지 못한 상태에서 만들어졌다는 점에서 오늘날의 '국어' 교과서와는 거리가 있었다.

『보통학교학도용 국어독본』(이하『국어독본』)은 말하기와 듣기, 쓰기와 읽기를 근간으로 하는 오늘날의『국어』와 동일한 것은 아니지만, 국어과에 대한 자각을 전제로 만들어졌다는 점에서 한층 진전된 모습이다. 가령, "국어 강독은 발음 및 구두ᄒᆞᄂᆞᆫ 것을 주의ᄒᆞ야 강독ᄒᆞᆯ 때에 독자 및 청자로 하여금 문세(文勢)와 문의(文義)를 해득"케 하고, "작문은 간명 성실ᄒᆞᆷ을 위주"로 한다는 당대 교육령[122]에 의거해서 만들어진 관계로, 체제와 구성에서 오늘날의 교과서에 한층 근접해 있다. 더구나 이 책은 오늘날의 '국어' 교과서처럼 우리의 전통문화와 생활에 대한 민족주의적 인식을 주된 내용으로 하고 있다. 외세가 밀물처럼 몰려오던 구한말의 특수한 상황을 보여주는 바로미터처럼 교재 전반에는 애국 사상을 환기하고 민족의 주체성을 정립하고자 하는 강한 민족주의적 열망이 담겨 있다. 근대적 사고와 인식이 진전되면서 중화 중심의 화이관(華夷觀)에서 벗어나 자주 독립의 정신을 한층 분명히 했고,

---

122) 「학부령 제20호, 사범학교령 시행규칙」,『관보』제357호, 광무 10년 9.1.

또 민족 고유의 전통이 환기되면서 과거의 역사와 인물들이 중요하게 의미
화되어 있다.

▲『보통학교학도용 국어독본』

그런데, 이런 민족주의의 한편에는 일제의 식민주의가 완고한 형태로 똬리
를 틀고 있는 것을 볼 수 있다. 일제는 강제병합을 하기 이전부터 벌써 조선
에 대한 이른바 '정형화 작업'을 진행하고 있었다. 정형화(stereotype)란 식민
지 상황에서 지배 민족이 피지배 민족을 자기중심적 시선과 담론으로 고착화
시키는 행위를 뜻하는 것으로,[123] 이는 곧 조선을 미개하고 야만적인 나라로
보는 폄하의 시선과 함께 일본의 조선 침략을 당연시하는 듯한 서술로 나타난
다. 조선 사람은 목욕을 하지 않아서 불결하고 병에 자주 걸린다거나 조선의
가옥들은 외국에 비해 왜소하다는 것, 조선 사람들은 먼 옛날부터 일본을 선
망해서 일본으로 귀화한 인물이 많았다는 것 등이 일제가 구사한 대표적인 정

---

123) 호미 바바, 나병철 역, 『문화의 위치』, 소명출판, 2002, 146면.

국어 교과서의 탄생

형화의 사례들이다. 이런 작업을 통해서 일제는 조선의 민족주의를 전복시키고 궁극적으로 일본의 천황제를 중심으로 한 제국의 이데올로기를 전파하고자 하였다. 그런 점에서『국어독본』은 구한국 정부와 일제의 가치와 이념이 공존하는, 이를테면 국가 차원의 이념과 가치가 상충하고 길항하는 구한말의 특수성을 단적으로 보여준다.

여기서 주목하는 것은『국어독본』이 간행된 구체적 과정, 이를테면 편수관 어윤적(魚允迪)과 일인 학정참여관 미츠치 슈죠의 역할과 그에 따른 교재의 내용과 의도이다. 당시 교과서 편찬을 주도했던 인물은 편수과장이었던 한국인 어윤적과 일본인 학정참여관 미츠치 슈죠였다. 어윤적은 외견상 교과서 편찬의 책임을 총괄했던 인물로『국어독본』의 내용을 구성하는데 중요한 역할을 했을 것으로 추정되며, 일인 미츠치 슈죠(三土忠造)는 교재 편찬을 실질적으로 주도하면서 일제의 의도를 전파하고 실천한 제국의 전령과도 같은 인물이었다.

이 두 인물은 각기 구한국의 학부와 일제의 통감부를 대변하는 상징적 존재라는 점에서, 더구나 이『국어독본』은 일제의 식민주의가 한층 구체적인 형태로 제시된 교과서라는 점에서, 이들의 역할을 살펴봄으로써 조선과 일제의 서로 다른 지향과 가치가 갈등하면서 궁극적으로 천황제 이데올로기로 귀결되는 과정을 확인하게 될 것이다. 많은 부분에서 이해를 같이 하면서도 결국은 서로 다른 꿈을 꿀 수밖에 없었던 구한국 정부와 일제의 부적절한 동거는『조선어독본』(1911)에 오면 일제의 천황제를 중심으로 전일화되어 나타난다. 우리말이 '국어'에서 '조선어'로 격하된 것처럼, 조선의 역사와 문화는 일제의 하위문화로 편입되고 우리 고유의 역사와 독자성을 상실한 것이다. 이『조선어독본』은 이후 4차례에 걸쳐 간행된 식민 치하『조선어독본』의 바탕이 된다는 점에서 향후 본격화될 일제의 문화정책과 제국의 이데올로기를 이해하는 좋은 자료가 될 것이다. 나아가 이들 교과서를 통해서 일제가 양성하고자 했던 '국민'의 모습을 알 수 있고, 궁극적으로는 국책 과목으로써 한 권의 교과서가 탄생하는 과정을 이해하게 될 것이다.

교과서를 둘러싼 두개의 힘과 지향

『국어독본』(1907)은 오늘날의 시각으로 보자면 110년이라는 시간만큼이나 아득한 거리감을 갖게 한다. 한자가 근간이 되고 한글은 조사와 술어 정도로 제한된 한주국종체의 문체로 되어 있으며 띄어쓰기가 되어 있지 않아 형태소조차 구별하기가 쉽지 않다. 개별 단원들은 지은이가 표기되지 않아 누구의 글인지 확인할 수 없고, 대신 편찬자에 의해 의도적으로 선택되거나 씌어진 글들이 배치되어 있는 것을 볼 수 있다. 또 논설문이라든가 교화적(논설적) 성격의 설명문이 수록 단원의 90% 이상을 차지해서 문종(文種)이 분화되기 이전의 전근대적인 양상을 보이는 것도 흥미로운 대목이다. 또한 이 책은 당시 일본에서 유행하던 '독본(讀本)'을 모방한 관계로, 여러 교과의 내용을 목적의식적으로 묶어 놓은 강독용 자료집의 형태를 취하고 있다. 이런 외형에다가 이 책은 구한국 '학부' 편찬으로 되어 있음에도 불구하고 인쇄는 일본의 '대일본서적주식회사'에서 했다는 내용의 서지사항을 붙이고 있다. 당시 조선의 취약한 재정 상태를 꿰뚫고 있었던 일제는 구한국 정부에 강제로 5,000원(元)의 차관을 제공하고, 그 돈으로 이 교과서를 만들게 한 것이다.[124]

이 『국어독본』의 편찬에 관여했던 인물은 조선인으로는 학부 편수국장인 어윤적과 편찬관 현수(玄穩)이고, 일인으로는 편찬 전담관 三土忠造, 참여 담

---

124) 이승구 외, 『한말 및 일제강점기의 교과서 목록 수집 조사』 한국교과서연구재단, 2001, 32면.

당관 田中玄黃, 松宮春一郎, 上村正己, 小杉彦治 등이었다.[125] 이들이 중심이 되어『국어독본』을 집필하고 단원을 구성했던 것으로 보이는데, 이들이 구체적으로 어떤 역할을 했는지는 확인할 수 없고, 단지 어윤적과 마츠치 슈죠(三土忠造)에 대해서만 일부 자료를 찾을 수 있었다.

편수국장을 맡았던 어윤적(1868~1935)은 구한말 일본 게이오 의숙(慶應義塾)에 유학하고 일본어에 능통했던 친일파 관료였다. 그는 일본 유학을 통해서 일본어를 배우는 한편 근대 지식을 습득했는데, 1896년에 일본 제국대학의 문과대학 강사가 되었고, 그 과정에서 일본인과 교유를 넓히면서 출세의 발판을 마련하였다. 일본에서 돌아온 뒤에는 번역관으로 활동하면서 보빙(報聘) 대사의 수행원이 되어 통역 업무를 맡아서 했고, 그런 공적이 인정되어 1904년에는 일제로부터 훈5등 욱일장(勳五等旭日章)을 받았다. 1907년 학부 편집국장이 된 뒤에는 '국문연구소'를 개설하는데 중심적인 역할을 해서, 훈민정음의 제자 원리를 밝히는 등의 중요한 공적을 남겼다. 그렇지만 유학 과정에서 일본에 대한 거부감이 열어지면서 점차 친일화되었고 또 통감부 설치

---

125) 『국어독본』이 편찬된 1907년 당시의 편찬위원은 위에서 제시한 사람 외에는 더 이상 확인할 수 없었고, 대신 1909년 학부 편찬국 직원 명단을 다음 표와 같이 확인할 수 있었다. 앞의『한말 및 일제강점기의 교과서 목록 수집 조사』(한국교과서연구재단, 2001, 34-40면) 및 石松慶子의「통감부치하 대한제국의 수신교과서·국어독본 분석」(연대 석사, 2003. 12, 33면) 참조.

지위 및 역할	성명			
국장	어윤적			
서기관	小田 省吾			
사무관	柳田 節			
편찬관	上田 駿一郎	현수		
기사	이돈수	유한봉		
주사	이종하	이공식	隈部 一男	
편찬관보	高木 善人	홍기표		
기수	전태선	이응선	이효진	須田 直太郎
위원	이규진	어재승		

와 함께 출세가도를 달렸던 까닭에,[126] 자주 독립국가로서 대한제국에 대한 이해나 애정이 상대적으로 적었던 것으로 보인다. 그래서 일본의 식민주의에 동조하고 전파하는데 중요한 역할을 한 것으로 보인다. 유길준의 『서유견문』의 교열을 맡아서 간행한 것이나, 시무(時務)학교 교사를 지내면서 청년개화운동가로 명망을 떨쳤던 것은 그런 사실을 단적으로 말해준다. 당시 친일 개화파 인사들이 그랬던 것처럼, 그 역시 조선의 문명개화에 깊은 관심을 보였고, 일본을 모방함으로써 그것이 가능하다고 생각하였다. 학부 편수국장도 그런 생각을 갖고 임했을 것으로 보이지만, 구체적인 역할이 무엇이었는지 또 일인 관료와는 어떤 관계였는지에 대해서는 확인할 수 없었다.

그렇지만 국어학과 역사학 분야에 남긴 업적을 감안해 보자면, 교과서 편찬 과정에서 어윤적이 적잖은 역할을 했을 것으로 추정된다. 우선, 역사학 분야에 남긴 어윤적의 공적을 고려해 볼 수 있는데, 그것은 구체적으로 『동사연표(東史年表)』(1915)의 집필과 관계된다.

『동사연표』는 단군 원년부터 1910년까지(재판본은 1934년)를 대상으로 해당 연대의 역사적 사실을 한국사를 중심에 두고 중국·일본과 관계되는 사실들을 병기한 책으로, 당시 유행한 친일사학을 따르지 않고 고조선을 우리 역사의 시발점으로 인정하고 기술한 것으로 평가된다. 즉, '고조선 → 부여 → 신라·고구려·백제 → 신라 → 고려 → 조선'의 순으로 한국사의 전개를 정리해서, 임나일본부(任那日本府)를 강조하는 친일사학과는 확연히 다른 모습을 보여주었다. 1934년판은 기존의 내용을 일부 수정·증보해서 출간했는데, 내용 중에서 '일태자내조(日太子來朝)' 등의 문구가 문제되어 총독부에 의해 발매

---

126) 어윤적에 대해서는 정욱재의 「'동사연표'의 간행과 그 의미」(『장서각』, 한국학중앙연구원, 2003.9), 신유식의 「어윤적의 국어학 연구」(『어문논총』, 청주대학교, 1989), 이승율의 「일제시기 '한국유학사상사' 저술자에 관한 일고찰」(『동양철학연구』 37집)를 참조하였다.

가 금지되었다고 한다. 이런 행적들을 감안하자면, 어윤적은 비록 친일의 길을 걸었지만 최소한의 학자적 양심에 의거해서 객관적 사실들을 열거하고 우리의 역사를 널리 알리고자 했던 것을 알 수 있다.[127] 다음에서 언급하겠지만, 1907년판『국어독본』에는 민족의 시조로 단군이 언급되고 외침에 맞선 역대 장군들이 긍정적으로 서술되어 있는데, 이는『동사연표』에서 보이는 서술과 동일한 것으로 어윤적의 공적으로 봐도 무방할 대목이다.

▲『동사연표』(1915)

어윤적은 또한 1907년에 설치된 '국문연구소'의 편집장으로 국문의 원리와 연혁, 행용(行用)과 장래 발전 방안 등을 연구하였다. 국문연구소는 1907년 7월 학부(學部)에 설치되었던 한글연구기관으로, 학부대신 이재곤이 황제의 재가를 얻어 설치하였다. 위원장에는 학부 학무국장 윤치오, 위원에

127)『동사연표』원문은 국립중앙도서관 원문구축자료(http://www.dlibrary.go.kr/) 참조.『동사연표』에 대한 연구는 정욱재의「'東史年表'의 간행과 그 의미」(『장서각』, 한국학중앙연구원, 2003.9) 참조.

는 학부 편집국장 장헌식, 한성법어학교 교장 이능화, 내부 서기관 권보상, 일본인 학부 사무관 上村正己, 주시경 등이 임명되었고, 이후 어윤적·이종일·지석영·이민응 등이 추가로 참가하였다. 1907년 9월 제1차 회의가 열린 뒤 1909년 12월까지 23번의 회의가 열렸는데, 이 과정에서 어윤적은 1909년 12월 「국문연구의정안」과 8위원의 연구안으로 꾸며진 보고서를 학부대신에게 제출하였다. 그 주요내용은 국문의 연원과 연혁, 초성 8자의 사용 여부, 된소리 ㄲ·ㄸ·ㅃ·ㅆ·ㅉ·ㆅ 6자의 병서법, 'ㆍ' 폐지, 종성 ㄷ·ㅅ 2자의 용법과 ㅈ·ㅊ·ㅋ·ㅌ·ㅍ·ㅎ 6자의 종성 채용 여부, 자모 7음과 청탁의 구별, 자순과 행순, 철자법 등이다. 여기서 한글의 연원, 자체와 발음, 철자법 등은 거의 대부분 어윤적의 안을 근거로 했다고 한다. 특히 우리말의 연원에 대한 설명 가운데 단군시대부터 조선 세종대왕까지, 그리고 구시대에 속용한 문자에 대한 논술, 자모의 명칭, 자순과 행순, 철자법은 어윤적의 안을 그대로 수용했다고 한다.[128] 이 「국문연구의정안」은 당시 구한국 정부가 채택하지 않아서 세상에 공포되지는 못했지만, 매우 훌륭한 문자 체계와 표기법 통일안으로 오늘날 사용하는 맞춤법의 원리를 그대로 반영한 것으로 평가된다.[129]

그런데『국어독본』이 간행된 해가 1907년이라는 것을 감안하자면, 이 국문연구소의 성과가『국어독본』에 그대로 반영되었다고 보기는 힘들다.『국어독본』을 통해서 확인할 수 있는 어윤적과 국문연구소의 성과는 위에서 언급한 것보다는 오히려 국가와 문자가 연계된 인식구도 즉, 언문일치의 문체 형성에 기여한 점이라고 할 수 있다. 이를테면, 당시 국문의 과제는 '한문'과 '언문'에 국가의 이념을 투입하고, 궁극적으로 '언문'을 자국문(自國文)이라는 언어장치로 실체화하는 일이었다. 그런 실체화를 통해야 '언문'이 국문 즉 국가의 문자

---

128) 이광호, 「국문연구소 '국문연구의정안'에 대하여」,『국어문학』(20), 국어문학회, 1979. 1. 11면.
129) 신유식, 「어윤적의 국어학 연구」,『어문논총』, 청주대학교, 1989, 135-160면.

와 문장으로 실제적인 힘을 가질 수 있기 때문이다. '국문연구소'는 이런 현실적 필요성을 바탕으로 언문일치의 구현을 연구소의 중요한 목표로 설정했고, 그것을 위해서 '국어'의 발음을 균일하게 만드는 사전 편찬과 통일된 국문법의 규범화와 국민교육에 매진하였다.[130] 당시 국문연구소를 주도했던 인물이 어윤적이었다는 것을 감안하자면, 『국어독본』에서 목격되는 국한문 문체와 표기에 어윤적이 중요하게 기여했으리라는 것을 짐작할 수 있다.

그런데, 당시 학부는 '괴뢰 학부'[131]라고 불릴 정도로 일본인에 의해 조종되는 자율성 없는 존재였다는 사실을 고려하자면, 교재 편집 과정에서 어윤적의 역할은 제한적이었을 것으로 추정된다. 실제로 『국어독본』의 편찬과정에서 교재의 틀과 방향을 결정한 것은 일본인 관료로, 곧 제2대 학정참여관 三土忠造(1871-1948)였다.

▲ 미츠치 슈죠

---

130) 양근용, 「언문일치의 관념과 국문연구소의 훈민정음 변용 논리」, 『한국학논집』 42집, 한양대 한국학연구소, 192-206면.

131) 尹健次, 『朝鮮近代敎育의 思想과 運動』, 東京大學出版會, 1982, 319면, 앞의 石松慶子 논문 33면 재인용.

미츠치 슈죠(三土忠造)는 초대 통감 이토 히로부미(伊藤博文)가 교과서 편찬의 지연 및 행정력의 무능력을 물어 초대 학정참여관 시데하라 타이라(幣原坦)를 해임하고 그 후임으로 임명된 인사로, 일본에서 교과서를 편찬한 경험을 갖고 있는 교과서 전문가였다. 실무 능력을 인정받아서 伊藤博文의 부름을 받은 관계로 그는 조선에 부임한 뒤 바로 커리큘럼을 제정하고 교과서 편찬과 발행을 주도하는데, 이 과정에서 그는 먼저 일본어 교재를 만들고 다음으로 조선어 교재를 간행하였다. 일본어 교재를 먼저 만든 것은 일어를 널리 보급해야 식민정책을 수행하기가 용이하다고 판단했기 때문이다. 전임 시데하라가 초등학교 전 과목을 일어로 만들려고 했다가 조선의 완강한 반대에 부딪혀 실패했던 사실을 알고 있었기에 미츠치는 정규 교과의 하나로 일어과를 신설하고, 시수를 주당 6시간으로 정해서 조선어와 같은 비중으로 교수하도록 방침을 수정한 것이다.[132]

무엇보다 참된 일한 융합은 소년들의 교육의 성과에 의존하지 않을 수 없고, 그 교육에는 일본어를 사용하고, 일본어를 익히게 하여, 여러 방면에서 일본에 대한 이해를 촉진시키는데 있다. (중략) 서둘러 보통학교를 정비하고 일본인 교사를 배치하는 한편, 미츠치는 일본어 독본의 편집을 서둘렀다. 편집은 국문전(國文典)을 통해 경험했었기 때문에 순조롭게 진행되어, 제1권을 가인쇄하여 9월 신학기에 늦지 않도록 하고, 계속해서 제2권, 제3권, 제4권 편집을 서둘러, 11월에는 가인쇄이지만 예정대로 독본을 배포할 수 있었다. 이 독본은 일본 것보다 다소 수준이 높았다. 그것은 보통학교 학생 중에는 1학년이라도 15, 6살인 사람도 있어서, 대체로 일본보다 연령이 높은 것과, 식민지용

---

132) 아나바 쯔기오, 홍준기 역, 「미츠치 츠우조와 한국교육」, 『구한말 교육과 일본인』, 온누리, 2006, 177-215면.

으로 빨리 가르치기 위해서였다. (중략) 이 일본어 교과서는, 도쿄의 대창(大倉) 서점에서 인쇄하여 다음 해 신학기부터 본격적으로 사용되었다. 일본어 독본을 사용하여, 교육 근대화에 한 발 내디뎠으므로, 미츠치는 이어서 한국어에 의한 교과서 정비를 하게 되고, 조수의 협력으로 수신, 산술, 이과 등의 교과서를 편집했는데, 그 내용은 일본의 각 초등학교 교과서를 조선 글자로 번역했던 것이다. 도화 교과서 편집으로 미츠치의 임무는 끝이 났다. (밑줄-인용자)[133]

물론 이 진술은 해방이 된 지 16년이 경과한 뒤 제3자에 의해 씌어진 것이기 때문에 사실과는 다른 대목도 있을 것으로 추정되지만, 『국어독본』이 일본인 학정참여관에 의해 주도되었고, 편찬 과정에서 일본 문부성의『심상소학독본』을 상당 부분 차용했으며, '근대화'가 교재 편찬의 중요한 목표였다는 것을 알 수 있다. 당시 간행된『고등소학독본』(휘문의숙, 1906),『최신초등소학』(정인호, 1908),『신찬초등소학』(현채, 1909) 등의 사찬(私撰) 교재가 상대적으로 강렬한 민족정신과 자주의식을 표방했다면, 이『국어독본』은 그보다는 근대화와 관련된 담론들이 보다 많은 비중을 차지한다.

게다가 일본과 달리 조선에서는 15, 6세의 학생들이 보통학교에 다니고 있었기 때문에 교재의 수준을 상대적으로 높였다고 하는데, 이 역시 일제의 식민정책과 연결해서 생각할 수 있다. 일제는 당시 일본에서 시행하던 '소학교─중학교─고등학교'라는 명칭 대신에 '보통학교'라는 명칭을 조선에서 사용했는데, 이는 보통학교가 상급학교의 예비학교가 아니라 대다수 조선인이 그것을 졸업함과 동시에 교육을 완료하도록 한다는 취지에 의한 것이었다. 그렇게 해서 상급학교 진학을 막고 동시에 계층 이동의 통로를 차단하려 했는데, 미츠치

---

133) 廣瀬英太郎 編,『三土忠造』一券, 三土先生影德會, 1962, 93면.

가 『국어독본』을 만들면서 상대적으로 수준을 높인 것은 그런 사실과 맥을 같이 한다. 조선인에게 필요한 최소한의 근대지식을 보급하고, 한편으로는 일본에 유리한 친일의식을 심어주는 게 교재 편찬의 궁극적 의도였던 셈이다.

그렇게 해서 만들어진 관계로 『국어독본』을 일별해 보면, 단원의 대부분이 계몽적 논설문이나 설명문으로 되어 있는 것을 볼 수 있다. 근대 지식을 계몽하는 내용의 '이과와 수신'이나 '지리와 기후', 삶의 지혜와 처세를 내용으로 하는 '문학', 또 조선의 역사와 인물을 내용으로 하는 '역사와 정치' 등은 대부분 편찬 주체의 계몽적 의지를 담고 있다.

※ 『국어독본』의 주제별 단원 분류(③~⑤권)[134]

내용	단원명
이과와 수신	③「초목생장」「도화」「공기」「조류」「시계」「연습공효」「순서」「죽순생장」「편복」「연화」「직업」「경(鯨)」「홍수」/ ④「홍수」(재수록)「안(雁)」「수조(水鳥)」「재목」「식물의 공효」「신선한 공기」「공원」「석탄과 석유」/ ⑤「상(象)의 중량」「피부와 양생」「타인의 악사」「정치의 기구」「밀봉」「잠(蠶)」「양잠」「마(麻)」「폐물 이용」
지리와 기후	④「한국지세」「한국해안」「아국의 북경」「한성」「평양」/ ⑤「5대강」「기후」「평안도」「함경도」
역사와 정치	③「영조대왕인덕」「개국기원절」/ ④「문덕대승」「건원절」「김속령의 탄식」/ ⑤「고대 조선」「삼한」「정치의 기관」「삼국의 시기(始起)」「지나의 관계」
문학류(類)	③「편복화」「해빈」「방휼지쟁」「기차창」「빈계 급 가압」「정직지리」「홍수 한훤」/ ④「정직지리」(재수록)「홍수 한훤」(재수록)「운동회에 청격」「운동회1」「운동회2」「옥회의 자선」/ ⑤「지연과 팽이」「타인의 악사(惡事)」「모친에게 사진을 송정홈」「동(同) 답서」「취우」「시계」「정와(井蛙)의 소견」

제목에서 드러나듯이, 『국어독본』은 외견상 근대 사회로 나가기 위해 서구적 지식을 학습하고 또 조선 민족의 유구한 역사와 전통을 익혀야 한다는 내

---

134) 학부, 『국어독본』(3-5권), 대일본도서주식회사, 광무 11년(1907).

용이다. 또 '역사와 정치'나 '문학'의 영조대왕과 을지문덕, 개국기원절과 건원절, 타인의 악사 등은 모두 우리의 위인과 역사, 축일과 전통을 내용으로 한다. 이들 단원은 모두 근대화와 자주 독립을 열망하는 당대 정부의 계몽적 의지를 담고 있다.

하지만 이런 외형과는 달리 「삼국과 일본」이라든가 「삼한」에서처럼, 일본과 조선은 과거부터 형제와 같은 친밀한 관계를 유지했고 때로는 일본이 조선으로 건너와 돕기도 했다는 등의 식민 담론이 삽입된 것을 볼 수 있다. 교재에서 가장 큰 비중을 차지하는 근대화 관련 담론 역시 그런 사실과 연결되는데, 그것은 곧 조선이 그만큼 전근대적이고 야만적이라는 것, 그래서 조속히 근대화시켜야 한다는 생각을 전제로 한다. 그런 점에서 이 『국어독본』은 구한국 정부의 지향과 열망을 담은 공식 교과서이지만 한편으로는 일제의 침략적 의도에 의해 조율된 친일 교과서라는 이중성을 갖는 것을 알 수 있다.

구한국의 의지와 일제의 간계

『국어독본』에서 목격되는 두드러진 특징은 근대 국가와 국민을 만들고자 하는 열망이다. 폭풍처럼 밀려드는 외세에 맞서면서 미약한 명줄을 유지하던 대한제국 정부에 의해 간행된 관계로 『국어독본』에는 근대적 문물과 함께 민족주의적 열정이 강하게 투사되어 있다. 과거의 위대한 인물과 역사를 교재에 소환함으로써 국가와 국민의 정체성을 구성하고, 궁극적으로 민족의 이미지를 새롭게 구축코자 한 것이다. 민족이란 발전하는 실체라기보다는 발생하는 현실이자 지속적으로 수행되고 또 다시 수행되는 제도적 정리 작업이라는 점에서 부단히 새롭게 규정될 수밖에 없는 바,[135] 『국어독본』에서는 그런 작업을 과거사에 대한 환기와 지리 환경에 대한 의미화를 통해서 시도한다.

먼저, 민족사에 대한 환기는 단군, 삼국시대, 영조, 세종, 성종 등 인덕(仁德)으로 인민을 사랑한 성군을 기리는 내용과 조선이 탄생하게 된 일련의 과정을 기록한 설명문을 통해서 이루어진다. 즉, 「고대 조선」에서는 태백산 신단수 아래 내려와 탁월한 지덕으로 왕이 된 시조 '단군'이 소개되고, 「삼국의 시기」에서는 (고)조선이 망한 후 신라·고구려·백제 삼국이 일어나 전국을 삼분했다는 사실과 함께 각국의 시조가 소개된다. 이를테면, 신라의 시조는 박혁거세로, 어려서부터 용기가 남달랐으며 이후 성장하는 과정에서 크게 인심을 얻어 왕이 되었다는 것, 고구려의 시조 주몽은 화를 피해서 남방으로 도주하다가 사방을 정복하고는 왕이 되어 평안도 성천에 도읍을 정했으며, 백제는 주몽의 아들 온조가 인심을 얻어서 경기도 광주에 도읍을 정한 뒤 세운 나라라는 사실이 서술된다. 이런 내용에 비추자면, 우리의 개국시조는 단군이고 그의 뒤를 이어 부여—고구려·백제·신라—발해가 탄생했고, 그 세력이 만주와 한반도 전역에 퍼졌다는, 앞의 『동사연표』와 동일한 서술로 되어 있는 것을 볼 수 있다. '단군'이 시조로 숭상되고 만주 전역을 우리 영토로 포괄하는 이러한 사관은 실학자들의 역사 연구에 뿌리를 둔 것으로, 전통적인 중화사상에서 벗어나 사료 고증에 의거한 객관적 서술을 무엇보다 중시한 것으로 평가된다. 말하자면, 한말 사학자들은 독립국가로서 자국의 발전 상황을 강조하는 방향으로 역사를 서술했는데,[136] 『국어독본』 역시 그런 방식을 따르고 있는 셈이다.

「명군의 영단」이나 「지나의 관계」 등에서 그런 사실이 더욱 구체화되어 나

---

135) 제프리K. 올릭 엮음, 최호근 외 역, 『국가와 기억』, 오름, 2006, 18면.

136) 이경란, 「구한말 국사교과서의 몰주체성과 제국주의」, 『역사비평』 17호, 1991.11, 45-47면.

타나는데, 「명군의 영단」에서는 성군 세종의 일화가 소개된다. 풍속을 퇴패케 한다는 이유로 세종이 무녀를 내치는 이야기, 그리고 성종 역시 성균관 유생이 무녀를 쫓아내자 치하했다는 이야기이다. 그리고 「지나의 관계」에서는 중국과의 역대 관계가 언급되면서 민족의 자주성이 역설된다. 과거 고구려나 백제, 신라 등 삼국은 모두 지나의 침해를 입어 봉책을 받거나 혹은 납공을 언약했지만, 실제로는 삼국은 그런 약속을 지키지 않았고 그래서 독립국의 지위를 유지했다고 강조한다.

> 백제도 역시 일대 수를 격ᄒ야 지나와 상대흔 고로 피차의 교통이 빈번ᄒ야 그 관계가 밀통ᄒ얏도다. 고구려가 연과 결화흔지 육십년 후에 백제왕 직지도 지나와 상전ᄒ야 견패ᄒ고. (중략) 삼국이 다 지나의 침해를 닙어 혹은 봉책을 밧으며 혹은 납공을 언약ᄒ얏슴으로 속국과 굿흔 관계가 잇셧스나 기후에 천약흠이 무기ᄒ고 기실은 독립의 태도를 지지흔 고로 지나와 항쟁이 누기ᄒ니라. (『국어독본』5권 22과, 56-7면)

일제가 조선을 강점하게 된 이론적 배경의 하나였던 '조선의 중국 속국설'을 부정하려는 의도를 담고 있는 듯이 보이는 이 단원은, 그래서 일본의 주장을 제시하고 뒤이어 그것을 부정하는 형식으로 되어 있다.

「문덕 대승」에서는 고구려 을지문덕의 일화가 소개된다. 수나라의 수제가 대군을 일으켜 우리나라를 공격하거늘 문덕이 칙명을 받아 적을 속이고 유인해서 대승을 거두었다는 내용이다. 「수당의 내침」은 그 속편 격의 글로, 수나라가 망하고 당나라가 흥한 뒤 태종이 고구려를 침략한 이야기이다. 당태종은 신라·백제와 협조하여 고구려를 공격했으나, 고구려 군사가 능히 방어하고 격퇴함으로써 당군이 깊이 들어오지 못하고 간신히 요동의 성 몇 개를 취했으나 그마저도 고구려군의 습격으로 패퇴했다는 내용이다. 이런 내용을 종합하자면, 조선은 부단한 외침에 적극 대응하면서 자주국으로서 면모를 지켜온 유서 깊은 나라로 의미화된다.

이런 시각의 연장에서 조선의 지리와 산수에 대한 의미 부여가 이루어진다. 지리에 대한 서술은 『국어독본』(4권)에서 큰 비중을 차지하는 「한국 지세」, 「한국 해안」, 「한성」, 「함경도」 등의 단원에서 구체적으로 확인된다. 이들 단원에서 볼 수 있는 조선의 지리와 환경에 대한 설명은 국토의 지리적 독자성을 부각시켜 민족의 정체성을 만들고 자긍심을 고취하려는 의도로 이해할 수 있다. 지도는 공간에 가해지는 권력의 힘을 상상할 수 있게 하는 매개라는 점에서 권력의 다른 이름이기도 하다. 공간을 가시적인 사실로 위치시키는 지도가 어떻게 이데올로기의 전략적인 차원으로 규정되는가의 문제는 인류의 발생 이래 끊임없이 반복되어 왔다. 특히 근대 계몽기 서양 문물의 유입과 국토 상실의 위기에 처해 있는 상황에서 지도의 상상력은 19세기 영토적 주권·국권·국경·국가의 개념과 결합되면서 이 시기의 중요한 담론이 되었었다.[137] 그런 점에서 『국어독본』 곳곳에서 목격되는 영토에 대한 담론들은 근대국가로 태동하는 조선의 열망과 의지를 세계에 천명한 것으로 볼 수 있다.

137) 홍순애, 「'강한 다시쓰기', 그 지도의 권력과 환상 사이」, 『문예연구』, 문예연구사, 2010. 여름, 11-14면.

▲「한국 지세」삽입 지도

　지도에 대한 담론은 우선 한반도의 영토 확정과 주요 도시의 특성을 설명하는 식으로 나타난다. 「한국 지세」와 「한국 해안」은 대한국의 영역을 구체적으로 가시화하면서 일제와 구별되는 자신의 권력을 표상한다. 「한국 지세」에서 언급되듯이, 우리 대한국은 삼면에 바다가 둘러 있고 일면은 대륙과 접하였으니, 동쪽에는 일본해가 있고 남쪽에는 조선해가 있으며 서쪽에는 황해가 있다는 것, 또 대한국은 남북은 길고 동서는 짧으니 남북은 삼천리에 이르고 동서는 5-6백리에 이른다는 사실을 말한다. 「아국의 북경」에서는 중국과의 경계를 분명하게 구획함으로써 조선의 영토와 권력의 범위를 가시화하는데, 곧 우리나라의 북경에는 2대강이 있으니 하나는 압록강이고 하나는 두만강이라는, 그리고 그 2대강 사이에 있는 장백산맥을 경계로 중국과 우리의 국토가 나뉜다는 것을 말한다. 「평안도」에서는 서북의 경계를 보다 구체적으로 말하는데, 곧 평안도는 한국의 서북 모퉁이에 위치하고 압록강을 경계로 중국과 나누어진다는 것, 그 압록강 연안에 있는 의주는 예로부터 북방의 관문으로 전국 제일의 무역장이고, 중국을 오가는 사절을 이곳에서 송영한 관계로 번성한 도회가 되었다는 것을 말한다. 「함경도」에서는 양항 원산을 설명하면서 해삼위와 연결되는 중요한 통로라는 사실을 언급한다. 또 「한국 해안」에서는, 우리나라의 남방과 서방 해안에는 무수한 도서가 있을 뿐 아니라 또 무수한 만(灣)이 있고, 부산, 마산, 목포, 군산, 진남포, 용암포 등은 선박이 정박하기 적당한 항만이라는 것을 말한다. 이들 단원은 한반도라는 지정학을 근거로 형성된 대한국의 영토를 구체적으로 획정하여 권력이 작용하는 범위를 정하고, 궁극적으로 국토의 지리적 독자성을 부각시켜 자국에 대한 인식과 함께 민족적 긍지를 심어준다. 『국어독본』의 중심 서사는 이렇듯 우리 민족의 삶과 역사에 대한 이야기이다.

그런데, 안타깝게도 이런 민족주의의 한편에는 일제의 식민주의가 깊게 침투하여 한국사를 자기 식으로 정형화한 단원들이 곳곳에 배치된 것을 볼 수 있다. 그것은 무엇보다 친일사관을 바탕으로 한 조선에 대한 폄하와 차별로 나타난다. 가령, 「백제, 고구려의 쇠망」에서는 백제의 제왕은 태반이 교사음일(驕奢淫佚)하여 국정을 돌보지 않았고, 그래서 백제는 의자왕 시절에, 고구려는 보장왕 때 각각 당군과 나당 연합군에 투항하여 나라가 망했다는 내용이다. 「고려가 망함」에서는 승려 편조라는 자가 교만하고 방자하여 신돈으로 개명하고 국가의 질서를 문란하게 했고, 그러자 태조 고황제가 나타나 평정한 뒤 국호를 조선이라 개칭하고 한양에 도읍을 정했다는 내용이다. 이런 내용들에 비추자면, 우리의 역사란 분열과 쟁탈, 전란과 당쟁이 점철된 지리멸렬한 망국사로 정리된다. 또 「삼국과 일본」, 「삼한」에서는 일본과의 긴밀했던 관계가 서술된다. 가령, 삼한은 그 국경이 일본과 근접해서 사람들의 교류가 빈번했고 피차에 서로 귀화하는 사람이 적지 않았다. 일본의 고사(古史)를 살펴보면, 진한의 왕자 일창(日槍)이 왕위를 아우에게 양위하고 일본에 귀화했고, 삼한과 일본은 풍속이 비슷한 경우가 많아서, 분묘 주위에 토기를 나열하고 또 주옥을 옷과 머리에 싸서 길게 늘어뜨리기도 하는 등의 사례가 소개된다. 「삼국과 일본」에서는 삼국시대에 이르러 일본과 교통이 더욱 빈번해져 피차간에 서로 귀화하는 자가 증가했고, 그 중에는 고위 관리로 임용된 자도 적지 않았다는 것을 말한다. 이런 사실과 함께 일제는 친일사관의 정수라 할 수 있는 이른바 '임나일본부설(任那日本府說)'을 그 중심에 배치해 놓았다.[138] 즉, 가야왕이 사자를 일본에 보내 도움을 청했고, 이에 일본이 그 청을 받아들여 장군을 파견하여 가야를 '임나(任那)'라 칭하고 다스렸다는 것. 임나의 설치 이후 일본과의 교류가 빈번해졌고, 백제와 일본의 관계는 더욱 돈독해져서 서로 우방이 되어 유사시에는 일본이 군대를 보내 백제를 보호해 주었다는 내용이다. 주지하듯이, 임나일본부설은 4~6세기에 왜국이 한반도 남부 지방 임나에 통치기구를 세워 그 지역을 다스렸다는 주장이다. 아직도 여기에 대해서는 의견이 분분하지만, 최근의 한일역사공동연구위원회에 의하면 임나일본부는 존재 자체가 없었다는 데 의견을 같이 하고 있다.[139] 그렇지만 『국어독본』에서는 그런 허구적 사실을 수록하여 먼 옛날부터 일본은 한반도의 일부를 통치했다는 사실을 환기하고, 궁극적으로 일본의 조선 침략이 결코 우연이 아니라는 것을 암시한다.

　이런 주장과 함께 『국어독본』 곳곳에는 조선에 대한 폄하와 차별의 시선이 투사되어 있다. '이과와 수신'에서 볼 수 있듯이, 이들 단원은 무엇보다도 개개인을 특정한 방식으로 변화시키고자 하는 이른바 습속(習俗)의 정형화로 정리할 수 있다. 습속이란 의식과는 다른 차원에서 사람들의 생활과 실천을 규정하는 요인으로, 사람들은 이 습속을 통해서 특정한 방식으로 생활하고 실천하는 주체로 탄생한다.[140] 따라서 근대적 주체의 형성이란 근대적 생활양식의

---

138) 『국어독본』 6권, 2과 3-7면 참조.

139) 「한·일 역사공동위 결론, 일 '임나일본부설 근거없다'」, 《세계일보》, 2008. 12. 21.

140) 김진균·정근식 편, 『근대주체와 식민지 규율권력』, 문화과학사, 1997, 44-50면.

창출이고, 그래서 그것은 문명화의 형태를 띠게 된다. 근대 시민사회의 형성이 국민국가의 형성이고 그것은 궁극적으로 국민국가의 장치와 이데올로기에 적합한 인간을 만들어내는 것이기에, 국민화는 문명화를 전제할 수밖에 없다. 『국어독본』의 대부분이 근대적 문물과 생활에 대한 지식과 정보로 채워진 것은 그런 이유로 설명할 수 있다.

이들 단원들은 사물의 원리를 설명하는 글과 개인들의 행동과 처세를 알려주는 글로 되어 있다. 새의 알을 어미가 따뜻하게 품어야 새끼가 되듯이, 종자는 비와 이슬을 맞고 일광을 받아야 새싹이 난다는 내용이나(「초목 생장」), 공기는 형체도 없고 빛도 없고 눈에 보이지도 않으며 또 손으로 잡을 수도 없으나 이 세상에 가득 차 있다는 내용(「공기」), 나는 새에는 여러 종류가 있다는 것(「조류」) 등은 모두 그런 취지의 단원들이다. 이들 단원은 모두 일상 현실에서 자주 목격되는 친숙한 사물들의 특성을 설명하고 새로운 지식과 정보를 제시한다. 여기에다가 「연습 공효」, 「홍수」, 「신선한 공기」, 「피부의 양생」, 「타인의 악사」와 같이 이전의 불합리한 생활을 버리고 합리적인 생활을 해야 한다는 설교조의 단원들이 추가된다. 「연습 공효」에서는 무슨 일이든지 성심으로 하면 안 되는 일이 없다는 것을 사례를 들어 보여주고, 「홍수」에서는 옛날에는 산에 나무가 무성해서 오늘날과 같은 홍수가 없었으나 최근에는 비가 조금만 와도 홍수가 난다는 것, 그래서 나무를 심어야 한다는 내용이 언급된다. 「신선한 공기」에서는 위생을 위해 수시로 신선한 공기를 주입해야 한다는 것을, 「피부의 양생」에서는 피부를 씻지 않으면 더러워지고 병이 생기기 때문에 수시로 목욕을 하고 신체를 청결히 해야 한다는 것을 말한다. 모두 근대적인 생활을 위해서 위생과 환경을 살피고 스스로를 청결하게 유지해야 한다는 내용이다.

이런 단원들은 하나같이 조선의 현실이 전근대적인 상태에서 벗어나지 못했다는 것을 전제로 한다. 일본인들이 보기에 조선은 전근대적 세계에서 벗어나지 못한 무지와 야만의 상태에 있고, 따라서 거기서 하루 빨리 벗어나는 게 시대적 사명이자 일본이 감당해야 할 책무라는 주장이다. 이른바 문명화론으로 명명할 수 있는 이러한 주장은, 야만 상태의 조선을 문명화시켜야 한다는 사명감에 바탕을 둔 것으로, 스스로를 문명의 사도로 생각하는 망상적 주장이다. 문명화란 근대적 사고와 이념으로 무장하는 것이고, 궁극적으로 만국공법(萬國公法)의 세계로 편입되는 과정이다. 그러기 위해서는 하루빨리 전근대적 미몽에서 벗어나야 하고, 만일 그렇지 못하다면 야만의 상태에 머물러 문명의 지배를 받을 수밖에 없다는, 이른바 강자 독식(獨食)의 주장인 것이다.[141] 일제는 서구 제국주의가 식민지 쟁탈과정에서 앞세웠던 이런 문명화의 논리를 그대로 조선 지배에 적용했고, 그래서 이들 단원은 대부분 조선이 하루 빨리 무지와 야만의 상태에서 벗어나야 한다는 계몽 담론으로 채워져 있다. 그렇기 때문에 이들 단원은 근대생활에 대한 단순한 지침이라기보다는 조선을 일제와 구별 짓고 열등화하는, 궁극적으로 구한국 정부의 자주적 열망을 전복하고 일제의 식민주의를 이식하는 정책 안내문이었던 셈이다.

국어의 성장과 국민의 형성

'국어' 교과서가 탄생하기 위해서는 국어의 성장이라는 객관적 사실이 전제되어야 한다. 한글은 오랫동안 한자에 비해 열등한 언어로 인식되어 온 까닭에 국어가 근대 지식을 교수하는 도구가 되기 위해서는 먼저 한글 사용능력에 대한 교육이 이루어져야 한다. 그래야 한글이 국어로서의 힘을 발휘할 수 있

---

141) 문명화론에 대해서는 니시카와 나가오의『국민이라는 괴물』(윤대석 역, 소명출판, 2002, 43-123면)과 고모리 요이치의『포스트 콜로니얼』(송태욱 역, 삼인, 2002, 31-40면) 참조.

다. 그런 점에서『국어독본』의 앞부분에서 목격되는 국어 자모를 비롯한 한글에 대한 체계적인 교육은 국어를 세력어(language-of-power)로 격상시키기 위한 의미 있는 노력으로 볼 수 있다. 자국어를 교육의 대상으로 삼는 일은 근대 유럽의 민족주의가 가장 힘들여 수행한 문화사업의 하나였듯이,『국어독본』은 그런 작업을 구체적으로 수행한 것이다. 그렇지만 교과서의 문체가 국한혼용체로 되어 있다는 것은 아직은 한글이 공식어의 지위를 얻기에는 여건이 성숙되지 않았다는 것을 시사해준다. 국한문체는 근대적 지식을 빠르고 용이하게 전달하기 위해 개발된 근대의 산물이지만, 한편으로 그것은 일본과 조선의 동화를 노린 일제 식민주의의 사생아이기도 했다. 그런 사실은 일제의 조선어 교육이 우리의 말과 글을 가르치기보다는 국가의 통치 이념과 정책을 알리는 데 주력했다는 사실에서도 알 수 있다. "아등의 독서함은 문자를 아는 것보담 서중(書中)에 있는 사물의 진리를 학습함"(「독서법」)[142]이라는 교재의 한 대목처럼, 한글은 의사전달의 도구가 아니라 수양과 정신 단련의 도구였다. 그런 의도에서 기획되었기 때문에 계몽적 어투의 설명문과 논설문이『국어독본』의 대부분을 차지한 것이다.

『국어독본』의 독특함은 이런 모순적 상황에서 발생한다. 구한국 정부의 국정 교과서라는 점에서『국어독본』은 당대적 이념과 지향을 구체적으로 보여주지만, 한편으로는 그 모든 것이 일제의 침략정책에 의해 조율된 것이라는 점에서 제국주의적이고 반민족적이다.『국어독본』을 통해서 일제는 외견상 조선의 민족주의를 허용하는 듯하면서도 한편으로는 그것을 일본을 중심으로 위계화하고 궁극적으로는 일본과의 문화적 통합을 시도한다. 그 연장선상에서 1911년판『조선어독본』에서는 조선의 역사와 인물을 삭제하고 대신 천

---

142) 「독서법」, 『조선어독본』 7권, 조선총독부, 1911, 1면.

황제를 그 한 복판에 배치하여 강점에 따른 가치와 이념의 축을 완전히 바꾸어 놓았다. 1907년판에서 문화적 통합을 시도했다면, 이 1911년판에서는 그것을 바탕으로 한 정치적 통합을 단행했고, 궁극적으로 조선의 역사와 인물을 제거한 백지 상태에서 제국의 역사쓰기를 새롭게 시작한 것이다.

그렇지만, 민족과 국민이란 과거의 기억을 정체성의 근거로 한다는 점에서, 아직은 온전한 형태의 것이라고 할 수 없다. 구한국 정부가 과거의 역사와 인물을 호명해서 민족과 국민의 이미지를 만들어냈듯이, 일제가 온전한 형태의 신민을 창출하기 위해서는 일본의 과거 역사를 새롭게 호명하고, 거기에 비례해서 조선의 과거 기억을 삭제(혹은 망각)해야 한다. 조선 사람들은 이제 자신이 조선 사람이라는 사실을 잊어야 하고 동시에 천황의 은덕 속에 사는 제국의 신민이라는 기억을 새롭게 축적해야 한다. 일제가 이후 조선교육령을 개정하고 교과서를 수정하면서 일본의 역사와 인물을 대거 삽입한 것은 그런 견지에서 당연한 귀결로 볼 수 있다. 국민의 창출이란 본질적으로 폭력적이라는 점, 『국어독본』과 『조선어독본』은 그런 프로세스의 초기 상태를 생생하게 보여주는 묘판과도 같다. 그런데 그것은 안타깝게도 일제의 신민(臣民) 양성을 목적으로 한 것이라는 점에서 우리의 말과 문화를 내용으로 하는 '국어' 교과서와는 거리가 먼 것이었다.

02.

민간 독본의 출현과 구국의 열망

(- 『초등소학』(1906)을 중심으로)

민간 교과서 편찬

국어(과) 교과서의 역사를 살필 때 1905년은 중요한 분기점에 해당한다. 1905년 이전이 학부에 의해 교과서가 편집·간행된 정부 주도의 시기라면, 1905년 이후는 그 중심이 민간으로 넘어간 시기이다. 개화파 정부는 교육을 사회 발전의 중요한 수단으로 생각하고 새로운 교육 내용을 담은 교과서 편찬에 힘을 쏟았다. 최초의 국어과 교과서로 평가되는 『국민소학독본』(1895)과 뒤이은 『소학독본』과 『신정심상소학』(1896) 등을 포함해서 1905년까지 학부는 40여 종의 교재를 간행했는데,[143] 이는 정부에 의해 당대 교육이 주도되었음을 의미한다. 그런데 이들 정부 간행의 교과서에는 일제의 침략적 의도가 작용했던 관계로 시간이 흐를수록 점점 왜색(倭色)에 물 드는 모습을 보여

---

143) 서태열, 「개화기 학부발간 지리서적의 출판과정과 그 내용에 대한 분석」, 『사회과교육』 52권, 한국사회과교육연구학회, 2013. 3, 56면.

준다. 1905년 을사늑약으로 국권이 일제로 넘어가면서부터는 그런 현상이 한층 심해져서 정부 간행의 교과서는 더 이상 국민적 공감을 얻지 못한다. 『신정심상소학』에서 『보통학교학도용 국어독본』(1907)에 이르면 일선동조론이라든가 임나일본부설 등 친일적 내용이 교재의 중심에 포진되어 국어 교과서라고 보기 힘들 정도로 심각한 정체성의 혼란을 드러낸다. 그러니 자연히 교육의 중심은 민간으로 넘어가고 교과서 역시 민간의 선각이나 단체에 의해 간행되기에 이른다.

여기서 주목하는 『초등소학(初等小學)』(1906)은 그런 흐름을 타고 간행된 최초의 민간 교과서이다. 이 책을 시발로 해서 『유년필독』(현채), 『몽학필독』(최재학), 『노동야학독본』(유길준), 『부유독습』(강화석), 『초등여학독본』(이원경), 『최신초등소학』(정인호), 『신찬초등소학』(현채), 『초목필지』(정곤수), 『초등국어어전』(김희상) 등 다양한 형태의 국어과 교재들이 간행되는데, 여기다가 수신서와 역사서, 지리서 등을 합하면 민간 교과서는 가히 전성시대라 할 정도로 많은 양이 간행된다.

당시 이렇듯 많은 수의 민간 교과서가 간행된 것은 교과서를 '애국심을 격발시키고 인재를 양성'하는 핵심 도구로 보았기 때문이다. "학교를 설립하고 교육을 발달코자 할진데 먼저 그 학교의 정신부터 완전케 한 연후에 교육의 효력을 얻을지니 학교의 정신은 다름 아니라 즉 완전한 교과서에 있"다고 보았다. 교과서를 통해서 자국의 말과 역사를 가르치고, 국토를 사랑하게 해야 한다는 것. 학교가 잘 설비되어 있더라도 만약 교과서가 "혼잡·산란하여 균일한 본국정신"을 담고 있지 못하다면 "쓸데없는 무정신교육"이 되어, 국가에 별 이익이 없을 것이라고 보았다. 그것은 교과서가 "애국심을 격발케 하는 기계"[144] 이기 때문이라는 것이다. 당시 민간 선각이나 학회들이 대대적으로 교과서 간행에 나섰던 것은 그런 배경을 갖고 있었다. 실제로, 1905년 전후의 시기는 교육에 대한 관심이 급격히 고조된 때였다. 개항 이후 근대 학교가 들어서기 시작하면서 일제의 침략이 노골화되자 교육을 통해 국가의 위기를 극복하자는 취지의 교육운동이 전국적으로 일어난다. "교육은 국가의 제일 급무"라는 인식에서 "교육을 흥왕코즈 ᄒ면 학교 증설이 시급"[145] 하다고 생각했고, 교육을 통해 부강하고 문명한 나라가 된다면 일제의 침략으로부터 벗어날 수 있으리라고 믿었다. 학교는 "쇠를 녹여 그릇을 만드는 풀무와 같고 옥을 쪼아 보물을 이루는 기계"[146] 와 같다는 인식에서 전국 각지에 학교가 세워졌고, 그 결과 1910년 학부로부터 설립인가를 받은 학교가 2,250개나 될 정도였다.

그런 현실에서 학부 간행의 교과서로는 더 이상 민족교육을 할 수 없다는 인식이 보편화된다. 학부 교과서의 친일적 내용은 '일제가 조선을 병탄하기 위한 선행 조치'로 이해되어 강한 반발을 불러온 것이다. 특히 시데하라(幣原坦)가 학정참정관으로 부임하면서 교과서를 일본어로 편찬하려는 계획이 본격화되자 반발의 정도는 한층 더 강렬해졌다. 일어 상용은 우리말을 말살하는 것으로 마치 폴란드를 합병할 때 러시아가 이용한 '음독수단(陰毒手段)'이라는 것.[147] 게다가 당시 사립학교들은 국문교육을 강조했고, 교육회와 학회들은 친일정부의 교과서 편찬에 대한 철저한 검토 운동을 펼치고 있었다.[148]

144) 「학교의 정신은 교과서에 재함2」, 《해조신문》, 1908. 5. 14.

145) 「기서(奇書)」, 《대한매일신보》, 1905. 10. 1.

146) 「학교의 정신은 교과서에 재함1」, 《해조신문》, 1908. 5. 13.

147) 《대한매일신보》, 1906년 3월 29일. '논설' 참조.

148) 김태준, 「근대 계몽기의 교과서와 어문교육」, 『한국어문학연구』 42집, 한국어문학연구학회, 2004. 2, 6면.

(…) 학교가 아모리 별고치 벌녀 잇고 교수가 삼ㅅ되고치 만흘지라도 그 고루치는바 정신도 국민교육이 될 만고 그 고루지는바 학술도 국민교육이 될 만 연후에야 바야흐로 국민을 교육한다 홀지니라

과연 그러홀진디 이 정신과 이 학술의 근원되는 계구는 어디 잇는가 글ㅇ디 그것은 즉 교과서-니라

그러ㅎ거놀 오늘날 교육계에 쓰는 교과서의 형편이 과연 엇더흔가 쇼학교-나 즁학교-나 전문학교를 물론ㅎ고 교과서가 심히 드믄지라 어시호 관립과 공립학교는 의론홀 것도 업거니와 일반 ㅅ립학교에서도 학부에서 져슐흔 교과서-나 쓸 뿐이오, 일어 교과서-나 쓸뿐이며 그 즁에 혹 봉의 쏘리고치 희귀ㅎ게 흔 두 가지 교과서가 잇스나 이것으로 국민교육을 원만ㅎ게 홀 수는 업슬지니 슯흐다 (…) (띄어쓰기-필자)[149]

제대로 된 국민교육을 하기 위한 교과서가 존재하지 않는다는 것, 현재 사용되는 학부 교과서로는 민족교육을 시행할 수 없다는 주장이다. 민족교육운동은 이제 국권을 수호하기 위한 가장 중요한 일로 인식되고, 급기야 구국운동의 의미를 갖는다. 각지에 많은 민족사립학교가 설립된 것은 물론이고, 교육회 및 여러 학회가 조직되어 보다 체계적으로 민족교육운동을 전개하였다. 그로 인해 교과서의 수요가 늘어나면서 민간에서 교과서를 편찬하는 일이 중요한 과제로 떠오른 것이다.

---

149) 《대한매일신보》, 1910. 4. 26.

『초등소학』의 등장과 의미

그러한 시대 분위기를 배경으로 간행된 국민교육회의 국민 기초 교재가 『초등소학』이다. 국민교육회는 그 명칭에서 짐작되듯이 '국민 교육'을 주된 목적으로 하는 단체로, 1904년 8월 24일 연동교회에서 이준, 이원긍, 유성준, 전덕기, 박정동, 유치형, 민병두, 유진호, 서병길, 홍재기, 서상호, 서상팔, 김정식에 의해 창립되었다.[150] "일반 국민의 교육을 면려하여 지식을 발달케 하되 이고(泥古)의 폐습을 초거(草袪)하고 쇄신의 규모를 확립할 것"에 설립 목적을 두었고, 이를 위한 사업으로 "①학교를 설립하고, ②문명적 학문에 응용할 서적을 편찬 혹 번역하여 간포하고, ③본국사기와 지지(地誌)와 고금명인 전적을 수집 광포하여 국민의 애국심을 고동하고 원기를 배양할 일"을 제시하였다. 임원진은 회장과 부회장 이외에 간사 12인, 회계감검 1인, 회계 2인 서기 2인, 편집위원 10인 등 모두 29명이었는데, 여기서 '편집위원'이 10인이나 되었던 것은 국민교육회가 서적의 편찬을 무엇보다 중요한 사업으로 간주했다는 것을 보여준다. 실제로 국민교육회는 인쇄소를 별도로 설치해서 교과서 간행에 힘을 쏟았고, 그 결과 1906년 6월에 『대동역사략』과 『신찬소물리학』을, 10월에는 『초등소학』을, 1907년 7월에는 『초등지리교과서』와 『신찬소박물학』을, 그리고 유길준의 『법학통론』(증정본)을 간행하였다.[151]

---

150) '국민교육회'에 대해서는 신혜경의 「대한제국기 국민교육회 연구」(『이화사학연구』 20·21 합집, 1993), 최기영의 「한말 국민교육회의 설립에 관한 검토」(『한국근현대사연구』 1집, 1994), 김봉희의 『한국개화기 서적문화 연구』(이대출판부, 1999), 김흥수·박준수의 「한국 근대교과서 편찬과 교과서에 나타난 신문화 수용실태」(『인문사회교육연구』, 춘천교대, 2002) 참조.

151) 신혜경, 앞의 「대한제국기 국민교육회 연구」(156면) 및 김봉희의 『한국개화기 서적문화 연구』(이대출판부, 1999) 참조.

▲『초등소학』

　『초등소학』을 간행할 당시 국민교육회를 이끌었던 인물은 이준(李儁)이었
다. 그는 1906년 9월에 국민교육회 회장 자격으로 한남학교 설립 축하 강연
을 하면서, "청년학도들은 모두 선량 유능한 호국자가 되겠다는 정신으로 즉
교육은 국방에 있다는 뜻을 더욱 깊이 파지하여 우리 조국의 완전 독립을 굳
게 하는 주지를 갖고 남의 나라의 청년보다 십 배의 정열을 내서 부지런히 공
부하여 주기를" 당부하는 등 교육이 곧 자주독립의 길이라는 생각을 실천하고
있었다. 1리(里)에 한 개의 학교를 주창하여 3천리강산에 3천여 개의 학교를
설립하려는 의지를 피력하였다. 1906년 10월 국민교육회 총회에서는 정부
관료들을 앞에 두고 정부의 실책을 강도 높게 비판하면서 교육에 필요한 재
정 지원을 강력히 요구하였고, 1906년 12월 2일에는 을사늑약에 반대해 자결
한 '7충신' 추도회를 개최하기도 하였다.[152] 『초등소학』이 이준의 이러한 행동
과 바로 연결된 것은 아니지만, 교재의 주된 목적이 어린 학생들의 애국심 고

---

152) 이계형, 『고종황제의 마지막 특사 이준의 구국운동』, 역사공간, 2007, 162-164면.

취에 있었다는 점에서 그런 교육적 견해와 무관하다고 볼 수는 없다. 10인의 편집위원은 교과서 편찬을 총괄한 이준의 관할 하에 있었고, 이준의 견해를 무시할 수 없는 처지였다. 후술하겠지만,『초등소학』에는 국민교육회의 지향과 활동을 암시하는 듯한 단원들이 여럿 수록되어 있는데, 이는 단체의 취지와 교재의 내용이 무관하지 않다는 것을 말해준다. 그런 요소들로 인해『초등소학』은 간행 직후 "소학교용 교과서로 대단히 유익하다"는 평가와 함께 "국가독립의 원동력(國家獨立之原動力)"[153]이라고 칭송되었고, 초판 2,000질이 바

---

153)「(論說) 初等小學」,《황성신문》, 1907. 7.15. 원문은 다음과 같다.
〈國民教育會 會員 諸氏가 從前 我國 訓蒙之困難으로 爲 可悶ᄒ며 現今 小學初梯 教科書之未精으로 爲可惜ᄒ야 以一片之苦心으로 費幾多之精力ᄒ야 於是乎 初等小學이 成焉ᄒ니 全帙이 凡 四冊 八編이라 / 其 目的은 道德의 涵育과 知識的 發揮와 又 其他 歷史 地誌 及 謠俗을 概括ᄒ야 使國家思想으로 注入於幼穉時 腦裏ᄒ며 / 其体裁는 列揷之圖畵와 交用之國漢文과 及 其他 一字之難 一句之易를 秩然有序ᄒ야 俾學界等級으로 有似乎 升堂入室ᄒ니 / 噫라 其 有功於後學이 果何如며 適合於小兒初階가 又何如오 凡全國內 爲父兄有子弟者는 尤當額手起謝也로다 / 諺에 曰 無地不生材라 ᄒ니 豈我東이 獨不産人材리오만은 歷數近世人物에 何其不及海外之遠甚也오 生物學에 有達爾文乎며 法律學에 有孟德斯鳩乎며 哲學에 有康德乎며 進化學에 有頡德乎아 非惟無其人이라 幷不知以此爲學ᄒ니 此ㅣ 聖人所謂 才難者歟아 曰 否라 才非不同이로되 敎之를 不得其道 故也로다 人之才智가 莫不發端於幼學ᄒ느니 幼學一誤ᄂ면 人材가 將何處出고 / 昔에 茶山先生 丁若鏞氏ㅣ 嘗歎之曰 小兒初入學에 卽授之以周興嗣千字文ᄒ야 或 授名物字ᄒ다가 旋授五色 等字ᄒ고 或 授虛字ᄒ다가 或授實字는 故로 彼新學小童이 精神眩惑ᄒ며 其次에 授之以曾先之史畧ᄒ니 其開卷第一章所云太古天皇氏는 天乎아 人乎아 君乎아 鬼乎아 旣有兄弟ᄒ니 當有父母어늘 何以謂之首出이며 且一萬八千歲는 何其壽命之長也오 藉曰 邵康節所推仁會運世之數라 ᄒ야도 此是志儒之所難解어늘 乃反驟語之於小兒哉아 ᄒ야 字句之間에 三致志焉ᄒ니 嗚乎라 豈不然哉며 豈不然哉아 嘗聞一學究先生이 敎授童蒙於山村ᄒ다기 臨去에 題一詩于壁曰 山村不見有才兒, 纔敎數行半日遲, 治産終當承父業, 挾書纔到娶妻時, 齒酸楚漢風塵際, 耳厭隋唐月露詩, 去歲今年常不進, 愧吾於汝但爲師 / 從前小學界之憂憂를 此一詩에 可謂 一語道破矣라 年年讀沛公劉邦, 楚王項籍ᄒ며 日日誦馬上寒食, 途中暮春ᄒ야 經冬又經夏ᄒ며 經歲又經年ᄒ야도 仍只是食焉而不知其味者 故로 卽此通鑑◆卷과 唐音 一篇이 不過是某家擇婿時에 要誇郞子之能讀書而已니 詩中「不見有才兒」五字가 果非謊語인져 雖然이나 其實은 非兒之無才也라 敎之者ㅣ 失其道ᄒ야 塞其聰明ᄒ며 亂其慧根 故로 有才者도 無才者로 變ᄒ 故也어날 不知自責而反以責兒ᄒ니 豈不謬歟아 / 今此書也ㅣ 若早出於當時ᄒ야 以瞭然之指南으로 指其徑路런들 該學究先生이 可以不作此詩矣로다 往者는

국어 교과서의 탄생

로 매진되어 재판을 찍었을 정도로 큰 호응을 얻었다.[154] 1909년 학부의 교과서 통제가 본격화되면서『초등소학』이 발매금지 조치를 받았던 것도[155] 교재가 지닌 그런 민족주의적 성격 무관하지 않을 것이다.

민간 교재

『초등소학』은 발간 당시부터 이렇듯 상당한 주목을 받았던 교재였다. 하지만 그럼에도 불구하고 그동안『초등소학』에 대해서는 깊이 있는 연구가 이루어지지 않았다. 그것은 개화기 교과서에 대한 연구가 전반적으로 부진한 상황이고, 또『초등소학』이 전체 8권 중에서 3~4권이 없는 불완전한 텍스트로 알려진 데 원인이 있다. 이 책을 최초로 영인한 백순재는「해제」에서,『초등소학』은 을사조약을 전후하여 신교육의 기운이 크게 발흥되면서 탄생하였고, "신교육의 실현, 교육을 통한 국권회복운동을 안두(案頭)에 두었기 때문에 철저한 민족주의사상, 독립애국사상을 지녔던 한말의 대표적 교과서"[156]라고 평

無及이어니와 來者는 可戒니 今夫時勢所趨에 頑夢稍悟흔 人氏는 莫不珍賞此書ᄒ야 視以學校之良敎科ᄒ며 認以國家獨立之原動力홀지나 或頑固老生이 罵其太俚太俗이어던 請以此論으로 質之ᄒ리라

154) "본년 2월경에 국민교육회에서 編述 發刊흔 초등소학은 각학교 소학과에 적당흠으로 일반 교육계에 찬성흠을 得ᄒ야 불과 1朔에 이천 질이 告乏ᄒ지라 該會에서 更히 인쇄ᄒ되 초판에 불완전흔 文辭를 一新 校正ᄒ여 인쇄도 극히 精美ᄒ게 ᄒ야 현금 竣役ᄒ얏는ᄃ ㅣ 일간 각 書市 及 지방에 發售ᄒ다더라"(「초등소학 재판」,《황성신문》, 1907년 6월 25일)

155) 일제 통감부는 1908년 8월 '교과용도서 검정규정'을 공포하여 1909년 5월부터 12월까지 검정 규정에 저촉되는 교과용 도서 44종을 발매금지시켰다. 여기에는『초등소학』을 비롯해서『최신초등소학』(정인호),『유년필독』과『유년필독 석의』(현채),『고등소학독본』(휘문의숙),『녀ᄌ독본』(장지연) 등이 포함되어 있다.

156) 백순재,「해제」,『한국개화기교과서총서4』, 아세아문화사, 1977, 5-6면.

가하였다. 3, 4권을 빼놓았고, 내용을 자세히 검토하지 않은 채 대략적인 정보만을 제공한 것이지만, 공교롭게도 이후의 연구자들은 대부분 이 견해와 자료를 반복하다시피 하였다.[157] 최근 이 책을 번역해서 소개한 편자들 역시 3, 4권을 배제한 채 나머지 6권만을 번역·소개하면서 "조선의 자주독립과 부국강병 등 애국계몽의 사상을 직접적으로 드러내"었다고 평가하였다.[158] 이들 역시 3, 4권의 존재를 확인하지 못한 것이지만, 사실은『한국 국어교육전사』(상)와『국어교육 100년사 Ⅰ』에서 이미 3, 4권의 목차와 함께 내용에 대한 분석이 정리된 바 있다.[159]『국어교육 100년사 Ⅰ』에 따르면『초등소학』은 학부 간행의 교과서보다 "제재의 양이 많고 내용과 주제도 다양하며 소재도 우리 고유의 것들이 많"으며, 일제의 간섭이 드러나기 시작했음에도 불구하고 여전히 '자주적이고 민족적인 성격을 강하게 드러낸다'고 평가하였다. 표기도 주로 순 한글이며, 고유어가 많이 등장하고 언문일치체에 보다 가까우며, 단원 구성도 보다 체계적이라는 점에서 국어 교과서의 모범이 될 만하다는 주장이다. 충분히 공감되고 또 의미 있는 견해라고 할 수 있지만, 안타깝게도『초등소학』에 대한 연구는 이게 거의 전부라고 해도 과언이 아니다.[160]

---

157) 조문제(「개화기의 국어과 교육의 연구(2)」,『겨레어문학』, 겨레어문학회, 1983), 김봉희(앞의『한국개화기 서적문화 연구』151면), 박영기(『한국근대 아동문학 교육사』, 한국문과사, 2009, 67-77면) 등『초등소학』을 언급한 대부분의 연구자들은 3-4권의 존재를 확인하지 않은 채 결권으로 처리하였다.

158) 박치범·박수빈 편역,『초등소학』(Ⅰ, Ⅱ), 경진, 2012.

159) 박붕배,『한국 국어교육전사』(상), 대한교과서주식회사, 1987, 201-107면.
윤여탁 외,『국어교육 100년사 Ⅰ』, 서울대출판부, 2006, 216-231면.

160) 이 외에도 서울대 '규장각한국학연구원'에서 소장 자료를 해제하는 수준에서 김정남과 김영심이 간략하게 설명한 것이 있다. 규장각한국학연구원 자료검색(http://kyujanggak.snu.ac.kr/) 참조.

여기서는『초등소학』8권 전체를[161] 대상으로 해서 그 특성과 의미를 살펴보았다.『초등소학』에 대한 본격적인 연구가 없는 관계로, 본고는 기존 교과서의 사적 흐름 속에서『초등소학』이 갖고 있는 특징과 위상을 언급하고자 한다.『국민소학독본』이나『신정심상소학』,『보통학교학도용 국어독본』등은 모두 일본 교과서를 참조해서 만든 국정 교과서이고 그래서 친일적인 내용이 다수 포함되어 있지만,『초등소학』은 이들 교과서에 대한 비판적 견해를 바탕으로 편찬된 관계로 그와는 다른 정반대의 모습을 보여준다. 교육구국의 기치를 앞세운 단체에 의해 편찬되었고, 내용 역시 반일적이고 민족적이다. 게다가『초등소학』은 학부 교과서와는 달리 국민주권주의에 바탕을 두었다. 즉, 국민이 국가 성립의 기초요 국가의 부강과 자주독립은 국민의 힘에 의해 좌우된다는 국민자강주의의 입장을 견지하였다. 그동안『국민소학독본』등 국정 교과서에 대해서는 많은 연구가 있었으나 민간 교과서에 대해서는 거의 관심을 보이지 않았다는 점에서, 본 고찰은 개화기 교과서의 전체적인 윤곽을 파악하는 데 많은 도움을 줄 것이다.

한글 학습과 의미 중심의 단원 구성

『초등소학』은 교과서가 절실하게 요구되는 상황에서 발행된 관계로 당대 현실의 요구를 적극적으로 수용하면서 편찬되었다. 판권에는, 광무 10년(1906) 12월 20일에 발행되어 광무 11년 6월 21일에 재판이 발행되었다고 적

---

161) 『초등소학』3, 4권은 2003년 박붕배 교수의 '한국국어교육연구원'에서 영인해서 배포했는데, 필자는 이것을 확보해서 8권 전체를 복원할 수 있었다.『초등소학 3,4』(한국국어교육연구원, 학예문화사, 2003), 나머지는 앞의『한국개화기교과서총서4』수록본을 텍스트로 하였다.

혀 있고, 저작자는 '국민교육회'이며 발행자는 '국민교육회와 김상만, 고유상, 주한영'으로 되어 있다. 그리고 발매소는 '김상만서포, 고유상서포, 주한영서포'로 적혀 있다. 기존 연구에서는 이 세 사람을 『초등소학』의 저자라고 밝혀 놓았으나,[162] 사실 이들은 저자가 아니라 서적업자들로, 도서 편찬 과정에서 자본을 대거나 후원하면서 판매와 배포를 담당했던 인물들이다. 김상만은 광학서포[163] 주인으로, 개화기 서적 발행에 크게 기여한 인물이다. 김상만은 가세가 넉넉하지 못한 상황에서, 『초등소학』 8책이 자금이 없어 발간되지 못한다는 소식을 듣고 회관으로 찾아가서 탄식하며 인쇄비 천환을 변출(辦出)해냈다고 한다.[164] 고유상과 주한영도 서적업자로 도서출판의 장려와 발매 방법의 규정 등을 구상하기 위해 황성서적업조합을 결성하고 동시에 도서관과 종람소(縱覽所) 등을 설립할 것을 계획했던 인물로,[165] 이들 역시 『초등소학』 간행에 일정하게 기여했던 것으로 보인다. 따라서 김상만, 고유상, 주한영은 판권의 표기대로 저자가 아닌 발행인이다.

그렇다면 『초등소학』의 저자는 누구인가? 사실 지금 상태에서 『초등소학』의 저자가 누구인지를 확인하기는 힘들다. 다만 국민교육회의 교과서 편찬을

---

162) 박붕배의 앞의 책 105면 및 윤여탁의 『국어교육 100년사 I』 216면 참조.

163) 광학서포는 설립취지서에 의하면, "동서의 서적을 참작하고 조선의 성질을 절충하여 심상 소학으로부터 고등소학까지 집성하여 널리 전국에 배포할 것"을 밝히고 있다. 김상만책사 (金相萬冊肆)가 광학서포로 이름을 바꾸었다. 윤치호·이상설·남정철·조경구·김학진·김진수·임병항 등의 발기로 설립되었고, 같은 해 4월 29일에 열린 임시총회에서 회장에 윤치호, 사장에 김종한이 선출되었다.

164) 「잡보」, 《대한매일신보》, 1906. 8. 8.
"布廛屛門下書肆營業하는 金相萬氏가 原來家勢가 不贍하야 賣冊資生하는되 國民敎育會에서 尋常小學八冊을 編述하얏스나 經費를 措辦無路하야 束閣하얏다는 說을 聞하고 該會舘에 來到하야 慨然長嘆하며 雖某樣周旋이라도 一千圓을 辦出하야 印刷費에 應用케하깃다하미 該氏에 義俠心을 人皆歡賞허더라"

165) 김봉희의 『한국개화기 서적문화 연구』, 72-3면.

담당했던 '10인의 편집위원'들이 집필을 담당했을 것으로 추정된다. 그런 사실은 〈황성신문〉 사설에서 "국민교육회 회원 제씨가 우리나라 아동교육의 곤란을 안타깝게 여기고 현금 초등 교과서의 정밀하지 못함을 애석히 여겨서 일편의 고심으로 힘을 모아 초등소학을 만들었다"[166]는 구절을 통해서 엿볼 수 있다. 그렇지만 '회원 제씨'가 구체적으로 누구인지는 확인할 수 없다. 다만 국민교육회 회원 중에서 『신찬소박물학』을 발간한 유성준을 비롯해서 학부에서 교과서 편찬을 담당했던 현채, 사범학교 교원 박정동, 탁지부 서기관 출신의 유승겸, 각종 역사 교과서를 저술한 유근, 유옥겸 등 교과서를 간행한 경력을 갖고 있는 인사들을 볼 수 있는데, 이들이 『초등소학』 편찬에 중요하게 관여했을 것으로 추정된다.[167] 8권이나 되는 방대한 분량을 한 두 사람이 편찬할 수는 없고, 또 당시 교과서를 편찬할 전문 인력도 부족한 상황이었다. 그래서 이들은 '편집위원'이라는 집단의 형태로 편찬에 관여했을 것으로 보인다. 실제로 당시 교과서 편찬은 '간행단(刊行團)'의 형태로 이루어졌다. 그런 사실은 '교과서 간행단'의 필요성을 역설한 〈대한매일신보〉의 사설을 통해서 알 수 있는데, 당시 '교과서 간행단'은 저작층의 빈곤과 재정상의 어려움을 타개할 수 있는 유력한 방책이었다. 서관과 서포들이 재정 악화로 속속 폐업하는 상황에서, 간행단의 설립은 여러 사람이 협력해서 저술가 부족의 문제를 해결하고 또 뜻있는 사람들의 재정적 지원을 받을 수도 있는 방법이었다. 단체를 만들면 ①홀로 하는 것보다 일이 편하고 또 많이 할 수 있고, ②학식이 고명한 것을 취하여 저술하기가 쉽고, ③재정을 유통하기 쉬우리라는 것.[168] 이런 주장대로 교과서 편찬은 전국적으로 각종 교육회와 학회가 설립되면서부터 본

---

166) 「論說 初等小學」, 《황성신문》, 1907. 7. 15. 앞의 인용문 참조.

167) 신혜경, 「대한제국기 국민교육회 연구」, 이대석사논문, 1993, 23면.

168) 《대한매일신보》, 1910. 4. 26.

격화되었는데, 그런 사실에 비추자면『초등소학』의 저자는 간행단의 형태로 꾸려진 '편집위원 10인'이었던 것으로 보인다.

『초등소학』은 이들 편집위원을 중심으로 기존 교과서들을 두루 참조하면서 편찬된 것으로 추정된다. 그래서『초등소학』에는『국민소학독본』이나『신정심상소학』등의 영향이 두루 목격된다. 자모(字母)와 단어 학습 등을 앞부분에 배치하고 뒤로 갈수록 학습의 수준을 높인 것이나, 단원마다 내용에 맞는 그림을 삽입하여 학습의 효과를 도모한 것, 이솝우화 등 서사를 적극적으로 활용하여 학생들이 이해하기 쉽도록 한 점 등 여러 면이 기존 교과서와 유사하다. 내용 면에서도 같은 단원들이 여럿 등장하는데, 가령『초등소학』5권 8과의「개의 그림자」는 이솝 우화에서 따온 이야기로『신정심상소학』1권 20과의「탐심 잇는 개라」와 유사하고, 2권 21과「정길과 순길」은『신정심상소학』의 1권의 19과「정직흔 아해」와, 5권 11과의「시계 보는 법」은『신정심상소학』권2의 22과「시계를 보는 법이라」와 내용이 흡사하다. 한편,『국민소학독본』과 유사한 단원도 여럿 목격되는데, 5권 16과의「을지문덕」은『국민소학독본』22과의「을지문덕」과 유사하고, 5권 24과「시간을 違치 말라」는『국민소학독본』25과의「시간각수(恪守)」와 주제가 같다. 이렇듯『초등소학』은 편찬 당시 이미 간행되어 있던『신정심상소학』이나『국민소학독본』등을 두루 참조했고 그래서 여러 면에서 이들 교과서와 특성을 공유한다.

하지만 학부 간행의 국정 교과서와 비교하자면 내용뿐만 아니라 인쇄와 교과 구성에서 상당히 다른 것을 볼 수 있다.『초등소학』은 거의 같은 시기에 간행된 국정『보통학교학도용 국어독본』(1907)과 비교하자면, 상대적으로 투박하고 정비되지 못한 모습이다. 정부의 조직적인 지원을 받았고 또 일제 관리가 보조원으로 참여하여 일본 교과서를 상당 부분 모방한 관계로 학부 교과서는 단원 배치와 내용에서 상대적으로 체계적이고 안정되어 있다. 반면『초등소학』은 국민교육회 회원들의 헌신과 후원으로 만들어진 관계로 학부 교재에 비하자면 인쇄 상태라든가 구성과 내용에서 미숙한 점이 곳곳에서 발견된다.

▲『초등소학』1권 59면

　『국어독본』의 글자는 반듯하고 안정된 형태인데 반해,『초등소학』은 어린이가 써 놓은 글자처럼 비뚤거나 획이 균일하지 못하다. 또,『초등소학』에는 본문의 내용과 삽화가 불일치하는 착오도 목격되고, 심지어 단원 수가 잘못 표기되어 한 단원씩 뒤로 밀린 경우도 있다.『초등소학』1권 59면은 그림과 본문 내용이 서로 다르게 표시되어 있다. 본문에는 "다리에는, 단풍나무가, 잇고. 언덕에는, 사람이, 가오."로 되어 있으나, 사실은 "다리에는 사람이 가고, 언덕에는 단풍나무가 잇소"로 되어야 한다. 본문의 서술이 그림과 일치하지 않는 것이다. 또, 3권 28과는 「어린 고양이」인데, 이것을 27과로 표시함으로써 이후 단원들이 모두 하나씩 뒤로 밀리는 착오도 발견된다.

　하지만 그런 미숙함에도 불구하고『초등소학』은 당대 현실에서 매우 진전된 형태의 교과서라는 것을 알 수 있다.『초등소학』의 특징은 아래 신문의 광고 문구를 통해서 단적으로 드러난다.

차 초등소학은 본국의 어학을 연구ᄒ야 덕육, 지육을 겸비케 저술ᄒ얏ᄂ되 매과에 도(圖)를 삽ᄒ야 수업에 이효(易曉)케 ᄒ며, 제일책 2편은 유치교육에 적흡ᄒ고, 제2책 3편으로붓터 제4책 8편까지는 소학교 3학년에 졸업케 ᄒ얏사오니 첨(僉) 군자는 속속 래구(來購)ᄒ심을 지반(至盼)[169] (띄어쓰기, 부호—인용자)

'대한교육회'에서 게재한 것으로 보이는 이 광고문을 통해서『초등소학』의 편찬 취지를 짐작하게 되는데, 곧『초등소학』은 덕육(德育)과 지육(智育)을 겸하여 편찬되었고, 매 과에 그림을 삽입하여 학습의 편의를 높였으며, 1~2권은 어린 아동용이고, 3권부터 8권까지는 소학교 학생에 맞게 편찬되었다는 것을 알 수 있다. 당시 간행된『국민소학독본』이나『신정심상소학』등이 모두 지육과 덕육을 겸하고 있었는데,『초등소학』역시 그와 취지를 같이하였다. 『초등소학』역시 고종의 '교육입국조서'에서 강조된 덕육과 지육을 근거로 해서 단원을 구성했고, 궁극적으로는 충군(忠君) 애국하는 국민을 양성코자 하였다. 그래서 책에는 조선의 역사와 인물에서부터 각종 우화와 민담을 통한 교훈이 나열되고, 그것이 궁극적으로 임금께 충성해야 한다는 식으로 정리된다. 문체 면에서도 당대의 일반적 문체인 국한문혼용체를 사용하였다. 물론 저학년용은 단어를 제시하고 거기에 맞는 그림을 삽입하는 등 한글 위주로 편집이 이루어졌지만, 학년이 올라갈수록 한자를 많이 사용해서 점차 한문현토체로 변하는 것을 알 수 있다.

(『초등소학』은 뒤로 가면서 점차 한자의 비중이 높아져서 5권 이후는 한주국종의 문체로 되어 있다. 흥미로운 것은 1권에서 단어 학습용으로 예시된 단

---

169) 《황선신문》, 1907. 1. 6.

국어 교과서의 탄생

어들도 모두 한자를 병기한 사실이다. 이는 『국어독본』과는 사뭇 다른 형태로, 『국어독본』에서는 한자를 전혀 사용하지 않고 단어와 그림만을 제시했는데, 『초등소학』에서는 그림과 함께 한자를 병기하였다. 순 우리말의 경우도 한자를 병기했는데, 이는 『초등소학』이 저학년 단계에서는 우리말을 쉽게 익히게 하기 위해서 일상어를 구사했으나, 궁극적으로는 한자로 나가야 한다는 견해를 갖고 있었다는 것을 시사해준다. 곧, '國旗 → 국긔 → 國旗' 식의 구성은 한자 발음을 한글로 표기하면서 우리말을 익히는 형태라는 점에서 한문 중심의 사고가 완강하게 작용하고 있다는 것을 시사해 준다. 1권과 2권은 우리말과 순 한글로 표기되었으나, 3권부터는 한문체가 점점 많아져서 한주국종체, 고문투로 변해가는 사실은 이 책의 편찬자들이 한문 중심의 사고에서 벗어나지 못하고 있음을 의미한다. 그런 점에서 이 책 역시 『신정심상소학』과 같은 문체관에 바탕을 두고 있다. 『신정심상소학』의 '서문'에는, 언문(한글)을 통한 교육이 중요하지만 그것은 어디까지나 "여러 아해들을 위선 씌닷기 쉽고자 홈"에 목적이 있다고 말한다. 이를테면 언문을 사용하는 것은 아이들이 일상적으로 사용하는 한글을 통해 쉽게 지식을 전달하기 위한 것이지, 궁극적으로는 그 단계를 지나 한문 교육으로 나가야 한다는 주장이다. 『초등소학』이 고학년용으로 갈수록 한자가 많이 등장해서 마치 한문체를 보는 듯한 느낌을 주는 것은 그런 당대의 흐름에서 이 책 역시 예외가 아니었음을 보여준다. 국어와 국문에 대한 인식과 교육의 필요성을 강조했음에도 불구하고 그것을 현장에서 시행하기에는 여전히 한문과 한학에 대한 인식이 완강했던 것이다.)

그런데 주목할 점은 '본국의 어학을 연구ᄒ야' 반영했다는 구절처럼, 국어 학습에서는 다른 교과서와는 구별되는 독특한 모습을 보여준다. 같은 시기의 『보통학교학도용 국어독본』(1907)은 자모(字母) 학습을 시작으로 '단어'에서 '문장'으로 나가는, 즉 '자모 → 단어 → 문장'의 순서를 보여준다면, 『초등소학』은 단어가 먼저 나열되고 중간에 자모학습이 부록처럼 삽입되고, 이어서 본격적인 단어 학습이 배치된다. '단어 → 자모 → 단어' 식의 배치는 일본 교과서와 동일한 방식으로 되어 있는『국어독본』과는 확연히 다르다.『국어독본』은 편찬 과정에서 일본인 보좌관이 개입했고, 일본 교과서를 상당 부분 모방한 관계로 그런 특성을 갖게 된 것으로 보인다. 단어를 학습하는 과정에서 거기에 맞는 그림을 삽입하여 시각적 효과를 꾀하고, 학습의 편의성을 고려한 것도 사실은 일본 교과서의 영향이다.[170]『초등소학』역시 그런 방식을 차용해서 단어와 그림을 함께 제시했지만, '단어'를 먼저 배치하고 그 다음에 반절표(半切表)를 배치한 것은 학부 교과서와 구별되는 이 책만의 독특한 모습이다.

『초등소학』은 자음의 순서에 맞춰 '나무 木'에서 '호믜 鋤'까지의 단어를 나열하여, 단어를 익히면서 자연스럽게 자모를 학습하도록 교재를 구성하였다. 나열된 단어들은 나무, 노루, 도미, 도마, 두주, 아버지, 조리, 저고리, 호믜, 호도 등 일상에서 쉽게 접할 수 있는 평이한 것들인 바, 이런 단어를 나열한 다음에 'ㄱ ㄴ ㄷ~' 등의 자음과 '가 갸 거 겨~' 등의 반절표를 배치하여 자모를 정리하듯이 단원을 구성하였다. 그리고 자모 학습 다음에 '국긔'에서 '화포, 훤ㅎ니'의 순서(즉 ㄱ에서 ㅎ으로)로 단어를 배치하여 단어 학습을 체계적으로 할 수 있도록 의도하였다. 반절표를 제시한 1면에서 26면까지가 이른바 예비학습이라면, 27면 이후는 자음과 모음의 순서에 따라 단어들이 체계적으로 배치된 본격적인 단어 학습 단원들인 셈이다. 이는『국어독본』에서 '字母'라는 단원명 아래에 자음과 모음을 따로 배치한 것과는 확연히 다른 방식으로, 외견상 산만하고 체계적이지도 못한 것으로 보이지만, 사실은 우리의 일상생활

---

170) 우리 교과서에서 삽화가 처음 등장한 것은 1896년의『신정심상소학』부터인데, 이『신정심상소학』은 일본의『尋常小學讀本』을 상당 부분 옮기다시피 했고, 또 일본인 보좌관이 2명이나 개입해서 만들어졌다. 그런 관계로 일제의 영향이 직접적으로 드러나는데, 이『신정심상소학』을 저본으로 한『국어독본』역시 그 연장선상에 있다.

에 한층 부합되는 학습방법이라는 것을 알 수 있다. 학생들에게 친숙한 그림과 단어를 함께 제시하여 단어의 의미를 익히고 그것을 통해서 자연스럽게 한글 자모의 결합 방식을 배우도록 하였고, 그런 점에서 『초등소학』은 소위 '의미' 중심의 교수법을 구사한 것을 알 수 있다. 당시 일반적인 문자 학습 교재가 대부분 자모식이나 음절식(일명 가갸식) 지도로 이루어졌다는 것을 감안할 때, 학습자에게 친근하고 익숙한 단어나 문장을 그림과 함께 제시하고 이를 반복 학습하게 하여 문자를 그림처럼 익히게 하는, 일명 '시각 어휘 지도법' 또는 '통어식 지도법'과 같은 '의미 중심' 문자 지도법은 당시로는 상당히 진보적인 교수법이었다.[171]

『초등소학』의 독특함은 '복습' 단원을 설정한 데서도 찾을 수 있다. 2권에는 5~6개 단원마다 '복습' 단원이 붙어서 모두 4개가 제시되고, 3권에서는 6개의 복습 단원이 제시된다. 이전의 『국민소학독본』이라든가 『신정심상소학』에서는 학습 단원만을 나열하였지 몇 개의 단원을 묶어서 복습하는 경우는 없었다. 『국어독본』의 경우도 학생들의 발달 상태를 고려한 단계적 배치와 삽화의 활용 등의 근대 교과적인 특성을 보여주지만, 학습한 내용을 정리하거나 반복 학습하는 단원을 설정하지는 않았다. 물론 여기서 '복습'은 오늘날의 '연습문제'처럼 단원의 내용을 질문하고 확인하는 식은 아니지만, 학습한 단원을 총괄적으로 정리하고 학생들의 학습 상태를 점검했다는 것은 반복학습의 취지와 효과가 이해되어 교수과정에 활용되었다는 것을 말해준다.

---

171) 윤여탁 외, 『국어교육100년사 I』, 서울대출판부, 2006, 217면.

일상의 삶과 성실하고 정직한 주체

『초등소학』의 독특함은 구성뿐만 아니라 내용면에서도 나타난다. 다른 교과서와 달리 『초등소학』은 내용면에서 아동들의 일상 현실을 단원의 제재로 적극 활용하였다. 1권의 낱말학습은 주변 일상에서 흔히 접하는 단어들이고, 2~3권의 단문학습은 대부분 아동들이 가정과 학교에서 겪음직한 일화를 내용으로 한다. 기존의 교과서와 다른 이런 점들은 민족교육의 측면에서뿐만 아니라 국어 교과서로서의 정체성 확립이라는 점에서도 주목할 수 있다. 국어 교과서는 우리의 언어와 문화를 대상으로 구성되는 과목이고, 그래서 아동들의 눈높이에 맞는 일상생활은 국어 교과의 기본 제재가 되는데, 『초등소학』은 그런 아동의 일상사를 통해 아동들의 생활을 반영하고 궁극적으로 새로운 행동과 가치의 기준을 제시한 것이다.

이 과정에서 무엇보다 눈에 띄는 것은 권위적이지 않은 평이하고 친근한 어투의 활용으로, 이는 당대 학부 교과서와 구별되는 독특한 모습이다. 학부 교과서는 대부분 권위적이고 지시적인 문투로 되어 있다. 가령, 『국민소학독본』은 학생들에게 '~ᄒ니라' '~이니라' '~시니라'~로다' 등과 같이 '해라체'를 주로 구사하였다. '이러이러한 것을 알아야 한다,' '이러이러한 행동을 해야 한다' 식의 서술은 학생들이 교재의 내용을 일방적으로 수용하고 따를 것을 요구하는 권위적이고 지시적인 문투이다. 그렇지만 『초등소학』에서는 이와는 달리, '~ᄒ오이다' '~ᄒᄂ이다' '~잇소' '~ᄒ오' 등과 같은 '하오체'를 사용한다. '해라체'가 상대를 아주 낮추는 문체라면, '하오체'는 말하는 사람이 아랫사람을 존중하여 높이는 격식체의 높임 표현이다. 『초등소학』이 학생들에 대한 존중과 신뢰의 느낌을 주는 것은 그런 문투의 사용과 무관하지 않을 것이다.

참새ᄂ, 뜰압 나무에서, 잭잭 ᄒᄂ딕, ᄇ은, 동편, 하날에서, 돗아오ᄂ이다.

이 아해들은, 발셔, 이러낫소.

사내아해는, 세슈롤 ᄒ고, 계집아해는, 머리롤 빗소.

이 아해들은, 참, 부지런ᄒ오이다.

(「第1 아참1」, 『초등소학』권2)

경어체의 이 친근한 어투를 통해서『초등소학』은 학교와 가정에서 이루어
지는 학생들의 일상생활을 서술한다. 『초등소학』2~3권은 마치 어린 학생들
의 생활을 가정과 학교로 나누어 정리해 놓은 듯하다. 1과 '아참1'에서는 위
인용문에서처럼 아침의 풍경이 묘사된다. 참새는 뜰 앞에서 짹짹이고 해는 동
편 하늘에서 솟아오른다. 아이들은 일찍 일어나서, 사내아이는 세수를 하고
여자아이는 머리를 빗는다. '아참2'는 아이들은 부모에게 문안을 드리고, 학교
에 등교해서 공부를 한다. 누이 정희는 여학교에서 공부를 하고, 오빠인 정길
은 심상소학교에서 공부를 한다. 4과 '뎨조'에서는 학교에 간 학도들이 교사의
구령에 맞추어 체조하는 장면이 제시되고, 7과 '혜는 것'에서는 수업시간에 아
이들이 물건을 헤아리는 법을 보여주며, 8과 '정희와 난희'에서는 토요일에 학
교에서 일찍 귀가하여 주인과 손님 놀이를 하는 장면을 보여준다. 또, 3권의
19과 '매암이'에서는 주변에서 흔히 발견되는 매미의 허물을 통해서 매미의
생태를 설명하고, 26과 '곡식'에서는 쌀과 보리, 콩과 조 등 일상적으로 먹는
여러 가지 곡식들을 설명하며, 29과 '밋글 읽기'에서는 시험을 앞둔 사촌 형제
가 집에서 밋글을 함께 읽는 모습을 보여준다. 이들 단원은 모두 아침에서 저
녁으로, 학교에서 집으로, 한 주일을 보내는 학생들의 일과로 채워져서 마치
학생들의 실제 생활을 옆에서 지켜보는 듯하다.

그런데 학생들의 일상을 단순하게 정리해 놓은 듯한 외견과는 달리 이들
단원은 학생들에게 학교와 가정생활을 어떻게 해야 한다는 규범을 제시한 것
으로 이해할 수 있다. 아침에 일어나서 세수를 하고 머리를 빗는 행위는 지금

은 너무나 당연한 일상이지만 근대 초기의 현실에서는 새롭게 만들어야 할 생활의 습속이었다. 아침이면 일찍 일어나서 몸을 정제한 뒤 부모님께 문안을 드리고 학교에 가야한다. 학교에서는 체조를 배우고 산술을 배우며, 귀가 한 뒤에는 그것을 복습하면서 시험 준비를 해야 한다. 이러한 새로운 생활습관을 길러야 학생들은 학교와 가정생활을 원만하게 할 수 있다는 주장이다.

이런 일상적인 소재와 경어체의 서술을 통해 『초등소학』은 아동들의 심리와 이해 수준을 일정하게 고려했다는 것을 알 수 있다. 아동들을 위한 적절한 교재가 없다는 우려가 팽배한 현실에서 아동들의 실제 생활을 수용함으로써 아동들의 눈높이에 맞는 교재를 만들어 낸 것이다. 그런 사실은 학부(學部) 간행의 교재와 비교하자면 한층 분명해지거니와, 학부 교재는 무엇보다 가르치는 주체, 곧 학부의 의도를 상대적으로 중시하는 입장이었다. 『국민소학독본』에는 편찬 주체인 개화파 정부의 정치적 입장이 직접적으로 투사되어 나타난다. 이들은 국민교육의 목표를 황제 권력을 중심으로 한 국가 권력의 강화에 두었고(곧 국가 자강주의), 그래서 거기에 필요한 서구의 문물과 역사, 근대 지식과 정보 등 근대 국민으로서 갖추어야 할 기본 지식과 자세를 일방적으로 제시하였다.[172] 그렇지만 『초등소학』에서는 그와는 달리 자신의 현실을 스스로 파악하고, 그로써 사회생활과 도덕적 가치를 배우는, 학생을 중심으로 한 서술이 대부분을 차지한다.

3권에서 그런 사실이 구체적으로 드러나거니와, 가령 2과 '교만흔 수닭'에서는 두 마리 닭이 싸우는 모습을 보여준 뒤, 남을 이겼다고 교만하면 오히려 해를 당한다는 것을 말하고, 5과 '졔비집'에서는 처마 밑에서 제비 한 마리는 흙을 물어 오고 다른 한 마리는 풀을 물어 와서 집을 짓는, 협동하는 모습을 보여준다. 집에서 자주 접하는 닭과 제비를 통해서 도덕적 가치를 제시한

---

172) 자세한 것은 필자의 「국어 교과서의 탄생과 근대 민족주의」(『상허학보36』, 상허학회, 2012.10) 및 「국어 교과서와 근대적 주체의 형성」(『국제어문58』, 국제어문학회, 2013.8) 참조.

것이다. 8과 '日'에서는 해가 뜬 뒤의 풍경을 서술하면서 어떤 사람이든지 일찍 일어나는 것은 집을 위하는 근본이라고 말하며, 10과 '서로도움'에서는 큰비로 제비집이 무너지자 제비가 주변 제비들의 도움을 받아서 새집을 짓는 모습을 보여주며, 12과 '성실한 아달'에서는 친구의 유혹에도 불구하고 아버지의 말을 쫓아 매화를 꺾지 않는 정길이를 통해서 부친의 말을 어기지 말아야한다고 하고, 24과 '우리할 일'에서는 밥을 스스로 먹듯이 공부도 남이 아니라내 스스로 해야 한다는 것을 말한다. 이들 단원에서는 이렇듯 교만을 경계하고, 부모에게 효도하며, 어려울 때 서로 도와야 한다는 등의 덕목을 주변의 구체적 일상을 통해 설명함으로써 학생들이 쉽게 이해할 수 있도록 하였다.

이런 방식은 서구 문물이나 낯선 근대어를 설명하는 과정에서도 동일하게나타난다. 『초등소학』은 아동들을 계몽하려는 의도에서 만들어진 관계로 생소하고 낯선 근대 용어들이 빈번하게 등장한다. 전차, 뇌격(雷擊), 군함, 지구, 상업, 매매, 금속, 공업, 무역 등은 당대 학생들이 쉽게 이해할 수 없는 용어들인 바, 『초등소학』편찬자들은 이런 용어들을 설명하는 과정에서도 일상 현실을 적극 활용하였다. 가령 「매매ᄒᆞᄂᆞᆫ 모양」(『초등소학』4권 2과)에서 볼 수 있듯이, 두 아이가 소꿉장난을 하듯이 물건을 앞에 두고 흥정하면서 '매매'의 뜻을익힌다. 물건 값을 묻고, 얼마라고 답하니 비싸다고 말하며, 다시 비싸지 않고좋은 물건이니 그냥 사라고 요구한다. 그러자 그 말에 동의하는 듯이 사금파리 돈을 건네고 물건을 산다는 내용이다.

> 정희와, 난희가, 돗톨이를, 가지고, 賣買ᄒᆞᄂᆞᆫ, 모양으로, 난희ᄂᆞᆫ, 팔고, 정희
> ᄂᆞᆫ, 사오.
> (정희) 이것이, 무엇이오.
> (난희) 이것이, 율(栗)이올시다
> (정희) 이, 栗, 一個에, 갑이, 얼마온잇가.

(난희) 이, 栗, 一個에, 二錢식이올시다.

(졍희) 이, 栗이, 너무 자니, 二錢이, 죠곰, 빗싸오.

(난희) 二錢이, 빗싸지 아니하니, 그대로, 사시오, 됴흔, 물건이 올시다

(졍희) 그러면, 二錢에 사갯소, ᄒ고, 사금팔이돈, 二個를 쥬고, 돗톨이 밤,

一個를 삿ᄂ이다(「賣買ᄒᄂ 모양」)[173]

구체적인 상황 속에서 이루어지는 대화를 제시하여 매매하는 상황을 실감 나게 보여준 것이다. 그만큼 학생들의 눈높이를 고려했다는 것을 알 수 있다.

이런 식의 서술은 사회와 사물의 속성을 설명하는 단원들에서도 두루 목격된다. 7권 12과 「청결」에서는 우리의 신체를 통해서 청결의 중요성을 설명한다. 곧, 우리는 몸을 깨끗하게 해야 하며, 그렇지 않으면 몸에서 악한 냄새가 나고 또 병이 생기며, 심지어 타인이 좋아하지 않는다. 그런 이유로 청결에 힘써야 하는데, 가령 신체를 청결케 할 뿐만 아니라 옷을 청결하게 하고, 나아가 집을 청결하게 해야 한다고 말한다. 말하자면 나를 통해서 신체를 청결하게 해야 하는 이유를 말하고, 그것을 바탕으로 의복과 집과 주변을 청결하게 해야 한다고 설명한다. 구체적 사례를 통해서 추상적 진실을 설명한 것이다. (그런데, 기존의 『국민소학독본』이나 『신정심상소학』에서는 이런 식의 설명을 찾아 볼 수 없다. 이들 교재에서는 사회생활에 필요한 교훈이라든가 지식을 추상적으로 서술하여 쉽게 이해하기 힘들었다. 가령, 1권 25과 「청결ᄒ게 ᄒ라」는 단원에서는, 앞의 「청결」과 동일한 내용을 '몸을 청결하게 하고, 의복은 자주 빨아 때 묻지 않게 해야 한다'고 서술한다. 당연한 내용의 진술이지

---

173) 「賣買ᄒᄂ 모양」, 『초등소학』 4권 2과. 이런 점은 『신정심상소학』의 다음 대목과 비교해 볼 수 있다.

전답을 경작ᄒ며 양잠ᄒᄂ 거슬 農이라 일으며 각색 기명과밋 여러 가지 기계를 모민드는 거슬 工이라 ᄒ며 쏘세상 만물을 매매ᄒᄂ 거슬 商이라 ᄒ니 우리들은 농공상 셰가지 중에 ᄒ 가지 업이 잇서야 스름이 된 직책이라 칭ᄒ옵ᄂ이다(1권 8과 「농공상」)

만, 추상적인 의도만을 간략히 제시함으로써 구체적인 실감을 가질 수 없게 하였다. 또「면려」라는 단원에서는 '면려할 마음이 있으면 조금도 그 고생을 알지 못할뿐더러 도리어 낙이 된다'고 단정적으로 서술한다. 이 역시 추상적 진술이어서 어떤 구체적 실감을 주지 못한다. 면려하는 마음이 있으면 고생도 낙이 된다는 주장은, 당연한 내용의 진술임에도 불구하고, 어린 학생들이 쉽게 받아들이기 힘들 것이다. 그렇지만『초등소학』에서는 그런 내용들이 구체적인 사례나 일화를 통해서 제시함으로써 쉽게 이해할 수 있도록 해 놓았다. 그런 점에서『초등소학』은 기존 교과서와는 달리 아동 친화적이고 권위적이지 않다.)

『초등소학』이 주변에서 볼 수 있는 친근한 동물들을 적극적으로 활용한 것도 아동의 심리상태와 이해 수준을 고려한 배려로 볼 수 있다.『초등소학』에 수록된 동물들은 당대 현실에서 흔히 접할 수 있는 것들로, 기러기, 개미, 파리, 나비, 거북이, 토끼, 병아리, 호랑이, 부엉이, 비둘기, 고양이, 소, 여우, 베짱이, 개구리, 나귀, 쥐, 여우 등이다. 지금은 동물원에서나 볼 수 있지만 이 시기까지만 해도 호랑이는 호환(虎患)이 신문에 보도될 정도로 흔했고, 부엉이와 여우 역시 주변 산야에서 쉽게 목격되었던 동물이다. 이런 동물들을 통해서 다양한 내용의 교훈을 전하는데, 이는『국민소학독본』이나『신정심상소학』이 낙타, 고래, 악어, 기린, 사자 등을 소개한 것과는 확연히 구별된다.『국민소학독본』등에서는 낙타와 악어, 기린 등 생소한 동물들을 마치 신기한 근대 문물인 듯이 소개하였다.『국민소학독본』의「제11과 낙타」에서는, "스룸이 부리는 畜類 중에 낙타갓치 이상한 거시 업스니 馬와 牛는 世界 중 각처에서 사용호딕 낙타는 沙漠에만 부리는 故로 사막의 비라 하느니라"고 하여, 이국의 낯선 문물을 소개하듯이 설명하였다. 그렇지만『초등소학』에서는 그와는 달리 주변에서 흔히 만나는 동물들의 특성을 언급하면서 교훈을 덧붙여 놓았다. 지금은 보기 힘든 풍경이 되었지만, 솔개가 병아리를 채 가는 모습은 당시 농촌에서 흔히 볼 수 있는 풍경이었다.「제17 병아리」에서는 그런 모습을 세시하면서 어른의 말씀을 잘 들어야 한다는 것을 말한다.「기럭이」에서는, 기러기가 앞뒤로 날다가 뒤처진 기러기를 수리가 채 가는 것을 본 다른 기러기가 그 동무를 불쌍히 여겨 급히 날아올랐다는 것을 언급하면서, 동무를 사랑해야 한다는 것을 말하고, 「개암이」에서는 모여 사는 속성을 가진 개미가 부지런히 일을 해서 양식을 모으고 겨울에는 그것을 먹는다고 하면서 우리도 개미처럼 부지런해야 한다는 것을 언급한다.

『초등소학』의 독특함은 이런 일상의 일화를 통해서 궁극적으로 사회와 국가를 위해 일하는 주체를 만들고자 한 점이다. 그런데 여기서 무엇보다 주목할 점은 국가보다는 개인을 상대적으로 중시한 대목이다. 개인과 국가의 관계에서, 국가를 중심으로 사고하고 서술한 게 기존의『국민소학독본』이나『신정심상소학』이었다면, 이『초등소학』에서는 개인이 모여서 국가를 이루고, 개인이 부유해야 나라가 부유해진다는 국민 중심의 사고방식을 보여준다. 말하자면 전자가 국가자강주의에 바탕을 두었다면, 후자는 국민자강주의에 바탕을 둔 것이다. 실제로 당시 정부와 개신유학자들은 국민 교육의 목표를 황제 권력을 중심으로 한 국가권력의 강화를 통해 국가자강주의를 기본이념으로 삼았다면, 독립협회의 민권파나 국민교육회, 기독교인들은 민권의 신장과 인민의 역량 배양에 교육의 목표를 둔 국민자강주의 교육을 지향하였다.[174] 국민교육회 간행의『초등소학』은 이 후자와 연결되어 있다. 그것은 개인의 사회활동을 설명한 단원들에서 두루 나타나는데, 가령 「직업」(4-10), 「매매하는 모양」(4-2), 「양잠」(6-23), 「공업」(25), 「무역」(27), 「人의 직업」(7-16), 「상업의 필요」(8-8), 「실업자의 덕목」(16) 등에서 목격되는 것은 근대적 국민을 양성하려는 의지이다.

「人의 직업」에서는, 사람은 직업을 통해 소득을 얻고 그것으로 의식주를 준비하는 것이라고 하면서, 사람은 어려서부터 신분과 재능에 맞는 직업을 배

174) 국사편찬위원회,『한국사 45(신문화운동1)』, 탐구당, 2003, 36-45면.

워야 나중에 장성했을 때 응용할 기본을 만들 수 있다고 말한다. 그러면서 집의 번창을 꾀하기 위해서는 열심히 공부해야 하고, 집의 번창은 곧 나라의 번창이니 이는 나라가 집을 확대해 놓은 것이기 때문이라고 말한다. "家가 富ᄒ면 國이 富ᄒ리니 家國이 富ᄒ면 自己의 身도 또한 富貴홀지니라"는 것. 집안의 발전이 나라의 발전이고, 그것이 곧 국가의 발전이라는 것, 그리고 그것은 곧 나의 발전이라는 주장이다. 개인과 국가를 유기적으로 연결하면서 개인의 중요성을 강조한 것이다. 이런 견해는 8권의 마지막 단원인 「공공의 이익」에서 한층 분명하게 드러난다. 여기서 '공공(公共)'이란 '국가의 일'을 뜻한다. 곧 어느 마을에서 사람들이 모여서 마을일을 상의하는 과정에서 둑과 교량을 수리해야 하고 또 소학교 경비를 만들어야 한다는 등의 많은 현안들을 논의한다. 그러자 너도 나도 돈을 보조하겠다고 말한 뒤, 규칙을 정하고 방법을 세워 마을을 번창케 했다는 것을 보여주면서, "무릇 동리의 일은 동네 주민 한 사람이 부담하는 것과 같이 한 나라의 일은 국민 한 사람이 부담하는 것이 옳다"고 강조한다. "諸子들은 各히 國民이 되얏슨즉 國家의 事를 諸子가 負擔"해야 하고, 그것이 곧 '선량한 국민'이고, '선량한 국민은 사람의 더 없이 높고 좋은 영예'라고 말한다. 책의 마지막 단원에서 결론처럼 제시된 이런 당부는, 『초등소학』의 궁극적 의도가 공공의 이익에 봉사하는 공동체적 국민 양성에 있음을 시사해준다. 그런데 그것은 국민의 발전을 전제한 공공의 이익 추구라는 점에서 국가만을 절대시하는 입장과는 거리가 멀다.

이런 데서 민간 교재로서 『초등소학』의 특성을 이해할 수 있다. 『초등소학』의 편찬자들은 민간 선각들이었고, 그래서 이들은 학부 관료들과는 다른 입장을 취하였다. 그로 인해 『초등소학』 전반에는 학생들의 눈높이에 맞는 일상의 현실이 중요하게 환기되고, 그것을 통해 개인적 가치와 사회적 도덕이 설명된다. 교과서는 학생들의 발달 상태와 수준을 고려한 교육 매체로서의 기능뿐만 아니라 교육적 가치가 있는 내용을 집약적으로 선정하고 조직한 매체라는 점에서, 『초등소학』의 내용과 서술시각은 학부 간행의 권위적 교과서와는 구별되는 것이다. 『초등소학』이 교과서로서 높이 평가될 수 있는 것은 이렇듯 학생들의 수준을 고려하고 거기에 맞는 학습의 방법을 활용한 데 있다.

자주 독립과 항일의 의지

『초등소학』에서 무엇보다 두드러지는 것은 자주독립과 충절로 무장한 국민을 만들고자 하는 의지이다. 을사늑약으로 국가의 운명이 백척간두에 달한 현실에서 간행된 관계로 『초등소학』은 그것을 타개하려는 강한 열망을 보여준다. 〈황성신문〉의 논설에 언급된 것처럼, 『초등소학』은 "역사 지지 및 교육을 개괄하여 국가사상을 어린이들의 뇌리에 주입"해서 궁극적으로 어린 학생들을 "국가독립의 원동력"을 삼겠다는 데 목표를 두었고,[175] 그런 관계로 책에는 우리나라를 건국하거나 위기에서 구한 과거의 역사와 인물들이 다양하게 수록되어 있다.

민족사에 대한 환기는 단군, 삼국시대, 영조, 세종, 성종 등 인덕(仁德)으로 인민을 사랑한 성군을 기리는 내용과 조선이 탄생하게 된 일련의 과정을 기록한 설명문을 통해서 이루어진다. 민족이란 발전하는 실체라기보다는 발생하는 현실이자 지속적으로 수행되고 또 다시 수행되는 제도적 정리 작업이라는 점에서 부단히 새롭게 규정될 수밖에 없는데,[176] 『초등소학』은 그런 작업을 과거사와 영웅적 인물의 소환을 통해서 시도한다.

「아국 고대의 사기」(7권 1과)에서는 환인의 손 왕검이 왕이 되어 단군이라 칭하고 국호를 조선이라 정했으며, 그것이 이후 기자, 마한, 고구려, 백제로

---

175) 「(논설) 초등소학」, 《황성신문》, 1907. 7. 15. 앞의 각주 135 참조.

176) 제프리K. 올릭 엮음, 최호근 외 역, 『국가와 기억』, 오름, 2006, 18면.

이어졌다고 한다. '조선(朝鮮)'이라는 말은 "國이 세계의 동방에 在ᄒ야 朝日이 出ᄒ미 만물이 皆 鮮然홈을 취"한 것이라고 설명한다. 「신라태조 혁거세」(7-14)에서는 신라는 기씨 조선의 뒤를 이은 왕국으로, 태조 박혁거세가 국호를 신라라 하고 서라벌에 도성을 정하였다. 나라를 다스리매 덕화(德化)가 대행하여 풍속이 극히 선미한 까닭에 일본인이 침범했다가 왕의 성덕을 듣고 퇴각했다는 내용이다. 「고구려사」(7-21)에서는 주몽이 졸본 부여에서 왕이 되어 국호를 고구려라 칭했고, 나라를 세운지 7백여 년에 신라에 망했다는 것을 말하며, 「백제의 약사」(8-7)에서는 백제는 고구려 신라와 더불어 동시에 병립하여 삼국이라 칭했는데, 그 시조는 고온조인데 고주몽의 아들이라는 것을 언급한다. 이를테면, 신라는 기씨 조선의 뒤를 계승한 왕국으로, 시조 박혁거세는 덕화(德化)를 크게 행하였고, 고구려의 시조 주몽은 활을 잘 쏜 인물로 고구려를 세우고 사방을 정복하여 만주 길림까지 영토를 확장하였으며, 백제는 고주몽의 아들 고온조가 세웠다는 내용이다. 이런 내용에 비추자면, 우리의 개국시조는 단군이고 그의 뒤를 이어 부여-고구려·백제·신라가 형제처럼 탄생했고, 그 세력이 만주와 한반도 전역에 퍼져 오늘에 이르게 되었다는 것을 알 수 있다. '단군'이 시조로 숭상되고 만주 전역을 우리 영토로 포괄하는 이러한 사관은 실학자들의 역사 연구에 뿌리를 둔 것으로 전통적인 중화사상에서 벗어나 사료 고증에 의거한 객관적 서술을 무엇보다 중시한 것으로 평가된다.[177] 이를테면, 한말 사학자들은 독립국가로서 자국의 발전 상황을 강조하는 방향으로 역사를 서술했는데, 『초등소학』은 그런 서술 시각을 따르고 있다.

그런데 흥미로운 점은 이런 시각이 사실은 『초등소학』보다 4개월 앞서 간행된 국민교육회의 『대동역사략』과 동일하다는 점이다. 1906년 6월에 간행

---

177) 이경란, 「구한말 국사교과서의 몰주체성과 제국주의」, 『역사비평』17호, 1991.11, 45-47면.

된 국사 교과서인『대동역사략』은 대략 다음과 같은 특징을 갖고 있다. 먼저, 상고사에서 단군조선기(紀)를 기술하고 위만, 한사군을 목차에서 제외시켜 단군-기자-마한-신라로 이어지는 정통성을 부각시켰고, 다음으로는 마한 정통설을 내세워 진한과 변한을 상대적으로 약화시키고 심지어 마한 사람이 진한과 변한을 통치한 것으로 서술하였으며, 신라가 마한의 정통을 이어받았음을 분명히 하였다. 즉 신라는 마한의 6대 원왕 4년에 건국되어 마한의 뒤를 이어 삼국을 주도한 것으로 보았다.[178] 이런 서술시각은 개화기의 다른 국사 교과서처럼 삼한(三韓) 정통설을 따른 것으로, 한국사의 계통을 중화 중심에서 벗어나 자주적이고 주체적인 시각에서 서술한 것이다. 이를테면, 단군 왕조를 분명히 기록함으로써 청, 일본, 서양 등과 병립하는 독립된 역사상을 제시하고 민족의 자부심을 불러일으키고자 한 것이다.

『초등소학』에 수록된 한국사는 바로 이『대동역사략』의 내용을 그대로 집약한 것이다. 그런 관계로『초등소학』에서는 중국과의 관계에서 조선의 자주성이 강조되고 또 일본의 침략을 경계하는 내용의 단원들이 큰 비중을 차지한다.

※ 교과서 수록 인물

교과서	우리나라 인물	외국 인물
『국민소학독본』	세종대왕, 을지문덕,	워싱턴, 가필드, 콜롬부스, 칭기즈칸
『신정심상소학』	장유, 영조, 이시백	小野道風(일본), 司馬溫公(중국), 宿瘤(중국), 塙保己一(일본), 華盛頓(미국)
『초등소학』	을지문덕, 강감찬, 양만춘, 단군, 혁거세, 고주몽, 고온조, 조광조, 곽재우, 송상현, 조헌과 7백 의사, 삼학사(홍익한, 오달제, 윤집), 영조, 이시백, 이문원, 문익점	워싱턴, 소격란왕, 한신, 장순, 허원
『국어독본』	세종대왕, 을지문덕, 영조, 김속명	공자, 맹자

---

178) 신혜경, 앞의「대한제국기 국민교육회 연구」, 176-177면.

위의 표에서처럼『초등소학』에는 다른 어느 교과서보다 우리나라의 역사 인물들이 많이 등장한다.『국민소학독본』에는 세종대왕과 을지문덕 2명이,『신정심상소학』에 장유, 영조, 이시백 3명이 수록되었을 뿐이지만,『초등소학』에는 그보다 몇 배나 많은 우리 인물들이 수록되어 마치 역사 교과서를 보는 듯하다. 특히『신정심상소학』에는 일본 인물들이 수록되어 교과서가 점차 일본화되는 과정을 보여준다면,『초등소학』에서는 오히려 일제의 침략을 물리친 곽재우와 송상현을 수록하여 대일 저항의 의지를 한층 강력하게 피력하였다. 이는 우리 역사에 대한 자부심과 함께 풍전등화의 민족적 위기를 이들 인물의 충절을 통해서 극복해 보자는 것이고, 그런 점에서『초등소학』의 역사 인식은 학부 간행의『국어독본』과는 확연히 다르다.

통감부가 설치된 뒤에 간행된『국어독본』에는 이미 일제의 식민사관이 상당 부분 투사되어 있다. 우리는 과거 일본과 우호적인 관계를 가졌고 한 때는 일본의 지배를 받기도 했다는 내용이 핵심이다.「백제, 고구려의 쇠망」에서는 백제의 제왕(諸王)은 태반이 교사음일(驕奢淫佚)하여 국정을 돌보지 않았고 그래서 백제는 의자왕 시절에, 고구려는 고장왕 때 각각 당군과 나당 연합군에 투항하여 나라가 망했다고 한다.「고려가 망함」에서는 승려 편조라는 자가 교만하고 방자하여 신돈으로 개명하고 국가의 질서를 문란하게 했고, 그러자 태조 고황제가 나타나 평정한 뒤 국호를 조선이라 개칭하고 한양에 도읍을 정했다는 내용이다. 또「삼국과 일본」,「삼한」에서는 일본과의 긴밀했던 관계를 서술한다. 삼한은 그 국경이 일본과 근접해서 사람들의 교류가 빈번했고 피차에 서로 귀화하는 사람이 적지 않았다고 한다. 이런 사실과 함께 일제는 친일사관의 정수라 할 수 있는 이른바 '임나일본부설(任那日本府說)'을 그 중심에 배치해 놓았다.「삼국과 일본」[179]

---

179)「삼국과 일본」,『국어독본』6권, 학부편찬, 1906, 3-7면.

에서, 가야왕이 사자를 일본에 보내 도움을 청했고, 이에 일본이 그 청을 받아들여 장군을 파견하여 가야를 '임나(任那)'라 칭하고 다스렸다고 한다. 임나 설치 이후 일본과의 교류가 빈번해졌고, 백제와 일본의 관계는 더욱 돈독해져서 서로 우방이 되어 유사시에는 일본이 군대를 보내 백제를 보호해 주었다는 내용이다. 이런 서술 내용에 비추자면, 우리의 역사는 분열과 쟁탈, 당쟁과 전란으로 점철된 지리멸렬한 망국사가 되고, 일본이 오늘날 조선을 통치하는 것은 옛날부터 한반도를 통치했던 과거 역사를 계승한 것이라는 사실을 시사받을 수 있다. 이런 서술과 비교할 때『초등소학』의 시각은 매우 자주적이고 민족주의적이라는 것을 알 수 있다. 중국 문화권에 경도되었던 기존의 역사서술에서 벗어나 독자적인 입장에서 우리 역사를 바라보았고,『국어독본』에서 목격되는 친일사관과는 거리를 두었다.

여기다가『초등소학』은 일본의 침략에 저항한 우국적 인물들을 통해 독립과 자주의 열망을 표현함으로써 일본에 대한 경계심을 한층 강화하였다. 「곽재우」와 「송상현」, 「조헌」 등 당시 어느 교과서에서도 찾을 수 없는 항일 영웅들이 수록된 것은 을사늑약 이후의 현실과 긴밀하게 연결된다. 「곽재우」(7-29)는 임진왜란 때 일본군과 맞서 싸우다 전사한 인물이다. 일본이 대병으로 아국을 침범하고 우리가 거듭 패하여 국세가 자못 위태로운 상황에서, 곽재우는 비분하여 떨치고 일어나 의병을 모집해서 무수히 적병을 격파했는데, 공은 싸울 때에는 항상 붉은 옷을 입었기에 적이 공을 보고 문득 도망하면서 홍의(紅衣)장군이라 칭했다. 이런 내용을 서술하면서 편자는 국가 존망의 시기에는 '死로써 國을 報'해야 한다고 말한다. 「송상현」(8-4)에서는 국가를 위하여 자기의 생명을 아끼지 말라는 주제를 송상현의 예를 통해서 보여준다. 임진왜란 때 송상현은 동래 부사였고, 죽음으로 적을 방어했으나 중과부족으로 성이 함락되기에 이르렀다. 그런데 공이 평시에 일본인과 교류함에 예의를 다한 관계로 일본인도 또한 공의 후은(厚恩)에 깊이 감동해서 공에게 성곽 틈으로 피하라고 은밀히 일러주었으나, 공은 응하지 않고 결국 의자에 앉아서 화를 당했다는 내용이다. 사람은 누구나 생명을 중히 여기지만 국가의 대임을 맡아서 적병을 방어하다가 힘이 다할 때에는 마땅히 적병에게 죽을지언정 국가에 수치를 입히지 말아야 한다는 것. 「조헌」역시 같은 주제의 글이다. 일본이 침략하자 조헌은 승(僧) 영규와 함께 맞서 싸우다가 금산성 밖에서 전사하였고, 그를 따르던 군사 7백 명도 모두 조헌과 함께 전사하고 한 사람도 도망한 자가 없었다는 내용이다. 이 역시 국가 위난의 시기에 개인을 돌보지 않고 국가를 위해 충성을 다해야 한다는 주장이다.

중국과 맞서 싸운 을지문덕과 강감찬과 삼학사를 통해서 강조하는 것도 바로 이 멸사봉공의 충절이다. 「강감찬」(5-26)은 거란의 침략을 막아낸 강감찬의 일화이다. 여기서 강조하는 것은 거란의 침략을 막았다는 사실보다 멸사봉공의 자세이다. 강감찬은 충의가 있고 지략이 많아서 국사를 당하면 몸을 돌보지 않았고, 그래서 외구(外寇)를 격파하여 대공을 세웠다. 이를테면 멸사봉공과 살신성인의 자세로 적과 맞서서 왕을 보호하고 나라를 지켰다는 내용이다. 이런 사실을 언급한 뒤 편자는 학생들에게 다음과 같이 당부한다.

諸子아, 此를 見홀지어다. 當時에, 高麗가, 外寇를 破ᄒ야, 國家를 便安케 ᄒᆫ 者는, 姜元帥 一人이, 아닌가. 諸子는, 다, 姜元帥로, 模範을, 作ᄒ야, 君에게, 忠ᄒ며, 國을, 愛ᄒ야, 國家의, 獨立을 堅固케 ᄒ는 것이 諸子의 國民되는 道理가 되는니라. (「第二十六 姜邯贊」, 5-26)

강감찬을 모범으로 삼아 임금에게 충성하고 나라를 사랑하고 국가의 독립을 견고케 하는 것이 학생들이 가져야 할 자세라는 것. 「을지문덕」(5-16)에서 강조한 것도 같은 내용이다. 을지문덕이 수나라의 30만 대군을 물리친 일화를 소개하면서 조선이 독립을 보전한 것은 실로 을지문덕의 공이라고 말하고, "國의 강성흠은 地의 大小와 人의 多少에 在치 아니ᄒ니, 諸子들도 을지문덕의

忠義와 용맹을 效홀지어다."라고 당부한다.

이런 내용들은 국세가 이미 기울어진 을사늑약 이후의 절망적인 상황에서 불세출의 영웅을 대망하는 심리로 이해할 수도 있다. 강감찬과 을지문덕을 본받아야 한다고 말하지만 사실은 그런 일대의 영웅이 출현해야 국운을 바로잡을 수 있다는 절박한 심리를 드러낸 것으로 읽히는 까닭이다. 더구나 이들 글에서 '죽을지언정 부끄러운 행동을 범해서는 안 된다'고 강조한 것은, 당시 일진회 등 친일분자들이 횡행하는 현실을 염두에 둔 것으로 볼 수도 있다. 『국어독본』이나 『신정심상소학』, 『국민소학독본』 등 어디서도 등장하지 않았던 조선의 충신 삼학사를 등장시킨 것은 그런 의도와 관계될 것이다. 「삼학사의 충절」(8-14)은 인조(仁祖) 시절에 청병이 우리나라와 맺은 화약을 어기고 침략하자 전국에서 의병이 일어나 격렬하게 싸웠다. 그러나 양국은 피해가 커서 다시 화약을 맺게 되었는데, 3학사(홍익한, 오달제, 윤집)는 그것을 끝까지 반대하고 항거하다가 마침내 청국의 포로가 되었다. 청제가 여러 가지로 유혹하였으나 이들은 끝내 거절하고 죽음을 당하였다는 내용이다. 이런 사실을 말한 뒤 편자는 "국민 되는 자는 다 忠愛를 盡함이 그 직분이라 幼年의 學員 등은 다 삼학사를 效하야 비록 死地를 당할지라도 素志를 변치 말지니라."고 당부한다. 일제의 거센 압력 속에서 변절자가 속출하는 현실에서, 비록 죽음을 당할지라도 본래의 충절을 버리지 말라는 간절한 부탁인 셈이다. [180]

---

180) 중국의 장경과 허원이 주목되는 것도 같은 맥락이다. 중국 당나라 현종 때 안록산이 난을 일으켜 전국을 석권할 때, 회양 태수 허원은 장경과 더불어 성을 지키다가 마침내 함락되었다. 적은 항복하라고 협박하였으나 장경과 허원은 크게 꾸짖으며 죽음을 당했다는 내용이다. 중국이나 일본과 맞서 나라를 지킨 영웅들을 제시하면서 동시에 이와 같은 충신을 등장시킨 것인데, 이는 을사늑약을 전후로 일진회를 비롯한 많은 인사들이 친일로 훼절하는 현실을 염두에 둔 것으로 볼 수 있을 것이다. 「장순 허원」(7권 6과) 참조.

『국어독본』이 을지문덕을 사실 기술 차원에서 소략하게 처리한 데 비해,[181] 『초등소학』은 이렇듯 개인의 충절과 봉공(奉公)의 정신을 강조하여 학생들의 분발을 촉구하였다. 그런 사실에서『초등소학』은 무미건조하고 친일적인 국정 교과서와는 다른 민족의식으로 무장한 민간 교과서로서의 특성을 갖는 것을 알 수 있다.

『초등소학』과 민족 교육

『초등소학』이 간행될 당시 국민교육회를 맡고 있던 인물은 이준이었다. 이준은『초등소학』(1906년 10월)이 간행된 몇 달 뒤에 고종의 밀지를 받고 헤이그에서 열린 만국평화회의에 밀사로 파견된다. 이상설, 이위종과 함께 을사조약이 일본의 강제에 의한 것이었음을 폭로하려 했던 것이지만, 영일동맹으로 일본과 외교관계를 맺고 있던 영국의 방해로 좌절되고 급기야 식음을 전폐한 뒤 1907년 8월 22일에 절명하였다.『초등소학』이 이 이준의 충절을 직접 담고 있는 것은 아니지만, 국민교육회가 그런 충절의 정신을 바탕으로 결성된 단체였던 것은 주지의 사실이다. 국민교육회는 국민 교육을 목표로 해서 설립되었고,『초등소학』은 그 단체가 심혈을 기울여 만든 교과서였다.『초등소학』에서 이준을 비롯한 단체의 성격이 그림자처럼 어른거리는 것은 결코 우연이

---

181) 『국어독본』의 '을지문덕'은 단지 사실을 말하는 차원에서만 서술된다. 4권 13과 「문덕 대승」에서, 을지문덕은 수나라가 30만 대군으로 침략하자 칙서를 받아 격퇴하여 살아 돌아간 자가 2천 7백인에 지나지 않았다는 것을 사실대로 언급할 뿐 학생들에 대한 당부나 주장을 첨가하지 않았다.
"高句麗에 乙支文德이라 ᄒᆞᄂᆞ 名將이 잇스니 (…) 최초 隨君이 我國北境에 侵入ᄒᆞᆫ 時에ᄂᆞ 삼십만 大軍이러니 本國에 生還ᄒᆞᆫ 者가 겨우 이천칙백인에 不過ᄒᆞ엿더라."

아니다. 무미건조하고 또 친일적인 내용으로 채워진 관변 교과서를 부정하고 '제대로 된 교과서'를 주장했던 민간 선각의 뜻이 이『초등소학』의 형태로 구체화된 것이다.

▲ 이준

『초등소학』은 당시 학부에서 간행한『국민소학독본』이나『신정심상소학』과 마찬가지로 덕육과 지육을 바탕으로 편찬되었다. 이들 교과서는 모두 고종의 '교육입국조서'에서 강조된 덕육과 지육을 근거로 했고, 궁극적으로는 충군·애국하는 국민을 양성코자 하였다. 책에는 조선의 역사와 인물에서부터 각종 우화와 민담을 통한 교훈이 나열되고, 그것을 통해서 임금께 충성해야 한다는 주장이 펼쳐진다. 을사늑약으로 국가의 운명이 백척간두에 내몰린 현실에서 간행된 관계로『초등소학』에는 그것을 타개하고자 하는 민족적 열망이 강하게 투사되어 있다. 그런데『국민소학독본』등 학부 간행의 교과서는 황제를 중심으로 한 국가권력의 강화를 통한 국가자강주의를 기본이념으로 삼았다면,『초등소학』은 민권의 신장과 인민의 역량 배양에 교육의 목표를 둔 국민자강주의 교육을 근본이념으로 하였다. 그래서 교육을 통해 강력한 국민을 양성하려는 의도가 교재 전반에 나타난다. 『초등소학』은 또한 학습자에게 친근하고 익숙한 단어나 문장을 그림과 함께 제시하는 등 학생들의 편의를 적극적으로 고려한 교수법을 구사하였고 또 '복습' 단원을 설정하여 반복학습을 효과적으로 활용하였다. 그리고, 『초등소학』은 내용과 서술에서 아동들의 일상 현실을 적극적으로 수용해서, 낱말학습은 주변 일상에서 흔히 접하는 단어들이고, 단문학습은 대부분 아동들이 가정과 학교에서 겪음직한 일화와 소재들이다. 아동들의 일상사를 통해서 『초등소학』은 아동들의 실생활을 교재에 수용하고 궁극적으로 새로운 행동과 가치의 기준을 제시하였다. 출간과 함께 『초등소학』이 큰 호응을 얻었던 것은 교재가 지닌 이런 애국적이고 진보적인 특성 때문이다.

근대 초창기에 국민의 정신을 주조(鑄造)하는 과정에서 교과서가 수행한 역할은 매우 컸다. 오늘날처럼 매체가 발달하지 않았고, 더구나 학교 교육은 국가적으로 관장되어 거의 일방적으로 교육 내용을 주입하는 상황이었다. 그런 현실에서 정부 간행의 교과서는 절대적인 권위를 가질 수밖에 없어서 거기에 씌어져 있는 내용은 진리이자 사실로 간주되었으며, 궁극적으로는 국민의 정신세계로 정착되어 갔다. 갑오 정부에 의해 간행된 『국민소학독본』 등의 초기 교과서들이 중요한 의미를 갖는 것은 그런 역할을 적극적으로 수행한 데 있다. 그렇지만 일제의 침략이 본격화되는 과정과 연동해서 이들 교과서는 점차 친일화되고, 그로 인해 교과서로서의 정체성에 심각한 혼란이 초래된다. 일본의 역사와 인물이 교과서의 중심을 차지하는 현실은 민족주의를 근간으로 하는 국어 교과서의 존재 지반 자체를 뒤흔드는 것이었다. 그런 현실에 맞서면서 『초등소학』은 새롭게 국어 교과서의 위상을 정립하려 했던 것이다. 이 『초등소학』을 계기로 여러 민간단체들이 교과서를 연이어 간행하면서 이른바 민간 교과서의 전성시대가 열렸고, 이들 교과서로 인해 꺼져가던 민족주의와 우국충정의 불씨는 다시 한 번 살아날 수 있었다. 하지만 안타깝게도 이러한 불빛은 소멸하기 직전에 잠깐 빛을 발하는 섬광과도 같은 것이어서 더 이상의 지속성을 갖지 못한다. 일제 강점으로 인해 『초등소학』은 그 우국의 싹을 틔우지도 못한 채 소멸된 까닭이다.

IV 일제강점기 교과서

근대 교과서는 당대 사회의 복잡한 역사적·사회적·정치적·문화적 여러 상황과 조건들의 필요에서 나온 시대의 산물이다. 따라서 교과서를 제대로 이해하기 위해서는 무엇보다 그 교과서가 당대 공동체의 어떤 필요성에 의해 간행되었는가를 살펴야 한다.

01.

일제의 『국어독본』과 차별적 위계 교육

(- 『보통학교 국어독본』(일어)과 식민지 교육)

교과서와 문화 통치

　모국어의 상실은 일제 강점과 더불어 우리 민족이 겪은 물리적 변화 중에서 가장 큰 것이었다. 일본어가 공식어가 되면서 한글은 조선시대의 언문(諺文)과도 같은 궁색한 처지로 내몰렸고, 기존의 '국어' 교육 또한 꺾인 나라의 운명과 함께 그 위상과 역할을 전면 조정해야 했다. '대한제국'이 '조선'으로 개칭되면서 학부(學部) 간행의 『보통학교학도용 국어독본』(1907)은 '불량한 교과서'가 되어 '개판(改版) 정정'되고, 대신 '대일본제국'의 교과서가 그 자리를 차지하였다. '국어' 교과서의 한 복판에는 일본의 역사와 문화가 자리 잡았고, 사람들은 그것을 통해 새롭게 제국 신민으로서의 정체성을 부여받았다. 더구나 일제의 네 차례에 걸친 교육령 개정은 황민화를 한층 더 가속화시켜 일제 말기로 갈수록 교과서에서 조선의 흔적을 찾기란 힘들어진다. 일제강점기 교과서는 우리 교과서의 역사에 각인된 가장 불행한 환부인 셈이다.

　여기서 주목하는 『普通學校 國語讀本』(1912)은 일어가 국어가 된 뒤에 간

행된 일제의 첫 번째 국어 교과서이다.[182] 『보통학교 국어독본』(이하『국어독본』)은 달라진 현실 여건을 말해주듯이 '명치 44년 3월13일 인쇄, 조선총독부 총무국인쇄소(明治44年3月13日 印刷, 朝鮮總督府 總務局印刷所)'라는 판권이 붙어 있다. 본문도 한글 자모 대신에 가타카나(かたかな)와 히라가나(平假名)가 제시되어 '한국정부인쇄국' 간행의 『보통학교학도용 국어독본』과는 확연한 대조를 보여준다. 여기서 『국어독본』에 주목하는 것은 이 책이 개항 이후 조금씩 형체를 드러내기 시작한 일제의 식민담론이 집약된 최초의 '국어'(일어) 교과서라는 데 있다. 대한제국 시절의 『보통학교학도용 국어독본』(1907)이 조선 정부의 문명개화와 근대적 주체를 만들고자 하는 의지를 담았듯이, 이『국어독본』은 새롭게 제국에 편입된 조선을 일제의 식민지로 굳히고자 하는 의도를 구체화하였다. 그런 까닭에 이 책은 강한 이데올로기적 편향성을 보여준다. 교육이란 전수를 통한 내면화에 근본적인 목표가 있고 이는 전수되는 지배적 가치에 합의하는 것이라는 사실을 염두에 두자면,[183] 일제는 교육을 통해서 통치 이념과 가치에 대한 자발적 동의를 획득해서 식민 통치를 공고히 하고자 한 것이다.

여기서 주목하는 『국어독본』은, 교육이 이데올로기적 국가 기구의 하나라는[184] 알튀세르의 주장처럼 문화 통치의 주요 수단이었다. 일제는 한국을 강점한 뒤 무단통치와 문화통치를 병행했는데, 교과서는 조선 사람들을 개조하고

---

182) 강제 병합과 함께 일제는 조선 사람들에게 '국어'로 일본어를 가르치기 위한 교재로 이 책을 간행하였다. 물론 일본어는 이미 1905년부터 필수 과목으로 교수되고 있었지만 그것은 어디까지나 '외국어'였지 '국어'는 아니었다. 여기서는 『普通學校 國語讀本』(1~8)(朝鮮總督府 編纂, 1912~15)과 번역본 『초등학교 일본어독본』(1~4)(김순전 외, 제이앤씨, 2009)을 참조하였다. 『普通學校 國語讀本』은 김순전 편의 『普通學校 國語讀本』(原文 上, 下)(제이앤씨. 2011)을 텍스트로 하였다.

183) 김병희 외, 『교육사회학』, 공동체, 2009, 51면.

184) 알튀세르, 김동수 역, 『아미엥에서의 주장』, 솔, 1991, 89-90면.

통제하는 가장 효과적인 도구였다. 일본어가 공식어가 된 상황에서 국어(일어)교육을 받지 않을 수 없었고, 또 교과 내용을 받아들이고 내면화하지 않을 수 없었다. 실제로 일제는 교과서를 통해서 식민정책을 홍보하고 시행하는 등의 노력을 아끼지 않았는데, 이는 식민지를 자기 식으로 개조하는 일종의 정형화(stereotype) 작업이었다. 정형화란 식민지 상황에서 지배 민족이 피지배 민족을 자기중심적 시선과 담론으로 고착화시키는 행위로, 인종적·문화적·역사적 차이들을 인정하면서 부정하게 하는 하나의 장치이다. 그것의 주요한 기능은 감시를 수행하는 매개체인 지식의 생산을 통해 예속된 국민을 위한 공간을 창조하는 데 있다. 그리고 그 지식을 통해 정복을 정당화하고 관리와 훈육의 체계를 확립하기 위해 피식민자를 기원에서부터 퇴보한 유형의 민중으로 해석한다.[185] 이를테면, 정형화는 조선을 역사적으로 미개하고 전근대적 민족으로 보는 폄하의 시선과 함께 차별적인 인식으로 나타난다. 경성제국대학 조선어과의 다카하시 도루(高橋亨)는 '사상의 고착, 사상의 종속, 형식주의, 당파심, 문약, 심미 관념의 결핍, 공사의 혼동, 순종, 낙천성' 등을 조선인의 특성이라고 말했는데,[186] 이런 식의 정형화를 통해서 일제는 조선의 정체성을 재구성하고 궁극적으로 피식민지 주체를 새롭게 만들어내고자 한 것이다.

『국어독본』에 대해서는 그동안 적지 않은 연구가 있었다. 일본어로 된 텍스트라는 점에서 대부분의 논문들은 일문학 전공자들에 의해 씌어졌는데, 대표적인 것이 『식민지조선 만들기』[187]에 수록된 논문들이다. 이 책은 『국어독본』에 관한 10여 편의 논문을 묶은 것으로, 『국어독본』을 다양한 측면에서 고찰하였다. 『국어독본』은 조선인을 대상으로 한 '국어'로서 '일본어 교육'을 시

---

185) 호미 바바, 나병철 역, 『문화의 위치』, 소명출판, 2002, 146-163면.
186) 高橋亨, 구인모 역, 『식민지조선인을 논하다』, 동대출판부, 2010, 2장(57-142면).
187) 김순전 외, 『식민지조선 만들기』, 제이앤씨, 2012.

행하기 위한 교재였다는 점, 그렇지만 단순한 언어 교재가 아니라 사상 교육의 교본이었다는 점 등이 이들 논문에서 확인된 사실이다. 그리고 국어교육의 측면에서『보통학교 국어독본』을 연구한 배수찬의 논의를 들 수 있다.[188] 이 글은 일제의 국어교육이 이루어진 역사적 배경과 상황을 살핀 뒤, 1923년 판『보통학교 국어독본』을 텍스트로 식민지 국어교육의 실상을 고찰하였다. '서설'이라는 제목처럼 본격적인 논의를 추후로 미룬 아쉬움이 있지만, '국어' 교과의 성립과 일제의 국어(일본어)교육의 실상을 교육학의 시각에서 정리하려 했다는 점에서 중요한 의미를 갖는다. 일제강점기 국어 교육은 일어를 통해서 이루어졌고 그래서 암흑기로 명명되지만, 실상은 그것이 '공식 국어 교육'이었다는 지적에 주목할 필요가 있다. 조선어로 이루어진 조선어 교육과 함께 국어(일어) 교육을 동시에 살펴야 일제강점기 국어교육의 실상이 온전하게 파악될 수 있으리라는 것. 공감되는 견해이다. 그런 견지에서 여기서는『국어독본』의 교과 내용에 주목하고자 한다.『국어독본』은 국어 교재라는 측면과 함께 수신·사회·역사 교과의 특성을 동시에 갖고 있고, 따라서 그것을 종합적으로 고찰해야 식민지 국어교육의 실체를 파악할 수 있기 때문이다. 일제는 강점과 함께 일시동인(一視同仁)이라는 구호를 앞세워 동화정책을 표방했지만, 실제로는 그와는 정반대의 차별화된 교육을 실시하였다. 제1차 교육령(1911.8)의 "시세와 민도에 적합하도록 할 것"(제3조)[189]이라는 구절에서 드러나듯이, 일제는 조선을 지배하는 처음부터 조선을 일본과는 다른 열등 민족으로 치부하고 일본에 대한 선망과 숭배의 정조를 함양코자 하였다.

---

188) 배수찬,「일제강점기 '국어교육'의 식민지 근대성 연구 서설」,『한국언어문화』(39집), 2009.8, 5-30면.

189) 제1차 조선교육령은 1911년 8월 23일 칙령 제229호로 공포된 일본의 식민지 교육 법령으로, 30조로 되어 있다.

일제의 조선 통치 이데올로기였던 식민사관은 오늘날 거의 사라진 것으로 보이지만 사실은 아직도 여전히 집단기억의 형태로 한국인들의 심층에 자리 잡고 있다. 몇 해 전 모(某) 총리 후보자의 발언이나 식민지 근대화론자들의 주장에서 드러나듯이,[190] 해방된 지 70년이 지났음에도 불구하고 식민주의는 여전히 완고한 명줄을 이어오고 있다. 일본의 군국주의화 흐름과 맞물려 과거사 문제가 동북아시아의 첨예한 외교 이슈로 부각되고 있는 지금, 일본 극우 세력의 역사인식의 근저를 형성하는 침략사관에 대한 냉철한 인식이 요구되는 시점이다. 그런 맥락에서 『국어독본』에 대한 고찰은 왜곡된 역사관에 대한 교정(矯正)이자 동시에 탈(脫)식민주의의 과정이다.

습속의 정형화와 조선 병탄의 논리

『국어독본』(1912~1915)은 일제의 식민정책이 구체화된 최초의 교과서이자 향후 간행되는 교과서의 기본틀이 되는 교본이다. 『국어독본』에는 저학년을 위한 일본어 가타카나와 히라가나 학습에서부터 단어, 단문, 인사 예절, 세시풍습, 속담, 민담, 근대 문물, 지리, 일본의 명절과 지리, 고대 신화 등이 다양하게 소개된다. 쉬운 단어에서 어려운 단어로, 단문에서 장문으로, 나아가 긴 분량의 글로 변화되는 단원 배치는 학습자들의 수준을 일정하게 고려한 것으로 볼 수 있다. 그렇지만 학년이 올라갈수록 일어 학습과 관계되는 단원의 비중이 줄어들고 대신 일본의 역사와 정치, 산업과 지리 등에 대한 단원들이 많아지는 것은 교재의 궁극적 의도가 언어교육과는 다른 곳에 있다는 것을 시사해준다.

---

190) "일본이 위안부 문제에 대해 사과할 필요가 없다.", "일제 강점으로 우리가 이만큼 잘살게 되었다." 등의 발언. 〈경향신문〉, 2014. 6. 12 일자 「문창극, 친일 발언 사과 거부」 기사 참조.

'국어'가 국민과(國民科)의 핵심 교과였던 것은 그런 점에서 시사하는 바가 크다. 일제의 교육제도에서 초등학교 교과는 합과(合科)적 성격의 '국민과, 이수과, 체련과, 예능과, 실업과' 등 5개로 구성되었는데, 특히 수신, 국어, 국사, 지리 4과목을 '국민과'라고 했다. 국민과는 국민 양성에 직접적으로 관여하는 과목이고, 그런 중요성으로 인해 국어는 전 과목의 40%에 이르는 많은 시수를 배당받았다. 통감부 시기에 일본어는 주당 6시간이라는 수업시수를 배정받아 '조선어'와 동등한 주요 교과가 되었고, 강제병합 이후에는 '국어'로 부상하여 주당 10시간을 배정받을 정도로 중시되었다. 읽기, 해석, 회화, 암송, 받아쓰기, 작품, 습자를 내용으로 하는 '국어' 과목의 시수는 2차 교육령 시기에는 주당 12시간으로 늘어나고, 초등교육정책으로 일본어 상용을 내세운 3차 교육령기에는 비중이 더욱 높아져서 마침내 조선어를 밀어내기에 이른다.[191]

이런 교과의 취지를 구현하려는 듯이 『국어독본』의 내용은 주로 조선인의 생활 전반을 일본식으로 개조하는 정형화 작업에 모아진다. "조선은 아직 일본과 사정이 같지 않아서, 이로써 그 교육은 특히 덕성의 함양과 일본어의 보급에 주력함으로써 황국신민다운 성격을 양성하고 아울러 생활에 필요한 지식 기능을 교육"한다는 것, 그래서 「아침」, 「아침인사」, 「순사」, 「신년」, 「수건」, 「나무심기」, 「날짜 세는 법」, 「관청」, 「개미와 매미」, 「대청소」, 「장사 놀이」, 「여행길」 등과 같은 단원들은 학생들이 익히고 본받아야 할 실천 덕목을 주된 내용으로 한다.

학생들은 아침이면 일찍 일어나서 신체를 정제하고(「아침」), 오전과 오후에는 학교에서 공부를 하며(「오전과 오후」), 눈이 오나 비가 오나 학교를 쉬지 않고 가는 '기특한 어린이'(「눈」)가 되어야 한다. 「손님」에서는 손님이 오면 차를

---

191) 김순전 외, 『식민지조선 만들기』, 제이앤씨, 2012, 6-7면.

대접하며, 「친절한 어린이」에서는 길거리에서 장님을 만나면 손을 잡고 인도한다. 「신년」(2-18)에서는 신년의 풍습이 소개된다. 새해가 되면 집에 금줄을 장식하고 일장기를 대문에 내건 뒤 아버지에게 축하 인사를 하고, 어머니와 형과도 인사를 나눈다. 학교에 가서는 선생님께 축하인사를 하고 친구들에게도 인사를 건넨다. 신년의 모습을 소개한 것이지만, 이는 우리나라에는 없는 풍습이라는 점에서 학생들이 새롭게 익히고 실천해야 할 덕목이다. 교과서라는 매체의 특수성을 고려하자면 이들 단원은 단순한 소개가 아니라 새로운 인간형을 만들어내기 위한 모델의 제시이다.

한편 일상을 소재로 한 「수건」과 같은 단원들에서는 위생의 문제가 중요하게 언급된다. 손과 얼굴이 더러워지면 수건으로 닦아야지 옷자락으로 닦아서는 안 되며, 다른 사람의 수건을 빌리면 병이 옮을지도 모르기 때문에 자신의 수건을 자주 빨아서 더러워지지 않도록 해야 한다는 것. 〈연습〉에서는 이런 내용을 다시 한번 강조하듯이, '수건은 어떤 쓸모가 있습니까?' '다른 사람의 수건을 빌리는 것은 왜 나쁩니까?' 등의 질문이 이어진다. 「오하나(お花)」에서는 청소의 중요성이 환기된다. 오하나가 마당을 청소한 뒤 그 쓰레기를 길에 버리려고 하자 어머니는 그러면 길이 더러워진다고 말한다. 이후 오하나는 길에 떨어진 돌이나 나무토막을 치웠고 그것을 본받아서 근처 사람들도 쓰레기를 버리지 않아서 길이 매우 깨끗해졌다는 내용이다. 「대청소」에서는 신년을 맞이하기 위해서는 무엇보다 주변 환경을 깨끗이 청소해야 한다고 말한다. 이런 내용을 통해 『국어독본』은 바람직한 생활의 습관과 덕목을 학생들에게 제시한다.

여기다가 「순사」와 「관청」에서는 일제의 통치기구가 소개되고, 그 지도에 순응하는 학생이 될 것을 가르친다. 「순사」에서 아우가 '순사가 사람을 꾸짖는다'고 하자, 형이 '순사는 나쁜 일을 하지 않으면 사람을 꾸짖지 않는다'고 알려준다. 「관청」(1, 2)에서는 관청은 백성을 다스리는 관리가 있는 곳이고, 그

옆에는 헌병이 있는 헌병파견소가 있다. 헌병은 순사와 마찬가지로 백성을 보호해주며, 이들 덕분에 나쁜 사람들이 없다. 군청, 헌병파견소, 경찰서 등의 관청은 모두 백성에게 도움이 되는 곳이기 때문에 누구나 잘 따라야 한다는 내용이다. 관의 역할과 임무를 알려주고 잘 따라야지 그렇지 않으면 단호하게 처벌한다는 것을 말함으로써 관에 순응하는 사람을 만들려는 의도를 드러낸 것이다.

▲「제3과(第三課)」(4권)

그런데 이런 태도는 일시동인이라는 구호와는 달리 조선인에 대한 차별적 시선을 전제한 것으로, 조선은 계도하고 발전시켜야 할 대상으로 보는 폄하의 태도에 바탕을 둔다. 그것은 사소한 자연물에서부터 생활의 습속에 이르기까지 다양한 영역에 걸쳐서 나타난다. 「매화꽃과 벚꽃」(3-3)에서는 일본의 벚꽃만큼 예쁜 꽃이 없다는 것, 조선에는 그것이 많이 없지만 일본에는 어디에나 심어져 있다는 것을 언급한다. 벚꽃은 일본을 상징하는 꽃이고, 그래서 가장 아름답고 또 흔하다는 것을 설명한 단원이지만, 그것을 조선과 대비함으로써 차별화된 시선을 은연중에 노출한다. 일본과는 달리 조선에는 많지 않다는 것은 아직은 조선 사람들이 벚꽃의 아름다움을 발견하지 못했다는 것이고, 한편으로는 그 아름다움을 조선 사람들에게 알려주어야 한다는 뜻이다. 일본에는 공식적으로 국화(國花)가 지정되어 있지 않지만, 벚꽃은 국화 못지않은 일본의 상징물이라는 점에서 단원의 내용은 단순한 표면적인 의미 이상을 함축한다. 이제 가치와 평가의 기준은 일본이고, 조선은 그것을 따르고 본받아야 할 존재로 새롭게 위계화되는 것이다.

「차와 뽕」도 같은 맥락의 글이다. 일본과 대만에는 차(茶)가 발달했고, 또 일본에는 양잠이 성행해서 외국에 많은 생사를 수출한다. 그런데 조선은 토지와 기후가 아주 적합함에도 불구하고 양잠이 발달하지 못했다. 의당 번성해야 하지만 그렇지 못하고, 그래서 개발해야 한다는 주장인데, 이는 조선을 개척해야 할 미개지로 간주하는 폄하의 시선을 전제한다. 「고구마를 보내는 편지」(6-8)에서도 그런 사실이 발견된다. 곧, 일본에서 구한 씨 고구마를 심어서 수확한 뒤 지인에게 고구마를 보낸다는 내용이다. 이 단원을 고구마의 유래와 특성을 말한 「고구마」(6-7)와 연결해 보면, 당시 일본이 조선인을 어떻게 생각했는가를 알 수 있다. 고구마는 원래 모래땅에서도 잘 자라고 기후가 좋지 않은 해에도 흉작이 없는 매우 소중한 식물인데, 조선에는 아직 보급되지 않았다. 흉년이 들어도 아사자를 구할 곡물이 없고 따라서 널리 보급해야 한다는 내용이다. 이 역시 「차와 뽕」처럼, 일본의 문물을 적극적으로 받아들여 활용해야 한다는 주장으로, 조선은 구황작물 하나 변변히 갖추지 못한 나라로 보는 폄하의 시선을 전제한다.

이런 태도가 한층 구체화되어 침략의 정당성을 천명한 글이 「조선총독부」와 「청일전쟁」, 「러일전쟁」 등이다. 「조선총독부」(6-29)에서는 제목처럼 조선총독부를 설명하면서 조선을 다스리게 된 경위를 설명한다. 조선은 오랫동안 정치가 혼란스러웠고, 그런 정치로 인해 백성들이 편안하게 지낼 수 없었으며 때로는 외국으로부터 침략을 당해서 '동양 평화의 화근'이 되었다고 한다. 동양의 평화를 유지하고 백성의 행복을 진작시키기 위해 메이지 천황은 총독을 두어 조선을 통치하게 하였고, 그 총독부가 정치를 잘하기 때문에 오늘날 조선 사람들이 행복하게 산다는 주장이다. 조선을 다스리는 기관을 소개하고, 그것이 설치된 필연의 이유를 말함으로써 침략의 명분과 함께 식민 지배를 정당화한 것이다. 여기서 말하는 '동양 평화'의 구체적 내용이 무엇인지 그리고 그것이 현실성을 갖는 주장인지는 의문이지만, 일제가 강점의 명분으로 내세운 게 '동양 평화'라는 미명이었음을 구체적으로 확인할 수 있다. 그렇다면 조선이 왜 오랫동안 동양 평화의 화근이 되었는지, 그리고 왜 정치가 혼란스러웠는지? 『국어독본』에는 여기에 대해서 어떤 구체적인 언급도 없다. 그렇지만 "조선은 오랫동안 정치가 혼란하여 백성은 편안하게 지낼 수 없고 또, 때때로 외국에게 침략"(6권 29과)을 당했다는 서술에 비추어 볼 때, 그것은 일제의 이른바 당파성론을 염두에 둔 진술로 이해할 수 있다. 일제는 우리 민족은 태어나면서부터 당파적 속성을 지녔고, 그것이 민족의 단결을 파괴해서 독립을 유지할 수 없게 만들었다고 하는데,[192] 위 글은 그런 사실을 염두에 둔 것으로 보인다.

한편, 「청일전쟁」(6-21)과 「러일전쟁」(6-27)에서는 조선 지배의 세계사적 필연성을 언급한다. 1894년 조선에서 동학농민운동이 일어났을 때, 청나라는 조선을 자신의 속국이라 여겨서 제멋대로 병사를 파견했고, 이에 일본은 청나라의 무례함을 꾸짖고 마침내 그들과 전쟁을 벌였다. 성환과 평양에서 청나

---

192) 일제 식민사관과 그 허구성에 대해서는 다음 글들을 참조하였다. 이명화의 「일제총독부 간행 역사교과서와 식민사관」(『역사비평』, 역사비평사, 1991.11), 엄찬호의 「일본의 한국사 왜곡과 역사치유」(『한일관계사연구』, 한일관계사학회, 2013.5), 최혜주의 「근대일본의 한국사관과 역사왜곡」(『한국독립운동사연구』, 독립기념관 한국독립운동사연구소, 2010.4) 참조.

라 대군을 크게 무찌르고 압록강을 건너 만주지방으로 진격했고, 요동반도 남부에 상륙하여 여순을 함락했다. 이를 두려워한 청나라는 일본에 사신을 파견해서 많은 배상을 한 뒤 대만을 할양하였으며, 또 조선이 자신의 속국이 아니라는 것을 인정했다고 한다. 이런 내용을 통해 일제는 조선을 중국과 분리시키고, 조선 지배는 중국을 침략한 것이 아니라는 사실을 환기한다.「러일전쟁」에서는 조선이 만약 러시아에게 점령된다면 동양의 평화가 무너지는 까닭에 이를 방관할 수가 없었고, 러시아와 여러 차례 담판을 했으나 효과가 없어서 마침내 러시아와 전쟁을 해서 승리를 거두었다는 내용이다.

당시 일제는 조선 지배를 대내외적으로 정당화하는 일이 무엇보다 절실했는데, 그것을 위해 동양 평화를 내세워 조선을 중국과 분리시키고 러시아의 침략을 배제했다고 설명하였다. 실제로 일제는 조선 지배가 한반도에 대한 서구의 이해관계를 침해하지 않으리라는 확신을 심어주기 위해 노력을 기울였고, 또한 조선 지배는 비문명화된 지역을 문명화시키는 세계사적 프로젝트에 참여하는 일이라는 것을[193] 인식시키고자 하였다. 『국어독본』은 그런 정책을 바탕으로 조선 사회 전반의 개조와 문명화의 필요성을 역설하고, 조선 지배를 합리화한 것이다.

고대 신화와 동조동근의 논리

일상생활의 정형화와 함께 『국어독본』에서 많은 비중을 차지하는 것은 신화이다. 일제는 일본의 신화를 소개하면서 조선을 차별적으로 위계화하는 또

193) 앙드레 슈미드, 정여울역, 『제국 그 사이의 한국 1895-1919』, 휴머니스트, 2007, 373-377면.

다른 근거를 제시한다. 과거 신화시대부터 조선과 일본은 긴밀한 관계를 가졌는데, 특히 일본으로부터 많은 도움을 받았다는 주장이다.[194] 「황대신궁」(4-7), 「스사노오노미코토(素戔嗚尊)」(4-14), 「진무천황」(4-18), 「알에서 태어난 왕(卵から生れた王)」(4-22), 「하테비(巴提便)」(4-24), 「야마토타케루노미코토(日本武尊)」 (5-4), 「오진천황」(5-11), 「다이쇼 천황폐하」(5-20), 「닌토쿠천황」(5-23), 「메이지천황」(6-3), 「황실」(8-1), 「아마노히보코(天日槍)」(8-3) 등은 모두 두 나라의 역사적 기원과 계보학적 연속성을 서술한 단원들이다.

「알에서 태어난 왕」(4-22)은 한일 두 나라의 혈연적 공통성과 함께 일본의 우월성을 주장한다. 옛날 일본의 어느 지방에서 우두머리의 아내가 자식을 낳았는데, 커다란 알이었다. '불길하다'는 이야기가 들려서 그 알을 상자에 넣어 바다에 버렸는데, 그것이 조선 해안으로 흘러들었다. 아무도 그것을 줍지 않았지만 어느 할머니가 그것을 주워서 길렀고, 아이가 점점 자라서 마침내 신라의 왕이 되었다는 내용이다. 신화적인 이야기라는 점에서 황당하다고 치부할 수도 있으나, 일본인 우두머리의 아내로부터 신라의 왕이 태어났다는 것을 말함으로써 조선과 일본이 동류의 혈족이라는 것, 그렇지만 일본에서는 환영받지 못해 버려져 마침내 신라의 왕이 되었다는 것을 알 수 있다.

옛날 내지 어느 곳에서, 그 곳의 족장의 아내가 아이를 낳았습니다. 그런

---

194) 신화는 신비화된 의미체계, 즉 언어에 각인된 한 사회의 가치 체계를 뜻한다. 때문에 신화는 필연적으로 이데올로기와 상관관계를 갖는데, 문제는 그 신화가 신화로서가 아니라 사실로서, 다시 말해 인위적으로 구성된 의미 체계가 아니라 실재를 반영하는 자연 현상 곧, 하나의 상식으로 받아들여진다는 데 있다. 신화는 인위적인 것이나 문화적인 것을 자연적인 것으로 돌리는 경향이 있고, 그래서 식민주의자들이 생산한 신화는 바로 식민주의적 이데올로기에 지나지 않는 것을 알 수 있다. 『國語讀本』곳곳에 일본의 신화가 수록된 것은 그런 사실과 결부지어 볼 수 있다. 박주식의 「제국의 지도 그리기」(『탈식민주의』, 문학과지성사, 2003) 275-276면 참조.

데 그것은 커다란 알이었습니다. 불길하다고 해서 그 알을 예쁜 상자에 넣어 바다에 버렸습니다. 그러자 그 상자가 점점 조선의 해안으로 흘러 왔습니다. 그렇지만 어느 누구도 그 상자를 줍지 않았습니다. 이윽고 어느 할머니가 주워서 상자의 뚜껑을 열어보니, 안에 잘생긴 어린아이가 있었습니다. 할머니는 몹시 기뻐하여 이 아이를 소중하게 길렀습니다. 그러자 이 아이가 점점 성인이 되었고, 보통사람들보다 뛰어난 큰 사람이 되었습니다. 용모가 기품이 있고, 지혜도 뛰어나 마침내 신라의 왕이 되었습니다. (4-22, 「卵から 生れた 王」)

이 신화는 신라의 왕이 원래는 일본 족장의 아이라는 것, 커다란 알로 태어나 버려졌으나 구제되어 왕이 되었다는 내용이다. 그리고, 한편에서는 신라 왕의 신하인 호공(瓠公) 역시 일본사람이라는 것을 말하는데, 이는 신라의 지배층 역시 일본 출신이라는 것을 시사해준다. 일본과 조선은 동류의 혈족이라는 것, 그런데 일본이 장자라면 조선은 차자(次子)와 같은 존재로 일본이 우월한 위치에 있었다는 내용이다.

이런 주장은 다음 단원들에서는 신화시대로 거슬러 올라가 조선과 일본이 기원적으로 동류의 혈족이라는 주장으로 이어진다. 「황대신궁」에서는 일본의 시조라 할 수 있는 아마테라스오미카미(天照大神)의 황대신궁(皇大神宮)이 소개된다. 아마테라스오미카미는 천황의 아득한 선조로 아주 오랜 옛날에 백성에게 큰 은혜를 베풀어 백성에게 벼를 심는 것이나 누에치는 것을 가르쳤다고 한다. 아마테라스가 일본 천황가의 조상신이자 일본에 농업을 소개한 신이라면, 스사노오노미코토는 무사로 그 동생이다. 스사노오는 매우 힘이 세서 머리가 여덟 개 달린 구렁이에게 술을 먹인 뒤에 죽였다. 또 그는 조선에도 간적이 있고, 일본에 나무를 많이 심어 그것으로 조선을 왕래하는 배를 만들었다고 한다.

天照大神의 동생 스사노오노미코토라는 대단히 강한 분이 있었습니다. 이 분은 방방곡곡을 돌아다니다 이즈모노쿠니(出雲國)에 납시었습니다. (중략) 스사노오노미코토는 조선에도 납신 적이 있었습니다. 또 일본에 많은 나무를 심어서 그것으로 조선에 왕래하는 배를 마련하도록 하셨습니다. (4-14, 「스사노오노미코토(すさのおのみこと)」)

　여기서 아마테라스는 조선의 환웅(桓雄)과 같은 존재이다. 풍백(風伯)과 우사(雨師)와 운사(雲師)를 거느리고 인간 세상을 다스렸다는 환웅처럼, 아마테라스는 벼와 양잠 기술을 백성들에게 가르쳐 주었다. 아마테라스의 후예가 일본국을 건설하여 초대 신무천황(神武天皇)이 되었고, 그 후손들이 대대로 통치권을 계승했다는 것은 환웅의 아들 단군이 평양에 도읍을 정하고 국호를 조선으로 명명한 뒤 1,500년간 다스렸다는 것과 대응된다. 그런데 이런 내용의 신화는 다른 책에서는 신무천황의 동생인 스사노오노미코토가 단군이라고 함으로써 수직적으로 위계화되어 나타난다.[195] 조선과 일본은 고대부터 한 혈족이고 서로 상하의 위계관계를 갖고 있었다는 것을 말함으로써 일본의 근원적 우월성을 시사한 것이다.

　「야마토타케루노미코토」(5-4)는 용감한 천황인 야마토타케루노미코토(日本武尊)의 이야기이고, 「오진천황」(5-11)은 그 손자인 오진천황(應神天皇)의 이야기이다. 이 오진천황은 한일 관계사에서 중요한 역할을 한 인물로 기록되어 있다. 곧, 오진천황 성대에 일본은 매우 번성해서 국위가 멀리까지 미쳐서 조선에 많은 일본인들이 이주해서 살았고, 조선 사람 역시 일본으로 와서 토

---

195) 林春齊의 『東國通鑑』(1666)과 藤原貞幹의 『衝口發』(1781)에서 단군과 수사노오의 동일성을 주장하였다. 박경수·김순전의 「'국어독본'의 신화에 응용된 일선동조론」(앞의 『식민지 조선만들기』) 108면 참조.

지를 받아서 살았는데 특히 백제의 왕인(王仁)은 논어와 천자문을 헌상했다고
한다. 이를테면 조선과 일본은 고대부터 서로 도움을 주고받았는데 특히 일본
을 흠모해서 일본으로 이주한 조선 사람들이 많았다는 주장이다. 「아마노히
보코(天日槍)」(8-3)도 그런 내용인 바, 여기서는 신라의 왕자로 태어났으나 천
황을 흠모해서 일본에 귀화한 인물이 소개된다. 아마노히보코라는 신라의 왕
자는 천황의 덕을 흠모하고 일본에 살고 싶어서 멀리 바다를 건너와서 진귀한
물건을 헌상하였고, 천황은 그 소원을 들어주어 토지를 하사하였다. 히보코는
다지마 지방에 정착해서 살았고 자손들은 이후 그 지방의 명문가가 되어 오랫
동안 황실을 모셨다는 내용이다.

이 '일선동조론'과 '문명화론'은 일제의 조선침략 초기부터 지배이데올로기
로서 상보적인 역할을 했고, 이는 강점 말기까지 지속되었다. 조선은 일본과
근본이 같은 나라이고, 이제 한 국가의 신민이 되었기에 함께 천황에게 충성
해야 한다는 주장이다. 이를 통해 일제는 자신들의 혈통적 우월성과 함께 문
명적 사명감을 선전하고 식민 지배를 합리화한 것이다.

그런데, 흥미로운 것은 이런 내용이 대한제국 시기의 『보통학교학도용 국어
독본』(학부, 1907)에서는 정반대로 서술되어 나타난다는 점이다. 학부 간행의
이 책에도 일제 식민사관이 깊이 침투해 있지만, 고대 한일 관계사 부분은 앞
의 총독부 교과서와는 정반대로 서술되어 있다. 이 책은 조선인 학부 편수국
장 어윤적과 편찬관 현수가 맡아서 간행했으나 실제적 업무는 일인 편찬전담
관 미츠치 슈죠가 담당하였다. 일인이 주도적 역할을 한 관계로 책에는 조선
과 일본의 우호적 관계가 강조되고 한편에는 일제의 식민사관이 노골적으로
개입된다.[196] 삼한은 그 국경이 일본과 근접해서 사람들의 교류가 빈번했고 피

---

196) 자세한 것은 강진호의 「'국어' 교과서의 형성과 일제 식민주의」(『현대소설연구』, 한국현대소
설학회, 2011.4) 참조.

차에 서로 귀화하는 사람이 적지 않았다는 것, 진한의 왕자 일창(日槍)은 왕위를 아우에게 양위한 뒤 일본에 귀화했고, 삼한과 일본은 풍속이 비슷한 경우가 많아서 분묘 주위에 토기를 나열하고 또 주옥을 옷과 머리에 싸서 길게 늘어뜨리기도 했다는 사실을 언급한다.[197] 그렇지만 그런 친분과 교류에도 불구하고 궁극적으로는 조선이 일본보다는 문화적으로 우위에 있었다고 한다.

> 자시로 아국과 일본의 관계는 유왕유심ㅎ얏도다. 당시에 아국은 문학 공예 등이 조이 발달ㅎ고 일본은 오히려 유치홈으로써 아국의 학자와 장공 등이 다수히 일본에 도항ㅎ여 피국의 문화를 계발ㅎ니라. 백제의 사자가 일본에 이른디 일본 황제가 그 사자의 박학다문홈을 보고 무러 글ㅇ홈 경의 나라에 경보다 우승흔 학자ㅣ 잇느뇨. 사자ㅣ 대답ㅎ되 王仁이라 ㅎ는 박사ㅣ 잇으니 아국의 제일되는 학자ㅣ 니라. 어시에 일본이 사절을 파견ㅎ야 왕인을 예빙ㅎ니 왕인이 일본에 이르러 논어와 밋 천자문을 전하니, 어시호 일본에 한학이 시전ㅎ다. (『보통학교학도용 국어독본』6권 2과, 5-6면)

학자와 장인들이 일본에 도항하여 일본의 문화를 계발했고, 특히 왕인은 일왕의 초빙으로 '논어'와 '천자문'을 전해주어 비로소 일본 한학이 시작되었다는 것. 이런 주장은 일인 편수관 三土忠造가 실질적인 영향력을 행사했음에도 불구하고, 조선이 일본에 문화를 전해준 보다 발전된 나라였다는 것을 강제 병합 이전까지는 인정했다는 것을 말해준다.

그런데 총독부 간행의 『국어독본』에는 이와는 정반대로 고대시대부터 일본이 우월적인 지위에 있었고, 조선은 그런 일본을 동경해서 귀화하거나 문물

---

197) 「삼한」(5-7)과 「삼국과 일본」(6-2) 참조.

국어 교과서의 탄생

을 전수받았다는 내용으로 되어 있다. 이런 주장들은 대부분 일본 중심의 우월의식에 바탕을 둔 것으로 사실의 왜곡이거나 침소봉대에 가깝다.[198] 일선동조론은 당시 일본학자들에게도 비판을 받았던 것으로, 실제로는 일본의 주장과는 정반대의 내용이다. 곧, 일본 열도 주민은 한반도에서 도래한 사람들의 후예라는 것. 이런 주장은 에도시대부터 있었는데, 에도시대의 유학자이자 정치인인 아라이 하쿠세키(新井白石)는 일본의 선조는 마한에서 왔다고 하면서 구마소(熊襲)와 고구려는 동족일 수 있다고 주장하였다. 일본에서 처음 간행된 한국 역사서인 스기와라 다쓰기치(菅原龍吉)의『계몽조선사략(啓蒙朝鮮史略)』(1875)에서는 단군에서 고려 멸망까지를 편년체 형식으로 다루었는데, 거의 사실에 준하는 서술을 보여주었다. 말하자면 일본에서 조선의 역사를 왜곡한 것은 개항 이전에는 거의 없었고, 강화도조약(1876) 이후 일본의 침략적 의도가 구체화되면서 본격화되었다. 흥미롭게도『보통학교학도용 국어독본』(1907)과 일제의『국어독본』(1912)은 그런 시대 변화에 상응하는 서술을 보여준 셈이다. 조선을 강제 병합한 상황에서 일제는 더 이상 역사적 사실에 구애받지 않고 침략을 정당화하기 위해서 역사마저 서슴없이 왜곡했던 것이다.

천황의 형상과 숭배의 논리

『국어독본』에서 가장 많은 비중으로 등장하는 것은 천황과 관계되는 단원이다. 일제 교육의 궁극적 목적이 천황에 충성하는 신민을 만들기 위한 데 있었다는 것을 염두에 두자면, 앞의 신화들도 결국은 천황에게 힘과 권위를 부

---

198) 최혜주의「근대 일본의 한국사관과 역사 왜곡」(『한국 독립운동사 연구』, 2010, 277-279면) 참조.

여하기 위한 정지작업으로 볼 수 있다. 지금도 그렇지만 일본에서 천황은 국민 통합의 중심이자 정신적 지주이다. 일제는 『고사기(古事記)』와 『일본서기(日本書紀)』에 전해지는 신화를 근거로 천황을 신격화하고 천황에게 절대 권력을 부여하였다. 일본은 만세일계(萬世一系) 천황이 통치하는 나라이고, 일본 민족 전체는 하나의 가족이며 천황가는 종가(宗家)이고 천황은 일본 민족 전체의 가장에 해당한다는 주장이다.[199]

교재의 앞부분에 '해(日)'와 관련되는 단원들이 여럿 등장하는 것은 그런 사실과 연결지어 이해할 수 있다. 해는 일본을 상징하고 궁극적으로는 숭배해야 할 대상으로서 천황을 지시한다는 점에서 본문 곳곳에서 그것이 반복되는 것을 주목할 수 있다. 가령, 1권 33과에서 '아침 해가 떴습니다.'라고 하여 태양이 떠오르는 장면이 제시되고, 2권 1과인 「아침」에서는 동쪽 하늘에 아침 해가 붉게 떠오르는 장면이 서술되며, 9과인 「사방」에서는 아침 해를 배경으로 양손을 벌리고 서 있는 아이가 등장한다. 11과 「오전과 오후」에서는 동에서 떠서 서쪽으로 지는 해를 바라보는 인물들의 모습이 삽화로 제시되고, 19과 「신년」에서는 새해가 되어 일장기를 단 대문의 모습이 등장해서 이제 우리가 받들고 충성을 받쳐야 할 나라가 일본이라는 것을 명시한다. 여기다가 많은 수의 삽화가 제시되어 그 의미가 한층 더 강화된다. 1권 15과 「연습」에서 '아침 해 깃발'이라는 이름 아래 태양과 일장기가 제시되며, 1권 33과와 2권 19과에서도 태양이 삽화로 제시되고, 심지어 본문에서 일장기를 언급하지 않은 단원에서도 일장기를 삽화로 제시하여(6-27, 「러일전쟁」) 자연스럽게 일장기에 친숙하도록 하였다. 이런 단원들을 통해 '일장기는 마치 아침 해처럼 멋있게 보'이고, '어느 집이나 이 깃발을 세워야 한다'는 것을 은연중에 강요한다. '해'

---

199) 박진우, 앞의 논문, 86면.

와 '일장기'가 동일시되고, 그것이 종국에는 '충성을 받쳐야 할' 대상으로 의미화되는 것이다.

여기에다 일본 국화나 다름없는 벚꽃과 왕실 문장인 국화(菊花)를 제시함으로써 천황의 이미지는 한층 고아하고 존엄한 것으로 구축된다. 「매화꽃과 벚꽃」(3권-3과)에서는 언급한 대로 일본의 상징화인 벚꽃을 소개하고, 「국화」(4-1)에서는 국화꽃을 설명하면서 그것이 '황실 문장'이라는 것을 말한다. "국화꽃은 색도 모양도 아름답고 매우 좋은 꽃이어서 우리나라 사람들은 예로부터 이것을 좋아합니다. 국화꽃 모양은 황실 문장으로 삼아 사용하고 계십니다. 이것을 국화 문장이라 합니다." 이런 진술과 함께 16화판의 국화 문장의 이미지가 제시된다. 여기서 16화판의 국화 문장[八重菊]은 왕실의 문장을 의미하는데, 그것이 공식적으로 사용된 것은 1869년(명치 2년)이었다고 한다. 그것이 오늘에 이르러 일본의 일등공로 훈장은 국화 문장이 되고, 극우파가 자주 활용하는 욱일기(旭日旗)의 햇살 모양의 붉은 줄 16개도 사실은 해가 뜨는 모양이 아니라 둥근 꽃술과 16장의 꽃잎을 가진 국화라고 한다. 『국어독본』은 이러한 상징 기제를 통해서 천황의 이미지를 존엄한 것으로 만들고 궁극적으로 숭배의 정조를 함양하고자 하였다.

※ 천황 관련 단원 목록200)

권·과	제 목	내 용
2-20	テンノウヘイカ	천황의 소개
3-1	キクノ花	황실 문양의 설명
3-20	明治天皇	메이지 천황 소개
3-22	天長節	천장절 설명

200) 유철의 「일제강점기 일본어교과서에 나타난 천황제」(앞의 『식민지조선 만들기』, 88면)를 참조해서 작성하였다.

권·과	제목	내용
4-7	皇大神宮	신궁의 위치 요배 배경
4-14	すさのおのみこと	스사노오노미코도의 활약
4-18	神武天皇	진무천황의 동방전투
4-28	一年	천황 관련 행사
5-4	日本武尊	日本武尊이 반란을 진압한 이야기
5-11	応神天皇	일본으로 이주해간 조선 사람들 소개
5-20	大正天皇陛下	大正천황의 애민 활동
5-23	仁德天皇	인덕천황의 애민 활동
6-3	明治天皇	천황의 배경과 업적, 고분
6-17	京都見物の話	신사의 위치
7-1	我が國の景色(一)	嚴島 신사
8-3	天日槍	신라 왕자 天日槍의 일본 귀화

이들 단원에서 천황은 단지 영웅적이고 위대하기만 한 존재가 아니라 인민을 자식처럼 사랑하는 가부장과 같은 존재로 그려진다. 「천황폐하」(2권 20과)에서는 천황은 일장기의 한 가운데 있는 붉은 태양처럼 '도쿄 한가운데'에 있는 존재이다. 도쿄는 일본의 심장이고 그 심장의 한 복판에 종가와도 같은 궁전에 천황이 거처한다. 천황은 부모가 자식을 사랑하듯이 인민을 사랑하고, 그래서 그 은혜를 감사히 여겨야 한다는 것이다.

천황은 또한 조선뿐만 아니라 널리 대만과 사할린에까지 은혜를 베푸는 존재이다. 「메이지천황」(6-3)과 「다이쇼 천황폐하」(5-20)에서 그런 사실이 언급된다. 「메이지천황」에서 천황은 조선에 은혜를 베풀고 새로운 환경을 제공한 인물로 그려진다. 재위 46년 동안 메이지천황은 오로지 나라와 백성을 위해 힘을 쏟았고 그 결과 일본을 세계 일등국의 하나로 만들었다. 그런 다음 조선의 백성을 위해 조세를 감면해주었고, 대사면을 단행하였다. 또, 효자와 절부에게 은상을 내리고, 고아와 과부 등 의지할 데 없는 이들에게 금전을 베풀었으며, 많은 돈을 하사해서 산업을 장려하고 교육을 진작시켰다. 지금 조선의 각 지방에서 볼 수 있는 잠업전습소, 기업전습소, 보통학교 등은 모두 메이지

천황의 은혜라는 것. 「다이쇼 천황폐하」(5-20)에서는 그것을 이어받은 존재로 다이쇼 천황이 소개된다. 다이쇼 천황은 효심이 깊어서 부왕인 메이지 천황이 승하했을 때 무척 슬퍼하였고, 장례식 날에는 생계가 곤란한 백성을 구하기 위하여 일금 100원을 하사해서 일본과 조선과 대만과 사할린 및 관동주에 고루 나누어주었다. "다이쇼천황폐하가 일본의 인민도 조선 대만 등의 백성도 모두 이를 자식처럼 생각하시어 똑같이 어엿비 여기"신 것이고, 따라서 "진심으로 감사"해야 한다고 한다. 말하자면, 조선을 구원한 인물이 천황이고 그래서 충군하는 신민이 되어 그 은혜를 갚아야 한다는 주장이다.

「대일본제국」(3-19)에서는 그런 시각의 연장에서 천황의 통치 영역을 지도를 통해서 보여주는데, 이는 곧 일제의 제국주의적 야망을 도상화한 것으로 볼 수 있다. "이것은 우리 대일본제국의 지도입니다."로 시작되는 이 단원은 제국의 신민으로 조선인을 재정립하려는 의도를 구체화한다. 이제 '대조선국'이라는 사실을 잊고 대신 '대일본제국'의 신민으로 스스로를 재정립해야 한다.

▲「대일본제국」지도

남에는 대만에서부터 일본 본토와 한반도가 펼쳐지고, 북으로는 사할린과 홋카이도를 포괄하는 광대한 공간이 일본 제국의 영토이다. 동북아시아의 반 이상을 포괄하는 이 광활한 영토는 천황의 햇살이 비치는 문명의 공간이다. 더 이상 일본은 아시아의 작은 섬나라가 아니라 반도와 대륙을 거느린 거대한 제국이다. 그런데 그것은 아직도 검은 색으로 표시된 광활한 대륙을 미답지로 남겨 놓았다. "국위는 날로 앙양되고 국력은 달로 증진되"니 "국민 된 자는 더 욱 더 분발 노력하여 황은의 만분의 일이라도 보답"[201] 해야 한다는 진술은 그런 맥락에서 검은 대륙에 대한 영토적 야망을 표현한 말로 봐도 무방할 것이다. 만주전쟁(37)과 태평양전쟁은 그런 욕망의 구체화가 아니던가?

당시 일제는 서구 열강들과 마찬가지로 자신들의 대외팽창에 지리학적 사고를 도입했는데, 이들 단원은 그런 사실을 단적으로 보여준다. 후쿠자와 유키치는 "지리학이란 일본 전국은 물론 세계만국의 풍토에 대한 안내이다."라고 말한다.[202] 그 말처럼 일제는 만주전쟁과 태평양전쟁을 통해 영토 확장에 대한 욕망을 구체화했고, 그 목표를 실현하기 위해 제국의 명운을 걸었다. 근대 식민지 건설의 상상력은 '자신의 속국들을 영토로 파악하지 결코 국민으로 파악하지 않는다'는 호미 바바의 지적처럼,[203] 일제는 이들 단원을 통해서 제국의 비전과 함께 주체의 욕망을 시각화한 것이다. 『국어독본』 곳곳에서 영토에 대한 관심이 구체적으로 표명된 것은 그런 의도와 연결해 볼 수 있다. 「후지산」(4-15), 「조선」(4-16), 「조선의 지세」(5-3), 「큐슈와 대만」(6-18), 「홋카이도와 사할린」(6-19), 「혼슈와 시코쿠」(6-9) 등. 여기서 「후지산」은 일본 제일의 산으로, 광활한 심상지리

---

201) 「대일본제국」, 『國語讀本』8권, 31면.

202) "地理學とは日本國中は勿論世界萬國の風土道案内なり(『学問のすすめ』, 8면) 윤상인, 「지리담론을 통해 본 근대 일본인의 심상지리와 아시아 인식」(『아시아문화연구』, 가천대 아시아문화연구소, 2011.9. 136면 재인용.

203) 호미 바바, 앞의 책, 200면.

의 한 복판에 존재하는 꼭지점이다. 이 후지산을 중심으로 남북으로 조선 반도가 이어져 있고, 아득한 남쪽 바다에 대만이 있다. 그리고 그 맞은 편에는 아직도 미답지인 검은 대륙이 놓여 있다. 일제는 『국어독본』을 통해서 제국의 열망과 꿈을 구체화하고 천황의 신민으로서 자기동일성을 획정해나간 것이다.

국어교육과 식민주의

국어과 교육의 중요한 목표는 언어활동 능력의 신장을 통해 지적 능력을 계발하고 창조적인 생활을 영위할 수 있는 인간을 양성하는 데 있다. 그러기 위해서 언어 교육과 함께 사상을 표현하는 능력을 기르고, 덕성을 함양하고 보통 지식을 교수한다. 그렇지만 일제는 『국어독본』에서 그보다는 "민도의 실제에 맞고 시세의 요구에 응하"는 식의 교육을 시행하였다. 일제의 정책을 선전하고 학생들을 일본 식으로 개조하는 데 주력했고, 그러다보니 학생들의 수준이라든가 특성을 고려하지 않은 내용의 단원들이 곳곳에서 목격된다.

아동용 교과서임에도 불구하고 교재 곳곳에는 일본 특유의 잔혹하고 엽기적인 장면들이 목격된다. 「야마토타케루노미코토(日本武尊)」(5-4)에서는 잔혹한 살인 장면이 등장한다. 큐슈 지방에서 나쁜 무리가 반란을 일으키자 천황은 황태자 미코토에게 정벌을 명했다. 16살에 불과한 미코토는 여자로 변장한 뒤 반역자의 집에 숨어들어 갖추고 있던 칼로 우두머리의 미리를 찔러 죽였고, 또 동쪽 지방에서도 나쁜 무리들이 반란을 일으키자 들판에 불을 놓아 태워 죽였다. 무사의 무용담을 소개한 단원이지만, 반란자라는 이유로 무자비하게 찌르거나 불태워 죽이는 장면은 자못 흉측하고 폭력적이다. 더구나 그것이 십화와 함께 제시되어 잔혹함은 한층 더 증폭되는데, 가령 칼로 적장을 찌르고 불을 지르는 장면은 충격적이다 못해 공포스럽기까지 하다. 반역자를 철저히 응징하겠다는 메시지를 식민지 조선의 학생들에게 전달하려는 의도로 보이지만, 이제 막 가치관이 형성되기 시작한 초급학생들에게 적합한 내용이라고 볼 수는 없다. 「재주 겨루기」(6-25)에서는 한층 엽기적인 모습이 등장한다. 그림을 잘 그리는 사람이 친구로부터 놀림을 당하자 복수하기 위해서 '검게 부풀어 오른 썩은 시체'를 실물처럼 그렸고, 그것을 실물로 착각한 친구가 도망치자 웃으면서 다가와 그것은 장지문에 그린 그림이라고 말한다는 내용이다. 자기를 놀린 친구를 똑같이 놀린다는 내용이지만, '냄새 나는 썩은 시체'를 사실적으로 제시한다는 것은 자못 기괴하다.

이런 장면들이 아동용 교과서에 여과 없이 등장하는 것은 우선, 잦은 전쟁과 자연 재해로 죽음을 자연스러운 현상으로 받아들이는 일본 특유의 문화에서 원인을 찾을 수 있다. 전국시대에는 마을 도처에 시체가 널려 있었고 삶과 죽음은 그 경계가 모호하였다. 일본인들은 죽음을 피할 수 없다면 죽음에 친근해지고 어떻게 죽을지를 선택하고자 했고 그것이 죽음의 생활화로 나타나기도 했다고 한다.[204] 교과서에서 죽음이 빈번히 등장하는 것은 그런 역사와 무관하지 않을 것이다. 그리고, 한편으로는 이 시기까지도 일본에서는 아동들을 배려한 이야기가 존재하지 않았기 때문이기도 하다. 메이지 시기까지만 해도 옛날이야기는 아동들을 위한 것이 아니었다.[205] 일본에서 진정한 의미의 근대 아동문학이 탄생한 것은 오가와 미메이(小川未明, 1882~1961)의 『빨간 배

---

204) 박경리는 그것을 일찍이 괴기와 탐미의 미학이라고 말한 바 있다. 박경리의 『문학을 지망하는 젊은이들에게』(현대문학사, 1995, 191-212면) 참조.

205) 가령, 당시 널리 성행했던 '할머니를 국으로 만들어 할아버지한테 먹인다'느니, '우물 아래 있는 뼈를 보라'느니 하는 식의 옛날이야기는 아이의 취향을 고려한 것이 아니라 그냥 어른들이 주고받는 이야기였다. 이 옛날이야기가 동화로 다시 씌어졌다고 해도 여전히 그 잔혹함과 부조리는 남아 있었다고 한다. 가라타니 고진의 『일본근대문학의 기원』(박유하 역, 민음사, 1999) 166-7면 참조.

(赤い船)』(1910)부터라고 한다. 여기서 아동은 공상 세계에서 벗어나 현실적인 아동상으로 나타나기 시작했다.[206] 교과서에서 잔혹하고 엽기적이기까지 한 내용이 여과 없이 등장하는 것은 그러한 아동의 발견이 이루어지기 이전에 만들어진 까닭이다. 하지만 무엇보다 중요한 원인은 『국어독본』을 통한 일제의 의도가 조선인을 천황의 신민으로 개조하는 데 있었기에 그 외의 내용들을 도외시한 것이다. 학생들의 수준이나 특성보다는 정치적 의도가 앞섰고 그래서 잔인하거나 기괴한 대목들이 여과없이 등장한 것이다.

『국어독본』은 이렇듯 일제의 문화와 식민주의를 근간으로 해서 간행되었다. 식민주의는 일제가 조선을 통치하기 위한 이데올로기였고 또 조선인을 신민으로 개조하기 위한 거짓 지식이었다. 하지만, 그럼에도 그것의 교육적 효과는 자못 컸던 것으로 나타난다. 식민주의 외에는 다른 교육이 존재하지 않았기에 식민화가 진행되면서 취학 아동의 수는 급격히 증가할 수밖에 없었다. 국어(일어)교육이 본격화되고 정착되는 과정은 한편으론 황민화의 과정과 비례했다. 그렇지만, 식민지에 대한 지배 이데올로기는 동일화와 차이화가 모순적으로 작동한 것이었다. 지배를 용이하게 하기 위한 수단으로써 '나와 닮아라'라는 동화정책과 함께 식민지와의 차이를 위한 '나와 같아서는 안 된다'는 차별화정책이 동시에 시행된다.[207] 일제는 표면적으로는 식민지 조선에 대해 '일시동인'의 동일화를 표방했지만, 그 이면에는 차이에 대한 시선을 강고하게 간직하고 있었다. 일제에 의한 동일화는 피식민지인에 의한 모방이 지속되면서 전복성을 가져와서 식민자의 동일성을 해체할 수도 있기 때문이다. 그것을 예방하고 순응하는 피식민지인을 양성하기 위해서 일제는 교육을 적극적으로

---

206) 가라타니 고진, 앞의 책, 152-4면.
207) 호미바바, 앞의 책, 178-185면.

활용한 것이다. 신화를 통해서 일선동조론을 선전했고, 문명화론을 앞세워 조선을 근대화시켜야 한다고 역설했지만, 그것은 어디까지나 한계가 분명한 것이었다. 신화시대의 조선이 일본의 방계에 지나지 않았던 것처럼, 조선과 일본은 같은 혈족으로 태어났더라도 엄연히 다른 차별성을 갖는다는 것, 조선교육령에서 '시세와 민도에 맞는 교육'을 강조했던 것은 그런 이유이다. 내지와 조선을 구별하지 않는다는 일시동인이란 한갓 구호에 지나지 않았던 것이다.

그런 맥락에서 이른바 식민지 근대화론의 허구를 엿볼 수 있다. '모든 근대는 식민지 근대'라는 전제에서 일제의 식민지배가 한국의 근대화에 중요하게 기여했다고 보는 근대화론자들의 주장은 식민주의란 본질적으로 이중적이고 또 차별을 전제한다는 사실을 간과한 것이다. 식민지 근대화론의 관점에서 볼 때 식민성은 궁극적으로 근대성을 성취하는 하나의 경로에 지나지 않지만,[208] 사실은 차별을 전제하는, 하위 주체를 양산하는 종속의 과정에 다름 아니었던 것이다. '전등을 달고 전차가 개통되고, 이층집과 다다미가 늘면서 생활이 편해지고 위생이 좋아졌다'고 반기는 현실을 보면서 "누구의 이층이요 누구를 위한 위생이냐"고 반문했던 이인화의 탄식처럼, 식민지 근대화란 궁극에는 "부지깽이 하나 남기지 않고 들어내고 집어낼" 수밖에 없는, 그리하여 궁극적으로는 "이 거리에서 쫓겨나갈"[209] 수밖에 없는 언어도단에 지나지 않았던 것이다. 일제가 한글을 일개 지방어로 전락시키고 일본어를 국어로 삼아 『국어독본』을 간행했지만, 그것이 국어 교과서로서 제 기능을 수행하지 못했던 것은 차별적 이데올로기를 근간으로 하는 그런 식민주의에 원인이 있다. 국정이고 또 '국어' 교과서라는 권위에도 불구하고 결국은 하위 주체를 양산하는 도구에 지나지 않았던 것이다.

---

208) 당시 식민주의의 성격에 대해서는 윤해동의 「동아시아 식민주의의 근대적 성격」(『아시아문화연구』, 가천대 아시아문화연구소, 2011.6, 81-115면 참조.

209) 염상섭, 『만세전』, 문학과지성사, 2014 개정판, 78면.

02.

일제의 식민지 교육과 피동적 주체

(-『보통학교 조선어독본』을 중심으로)

일제 침략과 보통학교 교육

일제가 식민 정책을 펴는 과정에서 가장 중시했던 것은 보통학교 교육이었다. 보통학교 교육은 일제가 의도했던 바를 달성하기 위한 가장 효과적인 수단이었다. 교육은 이데올로기를 재생산하는 도구일 뿐만 아니라 체제를 선전하고 유지하는 강력한 수단인 관계로 일제는 한국 내에서 하급 사무원과 기술자를 양성하고 나아가 지배체제를 공고화하기 위해 우민화, 제국 신민화, 황민화 등의 심리적 풍토를 조성하는데 주력하였다. 보통학교는 이런 목표를 수행하는 가장 기본적이고 효과적인 단위였다. 그래서 일제는 보통학교에서 일본어를 교수 용어로 사용하면서 일본으로의 동화를 위한 교육을 본격적으로 시행하였다. 1908년 '사립학교령'과 '교과용 도서검정규정'을 공포하여 조선의 사학을 탄압하였고, 1911년 '조선교육령'을 공포하여 일본어 교육의 강화와 조선인을 황국 신민화하기 위한 제반 조치를 단행하였다. 1922년에는 '조선교육령'을 개편해서 서당과 사설강습소 등을 정비하고 일본과 동일한 형식으로 조선의 교육체제 전반을 교체했는데, 이는 "생활에 필수한 보통의 지식기능을 수(授)하여 일본 국민된 성격을 함양하고, 국어(일본어)를 습득케 함"이라는 '조선교육령 제4조'의 내용대로 충성스럽고 순종하는 사람을 만들기 위한 데 목적이 있었다. 그래서 조선총독부는 공립 보통학교를 확충해서 1918년에는 '삼면일교(三面一校)' 원칙에 의해 학교를 신설했고, 1928년에는 '일면일교(一面一校)' 원칙을 세워 전국 각지에 학교를 증설하였다. 이런 정책은, 식민지체제가 본질적으로 군사적 강점에 의해 그리고 경제적 착취를 위해 성립한 민족적 지배의 역사적 체제라는 사실을 감안하자면,[210] 교육을 통해 체제가 필요로 하는 인적 자원과 지식적 권위를 생산하고자 했던 의도로 볼 수 있다.

여기서 주목하는 보통학교용 조선어 교과서에는 그런 일제의 식민지 정책이 집약되어 있다. 교과서란 학생들이 학습 내용을 쉽게 배울 수 있도록 편찬된 도서이고, 그래서 각 교과가 지닌 지식과 경험의 체계를 간명하게 편집해서 학습 자료로 활용할 수 있도록 만들어진다. 더구나 교과서는 지식의 단순한 모음집이 아니라 식민체제의 가치와 이념을 집약한 교본이라는 점에서 일종의 규범서와도 같다. 규범이란 일반화된 지식에 우선하는 근원적인 가치이자 이념이고 동시에 학생들이 내면화하고 실천해야 하는 삶의 덕목이다. 일제는 우리 민족에게 일본인의 자질을 함양하여 제국에 충성하고 순종하는 인물을 만들고자 했고, 이를 위해서 일본어를 보급하고 일상생활에 필요한 각종 지식을 전수하고자 했던 것이다.[211] 그런 의도를 담고 있었던 관계로『보통학

---

210) 김진균·정근식·강이수, 「일제하 보통학교과 규율」, 『근대주체와 식민지 규율권력』, 문화과학사, 1997, 77-78면.

211) 일제는 일시동인, 내선일체의 정책 슬로건 속에서 제2차 조선교육령을 1922년 발표했는데, 여기서 교육체제를 대폭적으로 바꿔 6년제 보통학교, 5년제 고등보통학교, 3~5년제 여자고등보통학교, 5년제 전문학교, 2년제 대학 예과, 4년제 대학으로 구성하였다. 이러한 변화는

교 조선어독본』(1922)[212]은 마치 계몽적인 지도서와도 같은 모습이다. 『보통학교 조선어독본』(이하 『조선어독본』)에는 저학년을 위한 한글 자모 학습에서부터 단어, 인사 예절, 세시풍습, 속담, 민담, 근대 문물, 지리, 고대소설, 일본의 명절과 지리 등이 계몽적인 어투로 소개되어 있다. 더구나 이 교재는 조선총독부에서 간행한 조선어로 된 유일한 교과서였다는 점에서 일제의 식민주의적 의도가 한층 구체적으로 표명되어 있다. 한 신문의 사설에서 언급된 것처럼, 일본어에 익숙하지 못해 "보통학교 3학년까지는 음울하고 불합리, 비자연스럽게 지내"다가 "4학년이 되면 용어에 대한 불편을 다소 덜게 되"[213]는 상황에서, 조선어로 씌어진 『조선어독본』은 학생들이 교과서의 지식을 불편 없이 흡수할 수 있는 최상의 교재였고, 그런 의도에서 일제는 『조선어독본』을 마치 '수신(修身)' 교과서와도 같은 내용으로 채워놓은 것이다. 물론, 당시에 공립 보통학교에 취학한 학생의 수가 많았던 것은 아니다. 다음 표에서 알 수 있듯이, 1920년대에는 20%가 안 되는 상태였다.

근대적 교육체제의 확립이라기보다는 일부 학제·학년을 늘리면서 교육체계를 새로 확대·개편한 것으로 식민지 정책에 필요한 심부름꾼을 체계적으로 키우는 문제가 식민지 통치를 유지·강화하는데 더욱 절박한 상황이 되었다는 것을 말해준다. 한국교육연구소편의 『한국교육사(근·현대편)』(풀빛, 1997, 176면) 참조.

212) 이 글에서 분석 대상으로 삼은 교재는 1922년 '새교육령'에 의해 편찬된 『보통학교 조선어독본』(조선총독부편, 조선서적인쇄주식회사) 이다. 6권으로 구성된 이 책은 1910년 한일합방과 함께 편찬된 『보통학교 조선어독본』을 부분적으로 수정·보완한 것으로, 내용상의 큰 변화는 없다.

213) 사설, 「조선인과 보통교육」, 《조선일보》, 1927. 11. 1.

※ 공립보통학교의 현황과 취학률[214]

년 도	1929	1936	1942
학교수	1,500	2,411	3,110
학급수	8,029	10,823	23,258
취학율(%)	18.6	27.8	·

그럼에도 불구하고 이『조선어독본』은 조선학생들에게 강요된 일제 식민 교육의 기본 교과목이자 방침이 구체화된 것이라는 점에서 중요한 의미를 갖는다. 『조선어독본』은 순응적 주체를 만들고자 했던 의도 외에도, 한편으론 전근대의 비과학적, 비이성적, 비합리적 인식체계를 부정하고 대신 과학과 이성, 합리성에 바탕을 둔 근대적 가치를 지향한 것이었다는 점에서, 일제가 피식민자에게 강요한 내면(mentality)의 구체적 방향과 특성을 담고 있다. 주체란 선험적으로 탄생되는 것이 아니라 제도와 규범 속에서 형성되고, 주체를 구성하는 내면성 역시 일상적 삶의 체계와 습속, 그것을 통제하는 규율권력과 제도적 장치에 의해 창안되고 주조된다.[215] 교과서는 그러한 근대적 내면을 창출하는 규율의 기제였다. 더구나 그것은 고급 지식체계에의 접근이 어려웠던 식민지 민중에게는 기본적인 교양과 지식을 제공해서 식민지 근대화를 촉진하고 그들의 근대적 내면을 생산하고 주형한 핵심적 도구였다. 그런 관계로 교과서에 대한 분석은 근대성과 식민성이 상호작용하며 복잡한 모습으로 작동하는 장(場)을 재구성하는 것이자 동시에 피식민지 주체의 주체화의 맥락과 성격을 가늠하는 과정이기도 하다.

---

214) 조선총독부,「朝鮮ニ 於ケル 敎育ノ槪況」, 경성, 1937. (임남경,「일제전시체제하 초등교육에 관한 일고찰」, 이대 석사, 1982, 25면, 재인용)
215) '내면성'에 대해서는 이종영의『내면성의 형식들』(새물결, 2002, 1-3장) 참조.

▲『보통학교 조선어독본』 1권

　여기서는 먼저 『조선어독본』의 내용을 고찰하고 거기에 작동한 조선총독
부의 식민주의와 근대성의 특징을 살펴볼 것이다. 그리고 그런 현실에서 형성
된 근대적 주체의 모습을 당시 발표된 김동인의 작품을 중심으로 검토하기로
한다. 「약한 자의 슬픔」이나 「만세전」(염상섭) 등은 근대적 주체의 내면을 섬세
하고 사실적으로 보여준다는 점에서 교과서 분석을 통해서 확인한 피식민지
주체의 이중성을 한층 구체적으로 확인시켜 줄 것이다. 이런 작업을 통해 우
리는 궁극적으로 근대문학이 어떤 조건에서 생성되고 전개되었는가를 좀 더
명확히 이해하게 될 것이다.

　식민 교육과 순응적 주체

　최근의 교육과정과 비교할 때 식민 치하 1920년대 교과서는 여러 점에서
격세지감을 느끼게 한다. 시대 현실에 능동적으로 대응하는 주체적이고 창의

적인 인간을 만드는 것이 최근의 교육 목적이라면, 식민 치하에서는 그와는 거리가 멀었기 때문이다. 최근의 교육과정은 단편적이고 사실적인 지식을 암기하고 이해하는 능력보다는 정보를 탐색하고 분석하여 새로운 지식을 창출하는 능력, 자기 주도적인 평생학습 능력과 효율적 의사소통, 그리고 협동적 문제해결 능력 등을 중요한 목표로 제시한다. 그것은 이른바 구성주의 철학의 도입에 따른 주관적·상대적 지식관에 바탕을 둔 것으로 기존의 객관적·절대적 지식관과는 방향을 달리한다. 지식을 인간 외부에 독립적으로 존재하는 것이 아니라 인간 내부에서 개별적인 경험에 의해 주관적으로 구성되는 것으로 보고, 학습자 중심의 교육을 지향한 게 최근의 교육이라면,[216] 식민 치하의 그것은 '가르치는 주체' 즉, 일제의 의도가 전면화되는 강한 목적성을 특징으로 한다. '배우는 주체'의 신체적·정의적·지적 성장의 특수한 과정을 고려하기보다는, '가르치는 주체'를 중심으로 모든 학생이 도달해야 할 목표를 설정하고 그것을 위해 학생들에게 동일하고 획일적인 교육을 시행하는 식이다. 조선어에 대한 교수·학습을 목적으로 하는 『조선어독본』이 마치 『수신』 교과서와 같은 다양한 실용 지식과 정보를 담고 있는 것은 그런 이유로 이해될 수 있다.

※『조선어독본』3권 내용 분류[217]

내용	단 원 명
수신	「그네」「낚시질」「편지」「추석」「매암이와 개미」「운동회」「문병」「이언」
역사	「솔거」「박혁거세」
이과	「소와 말」「제비」「희우(喜雨)」「집히 효용」
지리	「백두산」「경성」

---

216) 교육부, 『국어과·한문과 교육과정 기준(1946-1997)』, 2000, 12.

217) 조선총독부, 『보통학교 조선어독본』(3권), 조선서적인쇄주식회사, 1924. 6.

내용	단원명
실업	「식목」「나물캐기」「국화」
문학	「나븨」「달」「말하는 남생이」「노인의 이약이」「여호와 가마귀」

여섯 권 중에서 한 권을 표본으로 정리한 것이지만, 표에서 알 수 있듯이 『조선어독본』에서 가장 큰 비중을 차지하는 것은 수신적 내용이고, 다른 글들도 도덕과 교훈을 전달하기 위한 의도로 채워져 있다. 이과(理科)에 속하는 글들이나 실업, 심지어 문학 영역에 속하는 단원들도 대부분 도덕적 가르침이나 교훈을 전달하고자 하며, 조선의 인물과 지리에 대한 설명 역시 그런 의도와 결합되어 있다. 하지만 그 모든 것이 궁극적으로는 일제의 식민정책과 연결된 것이라는 점에서 교재의 내용이란 기실 일제가 조선 민중에게 주입하고자 했던 식민주의적 이념과 가치라고 해도 과언이 아니다.

개별 단원의 내용을 살필 때 이런 사실은 한층 더 구체적으로 확인되는데, 이 과정에서 우선 시선을 끄는 것은 문장의 대부분이 현상이나 사물을 단순하게 지시·서술하는 식으로 되어 있는 점이다. 사물의 현상을 소박하게 진술해서 단편적인 정보만을 제공할 뿐 주체의 능동적 사유라든가 창의성을 기대할 수 없도록 되어 있다.

오정 친다. 점심 먹자. 호각 분다, 체조하자. 종친다, 상학하자. 하학종 친다. 해가 늦었으니 집에 가자. (18과)

오늘 구경 잘 하였다. 마음이 상쾌하다. 그렁저렁 해가 다 졌다. 달이 벌써 떴다. 형님, 어서 집에 갑시다. (26과)[218]

---

218) 조선총독부, 『보통학교 조선어독본』(1권), 조선서적인쇄주식회사, 1911. 3.

종이 치면 점심을 먹고, 호각이 불면 체조를 하고, 그리고 해(시간)가 늦었으니 집으로 돌아가자는 내용으로 외적인 규율에 맞춰 움직이면 된다는, 행동에 필요한 사유라든가 고민을 찾을 수 없다. 외부의 자극이 주어지면 거기에 맞춰 행동하면 그만이다. 이런 식의 진술을 통해서는 주체의 능동성과 창의성을 기대하기가 힘든데, 그것은 인간의 행위가 단순히 외적 자극에 의해 이루어지는 것이 아니라 상황에 따른 능동적인 판단과 결단을 통해서 이루어지는 까닭이다. 하지만 교재는 그와는 정반대의 내용만을 제시하여 인간을 수동적 객체로 만들고, 궁극적으로 식민정책에 순응하는 무저항의 주체를 양산코자 하였다. 교과서 전반이 근대적 계몽과 합리주의로 채워져 있음에도 불구하고 그것이 제한적으로밖에 관철되지 못하고 있음을 보여주고, 그런 점에서『조선어독본』은 우리 교육의 오랜 병폐로 거론되는 주입식 교육의 뿌리가 어디에 있는가를 단적으로 시사해 준다.

예절과 도덕

『조선어독본』전반에서 가장 큰 비중을 차지하는 항목은 예절과 도덕이다. 예절과 도덕이란 원래 구속력이나 강제적 규범을 뜻하기보다 스스로 타인을 존중하는 자세를 지칭한다. 일상생활에서 그것은 어떤 일의 순서나 절차, 말투나 몸가짐, 행동의 양식 등으로 구체화되는 일종의 실천 덕목이지만,『조선어독본』에는 그것이 식민 치하의 특수한 상황에서 강요된 것이라는 점에서 구별된다. "황국 신민다운 자질과 품성을 구유(具有)케 해야 한다."[219]는 일제

---

219) 한국교육연구소편,「일제의 교육침략과 민족교육운동」,『한국 교육사』, 풀빛, 1997, 171면.

의 교육 목표에서 알 수 있듯이, 도덕과 예절이란 식민 주체로서 학생들이 구비해야 할 행위의 구체적 내용들이다. 그래서 「저녁인사」(1), 「아침인사」(1), 「선생님과 생도」(1), 「한식」(2), 「집안일의 조력」(2), 「문병」(3), 「김장」(4), 「인사」(4), 「이웃사촌」(4), 「유아의 소견」(4), 「애친」(4), 「한식」(5), 「친절한 여생도」(5), 「예의」(5), 「근검」(5), 「성실」(6), 「공자와 맹자」(6), 「공덕」(6), 「자활」(6)[220] 등은 모두 자신을 관리하고 원만한 사회생활을 하기 위한 덕목들로 채워져 있다.

저학년용인 1권의 「저녁인사」와 「아침인사」는 아침이 되면 아버지, 어머니, 형님을 비롯한 이서방, 복동이에게 잘 주무셨냐고 공손하게 인사하고, 또 저녁이 되면 같은 식으로 인사를 해야 한다는 내용이다. 「선생님과 생도」에서는 선생님의 가르침을 '귀애'하고 '잘 들어'야 하며, 「문병」에서는 친구가 감기로 결석을 하면 정중한 안부편지를 보내고, 「인사」에서는 경조사를 당한 사람에게 전하는 각종 인사 문구가 소개된다. 부자와 사제, 친구와 어른을 공경해야 한다는 이런 내용들은 대부분 유교적 가치와 이념에 바탕을 둔 것으로 위계적 서열의식과 그에 맞는 품성의 함양을 강조한다. 공손하고 친절한 주체를 형성하고자 하는 의도로 이해되지만, 그것은 다음에서 알 수 있듯이 사회와 국가의 윤리와 결합되어 있다는 점에서 개인적 덕목의 단순한 강조에 머물지는 않는다. 즉, 이런 개인의 윤리는 「이웃사촌」에서는 사회적 부조의식으로 연결되고, 「근검」에서는 국가의식으로 확대된다. 이웃에 가까이 사는 사람은 '어떠한 일에든지 서로 구조(救助)하는 일이 많은 고로, 멀리 살아서 자주 상종하지 못하는 친척보다 오히려 친근하'며, 더구나 "아무리 번족한 사람이라도 이웃사람의 부조를 받지 아니하고 사는 사람은 전혀 없"기 때문에 이웃사람

---

220) 괄호 속의 숫자는 글이 수록된 『조선어독본』의 권수를 말한다.

과 '서로 친목하고 서로 부조하는 게 가장 좋다'고 한다. 「친절한 여생도」에서는 길거리에서 만난 안면부지의 노인에게도 공손한 태도를 가져야 한다고 언급하며, 「한식」에서는 그런 마음이 조상에게 확대되어 한식날이면 산소에 가서 정성껏 제사를 올려야 한다는 진술로 이어진다. 고학년용인 『조선어독본』 5-6권에서 '근검'과 '성실' '예의' '순서' 등의 덕목들이 강조된다. 「근검」에서는 "일가를 풍족케 하며, 일국을 부유케 함에 가장 필요한 것은 근(勤)과 검(儉)"이라는 사실을 강조하는데, '근'이란 노력을 아끼지 않고 업무에 힘쓰는 것이고, '검'은 자기의 신분에 따라서 절약하고 남용하지 않는 것이라고 한다. '사업의 성취'는 이 두 요소에 의해 결정되는 관계로 천품이 둔한 사람이라도 힘써서 근검하면 성공할 수 있고, 그것이 바로 "가(家)를 흥하고 국(國)을 강하게 하는 요체"라고 말한다. 「성실」에서는, 성실이란 추호라도 허위의 마음이 없이 여하한 일에든지 진정 근직(謹直)을 위주로 하는 선행이고, 성실한 사람은 그 행동에 표리가 없고 이심(二心)을 갖지 않으며, 궁극적으로는 "군에 충"하게 된다고 한다. 이를테면, 유가의 수신과 충군의 논리를 그대로 재현한 형국인데, 이는 「공자와 맹자」에서 '동양의 대성인'으로 공자를 평가하고 그의 '수신·제가·치국·평천하(修身齊家治國平天下)의 도'를 강조한 것과 같은 의도로 볼 수 있다.

대범 사물은 여차히 정연한 순서가 잇어서 성취되는데, 아등이 학업을 수하야 실사회에 출함에는, 더욱 순서를 요하는지라. 만일 사의 선후를 바꿔든지, 속성하기를 위하여, 순서를 밟지 아니하고 렵등하야 하면, 도로무공할 뿐 아니라, 도로혀 실패하는 일이 만으니, 우리들은 하사를 당하든지, 신중한 태도로 선후 경중의 순서를 잘 밟아서 행할지니라. [221]

---

221) 조선총독부, 『보통학교 조선어독본』(5권), 조선서적인쇄주식회사, 1924. 6, 75면.

모든 사물에는 정연한 '순서'가 있다는 점, 그것을 어기거나 소홀히 하면 도로무공(徒勞無功)하게 되며, 그래서 어떤 일이든지 신중하게 선후의 경중과 순서를 밟아야 한다는 내용이다.

이러한 내용들을 종합하자면, 피교육자는 매사에 순응하고 공경하는 자세를 가져야 한다는 것으로, 일제가 양성하고자 했던 식민 주체의 성격이 어떠했나를 짐작케 해준다. 일상생활에서 윗사람을 공경하고 조상을 숭배해야 한다는 윤리는 효(孝)를 사회의 질서 유지를 위한 근본 원리로 삼고자 하는 의도와 관계되며, 그것은 위계적 도덕성을 계발해서 사회의 혼란을 구제하고자 하는 동양 고유의 사상을 일제 치하 현실에 적용한 형국이다. 일본과 조선을 문명 대 미개, 천황의 나라 대 신민의 나라로 구분하고, 조선이 일본을 공경하고 따라야 한다는, 천황을 정점으로 한 가부장적 도덕 질서를 강조한 형국이다. 여기에 의하자면 조선인은 강자에게 순응하고 복종하는 공손한 내면의 소유자로 스스로를 정립할 수밖에 없게 된다.

위생과 일상의 규칙

『조선어독본』에서 두드러지는 또 다른 항목은 사회 위생과 일상생활의 규칙이다. 위생이란 인체의 발육과 건강 및 생존에 유해한 환경을 살피는 일로, 개인뿐만 아니라 지역사회 전반의 노력을 전제로 한다. 당시 조선은 개항과 더불어 근대성의 세례를 받았지만, 사회 전반은 전근대적이고 비위생적인 환경에 처해 있었고, 근대적 위생관념 또한 거의 형성되지 못한 상태였다. 갑오개혁 이후 서양문명이 조금씩 유입되면서 서양 의학이 들어오고 위생 면에서 근대화가 진행되던 상황에서,[222] 위생 관련 담론들은 그런 전근대적 환경을 개선하려는 의도로 이해되지만, 그 또한 일제의 식민정책과 무관하지 않았다. 일상생활에 필요한 각종 정보를 제공하는 과정에서 공공연하게 '국민의 도리'를 강조한 것은 위생 담론의 궁극적 의도가 국민을 건강하게 관리·훈육하는 데 있었다는 것을 의미한다. 『조선어독본』에 수록된 「약물」(2), 「하계위생」(4), 「청결」(5), 「안향의 금무(禁巫)」(5), 「폐물 이용」(5), 「신선한 공기」(5), 「종두」(6), 「조선의 행정관청」(6), 「납세」(6) 등은 모두 위생이나 실생활에 유용한 내용들로 되어 있다.

「약물」에서는, 약물에는 좋은 것이 있고 그렇지 않은 것이 있으니 좋은 것을 가려 먹어야 하고 또 좋은 것이라도 너무 많이 먹지 말아야 하며, 약물터에서는 많은 사람들이 모이는 관계로 질서를 지켜야 한다는 내용이다. 「청결」에서는 만병의 근원은 불결에 있다는 사실을 예시와 함께 소개한다. 호열자 등 전염병은 모두 불결에서 비롯되고, 전염병에 걸리면 자기 일신의 불행뿐 아니라 부모와 형제에게도 화를 미치며 심하면 일가가 전멸하고 이웃동네에까지 전염되어 일대소동을 일으키니 각별히 주의해야 한다. 그래서 의복, 취식, 기구, 가옥 등 주변 환경을 오염시키지 않는 것이 가장 중요하다고 말한다. 「신선한 공기」에서는 물에는 청수와 탁수가 있듯이, 공기에도 깨끗한 것과 더러운 것이 있어서 청결한 것은 위생에 유익하지만 더러운 것은 그렇지 않으며, 따라서 실내의 공기를 순환시켜 신선한 공기를 호흡하도록 해야 한다고 주문한다. 그리고 「종두」에서는 종두의 유래와 제너(E. Jenner)의 공적을 설명하면서 종두로 인한 피해를 예방하기 위해서는 종두를 적극적으로 접종해야 한다고 권고한다. 이런 내용들은 당시 전근대적인 의식에 사로잡혀 미신이 성

---

222) 조형근, 「근대 의료 속의 몸과 규율」, 『근대성의 경계를 찾아서』, 새길, 1997, 228-9면.

행했던 현실에서 어찌 보면 매우 필요하고 유용한 정보였다. 「종두」에서 언급된 것처럼, 종두를 맞으면 "신체에 우모(牛毛)가 생(生)한다, 우성(牛聲)을 발(發)한다"는 등 미신에 사로잡힌 사람들에게 종두의 과학성과 효험을 설명하는 것은 전근대적이고 비과학적인 사고방식을 개선하려는 근대적 의도로 볼수 있다. 그렇지만 이러한 위생 담론은 궁극적으로 사회 전반의 위생을 염두에 둔 것이라는 점에서 또 다른 의도를 내재하고 있다.

> 파리·모긔·벼룩·빈대 갓은 벌어지들은 흔히 병독을 매개하야, 악병을 전염식히는 일이 만은 대, 그러한 충류는 모다 더러운 곳에서 발생하는 것이오. 그러한 즉 누구든지 반다시 집의 내외를 청결하게 소제하고, 또는 파리·모긔·벼룩·빈대들을 잡아서, 항상 위생상에 해되는 일을 예방하기에 주의하지 아니하면 아니 되오. [223)]

개개인의 위생도 중요하지만 보다 중요한 것은 환경 즉, '집의 내외'를 깨끗하게 '청소'하는 것이라는 주장으로, 학교에서 위생 담론을 강조한 궁극적 의도가 어디에 있었는가를 암시해 준다. 국민을 건강하게 관리함으로써 식민체제 유지하기 위한 노동력과 군사력을 양성하고자 하는 '국민 만들기'의 일환이었음을 알 수 있다.

그런 사실은 위생 담론과 함께 큰 비중을 차지한 실생활에 필요한 각종 지식과 정보를 담고 있는 단원들에서 한층 구체화되어 나타난다. 여기서는 물건을 구매하기 위해 주문서를 작성하는 법, 식목일의 의미, 세금의 중요성과 납세의 의무 등등을 통해서 국민된 도리를 알리고 실천하게 하려는 의도를 노

---

223) 조선총독부, 『보통학교 조선어독본』(4), 조선서적인쇄주식회사, 1924. 6. 24-25면.

골적으로 보여준다. 「주문서」(4)에서는 모필(毛筆)을 시용(試用)해 본 뒤 제품을 구입하는 주문서의 사례를 소개하고, 「식목일」에서는 신무천황 제일을 식목일로 정하고 해마다 나무를 심는다는 것, 조선은 어디든 붉은 산이 많고 그래서 수해와 한해가 심하고, 따라서 나무를 많이 심어서 그것을 예방해야 한다고 언급한다. 「인삼과 연초」(5)에서는 인삼과 연초의 특성을 말하고, 이 둘은 '조선총독부 전매국'에서 주관하니 허가 없이 경작하거나 제작·판매하는 것은 금지되었다는 사실을 강조한다. 「조선의 행정관청」(6)에서는 "조선은 대일본제국의 일부니, 조선총독이 천황의 명을 봉하야 차를 통치하나니라. 경성에 조선총독부를 치하야 정치를 행하나니, 총독의 하에는 정무총감이 있어서, 총독을 보좌하야 일반 행정사무를 지휘감독하나니라."라고 하며, 총독 산하 전국의 행정기관과 업무를 소개한다. 그리고 「납세」(6)에서는, 세금은 "국가가 국운을 융창(隆昌)케 하고, 국민의 복리를 증진케" 하는 경비가 되는 까닭은 "아등(我等)은 납세의 중요한 소이를 각성하야 국민된 본분을 다하도록 하야야 할" 것이라고 말한다. 이를테면 조선의 행정관청의 위상과 역할을 설명하고, 납세의 의무를 충실히 이행하는 것이 바로 '천황의 명'을 받드는 것이라는 주장이다. 이러한 일상의 정보는 조선과 일본의 지리적 특성을 소개한 「조선의 지세」(3)와 「부산항」(3) 등에서도 발견되는데, 특히 「부토산과 금강산」에서는 이 모든 것을 일본과의 관계선상에서 설명한다. 내지의 웅장하고 신비로운 산야가 조선반도와 연결되어 있다는 식인데, 여기에 비추자면 조선은 지리적으로나 신분적 위계에서 일본의 하위 체제의 하나일 뿐 그 자체로 독립적인 영역을 갖는 나라가 아니라는 것을 알 수 있다.

여기에 이르면, 실용적 지식과 정보는 생활의 편의뿐만 아니라 궁극적으로는 일제가 요구하는 근대적 주체의 기율과 관계되는 것을 알 수 있다. 일제는 일상생활의 모든 영역에서 자기들에게 충성하고 봉사하는 새로운 주체를 요구했고, 그것을 이렇듯 위생과 실용 정보를 통해서 내면화시키고자 하였다.

그런 사실은 일제의 위생 행정이 경찰제도와 직결된 통치방식의 일환이었다는 점을 생각할 때 한층 분명해진다. 일제는 합방 이후 모든 위생 행정을 경찰 관제의 경무총감부 위생과에서 총괄케 했는데,[224] 이는 위생문제가 그만큼 중요한 식민지 규율의 도구였음을 의미한다.

교과서에서 위생이나 실용 관련 정보들이 계몽적으로 언급된 것은 그런 사실과 무관하지 않을 것이다. 일제가 교육을 통해서 근대적 의미의 시민을 양성하고자 했다면 이런 식의 강압적 서술은 하지 않았을 것이다. 근대적 시민이란 인격적 주체로서 자신의 자유와 권리를 주장할 뿐만 아니라 타인을 존중하는 자각적 존재를 말하는 바, 교과서에서는 그런 측면이 배제된 채 단지 의무만이 강조된다. 권리를 모른 채 의무만을 강요받아야 하는 주체란 자기 성찰이 배제된 순종과 희생의 주체일 수밖에 없고, 이런 교육을 통해 피식민지 주체는 식민주의의 규율과 제도를 내면화한 존재로 스스로를 정립하게 되는 것이다.

조선과 몰역사적 과거

『조선어독본』에서 조선과 관련된 단원이 큰 비중을 차지하는 것은 사실 뜻밖이다. 교재를 편찬한 주체가 '조선총독부'이고 또 교재의 궁극적 의도가 식민지적 질서를 구축하는 데 있었기에 조선의 역사와 인물을 다룬다는 것은 그런 의도에 반하는 것으로 보이는 까닭이다. 하지만, 내용을 자세히 검토해 보면 그와는 전혀 무관하다는 것을 알 수 있다. 『조선어독본』에 수록된 조선 관

---

224) 김진균 외, 『근대주체와 식민지 규율권력』, 문화과학사, 1997, 235면.

런 역사와 인물은 '조선어' 교재라는 성격상 불가피하게 수록된, 이를테면 조선 사람으로서의 민족적 정체성이라든가 자부심 등이 배제된 단지 기능적 안배 이상의 의미를 갖고 있지 못하다. 「솔거」(3), 「박혁거세」(3), 「한석봉」(5), 「신라의 고도」(5), 「서경덕」(6), 「이퇴계와 이율곡」(6) 등은 외견상 조선의 명사나 신화적 인물을 소개하고 있지만, 대부분 단편적인 일화를 소개하는 데 머문다. 「솔거」에서는 솔거가 신라 사람으로 그림을 잘 그려서 일찍이 황룡사의 벽에 소나무를 그렸는데 그 줄기의 껍질이 생생하고 가지와 잎사귀의 모양이 천연히 산 것과 같아서 까마귀나 솔개들이 앉으려다가 벽에 부딪혀 떨어졌고, 이후 새로 그렸으나 새들이 일절 오지 않았다는 내용이다. 「박혁거세」에서는 알에서 나온 박혁거세가 어려서부터 영민해서 13세에 신라의 시조가 되었다는 내용이 소개되고, 「한석봉」에서는 한석봉이 떡 장사를 하는 모친의 정성으로 큰 학자가 되고 또 명필이 되어 후세에 명성을 날렸다는 사실이, 그리고 「서경덕」에서는 서경덕의 총명하고 호학하는 자세를 소개한 뒤 서경덕이 보인 '정신일도 금석가투(精神一到 金石可透)'의 정신을 잊지 말고 열심히 연구하면 무슨 일이든지 터득치 못할 게 없을 것이라는 내용이 소개된다. 이들은 모두 성실하고 남다른 업적을 이룬, 초등학생들이 존경하고 본받아야 할 인물임에 틀림없다. 이들이 해방 후의 교과서에도 계속해서 수록된 것은 그만큼 우리 민족의 얼과 정신을 담지하고 있었기 때문일 것이다.

그렇지만, 교재에 소개된 내용이란 '조선'과는 거리가 먼 추상적 교훈과 정보에 그칠 뿐이다. 솔거는 그림을 잘 그리는 화가의 한 사람일 뿐 조선의 정신과 혼을 지닌 인물과는 거리가 멀고, 한석봉 역시 글씨를 잘 쓰는 사람일 뿐 조선의 얼을 담지한 역사성을 갖고 있지는 못하다. 인물이 지닌 역사적 맥락과 배경이 생략된 채 단지 교훈적 특성만을 언급한 까닭인데, 그런 사실은 같은 인물을 그대로 수록한 해방 후의 『초등 국어독본』(1946)과 비교해 보면 한층 분명하게 드러난다. 미군정기의 「솔거」[225]에는, 솔거를 신라 진흥왕 때의 인물로 소개한 뒤 그림을 그리고 싶어서 하느님께 빌었고, 꿈에 '단군'이 나타나서 "신의 힘"을 주었으며, 그 후 열심히 노력해서 마침내 세상에서 제일가는 명화공이 되었다고 한다. 식민지 교과서에는 전혀 언급되지 않았던 민족의 시조 '단군'이 언급되고 그의 정기와 얼을 이어받은 인물로 솔거가 성격화된 것이다. 또 「박혁거세」에서는 박혁거세가 임금이 된 내력이 상세히 소개되는데, 특히 백성을 다스리기 위한 덕목으로 학문과 용기, 덕, 다정, 정직, 지방 사정을 잘 알아야 한다는 점이 강조되어[226] 신화적 사실의 단순한 재현이 아니라 인품과 자질을 갖춘 민족의 지도자로 성격화되어 있다. 여기에 비추어 볼 때, 조선총독부의 『조선어독본』에 수록된 과거 인물에 대한 진술이 얼마나 기능적이고 단편적인가를 알 수 있다. 그렇기 때문에 『조선어독본』에 수록된 인물들을 다른 사람으로 대체하더라도 전달하고자 하는 내용(즉 교훈적 덕목)에는 전혀 변함이 없다. 실제로 1937년에 새로 편찬된 보통학교용 『조선어독본』에는 「솔거」가 「솔거와 응거(應擧)」로 조정되어 있다. 솔거와 같은 일본의 유명화가 응거를 덧붙여 두 인물의 일화를 단편적으로 대비한 것이다.

이런 사실은 고전문학을 수용하는 과정에서도 그대로 이어진다. 언급한 대로, 3권에 수록된 고소설 「심청」은 전통적인 효의 의미를 심청을 통해서 보여주며, 설화인 「영재와 도적」은 신라 원성왕 때의 스님인 영재의 일화를 짧게 소개하고 있다. 물욕에서 벗어난 노승 영재가 고개를 넘다가 도적을 만나지만 그의 무욕한 언행에 감동한 도적들이 무기를 버리고 스님을 따라 지리산으로 들어가 함께 살았다는 내용이다. 5권의 「사자와 산서(山鼠)」에서는 이솝 우화를 변형한 듯한 내용으로, 잠든 사자의 콧등에 올라 앉아 위엄을 뽐내던 쥐가

---

225) 한글학회, 『초등 국어교본』(중), 미군정청학무국, 1946. 4, 86-93면.
226) 위의 책, 38-43면.

사자를 깨워 혼이 나고 용서를 빌지만, 얼마 후 사자가 덫에 걸려 죽을 위기에 처하자 끈을 끊어서 살려주었다는 보은(報恩)의 이야기이다. 보은이라는 주제 외에는 이야기의 배경이라든가 지역적 특성 등을 전혀 확인할 수 없는 작품이 다.「정저와(井底蛙)」(5)는『장자』에 나오는 일화를 소개한 것으로, 견문이 넓 지 못하면서도 자신의 재능이 출중하다고 망신(妄信)하는 사람을 경계하는 내 용이고,「분수 모르는 토끼」역시 자신의 분수를 잊은 채 사슴과 염소와 소의 뿔을 탐내던 토끼가 자신은 그들이 갖지 못한 귀를 가졌다는 사실을 깨닫고 기뻐한다는 내용이다.「소화 이편」(6)에서는 여행자가 길을 가다가 곰을 만나 자 죽은 척해서 위기를 모면했다는 내용과 새벽잠이 없는 노파에게 괴롭힘을 당하던 여자 하인들이 닭을 죽여서 노파의 성화에서 벗어나고자 했으나 오히 려 시도 때도 없이 괴로움을 당하게 되었다는 이야기이다.

이런 단원은 모두 효, 무욕, 지혜, 자만심의 경계, 안분지족(安分知足) 등 단 편적 교훈으로 일관되어 문학으로서의 맛이라든가 민족적 정취를 느끼기 힘 들다. 교훈적 덕목만을 건조하게 제시함으로써 작품에 수반되는 역사적 맥락 과 지역적 특성을 배제한 도덕 교과서와 다름없는 것이다. 그런 사실은 앞의 경우와 마찬가지로 미군정기의『초등 국어교본』과 비교해보자면 한층 확연해 진다. 미군정기의「심청」에서는 심청을 공양미 삼백 석에 팔아넘기게 된 아버 지의 미혹과 안타까움이 대화체 형식으로 제시되고, 그런 아버지를 측은히 여 기는 심청의 심경이 사실적으로 소개되어 소설의 묘미가 십분 발휘되고 있다. 바닷가라는 공간적 배경과 부녀간의 사랑과 헌신 등의 심리 묘사에서 우리는 우리 고유의 민족적 특성과 정신을 느낄 수 있다. 그런 사실과 비교할 때 일제 의『조선어독본』은 '조선어'라는 수식어에도 불구하고 근본적으로 조선의 역사를 자신(일제)을 위해서 써버리는 '민족에 대한 강력한 폭력'[227]을 행하고 있음을 알 수 있다. 호미 바바의 언급처럼, 이런 담론들은 '문명화 과정에서 고착된 위계질서 속에 타자의 역사를 기록'한 것이고 궁극적으로 '식민지적 팽창과 착취를 정당화'하는 역할을 수행한다. 조선인으로서 조선어를 학습하고 있음에도 불구하고 자기 문화에 대한 어떤 자긍심과 특성을 배우지 못하는 현실에서 피식민지 주체는 교재 곳곳에서 언급되는 일본적인 것에 대한 선망의 심리를 내면화할 수밖에 없는 것이다. 여기다가 식민사관이 더해지면서 그 정도는 한층 심각해져 우리 민족은 주체성이 없고 퇴영적이며, 사대주의에 사로잡힌, 내적 발전이 전혀 없는 민족으로 전락하고 마는 것이다.

주체의 양면성과 모순적 내면

근대적 주체를 생산하는 과정은 다양한 차원에서 전개되었으나, 교육은 조선총독부가 조직적으로 관리하고 통제했던 분야였기에 그 영향력이 한층 전면적이고 직접적이었다. 경서 위주의 서당 교육에서는 경험할 수 없었던 질적으로 다른 지식과 경험, 인간관계, 다양한 문화 체험 등은 근대적 주체의 내면을 한층 새롭게 형성해 놓았다. 그런데 언급한 대로, 일제의 교육이란 '충성스러운 신민'을 만드는 일제 중심의 교육이었던 관계로 근대적 지식을 제공하면서도 한편으로는 봉건적 위계를 강조하여 자신들의 우월적 지위를 존중받고자 하는 의도를 동시에 드러내었다. 그런 양면성은 피지배자를 파악하여 지배하기 쉽도록 만들기 위해 '나를 닮아라'고 요구하면서 동시에 식민 지배체제

---

227) 호미 바바, 앞의 책, 198면.

를 유지하기 위해 '나와 같아서는 안 된다'는 모순된 요구에 바탕을 둔 것으로, 이런 허용과 금기가 뒤섞인 양가성에 의해 피식민지 주체는 규칙을 따르면서 동시에 어기는 모순적 모습을 보이게 된다.[228] 그런 사실은 여러 글에서 확인 되거니와, 특히 두드러지는 것은 문학 작품이다. 1920년대를 대표하는 김동 인과 염상섭 등의 소설에서 목격되듯이, 근대 교육을 받은 피식민지 주체가 처한 상황은 냉혹한 규율과 감시의 세계이고, 그 속에서 형성된 주체는 모순 적이고 분열된 내면의 소유자들이다.

「약한자의 슬픔」은 김동인 소설의 초기적 특성을 전형적으로 보여주지만, 한편으론 근대 교육을 통해 형성된 피식민지 주체의 내면을 상징적으로 보여 주는 작품이기도 하다. 작품은 강 엘리자베트라는 여주인공을 중심으로 하여 주인공으로 대표되는 자아의 세계와 그를 둘러싼 주변 인물들로 대표되는 현 실 세계와의 관계가 어떤 것인가를 시사한다. 즉, 엘리자베트는 가난한 고아 로서 가정교사 노릇을 하는 여학생인데, 주인인 K남작의 유혹에 큰 저항 없이 몸을 허락한 뒤 점차 파멸의 구렁텅이에 빠져드는 인물이다. K남작으로 대표 되는 현실세계는 언제나 야만스런 탐욕과 힘의 논리에 지배되어 있고, 그런 현실에서 단독자인 개인은 자신의 의지와는 무관하게 그 희생양으로 전락할 가능성이 농후하다. 엘리자베트의 파멸은 강고한 현실에 처한 개인의 무기력 을 단적으로 표상한다. 그런데 그것은 무엇보다 엘리자베트 내면의 갈등이 주 된 요인으로 제시된다는 점에서 독특하다.

그녀가 직면한 현실은 일제 식민주의가 빈틈없이 규율하는 곳이고, 그런 현실을 바탕으로 형성된 내면인 관계로 그것은 근대성과 봉건성이라는 이중

---

228) 피식민 주체의 양면성에 대해서는 앞의 『문화의 위치』(소명출판, 2002, 2-5장)와 『자기의 땅 에서 유배당한 자들』(프란츠 파농, 김남주 역, 청사, 1978), 박상기의 「탈식민주의의 양가성 과 혼종성」(고부응 외, 『탈식민주의』, 문학과지성사, 2003) 참조.

의 압력 속에 놓여 있다. 가령, 그녀의 외모와 의식은 근대적 신여성의 전형이다. "그리스 조각상을 연상시키는 뺨과 목의 윤곽을 가진" 아름다운 모습과 친구들이 풀지 못하는 기하(幾何)를 가르쳐준다거나, 책상을 오르간 삼아 다뉴브 곡을 뜯는 모습은 당시 여러 작가들의 작품에서 묘사된 근대 교육의 세례를 받은 신여성의 아이콘(icon)과도 같다. 더구나 조선의 것은 뭐든지 싫어하고 새로운 것과 세련된 외향을 추구하는 성격이나 K남작에게서 버림받은 뒤 쫓겨 내려온 시골에서 내보인 다음과 같은 외침은 그녀가 품고 있는 가치가 '서울'로 표상된 근대적 세계로 향하고 있음을 단적으로 보여준다.

'아― 내 서울아, 내 사랑아
　나는 너를 바라본다
　　붉은 눈으로 더운 사랑으로……
아침 해와 저녁 놀, 잿빛 안개
　흩어진 더움 아래서, 나는 너를
　　아― 나는 너를 바라본다.
천 년을 살겠냐 만 년을 살겠냐.
　내 목숨 다하기까지, 내 삶 끝나기까지,
　　나는 너를 그리리라.'[229]

근대적 가치와 생활이 사회 전반에 확산된 시점에서 선지자처럼 맛본 근대적 삶이 그녀를 사로잡아 급기야 삶의 유일한 목표로 내면화된 것이다. 물론이런 진술에는 근대 여성을 부정적으로 바라보고 조롱하는 김동인의 가치관

---

229) 김동인, 「약한 자의 슬픔」, 『감자』(김동인 단편선), 문학과지성사, 2004, 60면.

이 투사되어 있지만, 그럼에도 불구하고 거기에는 피식민지 교육을 통해서 형성된 주체의 특성이 집약되어 있다.

그런 사실은 그녀의 내면에 웅크리고 있는 또 다른 특성인 봉건적 속성을 통해서도 확인된다. 이를테면, K남작에게 강간을 당한 뒤에 보여준 행동은 그녀가 지향하는 근대적 가치와는 거리가 멀다. 남작의 성폭행을 저항 없이 받아들이고 또 그런 자신의 행위를 돌아보면서 그것이 혹 남작 부인을 괴롭히지나 않을까 걱정하는 모습은, 자기보다 지체가 높은 남자를 하늘처럼 떠받들고 순종하는 봉건의식의 전형이고, 특히 남작의 부인에게 자신의 임신 사실을 숨기고 미안해하는 것은 자신을 기껏 첩(妾) 이상으로 생각하지 않는 전근대적 미망에서 벗어나지 못한 모습이다. 의식의 한편에는 봉건성이 놓여 있고 다른 한편에는 근대성이 웅크리고 있는 형국, 이를테면 피식민지 주체의 분열적 내면을 전형적으로 보여주는 것이다. 그래서 그녀에게 근대성이란 전면적이기보다는 부분적이고 파편적인 형태이다.

> 방청석에는 아주머니 혼자 낮에 근심을 띠고 눈이 둥그레져서 있었고 피고석에는 남작이 머리를 저편으로 돌리고 있었다.
>
> 남작을 볼 때에 그(강 엘리자베트 - 인용자)는 갑자기 죄송스러운 생각이 났다.
>
> '오죽 민망할까. 이런 데 오는 것이 남작에게는 오죽 민망할까? 내가 잘못했지. 재판은 왜 일으켜? 남작은 나를 어찌 생각할까? 또 부인은⋯⋯?'
>
> 그는 이제라도 할 수만 있으면 재판을 그만두고 싶었다. 짐짓 자기가 남작에게 져주고 싶기까지 하였다.[230]

---

230) 김동인, 「약한 자의 슬픔」, 62면.

자신이 재판을 걸었음에도 불구하고, 피고석에 앉아 있는 남작을 보고 돌연 죄송스러운 생각에 사로잡혀 안절부절 못하는 태도는, 합리적이고 정당한 행동을 했음에도 불구하고 자칫 가부장적 권위를 훼손하지나 않을까 하는 봉건적 심리에 다름 아니다.

언급한 대로, 식민지적 지배 관계에서 지배자는 '나를 닮아라. 그러나 같아서는 안 된다'라는 양가적 태도를 보여준다. 이런 허용과 금지의 양가적 태도에 의해 피지배자는 지배자를 부분적으로 닮을 수밖에 없다. '부분적 모방'인 '흉내 내기'(mimicry)를 통해 피지배자는 항상 '결함'이 있는 '혼종'이 되고, 궁극적으로 식민체제를 공고히 하는데 기여한다. 엘리자베트가 보여주는 이중성이란 한편으론 식민주의에 대한 모방이지만, 그것은 어디까지나 부분적이고 또 우스꽝스러운 모방이라는 점에서 불구적이다. 그런 까닭에 그녀는 자신의 행위가 지배자를 흉내 내고 있고, 동시에 일제 식민주의와 다름없다는 것을 깨닫지 못한다. 식민주의란, 재판 과정에서 드러나듯이 냉혹한 힘과 규율의 세계이다. 임신이라는 명확한 물증이 있음에도 불구하고 그녀가 재판에서 패배한 것은, 그것이 과연 '남작의 씨'인가라는 사실의 문제보다도 근본적으로 K남작으로 상징되는 거대한 권력과의 대결이었기 때문이다. 남작과 재판관으로 표상되는 강고한 권력 앞에서 엘리자베트는 자신이 '약한 자'라는 사실을 눈물로 받아들일 수밖에 없었던 것이다. 마치 「만세전」의 평범한 유학생 이인화가 여행의 시작에서 끝까지 '임바네쓰'로 통칭되는 형사의 날카로운 시선을 무력하게 받아들일 수밖에 없었던 것처럼.[231]

---

231) 이인화의 일거수일투족을 감시하는 형사의 존재란 이인화가 처한 상황이 중세의 판옵티콘(panopticon)과도 같다는 것을 암시한다. 중앙 감시탑 바깥의 원 둘레를 따라 죄수들의 방을 만들고, 죄수들로 하여금 자신들이 늘 감시받고 있다는 느낌을 갖게 하여, 종국에는 죄수들이 감시와 규율을 내면화하도록 했넌, 그런 감시와 규율 속에 이인화는 처해 있다. 강 엘리자베트가 감당해야 했던 현실 역시 이와 다를 바 없다.

"누리에게 지고 사회에게 지고 '삶'에게 져서, 열패자의 지위에 이르지 않았느냐?! 약한 자기는 이환에게 사랑을 고백지 못하고 S와 혜숙에게서 참말을 듣지 못하고 남작에게 저항치를 못하고 재판석에서 좀더 굳세게 변론치를 못하여 지금 이 지경을 이르지 않았느냐?!"[232]

엘리자베트의 이런 탄식은 거대한 권력 앞에 놓인 피식민지 주체의 무력감을 단적으로 표상한다. 근대 교육에 힘입어 서구적 합리성으로 무장하고 있으면서도 그것을 실제 생활에서 실천하지 못하고 봉건적 권위라든가 가부장적 질서에 의지해서 살아가는 모순적인 주체의 우울한 단면인 셈이다.

이후 그녀는 '이십세기 사람', 곧 철저한 근대인이 되고자 결심하지만, 그것은 식민주의의 본질을 꿰뚫지 못한 상태에서의 자각이라는 점에서 그 귀착점 또한 이전의 행적과 크게 다르지 않을 것이다. 그녀의 지향이란, 바바의 말을 인용하자면, 제국의 중심에 존재한다고 상상되는 진정한 지배자의 상을 계속 흉내 내는 것에 다름 아니라는 점에서, 외견상의 모습은 아내의 장례를 치른 뒤 서둘러 동경으로 돌아가고자 하는 이인화의 모습과 크게 다르지 않다. 하지만, 이인화는 식민주의의 본질을 예리하게 꿰뚫고 있다는 점에서 엘리자베트와는 구별된다. 가령, 사회 전반에 독버섯처럼 번지고 있는 일본식 가옥과 복장, 일본인을 닮지 못해서 안달하는 모습, 그 한편에 도사린 봉건적인 의식과 습속 등을 목격한 뒤 토로한 다음과 같은 절규는 이인화의 동경행이 단순한 도피만은 아니라는 것을 시사해준다. "이것이 생활이라는 것인가?" "무덤이다. 구더기가 끓는 무덤이다!"[233]라는 절규는, 강고한 식민지적 현실 앞에서 무력할 수밖에 없는 피식민지 주체에 대한 통절한 자각이다. 물론, 피식민지

---

232) 김동인, 앞의 「약한 자의 슬픔」, 79면.

233) 염상섭, 「만세전」, 『염상섭 전집1』, 민음사, 1987, 82-3면.

302   국어 교과서의 탄생

주체의 그러한 자각이 근대적 주체로의 성장을 보장하는 것은 아니지만, 그럼에도 불구하고 그의 내면에는 일제라는 타자와 그에 의해 규정된 주체(곧 피식민지 주체)라는 인식이 내재되어 있다는 점에서 탈(脫)식민의 가능성을 완전히 배제할 수는 없다.

거기에 비추어 볼 때, 강 엘리자베트의 자각이란 주관적 감상의 수준을 크게 벗어나지 못한다. "강한 자라야만 자기의 약한 곳을 찾을 수 있"고, 그것을 자각했기에 자기는 "강한 자"라는 생각은, 강고한 타자를 인식하지 못한 피식민지 주체의 미망일 뿐이다. 피식민자의 모방이란 '자신이 부정하는 타자성의 견지에서 현존을 재분절하는 행동'이고 또 '부분적인 닮음의 반복'[234]일 수밖에 없는 까닭에 강자에 맞서기 위해서 강자가 되겠다는 것은 식민주의의 분여(分與)이자 궁극적으로는 고착화에 다름 아닌 것이다. 작품 말미에서 보여준 엘리자베트의 박애주의란 기실 일제 식민주의자가 육성하고자 했던 피식민지 주체의 모습이라 해도 지나친 말은 아닐 것이다. "그의 앞에는 끝없는 넓은 세계가 벌여 있었다. 누리에 눌리어 살던 그는 지금은 그 위에 올라섰다. 그의 입에는 온 우주를 쳐 누른 기쁨의 웃음이 떠올랐다."는 진술은 마치 판옵티콘(panopticon)에 갇혀 마침내 스스로 그 감시와 규율을 내면화한 형국이라 해도 지나친 말이 아니다. 식민주의가 사회 전반을 압착하는 현실에서 그 속성을 간파하지 못하고 단지 '이십세기 사람'이 되고자 하는 그녀의 행로란 환한 불꽃에 스스로를 태우는 부나방의 비극적 운명과 다르지 않을 것이기 때문이다.

---

234) 호미 바바, 앞의 책, 188면.

근대문학의 딜레마

그동안 피식민지 주체에 대해서 크게 두 가지 시각에서 조망이 이루어져 왔다. 하나는 민족성을 파괴·왜곡했다는 측면이고, 다른 하나는 근대성의 구현과 확장이라는 측면에서의 고찰이다. 일제시대의 교육사를 한국민의 일본 제국주의 신민화 과정으로 보고, 교육과정과 교과서, 교육방법 등의 비교육적, 반민족적 특성을 규명한 게 전자라면, 근대적 교육제도가 정착되고 그것을 통해서 사회 전반의 근대화가 진전되었다고 보는 게 후자의 입장이다. 하지만 두 견해는 사실 식민교육이 지닌 동전의 양면과도 같은 것이다. 식민교육이란 본질적으로 피식민지인의 욕망을 부정하고 식민주의를 정착시키기 위한 것이고, 그것은 동시에 사회 전반을 근대적 제도와 이념으로 규율하는 것이라는 점에서 동전의 양면과도 같다. 이 글이 후자의 시각을 견지하면서도 그것이 지닌 식민주의적 성격에 주목한 것은 그런 사실과 무관하지 않다.

일제는 각종 학교와 교재를 신설·발간하는 과정에서 근대적 교육의 이념과 가치를 구현하고자 했다. 근대적 생활과 가치, 문물의 발달과 용법을 설명하면서 전근대적이고 불합리한 생활 전반을 개선하고자 했고, 궁극적으로는 제국의 이념과 가치를 사회 전반에 정착시키고자 했다. 그런 노력의 결과 조선사회는 식민 통치를 겪으면서 이전과는 다른 근대적 면모를 갖게 되고, 개개인들의 의식도 한층 합리적으로 조정되었다. 하지만 그 일련의 과정은 일제의 통치를 용이하게 하기 위한 우민화 정책에 의해 조율된 것이라는 점에서, 진정한 의미의 근대성과는 거리가 먼 것이다. 식민주의란 본질적으로 식민 통치를 용이하게 하기 위한 제반 장치와 이데올로기라는 점에서, 개인의 가치와 합리성을 존중하는 진정한 의미의 근대성과는 차원을 달리한다. 식민주의는 억압적이고 동시에 봉건적 위계질서를 유지하는 속성을 갖는다. 엘리자베트는 그런 식민주의의 규율 속에 있었기에 자신의 정당한 권리마저 스스로 포기하는 순종의 자세를 드러낸 것이다. 남작은 양반이고 자신은 미천한 신분이라는 차별의식, 남작은 남자이고 자신은 여자라는 불평등한 성(性)의식은 엘리자베트의 의식 깊이 박혀 있는 가부장적 사고의 잔존물이자 동시에 일제가 의도한 식민주의의 본질이라 해도 과언이 아닐 것이다.

식민지적 근대화를 지양하지 못하는 한 본질적으로 주체성을 추구하는 근대적 인간상의 구현은 요원할 수밖에 없다. 식민지 근대화는 식민화가 진행될수록 계속 확대되고 궁극적으로 일본적인 것 자체를 무조건 추수해야 하는 절대적인 가치체계를 형성한다. 그 결과 일본적인 것에 대한 선망과 자기 문화와 역사에 대한 열등의식을 야기하고, 일선동조·내선일체의 황국신민의 탄생으로 이어진다. 일본을 통해서 근대성을 경험한 선구적 지식인들은 그것을 보편적 근대 체험으로 받아들였고, 그 과정에서 서구 열강보다 더 서구 열강이 되고자 하는 과도한 욕망을 내보였다. 개화기 이후 이들을 사로잡은 문명개화의 열정은 그런 소명의식의 산물이고, 그것이 1920년대 이후 문학사 전반에 족출한 계몽적 주체와 그 활동으로 드러난 것이다. 하지만 그런 일련의 과정은 근본적으로 자기 식민화에 다름 아니었다는 데 피식민지 주체의 불행이 있다. 사회주의 이념을 통한 탈근대적 움직임이나 민족의 대오각성을 주창한 민족주의자들의 행보는 하나 같이 그런 딜레마를 안고 있었고, 그것이 이후 전개될 근대문학의 행방을 근본에서 규율하였다. 1930년대 중반 이후 이른바 신체제의 등장과 함께 많은 작가들이 식민주의 담론을 자발적으로 수용하고 자기화했던 것은 그런 사실로 설명될 수 있을 것이다.

(그렇지만, 신체제는 궁극적으로 일본의 제국주의적 야심을 채우기 위한 것이었고, 그 구호로 내세운 아시아 국민들에게 행복과 안녕을 제공하겠다는 주장은 허구적 이념에 지나지 않았다. 신체제의 실상은 징용과 징병 등으로 구체화된 자원과 노동력의 기만적인 수탈이었다.)

03.

'조선어독본'과 일제의 문화정치

(- 제4차 교육령기 『보통학교 조선어독본』의 경우)

'조선어과' 교과서

그동안 교과서 분야는 교육학의 대상으로 인식되어 국문학 연구자들로부터 큰 주목을 받지 못하였다. 기존 논문의 대부분이 국어교육 전공자들에 의해 씌어졌고, 그렇지 않은 경우도 대부분은 그 내용보다는 출판과 서지 사항에 주목하는 경우가 많았다. 물론 교과서란 교과 교육론의 대상이고 특히 '국어' 교과서는 국어과 수업의 자료인 관계로 이런 사실을 자연스러운 현상으로 받아들일 수도 있다. 하지만, 이 글에서 주목하는 일제 치하의 『보통학교 조선어독본』은 오늘날의 '국어' 교과서와 마찬가지로 이질적인 내용과 형식을 가진 글들이 한 자리에 모인 이른바 혼종적 텍스트라는 것을 주목할 필요가 있다. '국어과'란 지금처럼 우리말로 된 문학, 한문, 작문, 시문(時文) 등을 포함하는 통합 교과 영역을 칭하지만, 일제강점기의 현실에서는 일본어가 국어의 지위를 차지했던 관계로 '국어' 교과서는 일본어로 된 교재이고, 한글 교재는 '조선어독본'으로 명명되었다. 한글이 일개 지방어로 강등된 현실에서 '조선어독본'이 오늘날의 '국어' 교과서 역할을 한 것인데, 실제로『보통학교 조선어독본』은 체제와 내용에서 오늘의 '국어' 교과서와 여러 모로 흡사하다.

『보통학교 조선어독본』(이하『조선어독본』)에는 근대적 지식과 문물에 대한 소개에서부터 조선과 일본의 지리와 산수의 아름다움을 설명하는 글, 국토와 문화유산 기행문, 일본의 명절과 풍습, 식민정책과 규범 등 실로 다양한 종류의 글들이 수록되어 있다. 문종(文種) 면에서도 논설문, 설명문, 기행문, 시와 시조, 속담과 격언, 소설과 우화 등이 다양하게 나열되어 오늘날 '국어' 교과서와 별반 차이가 없다. 또한, 1929년 제4차 교육령기의 교과서에는 한글맞춤법통일안이 반영되어 있고, 1925년의 제3차 교육령기의 교과서에는 '아래아(·)'가 사용되는 등 국어사의 측면에서도 주목할 대목들이 많다. 그런 점에서『조선어독본』은 사회와 문화, 한글 정책, 일제 식민정책 등 식민 치하의 다양한 측면들을 이해할 수 있는 중요한 문화사적 사료라 할 수 있다.

교과서가 갖는 이런 중요성에도 불구하고 그동안 교과서에 대한 연구는 그리 활발하지 못하였다. 그것은 무엇보다 연구자들의 무관심으로 교과서의 온전한 실태조차 파악되지 않았기 때문이다. 최근 들어 자료가 발굴·정리되면서 그 실체가 한층 분명해졌지만 얼마 전까지만 해도 교과서를 구하는 일 자체가 쉽지 않았다. 초기 연구의 대부분이 서지와 자료조사 등 기초 연구에 모아졌던 것은 그런 사실과 무관하지 않거니와, 기존 연구에서 특히 주목되는 것은 박붕배와 이종국의 경우이다. 박붕배와 이종국에 의해 일제의 교육정책과 교과서의 발간과 출판·서지사항 등이 상당 부분 정리되었고, 특히 박붕배는 제1차 교육령기, 제3차 교육령기, 제4차 교육령기의 보통학교 및 고등보통학교, 여자고등보통학교 교과서 자료집을 낸 바도 있다.

엄밀한 의미에서 교과서 연구는 지금부터 본격화되어야 할 것으로 보인다. 일제의 교육정책과 교과서 출판 등에 대해서도 좀 더 깊이 연구되어야 하고, 교과서 내용의 사회·문화적 성격과 식민주의, '국어(일어)독본'과의 차이점과 공통점 등도 새롭게 규명되어야 한다. 또 다섯 차례나 발간되었음에도 불구하고 『조선어독본』 각각의 내용과 특성, 식민정책과의 연관성 등은 거의 언급되지 않았고 특히, 교과서에 작용한 식민성과 탈(脫)식민성의 길항 관계 등은 거의 연구되지 않았다. 이런 측면들이 규명되어야 일제강점기의 교육과 교과서의 실체가 보다 온전해지고 궁극적으로 그것을 바탕으로 한 일제강점기 전반의 사회·문화사 연구가 가능해질 것이다.

※ 조선어독본 발간 현황[235]

시기	책명	권수	발행 연도
① 식민 초기	조선어독본	8	1911
② 제1차 교육령기(1911.8.23)	보통학교 조선어급한문독본	6	1915-18
③ 제2차 교육령기(1922.2.4)	보통학교 조선어독본	6	1923-24
④ 제2차 교육령기(1929.4.19)	보통학교 조선어독본	6	1930-35
⑤ 제3차 교육령기(1938.2.23)	초등 조선어독본	2	1939

여기서는 이런 사실을 전제로 이른바 제2차 교육령에 의거해서 만들어진 『보통학교 조선어독본』(1930-35)에 대해 고찰해 보고자 한다. 이 『보통학교 조선어독본』에 주목하는 것은 대략 두 가지 이유 때문이다. 우선, 이 『조선어독본』을 통해서 일제의 식민지 문화정책과 교과서의 편찬 과정을 구체적으로 확인할 수 있다. 일제는 매 시기마다 이른바 '교육령'을 발표해서 교육의 기본 지침을 정하고 거기에 맞게 교재를 편찬·수정하였다. 제2차 교육령기의 교재 역시 예외가 아니어서, 특히 이 『조선어독본』에는 '실업의 강화'라는 조선총독부의 식민정책이 구체적으로 반영되어 있다. 일본과 동일하게 학제가 개편

---

235) 교과서의 발간 현황과 문교정책에 대해서는 허재영의 『일제강점기 교과서정책과 조선어과 교과서』 3장을 참조하였다.

되고 그 연장에서 '공손하고 충량한 신민'을 만들기 위한 목적을 갖고 발행된 1923년판과는 달리 이『조선어독본』에는 실업과 자력갱생의 사례들이 무엇보다 강조된다. 교재 곳곳에는 실업 관련 단원들이 배치되고, 심지어 자력갱생의 성공적 사례까지 구체적으로 제시된다. 이를테면,『조선어독본』은 일제의 문화정책이 집약된 교본이자 동시에 식민지적 주체를 생산하는 문화적 장치였다. 교육은 이데올로기를 재생산하는 도구이자 동시에 체제를 선전하고 유지하는 유력한 수단인[236] 관계로, 일제는 교재를 만드는 과정에서부터 시종일관 당국의 정책을 교재에 반영하고자 했던 것이다.

다음으로, 이 책은 일제 치하에서 간행된『조선어독본』중에서 '조선적인 것'을 가장 많이 수록한 독특한 모습을 갖고 있다. 1923년판 교과서에 비해서 제2차 교육령기의 교과서에는 '조선의 인물과 지리'를 소재로 한 단원들이 훨씬 많이 수록되어 있다. 일본과 같은 식으로 학제가 개편된 뒤 만들어진 1923년판에서는 무엇보다 친절하고 공손한 주체, 효도하고 충성하는 주체가 강조된다. 그래서「아침인사」,「저녁인사」,「선생님과 생도」,「집안일의 조력」,「문병」,「인사」,「친절한 여생도」,「예의」등 예절바르고 공손한 주체를 내세운 단원들이 주를 이루었지만, 이 1930년판『조선어독본』에는 그와는 달리 조선의 인물과 지리 등이 보다 많이 수록되어 있다.「박혁거세」,「윤회」,「조선 북경」,「경성 구경」,「부산」,「조선의 기후」,「조선에서 제일가는 것」,「부여」등의 단원은 모두 조선의 인물과 지리를 소재로 한다. 일제의 동화정책이 본격화된 상황에서 이렇듯 '조선적인 것'을 강조한 원인과 배경은 무엇인지, 그리고 이들 단원이 과연 조선의 역사와 전통을 제대로 담고 있는 것인지 등이 관심을 끌기에 충분하다.

---

236) P. 부르디외, J.C. 파세롱, 이상호 역,『재생산』, 동문선, 2003, II장 참조.

이런 사실을 바탕으로 여기서는 1930년판 『조선어독본』이 편찬되는 일련의 과정을 살펴보고, 나아가 교과 내용을 통해 일제가 만들고자 했던 식민 주체의 모습이 어떠했는가를 고찰하기로 한다.

일제 교육령과 『조선어독본』

오늘날 한 권의 교과서가 만들어지기 위해서는 여러 가지 복잡한 과정을 필요로 한다. 교과서의 기본틀이자 방향을 제시하는 교육과정이 마련되어야 하고, 그것을 근거로 교재를 구안하고 집필하는 편찬 주체가 구성되어야 한다. 게다가 만들어진 교재가 교육과정을 충실히 반영하고 있는가를 살피는 편수 업무가 더해지고, 그것을 성공적으로 통과해야 비로소 교과서의 기본틀이 확정된다. 그만큼 당국의 규제와 방침이 엄격하고 까다로운 것이다. 이런 사실은 일제 치하에서도 크게 다르지 않았는데, 당시 그 모든 업무를 총괄한 곳은 학무국 편집과였다. 학무국 편집과는 교재를 만드는 첫 단계부터 심의과정까지 시종일관 교재가 정책에 부합하는가의 여부를 살폈고, 그것을 통해서 식민정책, 교육사조 및 학설 등을 판단하고 반영하였다. 교과서를 식민 당국의 교육정책과 이념이 구체적으로 반영되고 실현되는 매체로 간주했고,[237] 그래서 식민정책에 맞춰 수시로 교재를 평가하고 개편하는 열의를 보였던 것이다.

앞의 표에서처럼 『조선어독본』은 크게 다섯 차례에 걸쳐 편찬·수정되었는데, 그 과정은 모두 일제의 식민정책을 근거로 하고 있다. ① 『조선어독본』은 식민 초기, 조선총독부의 '교수상의 주의 및 자구(字句) 정정표'를 근거로 1907

---

237) 장신, 「조선총독부 학무국 편집과와 교과서 편찬」, 『역사문제연구』16호, 역사문제연구소, 35면.

년 학부에서 편찬한『보통학교 학도용 국어독본』(8권)을 수정하여 모두 8권으로 재출간한 것이다.

※ 교수상 주의 병 자구정정표

　　경향 각지방 사립학교에서 불량한 교과서를 개판(改版) 정정하야 시행케 홀 의(意)로 내무부 장관 宇佐美勝夫 씨가 각도 장관에게 발훈(發訓) 주의케 홈은 기보하얏거니와 학무국에서 구학부 편찬 보통학교용 교과서와 구학부 검정 급(及) 인가의 교과용 도서에 관하는 교수상 주의 병(并) 자구정정표를 좌(左)와 여(如)히 제정 반포하얏더라

　　一 구학부 편찬 급 검정의 도서는 물론이어니와 구학부로서 사용 인가를 여(與)한 도서로 십분 기 내용을 심사한 자라도, 금회 조선은 대일본제국의 일부분이 된 고로, 금후 조선에 재한 청년 급 아동을 학수홀 교과서는 기 내용이 파히 부적한 자이 유홈에 지한지라 연이나 금에 거히 차등 다수한 도서를 수정 개판홈은 용이한 사(事)이 안임으로써, 선차 우(右)도서 중 교재의 부적당한 자와 우(又)는 어구의 적절치 못한 자에 취하야 주의서 급 정정표를 제하야 교수자의 참고에 자(資)하노니 관공 사립을 불문하고 하(何)학교에서던지 의당히 차에 의거하야 교수홀지니라

　　二 교수자는 주의서 중의 각 주의사항을 숙독한 후, 기 취지를 불오(不誤)토록 신중히 교수홀지며 우 정오표에 의하야 학도 각자의 교과서를 적의(適宜) 홀 방법으로써 정정 교수홀지니라

　　三 구학부 편찬 보통학교용교과서에 대한 주의서에는 수신서, 일어독본, 국어독본 급 습자첩 중 부적당한 교재에 취하야 ――히 교수상의 주의를 여하고 구학부 검정 급 인가의 도서에 대한 주의서에는 차등 도서 중에 현(現)한 부적당한 사항을 개괄 열거하야 일반적 주의를 여홀 사로 하노라

　　四 주의서 중에 여한 사항내 한국합병의 사실, 축제일에 관한 건, 신제도의 대요 등 위선 교수홈을 요홈으로 인하는 자는 반다시 주의를 여한 당해과에 불한(不限)하고 적의한 시기에 조상(繰上) 우는 조하(繰下)에 교수홈도 무방하니라 …(중략)…

　　六 냥에 구학부로서 발한 통첩에 의하야 종래의 일어는 국어로 하고, 국어는 조선어로 하야 조처홀 사로 정하게 되얏슴으로, 일어독본, 국어독본과 여한 명칭은 차를 개홀 필요가 유하고 우 학부 검정 급 인가의 도서 중 기 명칭에 '대한' '본국' 등의 문자를 용홈은 불가하나 여사한 명칭상의 정정은 금에 잠시 차를 관가하노라…(이하 생략)

　　　　　　　　　　　　　　　　―「교수상 주의 병 자구정정표」,〈매일신보〉, 1911, 2. 22.

---

　　②『보통학교 조선어급한문독본』은 상제합병 직후 일제가 식민지 교육을 본격화하기 위해 만든 1911년의 제1차 조선교육령에 의거한 것이다. 일제는

어문교과뿐 아니라 모든 교과서를 일본어로 만들어 일본식 용어를 쓰도록 하였고, 한글을 조선어로 격하시키고 대신 일본어를 '국어'로 격상시켰다. 6권으로 된 『조선어급한문독본』(1915~18)은 그렇게 해서 만들어진 총독부 편찬의 국정 교과서이다. 이후 1922년의 제2차 조선교육령이 공포되고 '일어를 사용하는 자와 일어를 사용하지 않는 자의 구별'과 "일어를 습득케 함을 목적으로 한다"는 취지에 맞게 다시 교과서가 개편되는데, 특이한 것은 '한문'이 수의과목으로 돌려지면서 ③『보통학교 조선어독본』과 같이 '조선어'만을 대상으로 한 『조선어독본』으로 조정된 사실이다. 그리고, 이글의 대상이 되는 ④는 1929년의 개정교육령을 근거로 '실업교육의 강화'라는 취지에 의해 만들어졌다. ⑤는 중일전쟁이 발발하고 사회 전반이 전시체제로 재편되면서 1938년 제3차 조선교육령이 공포되고, 거기에 맞춰 6권을 2권으로 축소해서 발간한 것이다.

이렇듯 일제는 시대 상황과 통치정책의 변화에 맞추어 수시로 교과서를 개편하는 기민함을 보이면서 조선을 조직적으로 통제했고, 그런 관계로 교과서의 내용은 시기별로 상당한 차이를 보이게 된다.

여기서 주목하는 제2차 교육령기의 『보통학교 조선어독본』은 1920년대 후반에 불어 닥친 세계 대공항의 여파에 대응하고자 한 총독부의 정치적 의도를 근거로 하고 있다. 1920년대 후반 들어 국내외의 정세가 크게 요동쳤고, 특히 1920년대 말에 불어 닥친 세계 대공황은 일본 사회에도 큰 영향을 주었다. 사회 전반이 경제적으로 큰 어려움에 직면했고 특히 농촌에서의 궁핍화가 심각했다. 설상가상으로 사회 전반에 확산된 사회주의 사상은 교육계에도 심각한 영향을 주었다. 사회주의 사상과 민족주의의 고양으로 여러 학교에서 동맹휴교 등 식민지 교육정책에 저항하는 움직임이 빈발하는 등 식민정책 전반이 위기를 맞았고, 이에 1927년 새로 부임한 야마나시 한조(山梨半造) 총독은 3.1운동 이후 취해진 융화정책을 전면적으로 재검토하기에 이른다. 야마나시

총독은 조선은 일본과 여러 가지로 사정이 다른 데도 불구하고 일률적으로 일본과 비슷한 내용의 교과서를 사용하는 것은 문제가 많다고 지적하면서, 조선의 실정에 맞는 방향으로 교과서를 개편해야 한다고 판단하였다.[238] 한 신문에 소개된 것처럼, 山梨 총독은 "일본과 심히 사정을 달리한 조선보통학교용 교과서가 일본 교과서와 대차(大差)가 무(無)하고 조선 독특한 내용을 가미"하지 않는 것은 "매우 조치 못한 편찬방침이라는 의견"에서 "조선의 민도와 풍습에 적합한 독특한 재료"로 교과서를 만들라는 의견을 제시한 것이다.

山梨 총독은 착임 이래 여가를 이용하야 보통학교용 교과서 전부를 통독한 결과 총독부 편수과 편찬의 교과서는 조선에 별개로 보통학교용 교과서를 편찬할 필요도 업스나 일본 소학교 사용의 국정 교과서와 내용에 잇서서 유사점이 다(多)하고 이래서는 현재 일본에서도 1종 2종으로 도시용 농촌용 兩樣의 교과서를 편하야 지방의 민도풍습에 적합케 하는 차제에 일본과 심히 사정을 달리한 조선보통학교용 교과서가 일본 교과서와 대차(大差)가 무하고 조선 독특한 내용을 가미 안배치 안는 것은 매우 조치 못한 편찬방침이라는 의견으로 …… 학무국에서는 목하 개편 중의 수신, 국어, 국사 교과서의 편찬에 대하야 우 총독의 지시를 체하여 조선의 민도와 풍습에 적합한 독특한 재료를 싣게 되어 각각 준비를 進하고 잇는데 개편 후의 신교과서는 면목을 일신하야 조선의 민도풍습에 관한 사항을 교묘히 석거노흔 조선 색체가 농후한 교과서가 되리라더라.[239]

야마나시 총독의 이런 의견을 근거로 총독부는 1928년 6월 임시교육심의

---

238) 여기에 대해서는 김한종의 「조선총독부의 교육정책과 교과서 발행」(『역사교육연구』, 한국역사교육학회, 2009.6) 참조.

239) 《동아일보》, 1928. 3. 16.

위원회를 소집하여 교육정책의 부분적 수정 방침을 제출했는데, 여기서 임시 교육심의위원회는 보통학교를 증설하고 실과와 직업교육의 강화를 건의하였다. 말하자면 대공황으로 사회 전반에 혼란이 초래되자 조선의 특수성을 바탕으로 실과와 직업교육의 강화를 통해서 그것을 극복하고자 한 것이다.[240] 이런 정책의 변화는 군사적 강압만으로는 식민 통치가 불가능하다는 판단에 따른 것으로 일종의 문화적 유인책이라 하겠다. 3·1운동을 통해서 강압적 통치의 한계가 분명하게 드러난 상황에서 일제는 그것을 보완하기 위해 문화정책을 시행했고, 그 일환으로 실업교육의 강화를 획책한 것이다.

① 칙어와 조서의 요지를 철저하게 반영하는데 한층 유념할 것
② 황실 및 국가에 관한 사항에 한층 유념할 것
③ 일한합병의 정신을 이해시켜 내선융화의 효과를 거두기 위해 관련 있는
　사항에 한층 유념할 것
④ 조선의 실정에 맞는 근로애호, 흥업치산, 직업존중 및 자립자영의 정신
　을 함양하는데 적절한 자료를 늘릴 것
⑤ 동양의 도덕에 배태된 조선의 미풍양속을 진작하는데 적절한 자료를 늘
　릴 것
⑥ 사회공동생활에 적응하는 품성의 도야에 적절한 자료를 늘릴 것
⑦ 책임을 중시하는 실천궁행을 장려하는데 적절한 자료에 유의할 것[241]

---

240) 그래서 이 시기를 '근로교육 강조 시대(1931-1938)'로 명명하기도 한다. 한기언·이계학의
　　『일제의 교과서 정책에 관한 연구』(한국정신문화연구원, 1993) 참조.
241) 《경성신문》, 1928. 8. 4, 앞의 김한종의 「조선총독부의 교육정책과 교과서 발행」 317면에서
　　재인용.

　　　　　　　　　　　　　　　　　　　국어 교과서의 탄생

이러한 지침은 수신(修身), 국사, 국어(일본어) 교과서를 겨냥한 것이지만, 이글의 대상이 되는 조선어 교과서 역시 예외가 아니었다. 학무국은 『조선어 독본』도 이런 취지에 맞게 전면 개정하기로 방침을 정하고, 기초위원과 심의 위원을 선정하여 교과서 편찬에 착수한 것이다.

교과서의 개정안을 만들기 위해서 총독부는 "시학과 현헌(玄櫶) 씨와 편즙 과 전독(田島) 이원규(李元圭)"를 임명하고, 그것을 검토하기 위해 "경성사범학 교 교사 심의린(沈宜麟), 제이고등보통학교 교사 박영빈(朴永斌), 수송보통학교 훈도 박승두(朴勝斗), 진명여자고등보통학교 교사 이세정(李世楨)" 등을 소집하 야 개정철자법에 대한 의견을 물어본 후 원안을 만들고, 그것을 다시 심의위 원회에 붙여 확정짓기로 한다. 그래서 집필위원 일부를 포함한 각계의 명사를 망라하여 "西村眞太郎, 장지영, 이완응, 이세정, 小倉進平, 高橋亨, 田中德太 郎, 藤波義貫, 권덕규, 정렬모, 최현배, 김상회, 신명균, 심의린" 등으로 심의위 원을 확정해서 발표한다.

역 할	위 원
기초위원 (기초안 마련)	현헌, 전독, 이원규
검토위원 (기초안 검토)	심의린, 박영빈, 박승두, 이세정
심의위원 (심의 및 확정)	西村眞太郎, 장지영, 이완응, 리세정, 小倉進平, 高橋亨, 田中德太郎, 藤波義貫, 권덕규, 정렬모, 최현배, 김상회, 신명균, 심의린

여기서 西村眞太郎, 田中德太郎, 藤波義貫는 총독부 통역관이고, 장지영은 조선일보사 지방부장, 이완응은 조선어연구회장, 리세정은 진명여고보 교원, 小倉進平과 高橋亨는 경성제국대학 교수, 권덕규는 중앙고보 교원, 정렬모는 중동학교 교원, 최현배는 연희전문 교수, 김상회는 매일신보 편집국장, 신명

균은 조선교육협회 이사, 심의린은 경성사범 부속보통학교 훈도였다.[242] 이들 심의위원은 앞의 기초위원이 만든 안을 토의한 뒤 최종적으로 원안을 만들고 (6월), 이듬해 1930년 2월 신철자법이 발표되자 4월부터 보통학교 1학년 교과서를 개정하였다. 이 과정에서 이들은 당국의 정책을 적극적으로 반영하면서 직접 교재를 집필하거나 아니면 일본 문부성 교과서를 저본으로 해서 조선의 상황에 맞게 적절히 집필하기도 하였다. 이렇게 해서 만들어진 교재가 제4차 교육령기의 『조선어독본』(1930-1935)인 관계로, 이 『조선어독본』에는 "근로애호, 홍업치산, 직업존중 및 자립자영의 정신의 함양" 등 총독부의 정책과 관련된 내용들이 다양하게 수록된다.

여기서 또 하나 주목할 점은 이 『조선어독본』에는 '조선적인 것'이 상대적으로 많이 반영되었다는 사실이다. 그것은 기존의 '조선어독본'이 '조선'의 말과 글을 다루고 있음에도 불구하고 '조선적인 것'이 상대적으로 적었다는 반성을 전제로 하고 있다. 가령, 1922년판 교과서는 조선 사람을 대상으로 한 교재임에도 불구하고 조선적인 정조를 담고 있지 못하였다. 한 신문의 기사처럼, "종래의 교재는 대개 일본 문학자의 지은 글을 번역하거나 그렇지 않고 조선에서 만든 것이라고는 치밀을 섞지 못하고 문필이 아름답지 못하"[243]였다. 그래서, 이번에는 조선인 문학자의 글을 교재에 수록하고자 한 것이다.

하나 들리는 바에 의하면 보통학교나 또는 고등보통학교의 조선어독본 교과서가 그 문장에 잇서서나 또는 기타에 잇서 현대 조선에 적합하지 못한 것이 만흘 뿐 아니라 그 교재 채택에 잇서서도 엇던 일개인의 의견만으로 된 것이 잇슴으로 지금에 불만족한 점이 만히 발견되야 저번 언문철자법을 개정

---

242) 김윤경, 「최근의 한글운동, 조선문자의 력사적 고찰(18)」, 『동광』40, 1933, 1.
243) 「조선인 문학자 문장 편입문제」, 《동아일보》, 1928. 9. 25.

하랴 할 때 위원회를 열고 그 의견을 따라서 한 것과 마찬가지로 이번에는 조선문단의 중론들을 망라하야 그들의 의견을 들어가지고 그들의 문장을 조선어독본에 채록하야 시대에 적합한 교과서를 만들랴는 것이다. (중략) 조선문사의 글들을 교과서에 채록한다는 것은 조선의 문단이 성립된 이후 실로 처음 되는 일이오 또 교육행정에 잇서서도 일신기원이라 아니할 수 업다. 그리하야 이것이 실현되는 날에는 초등학교와 또는 중학교의 조선어 교수가 가장 시대에 부합되어 큰 효과를 나타내게 될 것이다.[244]

기존의 교과서와는 달리 조선의 현실에 맞는 교재를 만들기 위해서 "조선문사의 글들을 교과서에 채록한다는 것"이고, 이는 "조선의 문단이 성립된 이후 실로 처음 되는 일"이라고 감격하기까지 했음을 알 수 있다.

하지만 그런 기대와는 달리 조선 문인들의 글을 교과서에 수록하기는 쉽지 않았다. 「조선인 문학자 문장 편입문제」라는 기사에서 알 수 있듯이, 조선 문인들은 "대개 당국이 원하는 글을 쓰지 않는 관계로 글로 보면 일본 문사에 뒤지지 않을 명문이 많"으나, 글에 내재된 "정신이 총독부로서는 채용할 수 없"었기 때문이다. 그래서 "학무국에서는 이 문제로 딜렘마에 빠져" "아직 편집에 착수치 못"[245]했다고 한다. 총독부 당국의 입장에서는 조선 문인들의 글이 미덥지 않았던 것이다. 그런 문제가 개재되어 있었던 관계로 실제 출간된『조

---

244) 「언문철자법 개정과 교육행정의 신기원」, 《매일신보》, 1930, 2. 17.

245) (전략) 이번에는 일본 국어독본 같이 학식이 풍부하고 문장이 아름다운 조선인 문학자의 지은 글을 교재로 채용함이 어떠한가 하는 문제가 일어나서 사람과 글을 선택하여 보았으나 조선의 사무라고는 대개 당국이 원하는 글을 쓰지 않는 관계로 글로 보면 일본 문사에 뒤지지 않을 명문이 많으나 글 쓴 정신이 총독부로서는 채용할 수가 없음으로 방금 학무국에서는 이 문제로 [딜렘마]에 빠져 있는 중이라는데 이러한 관계로 아직 편집에 착수치 못하고 있더라. (「조선인 문학자 문장 편입문제」, 《동아일보》, 1928, 9. 25)

선어독본』에는 조선 사람들의 글이 발견되지 않는다. 필자명이 밝혀지지 않은 관계로 조선 사람의 글이 수록되어 있을 수도 있으나, 전체를 일별해 볼 때 조선 문인의 글로 짐작되는 글을 찾기가 힘들다. 대신 이전 교재와는 달리 조선을 소재로 한 글들이 한층 풍부하게 수록된 것을 볼 수 있다. 「입에 붙은 표주박」, 「한석봉」, 「박혁거세」, 「윤회」, 「두 사신」, 「황희의 일화」, 「조선에서 제일 가는 것」 등과 같이 많은 단원들이 조선의 역사와 인물들을 다루고 있다. 이들 단원들은 설화, 전기문, 설명문, 기행문 등 장르를 달리하면서 다양한 일화와 교훈을 소개하고 있다.

그런데 이들 단원은 궁극적으로 일제의 심의를 통과한 것이라는 점에서 일제의 문화정책과 긴밀하게 연결되어 있는 것을 볼 수 있다. 다음에서 살피겠지만, 교재의 내용이란 기실 일제가 조선 사람들에게 주입하고자 했던 제국의 이념과 가치라고 해도 과언이 아니다. 그것은 조선의 인물과 지리가 다루어짐에도 불구하고 역사적 맥락이라든가 배경이 삭제된 단순한 교훈담이나 정보 제공의 수준에서 벗어나지 못하기 때문이다.

〔그런데, 주목할 점은 이들 단원의 상당수가 해방 후 초등학교 교과서에 그대로 재수록 된다는 사실이다. 『조선어독본』(조선총독부)과 해방기『초등 국어교본』(군정청 학무국)은 여러 가지로 흡사한 점이 많은데, 특히 수록 단원의 60% 정도가 동일하다. 그렇게 된 이유의 하나는 두 교과서를 만든 주체가 연결된 까닭인데, 그 중심에 있던 인물이 한글학회의 최현배이다. 최현배(1894-1970)는 조선어학회 회원으로 적극적인 활동을 전개하여 개정철자법 제정의 핵심적인 역할을 했고, 제4차『조선어독본』의 편찬에 깊이 관여하였다. 그는 1942년 조선어학회사건으로 체포되어 옥고를 치르기도 했지만, 8·15해방과 더불어 석방된 뒤 그해 9월 미군정청 문교부 편수국장으로 임명되어 3년간 재직하였다. 이때 최현배는 국어 교재의 편찬과 교원 양성을 총괄하는 중요한 임무를 수행하면서 일제 치하와 해방 후의 교과서를 매개한 것으로 보인다. 또, 제4차 교육령기의 심의위원으로 들어 있는 이완응 역시 주목할 수 있다. 조선어학회의 전신인

조선어연구회의 회장을 역임한 이완응(李完應, 1887-?)은 1905년 6월 관립중학교 심상과 4년제를 졸업한 뒤 모교인 관립중학교에서 교관을 역임하였다. 1910년 9월 관립 한성외국어학교 교관으로 전임되었으나 1911년 8월 일제의 교육령으로 새로 개편된 관립 경성고등보통학교 교유(敎諭)가 되어 1925년까지 조선어과를 담당하였다. 그는 1926년 4월『조선어발음급문법(朝鮮語發音及文法)』이라는 단행본을 조선어연구회에서 출판했고, 1929년에는 이 책을 보완한『중등교과 조선어문전』이 당국의 검정을 거쳐 고등보통학교용 교과서로 널리 사용되었다. 이런 명성과 식견을 바탕으로 이완응은 제4차 교육령기의『조선어독본』편찬에 깊이 관여하였다. 제4차『조선어독본』은 이 두 인물에 의해 개정철자법이 적용되는 등의 학교문법이 정비된 것을 볼 수 있다.〕

실업의 강조와 자력갱생의 주체

『조선어독본』의 내용을 검토해 보면 무엇보다 눈에 띄는 대목은 '수신'이다. 수신(修身)이란 원래 강제적 규범이나 구속이라기보다 스스로를 가꾸는 자세와 태도를 의미한다. 일상생활에서 그것은 말투나 몸가짐, 행동의 양식 등으로 구체화되어 드러나는 일종의 실천 덕목이다. 그렇지만『조선어독본』에서는 그것이 식민 치하의 현실에서 요구되는 피식민지인의 자세와 규범을 의미한다는 점에서 한층 정치적이다. "동양의 도덕에 배태된 조선의 미풍양속", "사회공동생활에 적응하는 품성" 등 교육령에서 언급된 것처럼 수신은 식민 주체로서 학생들이 갖추어야 할 행위의 구체적 내용들이다. 그런 단원들이 교재 전반에 배치된 관계로 교과서는 대체로 계몽적인 어투와 문체로 되어 있다. 「우리집」, 「약물」, 「친절한 상점」, 「추석」, 「편지」, 「식목」, 「땀」, 「검약과 의연」, 「점심밥」, 「훈패냐 돈이냐」, 「소」, 「땀방울」, 「의조은 형제」, 「어머님께」, 「갱생」 등은 학생들이 본받고 실천해야 할 구체적 덕목들을 내용으로 한다.

※『조선어독본』3, 4권 내용 분류246)

내용	단 원 명
수신과 실업	(3권)「리언」「편지」「일기」「점심밥」「식목」「땀」「검약과 의연」/ (4권)「훈패냐 돈이냐」「리언」「내 버릇」「땀방울」「편지」「운동회」「야구」「발자국」「화폐」「인삼」
역사와 지리	(3권)「박혁거세」「윤회」「신무천황(神武天皇)」「조선북경(北境)」「경성 구경」/ (4권)「부산」「두 사신」「조선의 기후」「지리문답」「조선에서 제일가는 것」「명관」「4명절」「중강등수(中江藤樹)」「부여」
이과	(3권)「우리는 물이 올시다」「비행기」「꿈」「빗보는 것」「우체통」/ (4권)「진보하는 세상」「라듸오」「명태」
문학	(3권)「산아산아」「꽃닢」「웃으운 이야기」「귀신의 눈물」「자장가」「이번 노래는 신신치 못하지오」/ (4권)「아침바다」「소」「혹뗀 이야기」「삼년고개」「촌부가」
기타	(3권)「수수꺽기」/ (4권)「글자 수수꺽기」

여섯 권 중에서 두 권을 표본으로 정리한 것이지만, 표에서 알 수 있듯이 『조선어독본』에서 가장 큰 비중을 차지하는 것은 수신적 내용이고, 다른 글들도 도덕과 교훈을 전달하기 위한 계몽적 의도로 채워져 있다. 이과(理科)에 속하는 글들이나 실업, 심지어 문학 영역에 속하는 단원들도 대부분 친절하고 공손한 태도를 주문하는 도덕적 가르침이나 교훈이고, 조선의 역사와 지리에 대한 설명 역시 일제의 의도를 전달하기 위한 도구로 되어 있다.

「우리집」은 당시『조선어독본』이 추구하는 가족의 전형적인 모습을 보여준다. 아버지와 형님은 매일 아침 일찍 일어나서 밭에 나가 일을 하고, 어머니와 누님은 집에서 바느질과 빨래를 하며, 나와 누이동생은 공부를 한 뒤에 닭에게 모이를 주고 집안을 청소한다. 외견상 한 가족의 평범한 일상을 기록한 듯하지만, 여기에는 가족의 바람직한 모습과 함께 지켜야 할 규범이 내재되어 있다. 아버지와 어머니, 자식들은 각기 자신의 처지에 맞는 일을 갖고 있고,

---

246) 조선총독부,『보통학교 조선어독본』(3권, 4권), 조선서적인쇄주식회사, 1930(1931).

그 일에 최선을 다한다. 이런 사례를 통해서 이 단원은 사회의 기본 단위인 가족의 바람직한 모습을 제시한다.

「추석」에서는 이러한 가족의 윤리가 돌아가신 조상으로 확대된다. 추석을 맞아서 산소를 찾고 할아버지와 할머니께 제사를 지내며 살아계실 때의 일을 회상한다는 내용이다. 「약물」(2권)에서는 약물터에는 날마다 사람들이 많이 모이는데, 제 생각만 하고 남을 밀치고 들어가는 무례한 행동을 해서는 안 되며 또 약물에는 좋은 것과 그렇지 않은 것이 있으니 가려 먹어야 한다는 내용이다. 「식목」(2권)에서는, 조선은 내지와 비교하면 나무가 없는 산이 많으니 부끄럽게 여겨 부지런히 나무를 심어야 한다는 내용이고, 「땀」에서는 교통순경과 수레꾼, 그리고 농부가 땀을 흘리는 모습을 소개하면서 나와 남을 위해서 "나도 땀을 흘리자"고 권유한다. 「친절한 상점」에서는 사회생활을 원만하게 하기 위해서는 친절하고 공손해야 한다는 점을 강조한다. 즉, 자기에게 이익이 되거나 그렇지 않거나 간에 언제든지 친절해야 한다는 것. 「검약과 의연」에서는 절약하고 아끼는 생활을 해야 어려운 이웃을 도울 수 있다는 내용이 소개된다. 이런 내용들을 통해서 교과서는 조상과 부모를 섬기고 또 친절하고 검약하는 인물을 호명해내고 있다.

그런데 여기서 호명되는 주체는 대체로 농업과 상업 등 실업에 종사하는 인물이라는 점에서 이전 시기의 교과서와는 구별된다. 1923년판 『조선어독본』에서는 「아침인사」, 「저녁인사」, 「문병」 등 부모님을 비롯한 이웃에게 인사를 잘하는 예절바르고 공손한 어린이가 강조되었지만, 여기서는 그런 단원들이 모두 삭제되고 대신 「친절한 상점」, 「검약과 의연」, 「훈패냐 돈이냐」, 「갱생」 등 제4차 교육령에서 강조한 사회적 가치와 윤리, 실업교육 등이 주를 이룬다. 「실업」에서는 농업·공업·상업 등의 실업을 강조하면서 실업인의 구체적인 모습이 제시된다. 세상 사람들은 흔히 관리·군인·변호사·의사 등의 직업을 존중하지만 사실은 농업·공업·상업 등의 실업이 중요하다. 의식주 원료의 대부분은 농업에서 생산되며, 공업은 그것을 이용해서 발전한 것으로 문명의 진보와 직결되어 있다. 그리고, 실업에는 이 외에도 수산업·광업·교통업 등 여러 가지가 있는데, 그 모두가 생활에 필수적이고 또 그 성쇠가 국가의 부강과 깊은 관계를 맺고 있다. 이런 사실을 설명하면서 이글은 실업의 중요성을 새롭게 환기한다. 또, 「고심의 결정」에서는 실업인의 구체적 사례로 "발명은 고심의 결정이다."라는 명언을 남긴 뉴턴(Newton)이 소개된다. 냄비에다가 회중시계를 넣고 끓인다든지, 문밖에서 친구가 기다리는 것도 잊고 연구에 몰두한다든지, 사과 떨어지는 것을 보고 그것을 연구하는 등의 엉뚱한 모습을 소개하면서 발명은 '고심의 결정'이라는 것을 말한다. 「품종의 개량」에서는 농작물이나 가축은 현재 상태에서 개량할 여지가 많으므로 연구를 거듭해서 양종을 산출하고 수익을 증대시키기 위해 노력해야 한다고 주문한다. 그것이 곧 "국가 사회의 복리를 증진하는 길일 뿐더러, 실로 우리 조상의 노력에 대한 보답"이라는 것이다.

이 과정에서 눈길을 끄는 것은 교재 전반에서 강조되는 '소'의 품성이다. 『조선어독본』에는 '소'를 중심 내용으로 한 단원이 다섯 개나 등장하는데, 1권의 첫 단원은 소 한 마리를 달랑 그려놓은 그림이고, 12과에서는 '소가 온다'는 내용이며, 20과에서는 어미 소와 송아지가 등장하고, 40과에서는 소를 몰고 장에 갔다 오는 내용이다. 그리고 4권에서는 「소」(6과)라는 제목의 단원이 제시되어 소의 품성과 행동이 인간의 귀감이 되고도 남는다는 것을 말한다.

> 나는 소를 보면, 얼골이 저절로 붉어지드라.
> 무거운 짐을 모다 날르고,
> 넓으나 넓은 논밭을 다 갈것마는,
> 소는 한번도 공치사 한 적이 업섯다.

국어 교과서의 탄생

(중략)

아아, 소, 고마운 소,
평화롭고, 근면하고, 겸손하고, 관대한 김생,
만물의 영장이라 자랑하는 인간도,
너에게 배울 바가 하도 만쿠나.[247]

　소의 일생을 서술한 이 시의 내용은 곧 "평화롭고, 근면하고, 겸손하고, 관대한 김생"이라는 말로 요약된다. 공치사도 않고 그저 묵묵히 맡은 일을 수행하는 존재, 게다가 죽어서도 고기와 가죽을 남기는 유익한 존재가 소라는 것이다. 소에 대한 이러한 의미 부여는 소가 아동들의 일상에서 자주 목격되는 친숙한 동물이고 또 조선의 농가에서 무엇보다 중시되는 가축이라는 데 있을 것이다. 그런 사실을 전제로, 일제가 만들고자 했던 '충량한 신민'의 모습을 투사한 것으로 보인다. 위에서 언급된 소의 형상은 주인을 위해서 자신의 모든 것을 바치지만 결코 후회하지 않는, 곧 충량(忠良)한 신민의 모습이다.
　교과서 전체의 결론이자 모범적 인물의 구체적 사례로 제시된 「갱생(更生)」의 김재호는 그런 점에서 이 『조선어독본』이 지향하는 주체의 상(像)이 어떠한가를 구체적으로 현시한다. 김재호는 과묵하고 성실한 소의 품성을 몸소 실천하는 인물이다. 김재호는 부친의 사업 실패와 뒤이은 죽음으로 어렵게 보통학교를 졸업한 뒤 자립에 성공한 인물로, "새벽에는 별을 밟고 나가서, 저녁에는 달을 이고 돌아온다."는 좌우명을 갖고 있다. 이런 신조를 바탕으로 재호는 보통학교를 졸업한 뒤 짚신도 삼고 새끼도 꼬고, 남의 논밭을 갈아주기도

---

247) 『조선어독본』4, 16-18면.

하는 등 불철주야로 일을 쉬지 않는다. 그러던 차에 그의 딱한 사정을 알고 있던 교장 선생님의 주선으로 가마니 짜는 기계를 사고, 온 가족이 합심해서 기계를 돌린 덕분에 드디어 저축까지 할 정도로 돈을 모은다. 그런 노력에 힘입어 빈촌이었던 마을은 일약 '지도부락'이 되고, 재호 역시 재산을 늘려 '소'를 가족의 일원으로 맞아들이는 등 갱생에 성공한다.

> 이것이 재호의 열성과 노력의 결정이 아니고 무엇이랴. 그러나마, 그는 한갓 자신 또는 자가의 행복만을 도모할 뿐 아니라, 그 인격의 힘으로써 인리향당(隣里鄕黨)까지, 감화 갱생케 하며, 지금도 오히려 자자히 분투의 생활을 계속하고 잇다.
> 김재호는 실로 우리들의 모범적 인물이라 하겠다. [248]

'열성과 노력'으로 성공한 '모범적 인물'이 곧 재호라는 것. 이러한 내용들을 종합하자면, 피교육자는 매사에 성실하고 묵묵히 일하는 존재여야 한다는 것을 알 수 있다. 물론, 가난을 타개하기 위해서 불철주야 노력한다는 것은 오늘날도 충분히 공감되는 덕목이다. 하지만 그 이면에는 당대 사회의 문제를 게으름과 자립심의 부족으로 치부하는 일제의 통치 이데올로기가 놓여 있는 것을 간과할 수 없다. 일제는 1930년대 이후 효과적인 식민 통치를 위해서 여러 가지 사회운동을 전개했는데, 체력 교육 강화, 위생 강화, 자력갱생운동, 부녀회운동 등이 그 구체적 사례들이다. 제4차 교육령에서 강조한 실업교육의 강화 역시 그런 흐름과 맥을 같이 하며, 위의 「갱생」 역시 그 연장선상에 있다. 일제는 조선의 궁핍한 상황을 자력갱생 정신의 결핍으로 몰아붙였는데,

---

248) 『조선어독본』6, 94-5면.

이는 병참기지화라는 수탈정책으로 발생한 경제적 궁핍을 다른 것으로 호도하고, 자력갱생이라는 미명 아래 수탈을 더욱 가속화하고자 한 것이다. 그런 의도에서 일제는 저축장려운동이나 부인회운동을 적극적으로 전개하였다. 위의 「갱생」에서처럼, 가난은 개인적인 노력으로 얼마든지 극복될 수 있다는 이데올로기는 조선 사람의 분발을 촉구해서 생산을 증대하려는 일제의 간계에 다름 아니었다.

조선의 인물과 지리의 몰주체적 서술

『조선어독본』에는 이전과 비교할 때 '조선적인 것'이 상대적으로 많이 수록되어 있다. 앞에서 살핀 대로, 이전의 교재가 '조선어독본'임에도 불구하고 조선적인 것이 너무 적었다는 비판이 있었던 관계로 이 『조선어독본』에서는 그것을 새롭게 보완한 것으로 보인다. 「입에 붙은 표주박」, 「한석봉」, 「박혁거세」, 「윤회」, 「두 사신」, 「명관」, 「언문의 제정」, 「황희의 일화」, 「조선 북경(北境)」, 「경성 구경」, 「조선의 기후」, 「지리 문답」, 「조선에서 제일가는 것」, 「부여」 등은 모두 조선의 역사와 지리에 관한 단원들이다. 교재를 편찬한 주체가 '조선총독부'이고 또 교재의 궁극적 의도가 식민 질서의 구축에 있었기에 조선의 역사와 인물을 다룬다는 것은, 외견상 일제의 의도에 반하는 것으로 보이기도 한다. 하지만 내용을 자세히 들여다보면 그런 외양과는 다른 식민주의적 의도가 깊게 숨어 있는 것을 목격할 수 있다. 『조선어독본』에 수록된 조선 관련 역사와 인물은 '조선어' 교재라는 특성상 불가피하게 수록된, 이를테면 조선 사람으로서의 민족적 자긍심이라든가 정체성이 배제된, 기능적 배치 이상의 의미를 갖고 있지 못하다.

그런 사실은 우선 조선의 인물들을 소재로 한 단원들이 대부분 단편적 교훈이나 가르침을 전달하고자 하는 의도로 구성된 데서 알 수 있다. 가령,「입에 붙은 표주박」에서는 윗사람을 공경해야 한다는 주제가 석탈해를 통해서 제시된다. 즉 탈해 임금이 토함산에 올라갔다가 목이 말라 그곳에 있던 젊은이에게 물을 떠오라고 하였다. 분부대로 젊은이는 물을 뜨러 갔는데, 자기도 목이 말랐던 관계로 먼저 물을 마셨다. 그랬더니 표주박이 입에 붙어서 떨어지지 않았고, 한참을 기다리던 탈해가 올라와 그것을 보자, 젊은이는 잘못을 깨닫고 깊이 사죄하였다. 그랬더니 표주박이 바로 떨어졌다는 이야기로, 윗사람을 공경해야 한다는 교훈을 석탈해를 빌어서 말하고 있다. 여기서 석탈해는 어떤 민족적 의미를 갖지 못하고 단지 교훈을 전하는 매개자로만 기능한다. 「한석봉」에서는 한석봉이 떡 장사를 하는 모친의 정성으로 큰 학자가 되고 또 명필이 되어 후세에 명성을 날렸다는 내용이다. 멀리 떨어져 공부를 하던 한석봉은 어머니가 너무나 보고 싶어서 공부를 중단하고 집으로 돌아왔지만, 어머니는 그런 한석봉을 꾸짖어 다시 돌려보냈다는 이야기이다. 한석봉의 효심과 어머니의 엄격한 자식 사랑을 엿보게 되는데, 이 역시 윗사람을 공경해야 한다는 앞의「입에 붙은 표주박」과 같은 교훈담이다.

「윤회」에서는 훌륭한 학자가 된 윤회의 지혜와 생명 존중의 정신이 소개된다. 윤회가 어느 주막에서 하룻밤을 보내는 과정에서 뜻하지 않게 작은 구슬을 잃어버린 주인으로부터 도둑 누명을 쓰게 된다. 이에 윤회는 옆에 있던 거위를 자기 옆에 묶어 두게 한 뒤 그날 밤을 보내고 다음날 거위 똥에서 그 구슬을 발견한다는 이야기로, 슬기롭게 위기를 모면하고 동물의 생명까지 구한다는 내용이다. 「황희의 일화」는 남의 결점을 들추기 좋아하고 또 남을 조금도 용서할 줄 모르던 황희가 훌륭한 정승이 된 내력담이다. 즉, 황희는 소 두 마리를 몰고 밭을 가는 농부를 발견하고, 어느 소가 더 일을 잘 하는가를 물어보았다. 그랬더니 농부는 황희의 귀에다 대고 조용히 그 답을 속삭였다. 아무리 짐승이라 하더라도 제가 못한다는 말을 듣고 좋아할 리 없다는 것, 그래서 귓속말로 속삭였다는 것이다. 이에 황희는 "조그마한 재능을 과신하고 … 불손한 언동이 많았던 자기의 경박함을 한없이 부끄러워" 하였고, 그 후 수양에 힘써 마침내 괄목상대할 만한 딴 사람으로 변했다는 내용이다.

여기서 윤회나 황희는 지혜롭고 또 자신을 성찰할 줄 아는 사람이지만 조선의 정신과 혼을 담지한 인물로 그려지지는 않는다. 인물이 지닌 역사적 맥락과 배경이 생략된 채 단지 교훈적 특성만이 언급된 까닭이고, 그래서 동일한 내용의 교훈을 전하기 위해서 한석봉을 다른 인물로 바꾸어도 무방하다. 실제로 1923년판 『조선어독본』에 수록되었던 '솔거'는 이 4차 교육령기의 교과서에는 빠지고 이후 1937년에 편찬된 『조선어독본』에 다시 등장하는데, 제목은 '솔거'가 아니라 '솔거와 응거(應擧)'이다. 솔거와 같은 일본의 유명 화가 '응거'를 덧붙여 두 인물의 일화를 단편적으로 대비한 것이다. 또 4권에는 「중강등수(中江藤樹)」가 등장해서 한석봉과 동일한 교훈을 전해준다. 즉, 어머니와 멀리 떨어진 할아버지 집에서 공부를 하던 등태랑(藤太郎)은 어머니가 손등이 터져서 고생한다는 사실을 알고, 신약을 구해서 할아버지 몰래 어머니를 찾아간다. 그러나 어머니는, 한석봉의 어머니처럼, 공부를 중도에 폐하고 돌아온 아들을 꾸짖으며 다시 돌려보낸다는 내용이다. 자식의 효심과 그것을 공부로 승화시키는 어머니의 사랑을 구체적 사례를 들어 제시한 것이다. 이들 단원에서 인물들은 그 자체의 개성과 역사성을 갖지 못하고 단지 교훈을 전달하는 매개자로 기능할 뿐이다.

그런데 더욱 놀라운 것은 이들 인물이 지닌 재능과 성취가 일제의 식민통치를 정당화하는 도구로 활용된다는 점이다. 그런 사실은 대동여지도를 만든 김정호를 소개한 「김정호」에서 단적으로 확인이 가능하다. 즉, 산천에 대한 궁금증이 많았던 김정호는 그것을 풀기 위해 스승에게도 물어 보고, 친구로부터 지도를 얻어서 실제 지형과 대조도 해보고, 또 상경해서 규장각에 있는 조선팔도지도를 얻어서 실제로 조사를 해보기도 하였다. 하지만, 어느 하나 맞는 게 없었고, 그래서 자기 손으로 정확한 지도를 만드는 것 외에는 다른 도리가 없다는 사실을 알고 십여 성상 천신만고 끝에 대동여지도를 완성한다. 하지만 지도를 인쇄할 판목이 없었고, 그래서 소설을 지어 팔면서 판목을 하나 둘 사 모았고, 다시 10여년의 세월을 보낸 뒤에야 지도를 인쇄할 수 있었다. 그렇게 만든 지도를 김정호는 병인양요가 일어나자 바로 대원군에게 갖다 바쳤지만, 대원군은 "나라의 비밀이 다른 나라에 누설되면 큰일"이라는 생각에서 지도를 압수하고 김정호 부녀를 옥에 가두었다.

> 아아, 비통한 지고, 때를 맞나지 못한 정호……, 그 신고와 공로의 큼에 반하야, 생전의 보수가 그 같치도 참혹할 것인가. 비록 그러타 하나, 옥이 엇지 영영 진흙에 무처버리고 말 것이랴. 명치 37,8년, 일로전쟁이 시작되자, 대동여지도는, 우리 군사에게 지대한 공헌이 되엿슬 뿐 아니라, 그 후 총독부에서, 토지조사사업에 착수할 때에도, 무이(無二)의 호(好) 자료로, 그 상세하고도 정확함은, 보는 사람으로 하야금 경탄케 하얏다 한다. 아, 정호의 간고(艱苦)는, 비로소 이에, 혁혁한 빛을 나타내엿다 하리로다.[249]

김정호의 20년에 걸친 혼신의 노력이 일거에 수포로 돌아간 것, 하지만 일제는 그와는 달리 지도의 우수성을 인정하고 전쟁과 식민정책에 유용하게 활용했다는 이야기이다. 인재를 알아보지 못한 조선과는 달리 인재의 능력을 인정하고 정책에 활용하는 일제의 우월함을 언급함으로써 식민 지배를 정당화한 것이다. 조선의 역사를 자신들의 지배를 합리화하는 도구로 이용한 단적인 사례인 셈이다.

---

249) 『조선어독본』 5권, 24-5면.

그런 사실은 「언문의 제정」에서도 유사하게 나타난다. 「언문의 제정」은 세종대왕이 백성을 사랑하는 마음에서 언문을 제정하는 위업을 성취했다는 내용이다. 당시 조선에는 자신의 말을 적을 만한 적당한 글자가 없었기에 세종대왕은 그 필요를 절실히 느껴 마침내 언문을 만들었다는 것이다. "언문은 제정되어, 국법으로써 장려한 것인데, 읽기 쉽고 쓰기 쉽게, 썩 훌륭하게 되엿슴으로, 점차 보급되어, 오늘날에는 국어의 가나와 같치, 조선어를 발표함에 업지 못할 편리한 글자가 되"었다는 것.[250] 한글의 반포로 일본의 가나[仮名]처럼 쉽게 쓰고 읽을 수 있는 표기 수단을 갖게 되었다는 말로, 한글의 과학성이라든가 원리 등에 대해서는 관심이 없고 단지 가나와 같이 편리한 언어를 만들었다는 사실만이 강조된다. 여기서 조선은 '이씨(李氏) 조선'으로 격하되고, 한글은 '조선말'로 치부되어 가나를 보완하는 일개 지방어에 불과한 것을 알 수 있다.

한편, 조선의 지리와 유적지를 답사한 글에서는 조선이 일본의 일개 지방에 지나지 않는 즉, 동일한 심상지리[251] 속에 서술되어 제시된다. 「후지산과 금강산」에서 알 수 있듯이, 내지의 명산인 후지산은 조선의 금강산과 대만의 신고산 등과 같이 하나의 심상지리 속에 자리 잡는다. 후지산은 내지에 있는 산으로 형세가 수려하고 높다는 것, 그렇지만 대만의 신고산이 더 높다는 것, 반면 금강산은 기암괴석과 폭포가 장관이라는 사실을 소개한다. 일본 제국을 구성하는 내지와 대만과 조선을 총칭해서 "우리나라"라 이름하고 그 각각의 특성을 제국의 심상지리 속에서 설명한 것이다.

---

250) 『조선어독본』 5권, 62면.

251) 심상지리란 주체가 인식하고 상상하는 특정 공간에 대한 지리적 인식을 가리키는 말로, 서구 제국주의의 상상적 지리 관념을 지시하는 말이다. 『상상의 공동체』(베네딕트 앤더슨, 윤형숙 역, 나남, 2007) 25-27쪽 참조.

이런 심상지리를 바탕으로 조선의 지리와 사적들이 언급되는 관계로 단원의 내용은 일제의 큰 테두리 속에서 개별적인 정보와 지식을 소개·전달하는 이상의 의미를 갖지 못한다. 「부산」에서 알 수 있듯이, 부산은 내지와의 관계 속에서 의미를 형성한다. 부산은 시모노세키(下關)로 연락선이 오가고, 그래서 부두에는 사람으로 붐빈다는 것, 또 부산은 북으로 경성과 만주로 통하는 철도의 기점이라는 사실이 강조된다. 「간도에서」는 간도로 이주해서 학교를 다니는 학생이 조선에 있는 친구에게 보내는 편지글로, 간도에서의 학교생활과 간도라는 명칭의 유래와 범위, 기후, 농업 등이 제국의 심상지리 속에서 소개된다.

> 용정촌에는 제국 총영사관이 잇고, 기타에는 분관이 잇서서, 다 조선인 보호에는 힘을 쓰고 잇네. 또 각지에는 조선총독부의 보조를 받는 보통학교와 서당이 잇고, 의료시설도 각지에 퍼져서, 차츰 열려가는 중일세.
> 간도라 하면, 비적들이 횡행하야 매우 위험한 곳으로 생각하는 사람도 잇는 듯하나, 그것은, 이 땅이 아즉 지나 영역으로 잇슬 때 일이고, 소화 7년 3월에 새로 이 만주국이 건설된 뒤로는, 질서가 차차 정돈되여, 그런 위험도 이제는 업서졋네.[252]

제국의 관할 아래 보통학교와 서당, 의료시설이 있다는 것, 그래서 간도는 결코 위험하지 않다는 사실을 선전하고 있다. 여기에 이르면, 『조선어독본』에 수록된 조선의 인물과 지리는 일제의 식민주의를 선전하고 실천하는 문화적 도구라는 것을 새삼 알 수 있다. 그렇기에 '조선'에 대한 소개는 정보를 제공하

---

252) 『조선어독본』 5권, 42-44면.

고 안내하는 수준을 벗어나지 못하고, 심지어는 호기심의 대상으로 제시되기도 한다. 「석왕사행」에서 볼 수 있듯이, 조선의 유적들은 기이한 호기심의 대상으로 나타난다. 글의 중심에 놓인 것은, 이태조가 임금이 되기 전에 파옥(破屋)에서 서까래 세 개를 짊어지고 나오는 꿈을 꾸었다는 것, 그것을 풀이하면 왕(王)자가 되고, 그 풀이대로 왕이 되었다는 사연이다. 한 나라의 시조를 설명하는 단원에서 기껏 기이한 꿈 한 토막을 소개할 뿐, 건국의 의의라든가 대의와 명분은 암시조차 되지 않는다.

그런 점에서 조선의 역사와 지리에 대한 서술은 '조선적'이라는 외양에도 불구하고 근본적으로 조선을 자신(일제)을 위해서 써버리는 '민족에 대한 강력한 폭력'을 행하고 있음을 알 수 있다. 이런 담론들은 '문명화 과정에서 고착된 위계질서 속에 타자의 역사를 기록'한 것으로, 궁극적으로 '식민지적 팽창과 착취를 정당화'하는 역할[253]을 수행한다. 조선인으로서 조선어를 학습하고 있음에도 불구하고 자기 문화에 대한 어떠한 자긍심이라든가 역사적 맥락을 배우지 못하는 현실에서 피식민지 주체는 교재 곳곳에서 언급된 일본의 역사와 인물에 대한 선망의식을 내면화할 수밖에 없는 것이다.

국어 교육의 뿌리와 역사

여기서 주목한 제2차 교육령기의 『조선어독본』은 일어로 된 『國語讀本』이나 『수신』과 함께 일제가 의도했던 '국민' 만들기의 구체적 매뉴얼과도 같은 책이었다. 이들 교과서는 조선 사람들을 제국의 충량한 신민으로 만들려는 목

---

253) 호미 바바, 나병철 역, 『문화의 위치』, 소명출판, 2002. 198면.

적에 의해 조율되었고, 따라서 그것을 교육받고 수용하는 과정에서 조선 사람들은 자연스럽게 일본 민족으로 재탄생하게 된다. 언급한 대로, 일제는 식민 정책의 변화에 맞춰 『조선어독본』을 수시로 개편하면서 근대적 생활과 가치, 새로운 문물을 소개하고, 한편으로는 일제의 정책을 전파하고 실행하는데 혈안이 되어 있었다. 그 결과 조선 사회는 식민 통치를 겪으면서 이전과 다른 면모를 갖게 되고, 개개인들의 의식도 점차 일본화되어 갔다. 주체는 선험적으로 탄생하는 것이 아니라 제도와 규범 속에서 형성되고, 또 주체를 구성하는 내면(mentality)은 일상적 삶의 체계와 습속, 그것을 통제하는 권력과 제도적 장치에 의해 만들어진다. 교과서는 바로 그런 규율과 통제의 장치였고, 단원 하나하나는 그렇게 해서 만들고자 했던 내면의 형상이었다.

　제2차 교육령기의 『조선어독본』이 실업교육을 강조하고 한편으로는 조선적인 것을 강화한 것은 모두 그런 식민주의적 의도에서 비롯되었다. 일제는 조선의 궁핍한 상황을 자력갱생 정신의 결핍으로 몰아붙였고, 그것을 통해서 병참화로 발생한 경제적 궁핍을 호도하고 극복하려 하였다. 그런 의도대로 일제는 과묵하고 성실하게 일하는, 그러면서 어떠한 불만도 묵묵히 감내하는 '소'와 같은 우직한 내면의 주체를 조작해낸 것이다. 조선의 역사와 지리에 대한 서술 역시 동일한 맥락에서 이해될 수 있다. 조선의 역사와 인물을 다루고 있음에도 불구하고 역사적 맥락과 정신을 제거하고 단지 기능적 측면만을 서술한 까닭에 궁극적으로 조선을 자신(일제)을 위해서 써버리는 '민족에 대한 강력한 폭력'을 행했던 것이다. 그런데 그렇게 만들어진 주체는 기껏 허위적 주체에 지나지 않았다. 가난이 개인의 노력에 의해서 극복될 수 있다는 주장은 일제의 강압에 따른 문제를 한 개인의 나태와 무능으로 호도하는 문화적 기만책에 지나지 않기 때문이다. 자력으로 갱생에 성공한다는 것은, 제국주의의 완고한 착취와 억압구조 속에서는 신기루와도 같이 허망하고 무력하다. 그럼에도 일제는 '재호'라는 가공의 인물을 만들어 성공신화를 조작해내고 모두

가 그렇게 되기를 독려하는 등 정치적 선전을 게을리 하지 않았던 것이다.

식민제국이 요구하는 인재를 양성하려는 목적에서 비롯된 이런 내용들은 모두 교육의 도구화라는 측면에서 아직도 우리 주변에서 목격되는 교육의 병폐가 어디에서 연원한 것인가를 시사해준다. 한 국가를 유지하고 통제하는 가장 유력한 수단이 군대와 학교와 국회라는 그람시(A. Gramsci)의 지적과도 같이, 교육은 당대의 이데올로기와 정치적 교의를 전파하는 강력하고 효과적인 도구였다. 단원 하나하나까지도 통제하면서 자신이 의도했던 주체를 만들고자 했던 일제의 교과서는 그런 특성이 고도로 발휘된 정치적 텍스트였다. 정권이 바뀔 때마다 교육과정과 교과서가 바뀌었던 우리의 지난 과거는, 여러모로 일제와 닮아 있다. 일제 잔재의 뿌리가 그만큼 깊고도 완강하다는 것, 그런 점에서 교과서 연구는 단순한 식민주의 연구가 아니라 탈식민주의 연구라 할 것이다.

04

한글 문체의 정립과 조선의 정신

(-『문예독본』(1932)을 중심으로)

일제 치하의 민간 독본

일제 강점과 함께 조선의 공교육은 일본어를 중심으로 재편된다. 조선어가 일개 지역어로 강등되면서 교과서 또한 일본어를 표준으로 해서 재간행되는 것이다. 하지만 그런 현실에서도 민간에서는 조선어로 된 교재의 출간이 끊이지 않았다. 나라는 망했지만 그것을 회복하는 길은 교육밖에 없다는 인식이 확산되면서 전국 각지에서 교육운동이 일어나고, 민족의 역사와 정신을 내용으로 하는 다양한 형태의 교재들이 개발된다. 민간 교재의 간행은 또한 관공립 교재에 대한 비판의식의 표현이기도 하였다. 조선총독부의 『조선어독본』이나 『국어독본』(일어)에는 조선의 인물과 역사가 서술되지만 대부분은 기능적인 안배의 수준을 벗어나지 못하였다. 내선일체와 황국신민화 정책을 기조로 조선의 역사와 문화가 다루어지지만 실상은 그 정책을 정당화하는 대상으로만 이용되었지 그 본질은 외면되었다. 그런 현실에서 우리말과 역사를 제대로 가르칠 교재가 절실하였다. 의도와 목적에서 다소간의 차이는 있지만 『시문독본(時文讀本)』(최남선), 『이십세기 청년독본』(강하형), 『어린이독본』(고병돈), 『문장체법(文章體法)』(이종린), 『현대 조선문예독본』(정열모), 『조선독본』(이명세), 『문장독본』(이광수), 『조선문학독본』(이광수) 등의 독본들이 1938년까지 집중적으로 간행된 것은 그런 현실적 필요를 배경으로 한다.

여기서 주목하는 『문예독본(文藝讀本)』(이윤재)[254]도 그런 흐름 속에서 간행된 교재로, 발간된 지 얼마 되지 않아 재판이 예고될 정도로 많은 호응을 얻었다.[255] 그런 호응은 무엇보다 『문예독본』이 조선총독부 간행의 교재와는 달리 조선의 역사와 인물을 주된 내용으로 한 데 원인이 있다. 관공립 학교의 교재가 아니기에 일제의 정책이나 이념을 수록할 필요가 없었고, 검정(檢定)의 대상이 아니었기에 편자의 의도대로 민족정신을 피력할 수 있었다. 게다가 '문예'가 사회적으로 널리 소통되던 시절이어서 '문예'를 앞세운 책명 역시 세간의 관심을 끌기에 충분한 것이었다.

『문예독본』에는 책명대로 조선의 동화, 소설, 시조, 편지, 수필, 감상문 등여러 장르의 글이 수록되어 마치 당대의 우수한 작품들을 선별해 놓은 선집과도 같다. 또, 단원마다 필자의 이름이 명기되어 각각의 개성과 문체를 느낄 수있고, (『조선어독본』과 『國語讀本』에는 필자명이 표기되어 있지 않다.) 수록된 작품의 수준도 보통 이상이어서 문학의 맛과 흥미를 느낄 수 있도록 하였다. 그런 까닭에 『문예독본』에 수록된 작품의 상당수는 해방 후의 교과서에 재수록되는 등 교과서 정전(正典)으로 자리 잡는다. 한정동의 「따오기」는 해방 이후 초등학교 교과서에 반복적으로 수록되면서 국민 동요가 되었고, 현진건의 「불국사에서」는 기행문의 전범이 되었으며, 김동환의 「북청 물장수」는 아직도 문학

---

254) 여기서 텍스트로 삼은 것은 이윤재편의 『文藝讀本』(상권)(경성 진광당, 1932년)과 『文藝讀本』(하권)(한성도서주식회사, 1933년)이다.

255) 「서적시장조사기」, 『삼천리』, 1935.10, 137면.

교과서에 수록되어 애송되는 영예를 누리고 있다. 그런 점에서『문예독본』은 책명처럼 문학 작품의 전범을 제시한 교재로 평가되기도 한다. 기존 연구에서『문예독본』을 문학 교과서로 규정하고 그 의미를 고찰한 것은 그런 맥락이다. 구자황은『문예독본』을 근대지(知)를 지향하는 가운데 '문예' 표방과 '특색'의 함의를 갖춘 문학교과서로 규정한다. '독본'보다는 '문예'에 방점이 찍힌 텍스트라는 것으로,『문예독본』은 짧은 시간이지만 근대 초기에 발표된 자국의 텍스트를 기반으로 서양 작품을 하나도 넣지 않고 만든 정전과 근대문학의 재배치 과정을 보여주고, '문학적 국어'와 '국어적 문학'이 소통할 수 있는 가능성을 열어 놓은 교재라는 것이다.[256]『문예독본』을 당대 문학의 흐름 속에서 이해하고, 문학 정전이 형성되는 과정에 주목했다는 점에서 의의를 찾을 수 있다. 하지만 편자인 이윤재의 사회 활동이나 '독본'이라는 교재의 특성을 고려할 때 이러한 고찰은 일면적이라고 할 수 있다.

　『문예독본』책머리의「예언(例言)」에서 "작문의 문범으로 쓰기 위하여" 책을 편찬했다고 밝힌 것은 이 책의 목적이 어디에 있는가를 시사해준다. '문범(文範)'이라는 말처럼, 작문에 활용하기 위한 모범 문장을 제시하는 데 책의 목적이 있었다. 편자가 국어학자이자 교육가인 이윤재(1888~1943)라는 사실도『문예독본』의 성격과 의도를 시사해주는 대목이다. 문학을 전공한 것도, 그렇다고 작품 활동을 하는 작가도 아닌 국어학자가 편찬한 독본이라는 것은 편찬 의도가 문예와는 다른 데 있다는 것을 말해주는 까닭이다.「예언」의 언급처럼, "재료 선택에 대하여는 상허 이태준, 수주 변영로, 노산 이은상, 송아 주요한 여러 지우의 도움"을 받았지만, 이윤재는 그 재료를 그대로 수록한 것이 아니라 일정하게 편(編)하여 수록하였다. 다음에서 언급하겠지만,『문예독본』

---

256) 구자황,「근대 독본의 성격과 위상(2)」,『상허학보』20, 2007.6, 197-230면.

에 수록된 글은 원문을 그대로 옮긴 것이 아니라 문장을 바로잡거나 생략하는 등의 조정과 윤문을 바탕으로 재수록되었다. 그리고, 상, 하권의 말미에 부록으로 '한글 철자일람표'를 수록한 것도 책의 의도를 시사해준다. 작문의 기본은 정확한 문장과 표기라고 할 수 있는데, 한글맞춤법통일안이 확정·발표(1933.10) 되기 이전에 이윤재는 자신이 만든 철자법을 부록으로 제시하여 바른 문장과 표기를 정착시키고자 한 것이다. 이는 교사로 활동하면서 수업 현장에서 느낀 정서법의 혼란을 하루라도 시급히 바로잡겠다는 취지로 이해할 수 있다.

그런 점에서 『문예독본』을 『시문(時文) 독본』(최남선)과 비교하면서 한글 문장의 형식을 전파하고 계도하는 역할을 했다는 평가를 주목할 수 있다. '독본'은 모범이 될 만하다고 여겨지는 글들을 묶은 교재라는 점에서, 『문예독본』은 한문의 노출을 최대한 자제하고 우리말로 사물과 세계를 표현하고자 하는 욕구에 바탕을 두었다는 것. 1930년대 들어 문학 작품을 위주로 한 독본의 생산이 증가한 것은 문학적 글쓰기가 본래 가지고 있는 형상화에 대한 욕구를 통해 한글 문장이 가지는 가능성의 영역을 확장하고자 했던 시대적 지향을 담은 것이라는 지적이다.[257] 의미 있는 지적으로 특히 이윤재의 문체적 특성과 지향을 사적 맥락에서 정리했다는 점에서 『문예독본』에 대한 중요한 연구라고 할 수 있다.

여기서는 그런 기존의 연구를 참조하면서 『문예독본』을 '조선어과 보습' 교재라는 측면에 주목하기로 한다. 『문예독본』은 현직 교사이자 한글운동가였던 이윤재가 수업 현장에서 사용하기 위해 편찬한 작문과 독서 교재이다. 「예언」의 첫 항에서, 이윤재는 "이 책은 중등 정도 이상 모든 학교에서 조선어과

---

257) 문혜윤, 「문예독본류와 한글 문체의 형성」, 『어문논집』 54, 200면.

의 보습(補習)과 작문의 문범(文範)으로 쓰기 위하여 편찬한"다고 밝혔는데, 여기서 '보습'이란 일종의 보충학습을 의미한다. 구체적으로 무엇을 보충하고자 한 것인지 언급되지는 않지만, 이윤재의 활동과 결부지어 볼 때 다음과 같은 추정이 가능하다. 하나는 교사로서 느낀 조선총독부 교과서의 문제점을 보완하는 것이고, 다른 하나는 이윤재가 평생 몰두한 한글운동과 관계되는 측면이다. 주지하듯이, 총독부 간행의 관공립 교재인 『국어독본』이나 『조선어독본』은 일본을 중심으로 해서 편찬된 교재였다. 일어로 된 『국어독본』은 일본 본토의 것을 그대로 빌려와서 사용했고, 『조선어독본』은 조선 사람들에게 국어 교과서 역할을 했지만, 조선의 역사와 정신은 수록하지 않고, 대신 일제의 황민화 정책과 관계되는 내용의 글들을 수록하였다. 수록될 수 있는 내용의 범위는 "생활에 필수한 보통의 지식기능을 수(授)하여 일본 국민된 성격을 함양"(조선교육령 제5조)하는 정도의 것이었다. 그래서 제2차 교육령(1929)에 의한 개정이 이루어지기 전의 교과서에는 '조선적인 것'이 거의 수록되지 않았다. '성웅 이순신'을 〈동아일보〉에 연재(1930.10.3.~12.13)하고, 총독부 건물이 보기 싫어 먼 길을 돌아서 갈 정도로 반일의식이 강했던 이윤재의 입장에서 볼 때, 일제의 정책과 이념으로 채워진 그런 교과서로는 제대로 된 교육을 할 수 없다고 본 것이다. 게다가 "말과 글은 민족의 혈액"이고 그것을 지키고 다듬는 것이 독립운동이라고 믿는 입장에서 볼 때 총독부 교과서는 "얼이 없는 허수아비"[258]와 같은 것이었다. 우리가 일제에 당한 것은 민족의 얼이 없기 때문인데, 한글이란 바로 민족의 얼이고 그것을 지키기 위한 노력이 곧 일제에 맞서 독립을 쟁취하는 일이다. 그런 생각을 이윤재는 수업이 끝나고 남는 시간을 이용해서 강의하기도 했다고 한다.

---

258) 민재호, 「이윤재 선생님의 조국애」, 『경신』 42, 1985 ; 박용규의 『이윤재』 (역사공간, 2013) 29면 재인용.

국어 교과서의 탄생

▲『문예독본』(1939, 4판)

　『문예독본』이 문예문을 대상으로 했음에도 불구하고 조선의 역사와 정신으로 채워진 것은 이윤재의 그러한 교육적 의도와 관계가 있다. 만약 이 책이 책명처럼 '문예'에 방점을 두었다면 당시 명망 있는 작가들의 작품을 두루 수록했을 것이다. 그렇지만 "내용은 전부가 자연주의 시대에 속하는 감(感)을 주는 것"으로, "옛날 글만을 뭉아 놓"은[259] 것으로 평가되었다. 실제로 이윤재는 작품을 수록하되 "문장이 순실·온건하며 또 교훈적 의미가 잇는 것"(「예언」 2항)으로 대상을 제한하였다. 여기서 '문장'이란 단순한 문구가 아니라 글의 성격과 내용을 포괄하는 바, 곧 과격한 주장과 이념을 배제했다는 뜻이기도 하다. 실제로『문예독본』전반에는 과격한 주장이나 구호가 등장하지 않으며, 수록된 작품은 대부분 민족주의의 언저리를 맴도는 것들이다. 이 글에서는 그린 사실을 전제로『문예독본』의 특징과 의미를 고찰하고자 한다.

---

259) 리종수, 「讀書室」, 『동광』(31호), 1932. 3. 5.

『문예독본』의 구성과 문종

『문예독본』은 상, 하 두 권으로 되어 있다. 상권은 25개, 하권은 18개 단원이고, 모두 권말에 '한글 철자일람표'를 부록으로 수록하였다. 교과서라는 점을 고려해서 상, 하권의 난이도를 조절했고, 분량도 1년에 맞추었다. 상권에는 동요와 편지와 노래, 일화 등 비교적 쉬운 내용의 글들이, 하권에는 평론이나 해제 등 난도 높은 글들이 수록되었다. 그렇지만 『조선어독본』이나 『국어독본』(일어)과는 달리 수록 글들이 대부분 문예문이라는 점에서 글의 내용을 중심으로 난이도를 조절했음을 알 수 있다. 순수 문예물을 상권에 배치하고, 민족의 역사와 전통을 소재로 한 평론식의 글들을 하권에 배치하는 식이다. 그렇지만 상권은 짧고 평이한 문장 위주로 되어 있고, 하권은 다소 추상적이고 긴 문장이 많다는 점에서 문장에 따른 난이도 조절도 엿볼 수 있다.

수록 인물은 방정환, 이은상, 한정동, 현상윤, 이광수, 주요한, 김억, 이태준, 정인보, 염상섭, 현진건, 김동인, 이병기, 김동환, 변영로, 홍명희, 김진구, 양주동, 민태원, 박팔양, 윤교중, 문일평, 최학송, 유광렬, 최상덕, 권덕규, 이윤재 등이다. 방정환, 한정동은 아동 문학가이고, 이은상은 시조시인이자 고전연구자이고, 정인보는 한학자이자 역사학자이며 양명학 연구가이다. 홍명희는 대하소설 『임꺽정』을 연재하다가 1930년 신간회 주최 제1차 민중대회 사건의 주모자로 잡혀 옥고를 치렀다. 양주동은 민족주의적 성향의 시를 발표해서 시집 『조선의 맥박』(1930)을 간행하였고, 향가 해독에 몰입하면서부터 고시가의 주석에 전념하는 상태였다. 김진구와 민태원은 김옥균을 숭배하면서 민족운동에 관여하고 있었고, 문일평은 문필가로 우리의 역사 속에서 민족문화 또는 민족정신을 찾아 널리 보급하려 했던 인물이다. 유광렬은 방정환과 청년구락부를 조직하여 기관지 『신청년』을 발행했고, 1933년에는 『매일신보』의 편집국장을 역임하였다. 그리고 권덕규는 1921년 12월 3일 조선어연구회 창립에 참여하였고, 『조선어큰사전』 편찬에 관여하였으며, 1932년 12월 〈한글맞춤법통일안〉의 원안을 작성하였다. 또한,『한글』에「정음 이전의 조선글」을 비롯하여 신문·잡지 등에 수많은 논문·수상 등을 발표하였으며 한글순회 강습 등에 온 힘을 기울였다. 말하자면 독본의 저자들은 작가, 언론인, 교육자, 한글운동가로 대부분 민족주의적 성향의 인물들로, 한글운동과 일정하게 관련을 맺고 있었다.

이윤재는 당시 한글을 연구하면서 한편으로 일선 학교와 일반 대중을 상대로 한글운동을 적극 실천하고 있었다. 1928년에서 1930년까지 동덕여고보에서 근무하였고,『문예독본』을 간행할 즈음에는 연희전문학교에서 조선어 강사(1929~1933)로 학생들을 가르쳤다. 조선어 교과 시간에는 자신의 주전공인 역사학도 강의하였다. 조선어 시간에 학생들이 일본말 흉내를 내면 야단을 치고 종아리를 때리면서 다시는 일본말을 못하도록 하였고, 역사 시간에는 정몽주의 단심가, 이순신의 난중일기, 민영환이 남긴 글을 가르쳐 학생들이 늘 외우면서 다니도록 하였다. 또 일본인과 가깝게 지내는 동료 선생에게 당신은 나라를 빼앗은 강도와 가까우니 교육자로서의 자격이 없다는 극언을 서슴지 않았고, 중앙고보 교원시절에는 '한글, 한글'만을 주장했다는 이유로 학교에서 쫓겨나기도 했다. 당시 이 소식을 전해들은 조선어학회의 회원들은 분노를 참을 수 없었지만, 일제의 탄압 아래 있었기에 어쩔 수 없었다고 한다.[260] 『문예독본』은 이와 같이 이윤재가 비타협적 민족주의자의 입장을 견지했던 시절에 편찬되었다. 그런 관계로 책의 내용은 민족주의 혹은 어문 민족주의의 범위를 크게 벗어나지 않는다.

『문예독본』의 특징을 단적으로 보여주는 것은 가장 많은 편수가 수록된 이

---

260) 이윤재의 삶과 활동에 대해서는 다음 글들을 참조하였다. 「민재호의 「이윤재 선생님의 조국애」(『경신』42, 1985), 박용규의『이윤재』(역사공간, 2013), 연세학풍사업단편의『한뫼 이윤재 글모음』(선인, 2016)

광수의 글이다. 이광수의 글은 5편인데, 이는 두 사람의 남다른 친분과 함께 사상적인 동질성을 시사해주는 대목이다. 주지하듯이, 이윤재는 이광수와 교분이 깊었다. 이윤재는 1925년 12월 명륜동의 이광수 집에서 유상규의 권유로 수양동맹회에 가입하였고, 그 기관지 『동광』을 이광수와 함께 발행·운영하였으며, 수양동우회 지부를 설치하고 함께 운영하였다. 그런 동지적 관계는 1937년 2월 이광수가 친일노선으로 전환하여 의절할 때까지 계속되었다.[261] 게다가 두 사람은 사상적으로도 비슷한 점이 많았다. 이윤재는 우리말을 지키고 보존하는 것이 독립운동이라고 생각했고, 그것을 비타협적으로 실천하였다. 이광수도 그와 비슷한 배타적 어문관을 갖고 있었다. 「조선문학의 개념」에서 조선문학을 정의하면서 "조선문학은 조선문으로 쓰이는 것"이고, "조선문으로 쓰이지 아니한 조선문학은 마치 나지 아니한 사람, 잠들기 전 꿈이란 것과 같이 무의미한 일"이라고 하였다. 이를테면, 문학은 작가의 국적을 따라서 어느 국문학에 속하는 것이 아니라 오직 그 쓰인 국문을 따라서 어느 국적에 속하는 것이라고 보았다. 여기에 따르면 「구운몽」은 중국문학이고, 정몽주, 신위, 황매천 등은 모두 지나문학 제작자들이다.[262] 이런 견해는 우리말과 글이 곧 민족의 얼이자 정신이라는 이윤재의 견해와 큰 차이가 없다. 상, 하권 43개 단원 중에서 5개 단원을 춘원의 글로 채운 것은 이런 견해의 유사성과 무관하지 않을 것이다.

『문예독본』의 독특한 점은 '목차'에서 글의 제목 아래 '문종(文種)'을 표시한 데 있다. '작은 용사(동화)', '맹모와 지은(사화)', '따오기(동요)', '궁예의 활(소설)', '불국사에서(기행)', '북청물장수(신시)', '대무대의 붕괴(희곡)', '조선문학의 개념(평론)' 등으로 문종을 표시하여 글의 성격을 제시했는데, 이는 '작문의 문

261) 박용규의 『이윤재』, 역사공간, 2013, 37-9면.
262) 이광수, 「조선문학의 개념」, 『문예독본』(하권), 148-151면.

국어 교과서의 탄생

범'을 보이겠다는 의도와 관계가 있다. 사실 문종이란 단순한 '갈래나 분야'가 아니라 글의 형식적 계통, 즉 문예적 전통을 의식한 말이다. 장르(genre)라는 말은 서정, 서사, 극 또는 시, 소설, 희곡, 수필, 평론 등의 기본형과 관련되어 사용된다면, 문종(文種)은 보다 세분화된 글의 양식, 가령 기행문, 서간문, 설명문, 논설문 등을 언급할 때 주로 사용된다. 따라서 문종을 표시했다는 것은 글의 계통에 대한 자각과 함께 그 문종의 문범을 보여주려는 의도로 이해할 수 있다. 이광수가 지적했듯이, "조선에서는 아직 문학이 자기의 확실한 지위를 얻지 못"한 상태였다. 그래서 다수의 사람들은 "문학을 무슨 독물(讀物)로 아는 모양이고, 또 청년자녀들도 혹 소일거리로 소설 권이나 사서 읽는다 하더라도 그것은 대부분이 활동사진을 보는 것"[263]으로 간주하여 별 의미를 두지 않는 상태였다. 말하자면 문종 의식이 아직 온전하게 정립되지 않은 현실에서 이윤재는 개별 작품마다 문종을 표시함으로써 글의 형식과 함께 내용상의 특성을 제시하는 선구적 작업을 수행한 것이다.

상, 하권에 수록된 문종은 모두 19가지로, 소설과 시조가 각 5편, 기행과 평론이 4편씩으로 많은 수를 차지한다. 상권에는 동요와 노래, 스케취, 편지가 각 1편 수록되었으나 하권에는 없으며, 상권에서 한편도 수록되지 않았던 평론(단평)과 해제가 하권에 4편과 1편이 수록되었다. 평론이나 해제는 상대적으로 난이도가 있는 글이라는 점에서 하권에 배치한 것으로 짐작된다. 수록 작품은 언급한 대로 이광수가 가장 많은 5편이고, 다음으로는 이은상이 4편, 이태준, 정인보, 이병기, 현진건, 주요한, 변영로가 각 2편, 방정환, 한정동, 박종화, 김동환, 양주동, 김진구, 김억, 변영로, 홍명희, 염상섭, 현상윤, 나빈, 김동인, 민태원, 주요섭, 최학송, 박팔양, 문일평, 윤교중, 권덕규, 최상덕, 유광렬, 일명(逸名)이 각 한편씩이다.

---

263) 이광수, 「문학강화(2)」, 『조선문단』(2), 1924.11.

	장르	제목	
		상권	하권
1	동화	작은 용사(방정환)	구멍 뚫인 고무신(주요섭)
2	동요	따오기(한정동)	
3	소설	궁예의 활(이광수), 윤씨의 死(박종화)	봄(이태준), 담요(최학송), 할머니의 죽음(현진건)
4	신시(시)	북청 물장사(김동환), 조선의 맥박(양주동)	봄의 선구자(박팔양)
5	희곡	대무대의 붕괴(김진구)	
6	수필	화단(이태준)	백제의 가요(문일평)
7	편지	고향에 돌아와서(김억)	
8	시조	봄비(주요한), 근화사 삼첩(정인보), 금강산 발초(이노산), 백두산 갓든 길에(변영로)	가을(이병기)
9	사화(史話)	맹모와 지은(이은상), 사화 삼척(홍명희)	작거 당한 노회(윤교중), 조선 지연의 기원을 살핌(권덕규)
10	논문	의기론(장백산인)	
11	감상문	탁랑에 해혼된 수원 화홍문(염상섭)	관후 일년(최상덕)
12	기행	불국사에서(현진건), 낙화암을 찾는 길에(이병기)	이충무공 묘에서(이춘원), 행주산성 전적(유광렬)
13	소품문	새벽(현상윤), 그믐 달(나빈)	
14	노래	가을 뫼(일명)	
15	스케취	수정 비들기(김동인)	
16	송(頌)	우덕송(이춘원)	죽송(이노산)
17	일화	월남선생의 일화(민태원)	
18	평론 (단평)		창작의 삼종(주요한), 시조창작에 대한 의견(이은상), 도막 생각 (변영로), 조선문학의 개념 (이광수)
19	해제		고산자의 대동여지도(정인보)

시, 소설, 감상, 기행 등 비교적 쉽게 접할 수 있는 글을 상권에 배치하였다. 상권에는 시조가 가장 많으며, 하권에는 평론이 가장 많은 수를 차지한다. 하권에 전문적인 견해나 이론을 배치하여 단계적인 학습을 가능케 한 것으로 보인다.

작문의 문범과 문인의 역할

이윤재가 『문예독본』을 편찬한 이유는 무엇보다 조선어 표기에서 목격되는 철자법의 혼란을 바로잡고 '기준'을 제시하려는 데 있었다. 당시 신문이나 잡지뿐만 아니라 각급 교과서에서 단어와 문장의 표기는 매우 혼란스러운 상태였다. 신문에서는 띄어쓰기와 표기법이 제각각이었고, 동일한 글에서도 앞과 뒤의 일관성이 없는 경우도 많았다. 그래서 한 신문의 보도처럼, "조선어독본 교과서가 그 문장에 잇서서나 또는 기타에 잇서 현대 조선에 적합하지 못한 것"이 많기 때문에 빨리 "언문철자법을 개정"하고, 그 결과를 "조선어독본에 반영해야 한다"는 주장이 일어나기도 했었다.[264] 누가 쓴 글인지도 모르는 정체불명의 글들이 난립하는 상황에서 조선 문인들의 글이 수록되어야 하고, 그것이 곧 "가장 시대에 부합되어 큰 효과"를 내리라는 주장이다. 문인들의 역할이 절대적이었기 때문에 이윤재 역시 문인들이 솔선해야 한글 표기법이 자리를 잡을 수 있으리라는 생각을 갖고 있었던 것으로 보인다.

일찍이 이윤재는 어문철자법을 보급하는데 가장 중요한 인물은 '문사(文士)'라고 생각하였다. 교육을 통해서 어문철자법을 보급하는 것이 가장 효과적이지만, 무엇보다 먼저 문인들이 그러한 문제의식을 지녀야 한다고 보았다.

---

264) 「언문철자법 개정과 교육행정의 신기원」, 《매일신보》, 1930. 2. 17.

이윤재 조선도 문사들이 좀더 깨엇스면 조켓소 그들이 잠들을자고잇스니 걱정이오 영국은「쉑스피어」, 이태리는「짠테」가튼 큰문호들이 깨여서 정리된 자긔국문을 쓰기 깨문에 그로부터 일반사람에게 보급되엇답니다 조선도 문사들이 깨어야하겟소

(중략)

이윤재 문사들은 알야고들하지안흐니 걱정이요 강습회가튼것을 여러도 문사들은오지안흐니될까닭이잇소

주요한 잡지나출판업자들의 책임이만흐니어학회에서도 싸라다니면서 문제를 일으키는것이 조흘것입니다

이윤재 여러가지 방법이잇지마는 근본문제는 교양문제요 지도자 문제입니다 첫재지도자가 얼마안되니 아프로는사범교육을 만히시켜야 할것입니다 저는 언제든지 지도자부족을 통감합니다 서울이나 그박게 여러곳에 강습소가튼 것을 여러서 지도자가만히나도록하는 것이 조흘것입니다[265]

문인들이 한글에 대해서 먼저 자각하고 바른 문장을 사용해야 그로 인해 일반사람들에게 보급된다는 것, 말하자면 지도자가 앞장을 서야 일반 민중이 제대로 된 글을 사용할 수 있다는 생각이다. '문예'를 대상으로 독본을 편한 것은 그런 생각이 작용한 까닭이다. 게다가, 이윤재는 '문예문이 모범적인 글의 집합체'라고 생각하였다. 일찍이 호적(胡適)을 소개하면서 그런 사실을 언급한 바 있다. 곧, "국어교과서나 국어 자전은 매우 요긴하지만 결코 국어를 창조하는 이기는 아니다. 참으로 효과 있고 힘 있는 국어 교과서는 바로 국어로된 문학, 즉 국어로 된 소설 시문, 희곡이다. 국어로 된 소설, 시문, 희곡이 읽혀지는 날이 바로 중국의 국어가 성립하는 때"라는 것.[266] 국어로 된 문학이

---

265) (좌담회)「개정철자법의 보급방법」, 〈동아일보〉, 1931년, 10월 30일.

266) 이윤재 초역, 「호적씨의 건설적 문학혁명론 - 국어의 문학, 문학의 국어」, 『동명』, 1923. 4. 15,

있어야 국어가 창조될 수 있다는 주장으로, "말을 떠나서 글이 있을 수 없다. 말공부는 곧 글공부요 글공부는 곧 문학공부다."[267]라는 이병기의 주장과 상통한다. 문학에 대한 식견이 상대적으로 부족했음에도 불구하고, 이윤재가 이태준 등의 도움을 받아서 작품을 선정하고 '독본'을 편한 것은 그런 생각에 따른 것이다.

『문예독본』에 수록된 글을 발표 당시의 원문과 비교해 보면 문장에 대한 이윤재의 생각이 한층 분명하게 드러난다. 발표 원문과 수록된 글을 비교해 보면, 우선 혼란스러운 철자법을 바로잡으려는 의도를 엿볼 수 있다. 당시 신문이나 잡지에 발표된 글은 철자법에서 매우 혼란스러웠다. 김억의 「고향에 돌아와서」를 비교해보면 그 차이를 확연히 느낄 수 있다. ①은 〈동아일보〉의 발표 원문이고, ②는 『문예독본』에 수록된 글이다. 동일한 부분을 옮겨 놓았지만, 외견상 분량이 반 이상 줄어든 것을 볼 수 있다. 「예언」에서 언급했듯이, '작문의 문범'을 보이기 위해 의도적으로 문장을 손질한 것이다.

①— 兄!

하도 여러해만에 —아니외다 여섯해만에 故鄕이라고돌아와보니 반갑은 생각은 限이업스나 어째그런지 눈에띄우고귀에들리는 것이 모도다 生疎하야 인제는故鄕조차내게는업는가하는 생각을 禁할수가 업습니다 / 머리로 생각하야 마음으로그리워하든 故鄕과 당장이눈으로 보고 이귀로듯는 故鄕과는 太平洋만한 距離가 잇스니 어쩌케 내게 故鄕이 잇다고 할수가잇습니싸그러니마음으로想像하고 꿈속으로 그리워하는그러한 故鄕은 잇슬망정 움지겨도는 이세상 한모퉁이에서반가이 만나볼수잇는 現實의 故鄕은 아주자취조차 어대로감

2-16면.

267) 이병기, 「말은 인간의 거울 우리말을 찾으라」, 〈동아일보〉, 1938, 1.5.

추고 말엇습니다 나날이 새로운 記錄만을 남기고 불이야 물이야 번개가티 나아가는 세상이니 그도어찌할수업는 일이외다 나발 불고 북치며나가는 世界야 한個人이나 한村落의조그만한事情가튼것을 꿈에나마 돌아볼겨를이 잇겟습니싸 나아가는 것은 그대로 나아가고뒤써러지는놈은 그대로 뒤써러지지아니할수 업는 일이외다.

如何間時代의變遷이란무섭습니다 /너무도 엄청나는劇變에 놀래지아니할수가 업습니다 /山도   山이요 물도넷물이로되 예전놀든사람은 볼길업다고 歎息한것이 움지기는 世界의 變動에 대한 지내간 사람들의 懷古想이외다 /懷古詩라는 것을 들어다 보면 百이면 百이다 거의 이러한 板에 박은 듯한 人事變動을 설어한것이외다/ 그것은 물론 지내간   날일이매 놀라운天變地異가 생기지아니하는限에는 變動이잇다하더라도 自然에잇는 것이 아니요 나고 자라고 죽고 또나고자라고 늙지 아니할수 업는人生에게만 잇슬것이외다/ 그러나 物質文明의 進步로因하야現代와가티 모든것이急激한變化를하지아니할수 업는 時代에는 人生의목숨가튼것은 어느곳에 엇더케달아나는지 알수도업거니와 山이니물이니하는 自然까지라도 눈부시게變動을하니여섯해만에 故鄕에 돌아와서지내간날故鄕답지아니하다는 생각에 놀래지아니할수 업는것도 實로이點에잇섯습니다.[268]

②― 兄!

하도 여러 해만에, 아니외다 여섯새만에 故鄕이라고 돌아와 보니 반가온 생각은 限이 없으나 어째 그런지 눈에 띄우고 귀에 들리는 것이 모도 다 生疎하여 인제는 故鄕조차 내게는 없는가 하는 생각을 禁할수 없습니다.머리로 생각하고 마음으로 그리워하든 故鄕과 막상 와서 이 눈으로 보고 이 귀로 듯는 故鄕과는 아주 틀니니 어떠케 내게 故鄕이 잇다고 할수 잇습니까.나날이 새로온 記錄만을 남기고 불야불야 지나가는 이 세상이니 그도 어찌할수 없는 일인가뵈다.

---

268) 김억, 「故鄕에 돌아와서(1)」, 〈동아일보〉, 1932. 10. 31.

如何間 時代의 變遷이란 무섭습니다。너무도 엄청나는 劇變에 놀래지 아니
할수가 없습니다。[269]

『문예독본』 수록본에는 원문에서는 볼 수 없는 띄어쓰기와 구두점이 사용되
었다. 원문 ①에서 일부 띄어쓰기가 이루어진 것을 볼 수 있지만 어떤 원칙이나
일관성을 찾기는 힘들다. 앞부분에서는 거의 띄어쓰기를 하지 않았지만 둘째 단
락에서는 일부 띄어쓰기를 한 것을 볼 수 있는데, 어떤 기준을 적용한 것인지는
알 수 없다. 사실 한글은 표음문자이기 때문에 표의문자인 한자와는 달리 단어
들을 붙여 쓰면 읽는 사람이 문장의 의미를 제대로 이해하기 어렵고, 그래서 문
장의 의미를 정확히 전달하기 위해서는 단어와 단어 사이를 띄어야 한다. 단어
는 하나의 독립된 개념을 지니기 때문에 단어를 한 덩어리로 표기해야 그 개념이
쉽게 파악되는 까닭이다. 하지만, ①에서는 그런 의식이 발견되지 않는다. 실제
로 〈조선일보〉와 〈동아일보〉에서는 1933년 조선어학회에서 '한글 맞춤법 통일
안'을 제정하여 공표하기 이전까지는 띄어쓰기를 거의 하지 않았다고 한다.

다음으로는, 원문과는 달리 ②에서는 구두점을 사용하여 문장의 휴지와 종
결을 정확히 표시하였다. ①에서는 마침표가 한 개 보일 뿐 전체적으로 구두
점을 사용하지 않았다. 구두점은 문장을 논리적으로 밝혀 정확한 의미를 전달
하기 위한 표기상의 부호를 말하는데, 글에서 뜻이 끊어지는 곳을 구(句)라 하
고, 구 가운데서 읽기 편하게 끊는 곳을 두(讀)라 하며, 이 둘을 합쳐 '구두'라
한다. ②에는 줄표(─), 마침표(ㅇ), 쉼표(,), 느낌표(!)가 사용되어 오늘날과
거의 같은 모습을 보여준다. 한글맞춤법통일안에서는 문장에 쓰이는 중요한
부호라 하여 17개를 규정하였지만, 『문예독본』에서는 10개가 제시되었다. 위

---

269) 김억, 「故鄕에 돌아와서」, 『문예독본』(상권), 1932. 4, 41면.

글에서는 4개를 사용하였는데, 흥미로운 것은 '?'(물음표)는 사용하지 않았다는 점이다. '잇습니까'는 의문형이지만 물음표 대신에 마침표를 사용해서 문장을 종결한 것을 볼 수 있다.

그리고 '한글 철자일람표'[270]의 1, 2항에 해당하는 '된시옷은 쓰지 아니함'과 'ㆍ는 쓰지 아니함'이라는 규정에 의거해 'ㄲ ㄸ ㅉ 등'과 'ㅏ ㅓ ㅡ ㅣ 등'으로 대신 쓰고 있음을 볼 수 있다. 원문에서는 '어째, 잇습니까, 꿈, 어찌, 뒤써러지지 등'에서 된시옷이 사용되었지만, 이윤재는 그것을 모두 '어째, 잇습니까, 어찌 등'으로 바꾸어 놓았다. 이를테면, 이윤재는 철자법에 대한 자신의 원칙을 적용해서 원문을 바꾸고 다듬어 『문예독본』에 수록한 것이다.

이 과정에서 특히 주목되는 것은 비유라든가 개성적인 문체 등의 문학적 표현을 과감히 삭제한 점이다. 첫 문장에서 "태평양만한 거리가 잇스니"를 "아주 틀리니"로 고쳤고, "번개가티"를 삭제했으며, "나발 불고 북치며사는세계야~"로 시작되는 다섯 번째 문장은 모두 삭제하였다. 이 문장은 모두 비유적 표현이다. 곧, 급격하게 변하는 세계에서 그 흐름에 부응하는 나라와 그렇지 못한 나라를 비유적으로 표현해서 구체적인 실감을 준 대목이지만, 재수록 과정에서 모두 삭제하였다. 비유란 구체성과 직접성과 선명성을 높이는 수단으로, 문학 작품에서 특히 많이 사용된다. 비유법은 사물을 통해 작가의 정서를 형상화하고, 대상의 새로운 모습이나 의미의 발견을 유도한다. 또한 추상

---

270) 부록에 수록된 '한글 철자일람표'는 1933년의 '한글맞춤법통일안'과는 다소 차이가 있지만 큰 틀에서는 동일하다. 한글 철자일람표는 '된시옷은 쓰지 아니함' 'ㆍ는 쓰지 아니함' 등 12개 항으로 되어 있지만, '한글맞춤법통일안'은 총론과 각론 7장, 부록 2개로 되어 있다. 총론은 통일안의 기본적인 강령을 밝힌 것으로, ①표준말은 소리대로 적되 어법에 맞도록 하고, ② 표준말은 현재 중류사회의 서울말로 하며, ③각 단어는 띄어쓰되 토는 그 앞 단어에 붙여 쓴다는 내용이다. 이윤재는 ①말소리 나는 대로 글을 쓴다, ②어근에 맞게 글을 써야 한다, ③ 받침은 모두 쓰야 한다는 것으로, 한글맞춤법통일안과 원칙이 동일하다. 『문예독본』에 수록된 12항은 소략하지만, 당시 가장 혼란스럽게 사용되던 철자법을 정리한 것이다.

적 의미를 구체화하거나 가시화함으로써 의미와 정서를 확대하고, 작품 안의 내용과 형식을 긴밀히 연결시켜 작품 전체의 유기성을 강화하는 역할을 한다. 하지만, 간명한 문장을 선호하는 입장에서 보자면, 그것은 모호하고 어렵게 느껴질 수밖에 없고, 그래서 과감히 삭제한 것이다. 두 번째 단락에서 그런 사실을 구체적으로 목격할 수 있다. 세상의 급변과 함께 자연까지도 변동을 한다는 것을 비유적으로 표현한 구절인데, 앞의 2문장만 남기고 길고 난삽한 뒤의 문장 4개를 모두 삭제하였다. 마지막 문장은 7개의 단문이 결합된 혼성문으로, 대등한 단문끼리 연결된 중문과 하나의 문장이 다른 문장에 종속적으로 연결된 복문이 포함되어 있는 문장이다. 의미 전달이 어렵고 또 혼란스럽기 때문에 과감히 삭제한 것으로 보인다.

▲ 한뫼 이윤재

이런 사실에 비추자면, 이윤재가 『문예독본』을 편찬하면서 의도한 바가 무엇인지 새삼 확인할 수 있다. 그에게 중요했던 것은 철자법의 혼란을 바로잡고, 바른 문장의 전범을 제시하는 일이었다. 여러 문인들의 글을 추천받아 받침과 띄어쓰기와 철자를 직접 바로잡아 수록한 것은 자의적 표기로 인한 혼란을 바로잡고 글의 표준을 제시하고자 하는 의도에서였다. 그는 만연체의 문장이나 비유적인 문장을 배제하고 대신 간결하고 명확한 문장을 선호하였다. 이태준이 『문장강화』에서 비유적 문장을 통해 시적 분위기를 강조한 것과는 상당히 대조적이다. 이윤재의 입장은 좋은 문장이란 미문(美文)을 의미하는 것이 아니라는 생각을 전제로 한다. 좋은 문장이란 무질서하고 정리되지 않은 문장을 간명하게 정리한 것이고, 혼란스럽고 자의적인 문장에 통일성을 부여하려는 노력의 산물이다. 1930년의 상황에서 이윤재는 여러 매체와 개인들에게 목격되는 문장의 혼란과 무질서를 바로잡고 그 기준을 제시코자 했던 것이다. 그런 정지작업이 있었기에 이태준 식의 수사적 문장이 가능했던 것이다. 이태준의 문장은 기실 이윤재 식의 표준화된 문장을 바탕으로 탄생했고, 따라서 『문예독본』은 '문예'가 아니라 '작문의 문법'에 방점을 둔 독본이라는 것을 새삼 알 수 있다.

조선의 정신과 역사

『문예독본』에는 이전의 독본들과 달리 설명문과 논설문의 비중이 현저하게 줄어 있다. 설명과 논설문이 계몽적 의도를 직접 표현하는 형식이라면 여기서는 그것을 다양한 형식과 내용을 통해 표현하였다. 「작은 용사」라든가 「고향에 돌아와서」의 경우처럼 제목을 통해서는 주제를 짐작하기 힘들거나, 「봄」이나 「할머니의 죽음」과 같은 소설처럼 말하고자 하는 바를 쉽게 파악할 수 없는 글들이 많다. 그만큼 계몽적 의도가 내면화되고 그것을 표현하는 형식이 다양화된 것이다. 하지만 그런 외형에도 불구하고 『문예독본』 전반을 관통하는 주제는 민족정신의 고취라고 할 수 있다. 『문예독본』의 머리말에서 "교훈적 의미가 있는 것"으로 재료를 택했다고 한 것은 '문법'뿐만 아니라 계몽적 의도 역시 중요하게 고려되었다는 것을 시사해준다. 가령, 「작은 용사」

는 신라 화랑의 이야기이고, 「궁예의 활」은 제목대로 후고구려를 세운 궁예의 이야기이다. 「불국사에서」는 신라의 얼과 정신이 담긴 불국사 기행이고, 「이충무공 묘에서」는 일군을 물리치고 대승을 거둔 이순신에 대한 추모의 글이다. 이런 내용들을 통해서 이 책은 『조선어독본』 등의 관변 교과서와 차별화를 시도한 것으로 보인다. 또, 『문예독본』의 독특한 점의 하나로 거론되는 본문의 인명과 지명에 각주를 단 것도 그런 의도와 관계가 있다. 우리나라의 역사적 장소와 인물에 대해 정확한 정보를 제공함으로써 조선의 역사와 문학의 정립, 곧 조선의 정체성을 확립하고자 한 것이다.

『문예독본』에 수록된 작품들은 주제별로 나누자면 몇 개로 유형화할 수 있다. 수록된 글은 주로 희생정신, 효도, 고향과 산천에 대한 그리움과 예찬, 절개, 국가에 대한 충성 등을 내용으로 한다. 첫 글인 「작은 용사」에서는 '여러 사람을 구원하기 위하여 자기 한 몸의 고생을 감수하는 희생'의 고귀함을 언급한다. "희생의 정신보다 더 거룩한 정신은 없"다는 내용이다. 여기서 '희생'은 단순한 개인적 희생이 아니라 나라와 국가를 위한 희생 곧, 선공후사의 정신이다. 그것은 「의기론」에서는 세상에 남아 있는 모든 불의를 없앨 수 있는 의기(義氣)와 연결되고, 「윤씨의 사」에서는 일신의 이익을 앞세워 절의를 저버린 신숙주에 대한 의분으로 표현되며, 「대무대의 붕괴」에서는 이천만 조선인이 깨어나기를 소망하는 김옥균의 우국충정으로 제시된다. 「낙화암을 찾는 길에」에서는 나라를 위한 희생으로 제시되고, 「불국사에서」는 일본에 저항하는 박제상의 의기로 표현된다. 이들 글은 모두 국가가 위태로울 때 과감히 개인을 버리고 나라에 헌신하는 인물들의 일화이고, 그래서 글의 주제는 '애국심'과 동전의 양면처럼 결합되어 있다.

『문예독본』에서 가장 많이 수록된 것이 애국심인데, 특히 일본이나 중국과 같은 외적과 맞서 싸운 인물들의 충절이 강조된다. 가령 「불국사에서」는 불국사 경내를 둘러보면서 다보탑과 석가탑에 대한 감상을 서술하고, 관련된 두 개의 일화를 덧붙여 놓았다. 하나는 영지(影池)에 얽힌 아사달과 아사녀 이야기이고, 다른 하나는 박제상과 그 아내 이야기이다. 전자는 아내도 잊고 오직 탑을 완성하는데 여념이 없었던 당나라 젊은이의 애절한 사랑이고, 뒤의 것은 남편을 사지로 보낸 아내가 남편을 기다리다가 망부석이 되었다는 내용이다. 두 이야기를 소개하면서 화자는 조국에 대한 충절을 목숨과 맞바꾼 박제상을 다음과 같이 애도한다.

> 끓는 물도 차다시고 모진 매도 달다시네
> 살을 찝는 쇠가락도 헌 새끼만 여기시네
> 빗가 살을 오려도 태연자약 하시나
>
> 왼 몸에 불이 붙어 지글지글 타오르되
> 웃음 띤 환한 얼굴 봄바람이 넘노는듯
> 이 몸이 연기 되거든 고국으로 날려라[271]

박제상은 신라 눌지왕 때의 충신으로, 고구려와 일본에 건너가 볼모로 잡혀 있던 왕제(王弟)들을 고국으로 탈출시킨 뒤 잡혀서 살해당한 인물이다. 고구려에 몰래 들어가 왕의 아우 보해를 데리고 나왔고, 왜국에는 마치 신라를 배반한 사람인양 거짓 망명한 다음 왕의 아우 미사흔을 신라로 도망치게 하였다. 왜왕이 그 사실을 알고서 박제상을 목도로 유배시켰다가 얼마 지나지 않아 장작불로 온 몸을 태운 뒤 목을 베었다는 기록이 『삼국사기』에 전한다.[272] 위 글은 그 내용을 바탕으로 한다. 「낙화암을 찾는 길에」는 나당 연합군이 백제 궁성을 함락할 때 비빈과 궁녀들이 몸을 던져 죽은 낙화암을 찾아 그 혼을 기리면서 "차

---

271) 현진건, 「불국사에서」, 『문예독본』(상권), 1932.4, 81면.
272) 「박제상」, 『역주 삼국사기2』, 정구복 외, 한국학중앙연구원출판부, 2011.

라리 몸을 던져 어복리에 장할망정 저 국수(國讐)에게는 더러이지 않겠다는 백제의 혼"을 추모한 글이고, 「대무대의 붕괴」는 꺼져가는 나라를 구하려다 비운의 죽음을 당한 김옥균의 우국충정의 이야기이다. 여기서는 동양이라는 대무대에서 활동해야 할 김옥균이 살해되는 장면을 희곡으로 보여주고, "전 동양을 살리고 죽이는 것이 모두 청국의 흥망에 좌우되는 것"이라는 주제를 제시한다.

「이충무공 묘에서」는 "우리 민족의 은인이요 族魂의 조상"으로 이충무공을 기리며, 「행주산선 전적」은 일병을 대파하여 일국도원사가 된 권율의 공적을 기록하였다. 여기서 특히 주목되는 것은 권율 장군의 일화이다. 일군을 쳐부순 전투를 서술한 다음 대목은 『문예독본』을 편한 궁극적 의도가 어디에 있는가를 시사해준다.

> 과연 적의 수만기가 삼면으로 총공격을 개시하니, 그 너른 들이 왼통 군사로 가득 찼다. 율(慄)은 군중에 돌며 호령하야 활로 쏘고 돌을 던지매 시석(矢石)이 비쏟아지듯 하엿다. 새벽 여섯시부터 그 날 오후 여섯시까지 싸우니 전후 십이시간의 대격전이엇다. 이 무서운 격전에 적병이 조금 뜸 하드니, 갈대풀을 묶어 화공을 하는지라, 성중에는 미리 물을 대어 두엇다가 물을 끼얹어 격퇴하엿다. 적병은 다시 서북우 성책을 헐며 돌격전을 개시하므로 우리 군사가 좀 어려운 지경에 빠지게 된지라, 율이 앞을 나서서 칼을 빼어 들고 독전(督戰)하니 전군이 죽기를 다투어 분전(奮戰)하야 그를 전멸하엿다. [273]

권율 장군의 유적지인 행주산성을 탐방하면서 "국가 위난의 추(秋)"에 분전한 권율의 일화를 떠올린 대목이다. 인용문에서처럼 전쟁 장면을 상세히 기

---

273) 유광렬, 「행주산성 전적」, 『문예독본』(하권), 1933. 5, 78-9면.

록해서 마치 소설을 보는 듯한 실감을 준다. 이를 통해서 필자는 "이 산과 이 강을 지키든 당년 남아의 자취"를 찾는데 이는 일제 치하의 현실에서 감히 표현하기 힘든 내용이다.

이런 내용의 단원이 여럿 수록된 것은 『문예독본』이 국정이나 검정 교과서가 아닌 인정 교과서로 제작되었기에 가능한 일이었다. 조선총독부가 주관해서 편한 국정 교과서와는 달리 편자가 임의로 만들어서 가르칠 수 있는 게 인정 교과서이고, 그래서 검열을 피해 편자가 의도했던 내용을 수록할 수 있었던 것이다. 이윤재가 서문에서 "조선어과의 보습"으로 쓰기 위해 편찬했다고 하는 것은 그런 사실과 관계될 것이다.

다음으로 많은 비중을 차지하는 것은 '상실(喪失)'에 대한 회한과 그리움이다. 「따오기」는 돌아가신 어머님에 대한 그리움을 내용으로 하고, 「고향에 돌아와서」는 '시대의 변천이 무섭고, 너무도 엄청난 극변(劇變)에 놀라지 않을 수 없다'고 하면서 변화된 고향에 대한 안타까움을 서술한다. 특히 '산은 무너지고 강은 끊어진다 치더라도 대대로 의좋든 이웃마저 어떤 이는 서간도, 어떤 이는 일본, 누구는 도시, 그렇지 않으면 정처 없이 보따리를 짊어지고 유랑하는 모습'을 안타까워하는데, 이는 일제 강점 이후 유리걸식하던 민족의 참상을 단적으로 표현한 것이다. 「백두산 갓든 길에」(변영로)에서 언급되듯이, 그것은 잃어버린 고국에 대한 탄식과 그리움의 정서이다. 백두산은 이제 "우리의 옛 터"가 되었고, 그것을 자각하자 "인 홍이 잦기도 전에 눈물 벌서 흐"른다. 그래서 천지 가에 팔베개를 하고 누우니 '안 진 죄 지은 듯해서 가슴이 자로 뛴'다는 것, 곧 국가와 국토 상실에 대한 회한과 자책을 표현한다. 사극 「대무대의 붕괴」에서 말하는 것도 상실에 대한 회한과 안타까움이다. 구한말의 개화론자 김옥균의 죽음을 서술하면서 "주추 놓고 기둥 세워 완전한 동양의 기초를 닦아놓은 뒤에 조선문제도 해결시키겟다든 선생님의 대무대는 인제 영영 문어져버렷습니다. 아아, 원통하구나."(149면) 하고 탄식한다. 「죽송(竹

頌)」에서는 지금은 전설로만 전해지는 만파식적에 대한 아쉬움이 토로된다.

> 옛날의 만파식적
> 오늘에는 없는게오
> 열세도 고을고을
> 두루두루 다니면서
> 이 풍랑 자게 할 곡조
> 불어내어 보과저[274]

　신라 신문왕이 아버지 문무왕을 위하여 감은사를 짓고 추모하는데, 죽어서 바다 용이 된 문무왕과 하늘의 신이 된 김유신이 합심하여 동해의 한 섬에 대나무를 보냈다. 이 대나무를 베어서 피리를 만들어 부니, 적의 군사는 물러가고, 병은 낫고, 물결은 평온해졌다는 내용이다. 이 설화에는 신라가 삼국을 통일한 이후 흩어져 있던 백제와 고구려 유민의 민심을 통합해 나라의 안정을 꾀하려 했던 호국 사상과 모든 정치적 불안이 진정되고 평화가 오기를 소망하는 신라인들의 염원이 담겨 있다. 지금은 존재하지 않는 이 전설상의 피리를 떠올리면서 이은상은 "오늘은 그대와 내가 만파식적이 될 수밖에!" 없다고 결의를 새긴다. 여기에 이르면 이 글은 '죽송(竹頌)'이 아니라, 망국민으로서의 회한과 결의를 다지는 글이 된다.

　『문예독본』에서 특히 주목되는 것은 하권 마지막 단원으로 수록된 정인보의 「고산자의 대동여지도」이다. '해제(解題)'로 분류된 이 글은 『보통학교 조선어독본』의 수록된 「김정호」와 대비되면서 『문예독본』의 특징을 단적으로 보

---

274)　이노산, 「竹頌」, 『문예독본』(하권), 1933. 5, 4-5면.

여준다. 정인보는 대동여지도를 '조선인의 손으로 된 조선의 지도'로 규정하고, 그 특징을 설명한다. 청구도와 대동여지도를 비교하면서 전자가 전고(前薰)이고 후자를 후본(後本)으로 규정하고 대동여지도를 알려면 청구도를 모를 수 없다고 한다. 그러면서 고산자의 지도에서 "조선인의 손으로 묘사한 조선의 전신(傳神)을 보고, 이에서 우리 선민의 구시(求是)·구실(求實)의 진(眞)학문을 보고, 이에서 주현의 분합(分合), 성채의 천이를 찾아 고사의 유흔을 어루만지고, 이에서 산수, 역점, 방면, 허락(墟落)의 본명을 알아 고어의 잔영을 살피게 되는 것"이라고 '도본의 가치'를 규정한다. 글의 제목처럼 고산자의 대동여지도의 의미를 밝히고 상세하게 해제를 단 것이다.

그런데, 『보통학교 조선어독본』의 「김정호」에서는 대동여지도를 이와는 전혀 다르게 일제의 식민통치를 정당화하는 도구로 활용한다. 즉, 김정호는 십여 성상 천신만고 끝에 대동여지도를 완성한다. 하지만 지도를 인쇄할 판목이 없어서 소설을 지어 팔았고, 다시 10여년의 세월을 보낸 뒤에야 비로소 지도를 인쇄할 수 있었다. 그렇게 만든 지도를 김정호는 병인양요가 일어나자 바로 대원군에게 갖다 바쳤지만, 대원군은 "나라의 비밀이 다른 나라에 누설되면 큰일"이라는 생각에서 지도를 압수하고 김정호 부녀를 옥에 가두었다. 김정호의 20년에 걸친 혼신의 노력이 일거에 수포로 돌아간 것이다. 하지만 일제는 그와는 달리 지도의 우수성을 인정하고 그것을 전쟁과 식민정책에 유용하게 활용한다. 곧, "일로전쟁이 시작되자, 대동여지도는, 우리(일본) 군사에게 지대한 공헌이 되엿슬 뿐 아니라, 그 후 총독부에서, 토지조사사업에 착수할 때에도, 무이(無二)의 호(好)자료로, 그 상세하고도 정확함은, 보는 사람으로 하야금 경탄케 하얏다"[275]고 하면서, "아, 정호의 간고는, 비로소 이에, 혁혁

---

275) 『普通學校 朝鮮語讀本』5권, 조선총독부, 조선서적인쇄주식회사, 1934, 24-5면.

　　　　　　　　　　　　　　　　　　　　　　국어 교과서의 탄생

한 빛을 나타내엿다"고 찬탄한다. 말하자면, 조선에서는 김정호가 의심받고 투옥되는 등의 박해를 받았지만, 일제는 지도의 우수성을 인정하고 정책에 적극 활용했다는 내용이다. 인재를 외면하고 박해한 조선은 망할 수밖에 없다는 것을 시사하면서 일제는 조선 지배를 합리화하는 도구로 이용한 것이다.

이윤재는 조선의 역사가 왜곡되고 부정되는 이런 식의 총독부 교과서를 가르치면서 조선어 '보습' 교재의 필요성을 절감했고, 그것을 위와 같은 내용의 단원들로 채워 넣은 것으로 보인다. 따라서『문예독본』은 단순한 작문 교재가 아니라 총독부 간행의 조선어 교과서를 대체하는 대안 교과서라 할 수 있을 것이다.

한글 문체의 보급과 조선의 정신

1920~30년대를 거치면서 '독본'은 다양한 문종의 글들을 모으면서 특히 문학적 색채가 짙은 글들을 위주로 하는 '문장독본', '문학독본' 등의 모습을 보여주었다. 『문예독본』에는 동화, (현대)시조, 시, 소설, 기행문, 서간문 등과, 사화와 일화, 논설문, 설명문 등의 다양한 문종의 글들이 수록되었다. 이윤재는 이 다양한 문종의 글들을 선별·수록하면서 각각의 표준을 마련하고자 하였다. 그런데 그 기준은 단순히 형식만이 아니라 내용까지도 포괄하는 것이었다. 혼란스럽고 질서를 얻지 못한 것에 질서를 부여한 것인데, 그것은 길고 산만한 문장을 간결하게 정리하고 추상적인 비유를 삭제하는 등의 노력으로 나타났고, 한편으로는 글의 본문이나 각주의 형태로 조선의 인물과 지명 등을 상세하게 제시해서 조선의 정신과 얼을 환기하는 작업으로 드러났다.

이런 작업은 재래의 한문 문장의 규율에서 벗어나려는 노력에서 얻어지는 한글 문체의 정립 과정으로 이해할 수 있다. 한문 문체가 국한혼용체가 되고, 그것이 한글 문체로 변화되는 일련의 과정에서 이윤재는 한글 위주의 간명한

문체를 만들었고, 그것을 묶어 '독본'의 형태로 간행한 것이다. 여기다가 다양한 문종의 글을 선별·수록함으로써 문장의 근대적 분화를 촉진하는 역할을 수행한다. 더구나 아직 사회적으로 정착되지 못했던 소설과 희곡 등의 문학 양식을 '독본'의 형식으로 제시함으로써 근대적 양식 정립의 계기를 마련한 것이다. 실제로 1931년에서 1934년 사이에 이윤재가 가장 힘들여 노력한 것은 한글 문장의 정립에 관한 일이었다. '한글맞춤법 통일안'이 만들어지자 이윤재는 신문사와 잡지사, 그리고 기독교 성서를 한글맞춤법대로 고치는 일에 앞장섰다. 성경의 맞춤법을 고치려 할 때는 보수적이었던 성공회를 움직이는 일이 쉽지 않았지만 이윤재는 기독신문사에 가서 다각도의 노력을 통해 마침내 신문 표기를 한글맞춤법 통일안대로 고치는 데 성공하였다. 또 출판사에 다니면서 무료로 교열을 봐 주었고, 한글학회의 파견으로 동아일보사에 가서는 한글 맞춤법 교정과 여러 기자들의 고문격으로 새 맞춤법을 알렸다.[276) 거기다가 이윤재는 교육자로서 젊은이들에게 애국심을 심는데 헌신하였다. '성웅 이순신'을 신문에 연재하고, 『문예독본』의 내용을 항일의 역사와 조선의 정신을 고취하는데 할애한 것이다.

『문예독본』에는 편자 이윤재의 이런 교육자와 한글학자로서의 면모가 동시에 투사되어 있다. 『문예독본』의 첫머리에서 "조선어과의 보습과 작문의 문범"을 목적으로 편찬한다고 밝힌 것은 『문예독본』에서 목격되는 이 두 가지 측면을 단적으로 표현한 것이다. 그래서 『문예독본』은 단순한 '독본'이 아니라 식민 치하의 특수 현실에서 간행된 '국어' 교과서였던 것이다.

---

276) 김선기, 「한뫼선생의 나라사랑」, 『나라사랑』 13집, 1973. 12, 46-47면.

V 해방기 이후의 교과서

1. 해방기 '국어' 교과서와 탈식민주의
   (- 『초등 국어교본』을 중심으로)

2. 교수요목기 '국어'와 이데올로기
   (- 『중등 국어교본』에서 『고등 국어』까지

3. 국가주의의 규율과 '국어' 교과서
   (- 1~3차 교육과정기의 『국어』 교과서를 중심으로)

4. '국어' 교과서와 분단문학
   (- 7차 교육과정과 '국어' 교과서)

『초등 국어교본』에서 우리 민족의 역사를 새롭게 환기하고 의미를 부여한 것은
일제가 정형화했던 민족의 이미지를 부정하고 새롭게 주조하는 과정에 해당한다.

해방기 '국어' 교과서와 탈식민주의

(-『초등 국어교본』을 중심으로)

해방과 '국어' 교과서

해방기(1945~1948)는 외형상 일본 제국주의로부터 벗어났지만 식민 지배의 잔재가 종식되지 않은 채 완고하게 유지되던 때였다. 에드워드 사이드(E.W Said)가 말했듯이, 식민지로부터 해방되었다고 해서 제국주의적 상황이 갑자기 과거지사가 되는 것은 아니고 대신 문화적 변용과 진화를 통해서 완고하게 지속되는 까닭이다.[277] 게다가 우리의 경우는 해방이 곧바로 외세의 개입과 분단으로 이어졌다는 점에서 독립 국가로서 사회·문화적 기틀을 마련하기도 쉽지 않았다. 그런 상황이었기에 교육 분야 역시 매우 혼란스러웠다. 교과서를 새로 만들어야 했고, 교육과정과 교수·학습방법을 정비하고 특히 일제에 의해 축소·폐지되었던 조선어과를 새롭게 부활시켜야 했으나, 여의치

---

277) 에드워드 사이드, 김성곤·정정호역,『문화와 제국주의』, 창, 2002, 485면.

않았던 것이다. 여기서 주목하는 해방기『초등 국어교본』은 그런 상황적 특수성을 바탕으로 식민주의를 종식시키고 민족의 정체성을 새롭게 정립하는 일련의 과정을 보여주는 텍스트이다.

▲『초등 국어교본』

▲『한글 첫걸음』

해방기의『초등 국어교본』은 우리나라 최초의 초등학교 국어 교과서에 해당한다.[278]『한글 첫걸음』과 함께 간행된 이 책은 '국어과'라는 자각 하에서 만들어진 교재로, 구한말 학부(學部)와 민간에서 만들어졌던 개인 독본류와 달리 국가적인 필요와 공감을 전제로 한 국정 교과서이다. 해방이 되자 '조선어학회'는 군정청 학무국에다 교과서 편찬에 따른 협조를 요청했고, 이에 편찬 업무를 위촉받아서 만든 교재가 곧『초등 국어교본』이다. "교재 편찬을 시작할 때의 처음 생각에는 조선어학회 자체로서 편찬, 교정, 인쇄, 배본 등 모든

---

278) 해방기 국어 교과서에 대한 연구로는 다음을 참조하였다. 이종국의『한국의 교과서 출판 변천 연구』(일진사, 2001)와 허재영의「과도기의 국어과 교과서」(『교육한글』16·17, 2004. 4), 임성규의「미군정기 초등학교 국어교재 수록 아동문학 제재 연구」(『국어교육연구』44, 2009. 2) 등.

일을" 처리할 계획이었으나, "편찬 도중에 군정청의 요청이 있어, 책값 저렴과 배본 원활 등의 이유를 고려하여 즐거이 그 발행권을 군정청에 양도"했고, 그 결과 군정청 학무국 발행으로 12월 30일에 『초등 국어교본』 상권이, 다음해 4월 15일에는 중권이, 그리고 5월 5일에는 하권이 간행된 것이다.[279]

> "팔일오"의 종소리가 조선 땅에서 왜말의 시끄러운 소리를 휘몰아내자, 그 동안 이십 오년의 역사를 가지고 조선말의 연구 정리에 관한 모든 준비와 연습을 쌓아오던 조선어학회는 이 시급한 사태에 즉시 대처하기 위하여 교육계, 문필계, 언론계 등 여러 방면의 협력과 성원 아래에서 우선 임시 국어 교재의 급속 편찬과, 임시 국어 지도자의 급속 양성에 힘과 정성을 쏟아, 장차 정식의 국정 교과서가 나오고 국가에서 국어 교원을 정식으로 양성할 날이 오기 전까지의 응급적 대책을 취할 수밖에 없었던 것이다. (…중략…) 평상시 같으면 막중한 국민 교육의 기본 재료를 다루는 일인 만큼, 말 한마디, 글자 하나마다 재삼재사 지혜의 미치는 데까지 정력의 닿는 데까지 갈고, 닦고, 살피고, 다듬고 하여, 더할 수 없이 다한 뒤에 내는 것이 당연한 일이겠지마는, 위에 말한 바와 같이 그러한 사정이 되지 못한지라, 여러 가지 불완전하고 불충분한 점이 많을 것은 면할 수 없는 사실이었다.[280]

이런 배경에서 만들어진 관계로 『초등 국어교본』은 오늘날의 교과서와 비교하자면 상대적으로 엉성하고 체계적이지 못하다. "말 한마디, 글자 하나"까지 살펴야 했으나, 여러 가지로 "불완전하고 불충분한 점이 많"았던 것이다. 하지만 그런 특성에도 불구하고 이 교과서는 우리의 말과 글을 교육현장에 복원시키는 데 결정적인 역할을 했고, 또 이후 만들어질 '국어' 교과서의 토대가

---

279) 정인승, 「"국어교본"에 관한 유열님의 감상 말씀을 받고」, 『한글』, 조선어학회, 1946. 7, 31면.
280) 정인승의 위의 글, 30-31면.

되었다는 점에서 그 의의를 가볍게 볼 수 없다. 『초등 국어교본』은 단정기와 전쟁기를 거치면서 1955년의 1차 교육과정기 이후 지금의 '국어' 교과서와 연결되는데, 특히 국책과목으로서 '국어' 교육의 목표와 이념, 단원과 배치, 장르의 안배 등의 기틀을 마련하는데 중요하게 기여하였다.[281]

그런데, 주목할 점은 이『초등 국어교본』이 일제 조선총독부에서 간행된 일본어로 된『보통학교 국어독본』(이하『국어독본』)과『보통학교 조선어독본』(이하『조선어독본』)을 상당 부분 그대로 답습하고 있다는 사실이다. 해방기 교과서와 일제 치하의『조선어독본』을 비교해보면, 해방이 되고 또 편찬 주체가 달라졌음에도 불구하고 상당수 단원이 제목뿐만 아니라 내용에서도 거의 같은 것을 확인할 수 있다. 일본의 '충량한 신민'을 만들기 위해 편찬한『조선어독본』이 일제가 패망한 후에도 그대로 반복된 형국이다. 더구나 이『조선어독본』은 일어 교재인『국어독본』과 보완적 위치에 있었고, 그것은 한편으로 일본의 국정 교과서인 문부성의『심상소학독본』과 연결되어 있었다. 『심상소학독본』의 내용을 일부 변경해서 만든 게 조선총독부 간행의『국어독본』이고,[282]『조선어독본』은 그것을 조선의 현실에 맞게 한글로 편찬한 교재였다.

---

281) 그런 사실은 '국어과'의 편찬 방침을 설명한 다음 대목에서 구체적으로 확인이 된다.
    국어과:가장 정확한 국어로서, 고유문화를 이어받아 창조 발전하고, (…중략…) 국어과 편찬위원회를 열어 교과서 편찬의 규범을 정하고, 아동에 대한 국가관념, 국민도덕, 가정책임, 학교교육, 인류도덕, 정서교육, 체육보건, 과학상식, 상업경제 등을 주체로 교재를 선택하여 편찬의 방침을 세웠다. (문교부조사기획과,『문교행정개황』, 1946. 12, 38-39면)
282) 『심상소학독본』과『국어독본』의 관계에 대해서는 민병찬의「1912년 간행 '보통학교국어독본'의 편찬 배경에 대하여」(『일어교육』43, 2008) 참조.

국어 교과서의 탄생

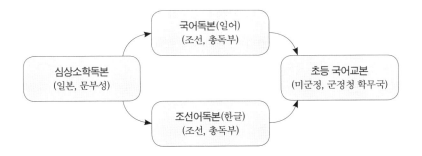

이런 사실을 고려하자면, 해방 후 국어 교과서는 멀리 일본의 국어 교과서에 뿌리를 두고 있는, 해방이라는 정치적 독립에도 불구하고 일제의 맥이 완고하게 이어지고 있음을 확인할 수 있다. 그렇다면 이 교과서는 "교육계, 문필계, 언론계 등 여러 방면의 협력과 성원"[283] 아래서 만들어졌다는 주장에도 불구하고, 사실은 "대부분이 일본의 교과서를 한국말로 번역한 데 지나지 못했다"[284]는 비난을 면하기 힘들다.

여기서 해방기 『초등 국어교본』을 식민주의와 탈식민주의라는 측면에서 주목하는 것은 그런 사실을 전제로 한다. 주지하듯이, 탈(脫)식민주의란 식민 시대가 끝난 후에도 지속되는 일제의 영향력을 비판하고 극복하려는 노력을 의미한다. 일제의 식민통치에서 벗어나 새로운 독립 국가를 만드는 게 해방 후의 과제였고, 그것이 곧 해방기 탈식민의 과업이었다. 그렇지만 일제의 식민통치가 워낙 강고했고 또 길었던 관계로 해방 후의 그것이 결코 용이하지는 않았다. 게다가 마른 하늘의 날벼락처럼 해방이 닥친 까닭에 탈식민을 예비할 시간적 여유도 없었다. 조선어학회가 『초등 국어교본』을 임시 교재의 형태로밖에 만들 수 없었던 것은 그런 이유이고, 그래서 자연스럽게 일제 치하의 『조선어독본』을 참조하게 된 것이다. 단원의 제목이나 내용을 비교해보면, 『초등

---

283) 정인승, 앞의 글, 30면.

284) 손인수, 『미군정과 교육정책』, 민영사, 1992, 302면.

국어교본』에는『조선어독본』에 수록된 단원의 60% 정도를 그대로 재사용한 것을 볼 수 있다. 두 책은 내용이나 형식에서 마치 일란성 쌍생아와도 같은 유사함을 보여준다. 일제를 부정하면서도 한편으론 반복·모방하는 형국, 그래서『초등 국어교본』은 식민과 탈식민이 혼재하는 해방기의 특수성을 단적으로 보여준다.

그렇지만, 그런 외형에도 불구하고 교재 전반에는 새로운 정체성에 대한 열망이 강하게 투사되어 있는 것을 목격할 수 있다. 일제 치하의 교과서를 모방하면서도 한편에서는 끊임없이 '문화적 차이'와 '타자성'을 강조·환기하는 모습은 일제에 의해 주변화되었던 우리의 전통과 역사를 새롭게 호명하고 복원하는 과정으로 이해할 수 있다. 존경과 경하의 대상이었던 천황이 삭제되고 대신 우리의 조상(혹은 신화의 인물)과 역사가 그 자리를 대신하는 것은, 해방기의 교과서가 차별적 인식을 통해서 우리의 정체성을 새롭게 주조하고 있음을 보여준다. 정체성이란 미리 주어진 정체성을 승인하거나 아니면 자기충족적인 예언을 의미하는 것이 아니라 늘 타자성의 질서를 차이화하는 과정과 주체의 표상작용을 통해서 이루어진다.[285] 그런 맥락에서 볼 때 해방기『초등 국어교본』에서 목격되는 우리의 지난 역사와 인물에 대한 환기는 새로운 주체화의 과정으로 볼 수 있다. 여기서는 그런 생각을 바탕으로 해방기『초등 국어교본』[286]의 탈식민주의를 고찰해 보고자 한다.

---

[285] 탈식민의 '정체성'에 대해서는 호미 바바의『문화의 위치』(나병철 역, 소명출판, 2002) 104면 참조.

[286] 여기서는 다음 판본들을 분석 대상으로 하였다.
『보통학교 조선어독본』1-6, 조선총독부, 1930-35. //『국어독본』1-8, 조선총독부, 1914-16번간 김순전 외,『초등학교 일본어독본』1-4, 제이앤씨, 2009. //『초등 국어교본』(상, 중, 하), 군정청학무국, 1945-1946.

식민과 탈식민의 혼종성

식민 직후(colonial aftermath)는 이행과 전환의 시기를 동반하는 양가적 분위기와 특성을 갖는다. 해방은 억압이 종식되고 눈앞에 즉시 새로운 인간이 출현할 것이라는 기대를 갖게 하지만, 그와는 달리 해방 직후에도 식민화된 삶은 오래도록 지속된다. 민족 독립이라는 화려한 외장에도 불구하고 식민 제국이 가한 경제·문화적, 정치적 손상을 쉽게 치유하기 힘든 까닭이다.[287] 일제의 군대식 문화와 의식의 상징인 조회(朝會)가 미군정 하에서도 매주 행해졌던 것이나,[288] 일본어가 쉽게 사라지지 않아서 학교에서 한글 이름으로 출석을 부르면 '하이(はい)'라는 대답이 나왔고, 그러면 곧장 '네' 하고 수정 보완해야 했던 게 해방 직후의 현실이었다.[289] 그와 마찬가지로 『초등 국어교본』 역시 형식과 내용에서 일제의 『국어독본』과 『조선어독본』을 상당 부분 그대로 따르고 있는 것을 볼 수 있다. 해방의 감격과 새로운 국가 건설에 대한 열망이 사회를 휩쓸고 있음에도 불구하고 해방기 『초등 국어교본』이 상대적으로 참신성이 떨어지는 것은 그런 데 원인이 있다. 『초등 국어교본』과 일제 치하의 『조선어독본』을 비교해 보면, 우선 체제와 구성에서 여러 가지로 흡사한 것을 발견할 수 있다.

『조선어독본』에서 책의 앞부분에 한글 자모를 제시하고 그 자모가 들어가는 단어를 나열하여 단어를 학습하게 한 것이나, 단어에 해당하는 그림을 삽화로 넣어 시각적 효과를 노린 것은 해방 후의 『초등 국어교본』에서도 동일하게 나타난다. 또 아버지와 어머니, 소, 무, 밤, 감자 등 일상에서 접하는 친숙한 사물들을 앞부분에서 소개하고 점차 주변으로 범위를 넓혀서 단어의 난이도를 높이는 것도 두 책이 동일하다. 이러한 방식은 지금도 널리 활용되는 것으로 학

---

287) 릴라 간디, 이영욱 역, 『포스트식민주의란 무엇인가』, 현실문화연구, 2002, 18-37면.

288) 오성철, 「조회의 내력」, 『근대를 다시 읽는다 1』, 역사비평사, 2006, 88-89면.

289) 유종호, 『나의 해방전후』, 민음사, 2004, 127면.

생들의 성장과정과 감성 상태를 고려한 것으로 이해되지만, 사용되는 삽화의 모양과 대상까지 같은 경우가 눈에 띈다는 것은 모방의 정도가 심하다는 것을 말해준다. 물론, 이 과정에서 변화가 전혀 없는 것은 아니다. 한글 사용을 전면화하고 대신 한자 사용을 제한한 것이나, 종서(縱書)를 횡서(橫書)로 대체한 것은 무엇보다 눈에 띄는 큰 변화들이다. 세부적으로는, 『조선어독본』이 책의 첫머리에 반절표(反切表)를 제시하고 그에 의거해 단어를 배치했다면, 『초등 국어교본』은 개모음에서 폐모음으로 음절을 배치하는 자모식 지도방법을 따르고 있다. 즉, 자음은 아 → 설 → 순 → 치 → 후음 순으로 배치하고, 모음은 개모음 (ㅐ, ㅏ)에서 고모음(ㅣ, ㅟ, ㅡ, ㅜ) 순서로 배치하여 ㅁ과 ㅏ를 먼저 제시하고, 다음에 ㅓ와 ㅣ, ㅑ와 ㅋ, ㅂ와 ㅍ을, 그리고 맨 끝에 ㅟ와 ㅢ를 소개한다. 이런 식의 배치는 입술 끝에서 쉽게 발음할 수 있는 단어를 먼저 제시하여 학생들의 학습능률을 제고하려는 의도로 보이고, 한편으로는 상대적으로 간략하게 처리되었던 『조선어독본』의 한계를 보완하려 했던 것으로 이해된다.

그렇지만 전체적으로 볼 때 모방의 정도가 매우 심하다는 것을 알 수 있다. 그런 사실은 우선 『초등 국어교본』과 『조선어독본』 및 『국어독본』의 단원명을 비교해보면 쉽게 확인이 된다. 『초등 국어교본』 3권과 『조선어독본』 6권, 그리고 일어 『국어독본』 8권의 목차를 비교해 보면, 거의 같은 제목의 단원이 60개 가까이나 등장한다. 『초등 국어교본』의 97개 단원(상권 45개, 중권 29개, 하권 23개) 중에서 60%가 넘는 단원이 식민 치하 조선총독부 간행의 『조선어독본』을 그대로 재수록하고 있다.

※『초등 국어교본』·『조선어독본』·『국어독본』 단원 비교

구분	『초등 국어교본』	『조선어독본』	『국어독본』
제목	한글 자모 및 단어·문장 학습	한글 자모 및 단어·문장 학습(1-1~43)	히라가나, 가타카타 소개 및 단어·문장학습(1권 전체)

구분	『초등 국어교본』	『조선어독본』	『국어독본』
제목	인사(1)(상-6)	1 - 41	
	인사(2)(상-7)	1 - 42	아침인사(2-2)
	모두 열사람(상-9)	1 - 38	
	소(상-11)	1 - 40	
	어린 아이 슬기(상-14)	1 - 37	
	해(상-15)	1 - 39	
	장날(상-16)	1 - 36	
	일 년(상-18)	1 - 46	1년(4-28)
	사촌언니(상-19)	1 - 48	
	설(상-20)	1 - 47	
	약(상-21)	1 - 49	
	세배(상-23)		신년(2-18)
	우리 닭(상-25)		닭(2-5)
	코끼리(상-27)	1 - 45	
	사방(상-29)	사방(2-2)	
	산술 공부(상-31)	산술공부(2-4)	장사놀이(4-20)
	범(상-32)	1 - 54	
	친절한 가게(상-33)	친절한 상점(2-18)	
	입에 붙은 표주박(상-35)	입에 붙은 표주박(2-15)	
	쌀과 콩(상-36)	쌀과 콩(2-25)	
	우스운 이야기(상-37)	웃으운 이야기(2-9)	
	우리 집(상-38)	우리 집(2-10)	
	사시(상-39)	사시(2-24)	
	온돌(상-41)	온돌(2-30)	
	한석봉(상-43)	한석봉(2-31)	
	쥐의 의논(상-45)	쥐의 의논(2-38)	
	속담(중-5)	이언(俚言)(4-11)	속담(4-25)
	내 버릇(중-7)	내 버릇(4-5)	
	점심밥(중-9)	점심밥(3-23)	
	자장가(중-10)	자장가(3-19)	
	명태(중-11)	명태(4-22)	
	편지(중-14)		엽서(5-19)
	윤회(중-16)	윤회(3-13)	윤회, 거위를 불쌍히 여기다 (7-17)

구분	『초등 국어교본』	『조선어독본』	『국어독본』
제목	진보하는 세상(중-17)	진보하는 세상(4-2)	
	두더지(중-18)	두더지(3-25)	
	박혁거세(중-19)	박혁거세(3-5)	
	우체통(중-20)	우체통(3-26)	
	혹 달린 노인(중-21)	혹 뗀 이야기(4-8)	
	우리나라의 제일(중-22)	조선에서 제일가는 것(4-21)	
	인삼(중-23)	인삼(4-19)	우리나라의 산물(1) (7-5)
	여우와 닭(중-24)	이번 노래는 신신치 못하지 오(3-27)	
	삼년고개(중-26)	삼년고개(4-10)	
	편지(중-27)	편지(4-27)	
	명관(중-28)	명관(4-23)	
	돈의 내력(하-2)	돈의 유래(5-6)	
	물가(하-5)	물건값(5-7)	
	황희 이야기(하-6)	황희의 일화(6-12)	
	은행(하-8)	은행(5-5)	
	동물의 몸빛(하-9)	동물의 체색(5-16)	
	금강산(하-11)	후지산과 금강산(6-14)	
	편지(하-12)	어머님께(6-15)	
	부여(시)(하-13)	부여(4-28)	
	도회와 시골(하-14)	도회와 시골(6-21)	
	김정호(하-15)	김정호(5-4)	
	훈민정음(하-17)	언문의 제정(5-12)	
	석왕사(하-18)	석왕사(6-1)	
	광대한 우주(하-19)	광대한 우주(6-3)	
	심청(하-22)	심청(5-21)	

물론, 이들 단원이 모두 『조선어독본』의 내용을 동일하게 반복한 것은 아니다. 같은 제목을 달고 있더라도 내용에서는 다소간의 차이를 보이고, 또 내용을 추가하고 보완해서 새롭게 재구성한 단원도 있다. 『조선어독본』1권은 제목을 붙이지 않고 바로 본문을 배치했는데, 『초등 국어교본』에서는 제목을 일일이 명기했고, 그 과정에서 「혹 뗀 이야기」를 「혹 달린 노인」으로, 「이번 노래

는 신신치 못하지오」를 「여우와 닭」으로 바꾸는 등의 변화를 꾀했다. 또『조선어독본』에는 수록되지 않고『국어독본』에만 수록되었던 것을 재수록한 경우도 있다.『초등 국어교본』상권 23과의 「세배」는 일어 교재『국어독본』2권 18과의 「신년」과 동일하며, 상권 25과의 「우리 닭」은 2권 5과의 「닭」과 동일하다. 그리고 중권 16과의 「윤회」는『조선어독본』과『국어독본』에 동시에 수록되었던 단원이고, 중권 23과 「인삼」은『국어독본』7권 5과 「우리나라의 산물 (1)」과 같은 내용이다.

그런데, 이 과정에서 제목과 내용을 부분적으로 조정했지만, 해방 후의 변화된 현실을 고려하지 않은 채 일본의 풍습을 그대로 모방한 경우도 눈에 띈다.『초등 국어교본』상권의 「세배」와『국어독본』에 수록된 「신년」은 거의 같은 내용이다.

① "어머니, 오늘 언니에게 설 창가를 배웠습니다. 설이 언제 돌아옵니까."
"인제 아홉 밤만 자면 설이란다."
"나는 설날 아침에는, 일찍 일어나서, 새 국기를 높이 달고, 아버지 어머니께 세배를 하겠습니다."
"옳지, 그래야지. 그리고 차례를 지낸 뒤에 아주머니한테 세배하러 가야 한다."
"예, 차례를 지내고, 먼저 학교에 가서, 선생님들께 세배하고, 식을 마치고 나서 가겠습니다."[290]

② 새해가 되었습니다. 오늘은 정월 초하루입니다. 어느 집에나 금줄이 장식되어 있습니다. 참새는 기쁜 듯이 처마에서 지저귀고 있습니다.
나는 나이가 한 살 늘었습니다. 어제는 여덟 살이었지만 오늘은 이제 아홉

---

290)『초등 국어교본』상권, 군정청학무국, 1945, 66-67면.

살이 되었습니다.

　나는 오늘 아침 일찍 일어나 형과 둘이서 일장기를 대문에 세웠습니다.

　그리고 아버지에게 "축하드립니다."라고 인사를 하였습니다.

　그리고 나서 어머니에게도 인사를 하였습니다. 형에게도 누나에게도 인사
를 하였습니다.

　오늘은 학교에서 신년식이 있습니다. 일찍 가서 선생님께 축하인사를 드립
시다. 친구에게도 축하인사를 합시다. [291]

　설날의 풍속을 설명한 이 단원에서 주목되는 대목은 ①의 "설날 아침에는,
일찍 일어나서, 새 국기를 높이 달고, 아버지 어머니께 세배"를 한 뒤 "차례를
지내고, 학교에 가서 선생님들께 세배하고, 식을 마치고"라는 내용이다. 집에
국기를 달고 학교에 가서 신년식을 거행한다는 것은 우리의 현실 상황은 아
니다. 일제에 의해 조회 문화가 보급·정착되면서 설날에도 국기를 달고 식을
올렸는데, 그것을 해방 후의 현실에서도 그대로 반복한 형국이다. 총독부 간
행의 ②에서 볼 수 있듯이, 집에 금줄을 달고 국기를 걸며, 학교에서 신년식을
거행하는 것은 일본 고유의 설 풍습이다. '금줄'은 한 해의 무병장수와 대대손
손의 번영을 기원하는 소나무와 대나무 등을 걸어두는 카도마쯔(門松)와 오카
자리(お飾り)를 뜻하는 것으로 짐작되는 일본의 설 풍습이다. ①에서는 물론
이런 일본 풍습은 삭제되어 있지만, 글의 전체적인 내용은 일본 설 풍습을 그
대로 수용하고 있음을 어렵지 않게 볼 수 있다.

　그런데 문제는 이러한 모방이 단순한 외형이 아니라 일제의 전제적 가치와
이념을 무비판적으로 수용하는 듯한 모습까지 보인다는 점이다. 두 교재를 비

---

291) 『초등학교 일본어 독본1』, 김순전 외 역, 제이앤씨, 2009, 203-205면.

　　　　　　　　　　　　　　　국어 교과서의 탄생

교해 볼 때 우선 목격되는 것은 상하 위계질서 가령, 윗사람에 대한 '인사와 예절'이 상대적으로 강조된다는 사실이다. 『초등 국어교본』의 경우 책의 앞부분에서 '인사'가 언급되는데, 먼저 등장하는 대상은 부모님이다. 상권의 「인사(一)」은 아버지와 어머니에게 아침 인사를 여쭙는 내용이고, 「인사(二)」는 부모님에게 학교에 다녀오겠다는 인사를 한 뒤 학교에 가서 선생님께 인사하는 내용이다. 중권 2과인 「인사(一)」은 친구 간의 안부를 묻는 내용이고, 3과의 「인사(二)」는 길을 가던 선생님이 집에 잠시 들리자 반갑게 맞으며 인사를 올린다는 내용이다. 상권의 23과에서는, 앞서 언급한 대로, 설날 아침에는 새 국기를 달고 차례를 지낸 뒤, 학교에 가서 선생님들께 인사를 올린다는 내용이다. 35과 「입에 붙은 표주박」에서는 어른을 대접하지 않으면 표주박이 입에 붙어 떨어지지 않는 것처럼, 벌을 받는다는 내용이다.

한편, 『조선어독본』에서는 곳곳에 '선생님'이 등장해서 학생들을 가르치는 모습이 그려진다. 1권 21과에서는 뜰에 놓인 여러 켤레의 신발 중에서 가장 큰 것이 선생님의 신발이라는 것을 말하고, 37과에서는 선생님이 글방에서 학생들에게 돈 일전으로 방안을 가득 채울 수 있는 물건을 사오라고 하며, 38과에서는 선생님이 학생에게 방안에 모여 있는 사람을 세어보라고 지시한다. 3권의 1과 「식목」에서는 학교림에서 선생님과 함께 따스한 봄볕을 받으면서 나무를 심는다는 내용이다. 모두 간단하고 평범한 일화들이지만, 선생님에 대한 최고의 존경과 예의를 보여줌으로써 새로운 지식과 규율을 전수하는 매개자로서, 혹은 명령하고 지시하는 주체로서 선생님에 대한 복종을 당연시하고 있다.[292] 선생님과 생도라는 수직적 위계와 권위에 대한 강조는 『조선어독본』

---

292) 선생님과 생도 사이의 위계적 관계는 『국어독본』에서는 더욱 강조되어 있다. 1권 7과에서는 선생님과 학생이 인사를 나누는 내용이고, 8과에서는 선생님이 일어서라면 일어서고 앉으라면 앉는다는 내용으로, 교실에서 이루어지는 선생님과 생도의 수업 상황을 보여준다. 다른 과

2권의 22과인 「추석」에서는 '조상'으로 확대되고, 궁극적으로는 '천황'에 대한 숭배로 연결된다. 『조선어독본』의 2권 27과의 「명치절(明治節)」은, 우리나라를 훌륭하게 만든 지금의 천황폐하의 할아버지인 명치천황이 탄생한 11월 3일을 기념해야 한다는 내용이고, 3권의 24과 「신무천황(神武天皇)」에서는 일본 초대 신무천황의 즉위일인 2월 11일을 '기원절'로 정하고 경축해야 한다는 내용이다. 말하자면 선생님과 부모에서 조상, 궁극적으로는 일본 천황에 대한 존경과 복종을 주문하고 있는 것이다.

물론 해방 후의 『초등 국어교본』에서는 일본의 천황이나 축일에 대한 기술은 모두 삭제된다. 그렇지만 언급한 대로 윗사람을 존경하고 그 마음을 조상으로까지 확대해야 한다는 식의 내용은 총독부 교과서와 거의 같은 맥락의 것임을 알 수 있다. 스승 공경, 형제애, 조상 숭배 등은 일제가 강조했던 봉건적 덕목으로, 이는 식민통치에 유리한 전근대적 인간을 육성하려는 의도에서 비롯된 것들이다. 해방기 교과서가 전근대적 인간형을 염두에 둔 것은 아니겠지만, 이런 위계적 질서에 대한 강조는 자주적이고 진취적인 기상을 북돋워야 할 해방 후의 현실과는 동떨어진 것이라 하겠다. 특히 스승―제자 식의 수직적 위계에 대한 강조는 자칫 전체주의적 규율로 전화될 가능성을 갖는다. 단정기 이후 국어 교과서에서 본격적으로 언급되는 멸사봉공(滅私奉公)의 윤리는 이런 수직적 위계를 공(公)과 사(私)로 대체한 것으로, 대의를 위해서는 언제든지 개인이 희생될 수 있다는 전체주의적 규율과 동궤의 것이다. 일민주의(一民主義)와 반공주의를 기축으로 하는 단정기의 교과서는 이러한 과거의 위계질서와 연결되는 구체적 사례라 하겠다. 주지하듯이 이승만 정권을 움직인

도 마찬가지여서, 가령 11과에서는 선생님이 칠판에 글을 쓰는 내용이고, 14과에서는 선생님이 지시봉으로 가리키고 학생들이 읽는 내용이며, 31과에서는 휴식을 취한 학생들이 나란히 정렬해서 수업을 받으러 교실로 들어가는 장면이다.

핵심 인사들은 대부분 친일 인물들이고, 이들에게 있어서 '과거의 기억'은 자신들의 지배적 지위를 유지하기 위해 활용할 수 있는 좋은 재료였다.

이런 현상은 해방이 되었음에도 불구하고 새롭게 참조할 만한 전거(典據)가 없는 상태에서 오랜 기간 익숙하게 사용했던『조선어독본』과『국어독본』을 안이하게 수용한 것으로 이해할 수도 있다. 그런데, 해방과 함께 일제의 잔재를 청산하고 신생 국가로서의 정통성을 새롭게 정립해야 할 시점에서 이렇듯 과거 일제가 강조했던 덕목을 그대로 되풀이 하는 것은 일제와 구별되는 우리의 가치와 이념에 대한 자각이 그만큼 안이했다는 것을 의미한다. 일본 식민주의를 제대로 청산하지 못했던 해방기의 교과서는 흉내내기의 장소로 공간화되어, 거부하면서 동시에 모방하는 이중구조 혹은 이중의식에 지배되어 있었던 것이다. 그런 점에서 해방 직후의 상황은 불구적인 탈식민주의, 혹은 불구적인 근대화의 양상을 넘어서지 못한 것으로 정리할 수 있다.

역사의 복원과 재정형화

식민지 상황에서 지배 민족이 피지배 민족의 정체성을 자기중심적 시선과 담론으로 고착화시키는 것을 바바는 정형화(stereotype)라고 말한다. 아시아인은 원래 이중적이라거나 아프리카인은 게으르고 불결하다고 하는 것은 식민주의 담론을 통해 피지배 민족을 정형화한 대표적인 사례들이다. 그와 마찬가지로 일제는 조선 민족을 여러 가지 방식으로 자기 민족보다 열등하고 저열한 존재로 정형화했는데, 특히 강조되었던 것은 동조동근, 내선일체의 논리였다. 한일 양국은 아득한 신화시대부터 긴밀하게 관련되어 인종적으로나 문화적으로 같은 뿌리를 갖고 있다는, 그렇지만 일본 민족보다는 한 단계 수준이 낮다는 주장이다. 이런 사실을 보여주기 위해서 일제는 신화를 조작해서『국어독본』과 『조선어독본』에 반복적으로 수록하였다. 그런 관계로 해방 후의 탈식민화는 일제의 그러한 식민주의적 조작을 부정하고 우리 본연의 정체성을 회복하는 과정으로 이해할 수 있다.

『초등 국어교본』에서 우리 민족의 역사를 새롭게 환기하고 의미를 부여하는 것은 일제가 정형화했던 민족의 이미지를 부정하고 새롭게 주조(鑄造)하는 과정에 해당한다. 앤더슨(B. Anderson)의 지적처럼, 민족이란 객관적으로 규명될 수 있는 어떤 실체가 아니라 해당 민족 집단의 '상상'에 의해 형성되는 가상의 공동체인 까닭이다.[293] 그런 견지에서 『초등 국어교본』 전반에서 목격되는 조선의 신화와 인물들을 주목할 수 있다. 상권의 「한석봉」과 중권의 「박혁거세」, 「솔거」, 하권의 「이순신 장군」, 「황희」, 「김정호」, 「심청」 등이 그러한 사례인데, 여기서 「솔거」와 「이순신」을 제외하고는 모두 『조선어독본』에 수록되었던 내용들이다. 「솔거」는 1923년판에서는 수록되었지만 1931년 개정판에서는 삭제되었던 것으로, 미군정기에 다시 소환되어 부활하였다. 그런데 이과정에서 해방 후의 교과서는 식민 치하의 내용을 그대로 수록하지 않고 대폭수정했는데, 「솔거」에서 그런 특성을 엿볼 수 있다. 『초등 국어교본』(중) 29과의 「솔거」는 1923년판 『조선어독본』 3권 6과에 수록되었던 것을 재수록한 것으로, 제목은 동일하지만 내용에서는 상당한 차이를 보인다.

『조선어독본』에 수록된 「솔거」의 내용[294]은 다음과 같다. 솔거는 신라 때 사람으로 그림을 잘 그려서 일찍이 황룡사의 벽에 늙은 소나무를 그렸다. 그런데 그것이 마치 살아 있는 나무와 같아서 까마귀나 솔개가 진짜인줄 알고 날아들었다가 벽에 부딪혀 떨어졌다. 이후 그림이 오래 되어 단청을 했더니 새들이 일절 오지 않았다는 내용으로, 널리 알려진 솔거의 '노송도(老松圖)' 일

---

293) 베네딕트 앤더슨, 윤형숙 역, 『상상의 공동체』, 나남출판, 2002. 3장.

294) 『보통학교 조선어독본』 3, 조선총독부, 1923, 17-19면.

화이다. 한편, 『초등 국어교본』에 수록된 솔거는 이와는 달리 한층 구체적이고 또 민족주의적 성격이 강하게 부각되어 있다. 솔거는 신라 진흥왕 때 농가에서 태어났고, 7~8세에 그림을 그리고자 하는 욕망이 강해서 칡덩굴을 꺾어 소나무, 새, 해 등을 그렸다. 그렇지만 스승이 없어서 고민이 많았는데, 어느 날 꿈속에 단군이 나타나 '신의 힘'을 주고 사라졌다. 이후 그림 그리기에 열중해서 명화공이 되었고, 그런 고마움을 잊을 수 없어서 '단군의 영정'을 일천 장이나 그렸다. 이런 내용을 소개한 뒤 추가로 앞의 황룡사 노송도 일화를 덧붙이고 있다.

하루는 솔거가 정성을 다하여 하느님께 빌고 있는데, 어디선지 이상하게 빛나는 옷을 입고, 얼굴이 지극히 어질게 생긴 노인 한분이 나타나서,

"솔거야, 나는 단군이다. 네가 하도 지성으로 빌기에, 기특하여 찾아왔다."

하며, 가까이 와서 솔거의 손목을 잡고 다시 말을 잇는다.

"염려 마라. 내가 네게 신의 힘을 주니, 장차 너는 그림에 성공할 것이다."

하더니, 고만 사라지고 말았다. 솔거는 깜짝 놀라 깨니, 한 꿈이었다.

"아이, 참 이상도 하다. 그러면 인제 내가 신의 힘을 입어, 그림을 잘 그리게 된단 말인가. 아이고 좋아라."

하고, 퍽 기뻐하였다.

그 후에도 여전히 그림 그리기에 힘을 썼다. 그리하여 마침내 세상에서 제일가는 명화공이 되고, 오늘날까지도 그의 이름이 빛나고 있다.

솔거는 어렸을 때의 꿈을 항상 잊지 않고, 고마운 은덕을 갚을 길이 없어, 단군의 영정을 정성을 다하여 일천 장을 그리어 냈으니, 대개 그 영정은 솔거가 꿈에 본 그대로이었다.[295]

---

295) 『초등 국어교본』(중), 91-92면.

『조선어독본』에서 볼 수 없었던 '단군'이 등장하고, 또 그를 사모하여 영정(影幀)을 일천 장이나 그렸다는 내용이 추가되어 이전과는 확연히 다른 모습이다. 여기서 단군의 삽입은 단순한 역사의 복원이 아니라 민족사의 시원과 관계되는 것이라는 점에서 중요한 의미를 갖는다. '단군'의 부활은 일제가 날조해서 널리 유포했던 '석탈해 신화'에 대한 부정과 극복의 의미를 갖는다는 점에서 일종의 재영토화 혹은 재점유화[296]의 과정으로 볼 수 있다.

주지하듯이, 일제는 우리 민족의 열등감을 강조하는 근거로 '석탈해 신화'를 널리 이용하였다. 조선총독부는 「알에서 태어난 왕」이라는 단원(『국어독본』 4권 22과)을 통해서 신라의 왕인 '석탈해'가 일본 왕족 출신이라는 것을 강조하고, 궁극적으로 동조동근을 내세웠다.

　　옛날 일본 어느 곳에서 그곳의 우두머리의 아내가 자식을 낳았습니다. 그런데 그것은 커다란 알이었습니다. 불길하다고 하기에 그 알을 예쁜 상자에 넣어 바다에 버려 버렸습니다.

　　그러자 그 상자가 점점 조선 해안으로 흘러왔습니다. 그러나 아무도 그것을 줍지 않았습니다. 마침내 어느 할머니가 주워 상자 뚜껑을 열어보니 안에 한 예쁜 아이가 있었습니다. 할머니는 매우 기뻐하여 이것을 소중히 키웠습니다.

　　그러자 이 아이가 점점 자라서 남들보다 훨씬 큰 사나이가 되었습니다. 얼굴 모습이 품위가 있고 지혜도 남보다 뛰어났었는데 마침내 신라의 왕이 되었다는 것입니다.[297]

296) 릴라 간디, 이영욱 역, 『포스트식민주의란 무엇인가』, 현실문화연구, 2002, 140면.

297) 조선총독부, 『보통학교 국어독본』, 조선총독부, 1914년 ; 번간 김순전 외역, 『보통학교 국어독본』 권4, 제이앤씨, 2009, 268-270면.

탈해는 일본 어느 곳 우두머리의 자식이라는 것, 그런데 알로 태어났고 그로 인해 버려졌다는 것, 그렇지만 바다를 건너와 신라의 왕이 되었다는 내용이다. '일본 어느 곳의 우두머리'라고 표현했지만, 다른 판본에는 '다파나국의 왕비'로 표현되어 있어 일본 열도의 어느 곳이라는 것을 짐작하게 해준다. 그렇다면 탈해는 일본 왕의 자식으로 태어나서, 불길하다는 이유로 버려진 뒤 신라의 왕에 오른 인물로 정리된다. 이 주장에 따르면 일본과 조선은 고대부터 '동조동근'의 국가라는 것을 알 수 있다.

물론 이런 주장을 사실로 볼 수는 없다. 『삼국사기』와 『삼국유사』에서, 탈해는 "가락국 바다에 배가 와서 닿았다(駕洛國海中有船來泊)."는 외래자(外來者)라는 기록이 있으나,[298] 그것이 일본을 의미하는 것은 아니기 때문이다. 그런데 일제는 이를 근거로 해서 우리 민족의 남방기원설, 일본기원설을 조작했고, 마침내 신라는 일본 왕족이 건너가서 세운 나라라는 주장을 하기에 이른다. 또, 『국어독본』의 한편에는 일본의 신화가 제시되어 양국의 형제적 관계를 암시하기도 한다. 14과 「스사노오노미코토」(이하 스사노오)가 그것이다. 스사노오는 아마테라스오미카미(이하 아마테라스)의 동생이다. 힘이 센 스사노오는 사람을 잡아먹는 머리가 8개나 되는 큰 뱀을 술에 취하게 한 뒤 죽이고, 뱀의 몸에 들어 있는 보검을 취하여 아마테라스에게 바쳤다. 이 스사노오는 이후 조선인의 시조가 되었다는 내용이다. 이런 내용에 비추자면 우리와 일본은 원래 동일민족이라는 것, 물론 형님은 일본이고 조선은 그 아우라는 주장이다. 스사노오가 형님을 섬기듯이 조선 역시 일본을 섬겨야 한다는 내용인 셈이다.[299]

---

298) 일연, 권상노 역해, 『삼국유사』, 동서문화사, 1989, 89면.

299) 일본 제국주의의 신화 이용에 대해서는 노성환의 「내선일체에 이용된 한일신화」(『일어일문학』, 대한일어일문학회, 2008. 11) 참조.

해방 후 『초등 국어교본』에서 「석탈해 신화」를 삭제하고 대신 「단군」을 부활시킨 것은 이런 사실을 고려할 때 일제의 정형화에 대한 부정, 곧 탈식민의 의지가 구체화된 것으로 이해할 수 있다. 일제가 앞의 석탈해 신화를 통해서 동조동근을 주장했다면, 여기서는 단군을 통해 민족의 유구한 전통을 강조하고 궁극적으로 그 혼이 후대에 이어지고 있다는 민족의식의 고취를 도모한 것이다. 물론 여기서 언급된 내용은 『동사유고(東事類考)』에 소개된 것을 그대로 옮긴 것으로, 일제에 의해 삭제된 내용을 복원한 것이다. 그런 점에서 이 '솔거'는 일제에 의해 유폐되었던 민족 시조(始祖)의 복원이자 동시에 남방 유래설을 부정하는 새로운 정형화의 과정으로 볼 수 있다. 솔거가 단군으로부터 신기(神技)를 부여받고 그 은혜를 잊지 못해 단군의 초상을 1,000장이나 그렸다는 것은 시조에 대한 영험함과 아울러 신비감을 부여하는 장치인 것이다.

하권 1장의 「백두산」은 그런 견지에서 중요한 의미를 갖는다. 단군과 함께 백두산은 우리 민족을 상징하는 영산(靈山)인 까닭이다.

　　一 이 땅의 한복판에 우뚝한 이 산, / 단군님 우리 시조 나리신 이 산
　　번성한 우리 민족 앞뒤로 퍼져, / 우럴어 사모하는 신성한 이 산.
　　二 천지의 흐르는 물 바다가 되고, / 연지봉 이는 구름 비를 내린다.
　　옛 터전 도로 찾아 갈고 심으며, / 큼직한 우리 조선 새로 이룬다.

지상에 우뚝 솟은, 시조 '단군'이 강림한 산, 그 정기를 이어받아 "옛 터전 도로 찾아 갈고 심으며, / 큼직한 우리 조선 새로 이룬다."는 다짐은 거세된 민족의 자부심을 새롭게 소생시키고자 하는 미래에 대한 염원이자 주술이라 하겠다.

이런 과거 역사와 신화에 대한 소환과 환기는, 식민 치하의 교과서에서 한 번도 등장하지 않았던 '이순신'에 대한 소개로 이어진다. "먼 남쪽 바다로 침

노하는 왜군을 / 오는 대로 다 잡은 우리 장군 이순신", 그리고 "그 손으로 만드신 신기로운 거북배 / 이 세상에 발명된 철갑선의 첨일세". 왜군을 쳐부순 위대한 장군으로 이순신을 노래하는 이 시가를 통해서 일제를 무찌른 과거 역사에 대한 환기와 함께 세계 최초로 철갑선을 발명한 데 대한 자부심을 확인할 수 있다.

이와 함께, 『초등 국어교본』 전반에서 목격되는 우리나라의 '지리와 산물'에 대한 강조 또한 주목할 필요가 있다. 『초등 국어교본』 상권의 30장인 「우리나라」에서는, 우리나라는 '조선'이며 올해 독립하였다는 것, 그래서 "세계에서 으뜸가는 나라를 만들"어야 한다는 다짐을 전제로, 산이 곱고 물이 맑으며 기후가 좋아서 살기에 좋은 풍토를 가졌다는 사실이 소개된다. 이를테면, 이 글은 우리나라의 지리와 기후적 특성을 말하면서 세계에서 으뜸가는 나라를 만들고자 하는 열망을 토로하는데, 이는 '대동아'라는 제국의 심상지리(imaginative geography)를 부정하고 민족의 영역을 재설정하는 과정으로 볼 수 있다. 심상지리란 원래 서구 제국주의의 상상적 지리 관념을 지시하는 말인데, 여기서는 주체가 인식하고 상상하는 특정 공간에 대한 지리적 인식을 가리키는 말이다.[300] 일제는 『조선어독본』과 『국어독본』을 통해서 '우리나라'의 범위를 '일본 본토와 대만과 조선'으로 설정하고 제국의 야욕을 과시했지만, 여기서는 '조선'으로 그 영역을 한정하고 조선의 특성을 언급함으로써 차이에 대한 자각과 동시에 새로운 주체화의 과정을 보여준 것이다. 중권의 15장(「우리나라의 기후」)에서는 이런 내용이 한층 구체화되어, 우리나라는 남북이 길고 동서가 짧다는 것, 그래서 남쪽과 북쪽의 기후는 대단히 다르다는 사실을 언급한다. 『조선어독본』에서 일본과 조선의 지리를 연결해서 설명하고 심지어 후지산과

---

300) 심상지리에 대해서는 앞의 『상상의 공동체』 25-27쪽 참조.

금강산을 같은 맥락에서 설명했던 것과는 확연히 구별되는 셈이다.

그동안 일제는 신화뿐만 아니라 지리와 기후, 풍습에서도 조선과 일본을 연결해서 서술하였고, 궁극적으로는 조선의 산수와 풍습마저도 일본의 심상지리 속에서 교육하였다. 그런 상황에서 우리의 지리와 풍토를 강조한 것은 일제의 허구적 블록 개념을 부정하고 우리 고유의 영지를 탈환하는 과정으로 이해할 수 있다. 앤더슨의 언급처럼, 민족이란 제한된 형태로 상상되고 구성된다. 해방기의『초등 국어교본』은 일제의 허구적 심상지리를 부정하면서 한반도라는 새로운 공간으로 영토를 분할해내는데, 그것은 주변화된 타자에서 벗어나 새롭게 정체성을 갖춘 주체로 탄생하는 과정이다.

낙관적 동심과 미래

해방기의 탈식민주의는 일제에 의해 물든 이데올로기의 때를 제거하는 탈색(脫色)의 과정으로 이해할 수 있다. 동화정책을 일관되게 추진해왔던 관계로 이념적 착색화의 정도가 심각했고, 그래서 탈색의 과정 역시 철저하지 않을 수 없었던 게 해방 후의 현실이었다. 그런 견지에서 주목할 수 있는 게 교과서 전반에서 목격되는 사회 발전에 대한 믿음과 미래에 대한 낙관적 의지이다.『조선어독본』에서는 헌신, 복종 등과 관계되는 단원들이 상대적으로 많았고, 그것을 통해서 멸사와 봉공의 윤리를 강조했다면, 해방기의『초등 국어교본』에서는 민족의 장래에 대한 희망과 함께 어린이들의 천진한 동심이 상대적으로 강조된다. 비장하고 숭고한 분위기에 휩싸여 있던 교과서가 낙관적이고 밝은 분위기로 전환된 것으로, 이는 새로운 '국민'의 상을 만들어내기 위한 전략으로 이해할 수 있다.

민족의 장래에 대한 믿음은 우선 근대화와 사회 발전에 대한 의지로 나타난다. 그것은 미군정의 정책과 긴밀하게 관련된 것이기도 한데, 즉 미군정은 남한에 진주하면서 미국의 이익을 대변하고 반공과 자본주의 수호의 전략적 보루로 남한의 위치를 규정하고, 그것을 구현하기 위한 수단으로 교육을 설정하였다.[301] 그런 까닭에 교과서에는 자본주의적 근대화에 대한 설명이 상대적으로 많은 비중을 차지한다. 가령, 『초등 국어교본』 상권 16과의 「장날」에서는 물건을 사고 파는 교환의 장소로 시장을 소개하며, 25과의 「우리 닭」에서는 달걀을 팔아서 세금을 낸다는 국민의 의무를 언급한다. 또, 「친절한 가게」(상-33)에서는 친절하고 공손하게 손님을 대할 뿐만 아니라 정직하여 에누리를 안 하는 점원의 이야기를 소개하며, 「진보하는 세상」(중-17)에서는 근대적 문명의 발전을 소개한 뒤 우리 역시 사회 발전에 힘을 써야 한다는 다짐을 언급한다.

여러 가지 물건이 발명되어서 이 세상은 나날이 편리하게 되어 갑니다. (…중략…)

이 여러 가지 발명은 다 학문의 진보된 결과인데, 옛적 사람은 꿈에도 상상하지 못하던 것들입니다. 우리들은 이러한 시대에 태어난 것을 행복으로 생각하는 동시에, 더욱 사회 발달에 힘을 써야 될 줄 압니다.[302]

이 외에도 자본주의를 구성하는 핵심 요소인 돈과 시장과 은행을 설명하는 「돈의 내력」(하-2)과 「물가」, 「은행」(하-8) 역시 주목할 단원들이다. 물건과 물건을 불편하게 교환하다가 점차 세상이 진보하고 사람들의 지혜가 발달하면

---

301) 미군정의 교육정책에 대해서는 손인수의 『미군정과 교육정책』(민영사, 1992)과 이길상의 「미군정의 국가적 성격과 교육정책」(『정신문화연구』 47호, 1992) 참조.

302) 『초등 국어교본』(중), 30-32면.

서 돈이 발명되었다는 내용의「돈의 내력」, "물가의 고하는 주로 수요 공급의 관계로 정하여지는 것"이라는 내용의「물가」, 예금과 대출, 이자의 관계를 말하면서 은행의 역할을 설명하는「은행」등은 모두 자본주의의 핵심 내용들이다. 이런 단원들을 통해서『초등 국어교본』은 해방기의 낙관적 의지와 사회 발전에 대한 믿음을 보여준다.

그런데, 주목할 점은 이들 단원이 대부분 일제 치하의『조선어독본』에 수록되었다는 사실이다. 상권 16과의 "장날"은『조선어독본』1권 16과에서 언급되었고, 25과의「우리 닭」은『국어독본』2권 5과에 수록되었었다. 또「친절한 가게」(상-33)와「진보하는 세상」(중-17) 역시『조선어독본』에 수록되었었고,「돈의 내력」(하-2)과「물가」(하-5)와「은행」(하-8) 역시『조선어독본』에 수록되었었다.『조선어독본』에서는 이런 내용들이 상하의 위계질서와 복종, 위생, 친절 등의 덕목과 함께 배치되어 식민통치를 효율적으로 수행하기 위한 방편으로 활용되었었다. 그렇다면 이들 단원 역시 식민주의의 구각을 벗지 못한 것으로 이해할 수도 있다. 그렇지만, 그 내용을 자세히 들여다보면 식민주의에서 탈피하여 새로운 콘텍스트(context) 속에서 새롭게 의미화되어 있는 것을 볼 수 있다. 말하자면 동일한 제목의 단원이지만 해방이라는 콘텍스트 속에서 새롭게 위계화되는데, 그것은 언급한 대로 그런 단원들이 미군정의 정책을 전제하고 있기 때문이다. 미국은 반공과 자본주의 수호의 전략적 보루로 남한을 규정하였고, 그 연장선상에서 교육의 목표를 설정한 관계로 교과서에 수록된 자본주의적 근대에 대한 서술은 일제하의 그것과는 다른 맥락과 의미를 갖는다. 가령, 중권의 '진보하는 세상'에서, 여러 가지 물건이 발명되어 세상이 나날이 편리하게 변해간다는 내용을 설명하면서, 일제시대 교과서에서는 언급되지

국어 교과서의 탄생

않았던 '비이십구(B-29)'가 소개되어 미국의 위상이 새롭게 환기된다.[303] 일제 대신에 미국이 들어서고 첨단 과학기술의 상징으로 '비이십구'가 소개되어 진보의 내용과 방향을 지시하는 것이다. 또, 「물가」(하-5)에서는 물가를 말하면서 깊은 산골과 서울 사람들을 구체적으로 대비하면서 해방 후의 현실을 끌어들이고, 「검약」에서는 남이 어려울 때 도울 수 있는 사람은 검약하는 사람이라는 내용이 소개되어 무분별한 소비를 경계한다. 이런 내용들은 식민주의 이후 새로운 사회의식을 상상해내는 과정이라 하겠다.

자본주의적 근대에 대한 믿음을 바탕으로 이 『초등 국어교본』에서 목격되는 또 다른 특징은 민족의 장래에 대한 '낙관의 태도'이다. 그것은 어린이들의 맑고 천진한 동심을 소재로 한 동요의 적극적인 수용으로 나타난다. 동요란 어린이의 정서에 맞는 언어로 그들의 꿈과 희망, 심리적 상황을 표현한 노래를 총칭하는 것으로, 『초등 국어교본』에서 보이는 동요(혹은 동시)는 「맴맴」(상-26), 「자장가」(중-10) 등의 전래동요와 「해」(상-15), 「달 따러 가자」(상-42), 「비」(상-44), 「아침ㅅ바다」(중-1), 「어깨동무」(중-4), 「반달」(중-6), 「아가씨 노래」(중-8), 「나팔꽃」(중-25), 「백두산」(하-1), 「이순신 장군」(하-4), 「고기잡이」(하-10), 「부여」(하-13) 등 십여 편에 이른다.

상권에 수록된 「맴맴」은 아직도 널리 불리는 전래동요로 "아버지는 나귀 타고 장에 가시고 / 할머니는 건너 마을 아저씨 댁에 / 고추 먹고 맴맴, 담배 먹고 맴맴"이라는 내용이다. 여기서 '맴맴'은 맵다는 뜻으로, 아버지와 할머니가 나귀를 타고 출타하고, 집안에 어른들이 아무도 없는 틈을 타서 어린이들이

---

303) 옛적에는 물속은 고기가 아니면 헤어다닐 수 없고, 공중은 새가 아니면 날아다닐 수 없다고 생각하던 것이, 오늘날은 잠수함과 비행기, 비행선들이 발명되어 물ㅅ속이나 공중을 자유로 다니게 되었습니다. 더구나 '비이십구'라는 비행기는 크기도 하거니와, 속력도 대단히 빠르며, 높게 뜰 수도 있고, '전파탐지기'라는 것도 발명되어 물ㅅ속에 있으면서 사방의 모양을 미리 알 수도 있게 되었습니다(30-31면).

어른의 흉내를 내서 고추와 담배를 먹고 맴맴 - 한다는 내용이다. 어린이들의 호기심과 천진함이 '맴맴'이라는 의태어의 반복을 통해서 실감나게 표현되고 있다. 「해」는 "떴다, 떴다, / 해가 떴다. // 둥근 해다, / 밝은 해다."라는 내용으로 밝고 희망적인 아침 해의 이미지를 담고 있으며, 「달 따러 가자」에서는 장대 들고 망태 들고 달을 따다가 불을 못 켜고 사는 순이 엄마 방에 달아드리자는 맑은 동심을 표현하였다. 이들 동요는 오늘의 관점에서 보자면 그리 새로울 것도 없지만, 이 역시 『조선어독본』과 비교해 보자면 현격한 차이를 갖는다. 『조선어독본』은 상대적으로 근엄하고 또 학생들을 위압하는 내용이 주를 이루지만, 이 『초등 국어교본』은 이렇듯 밝고 천진한 동심을 배치하여 희망차고 활달한 느낌을 제시한다. 이런 사실은 한편으로 우리 민족의 중요한 특성인 해학이나 낙천적 기질과 연결해 볼 수도 있다. 어떠한 시련과 고통에 직면하더라도 그것을 웃음으로 수용하고 극복하려는 자세는 해방기의 과중한 압력과 시련을 이겨내려는 결연한 의지로 봐도 무방할 것이다.

지금도 널리 불리는 「우산 셋이 나란히」(상-12)와 같은 낙천적 동심은 그런 사실을 배경으로 이해할 수 있다.

이슬비 내리는 이른 아침에,
우산 셋이 나란히 걸어갑니다.
파랑 우산, 깜장 우산, 찢어진 우산.
좁다란 학교 길에, 우산 셋이요.
이마를 마주 대고 걸어갑니다. [304]

---

304) 『초등 국어교본』(상), 51면.

서로 다른 표정과 외모에도 불구하고 학교 길에 이마를 마주대고 함께 간다는 내용은 당대의 현실적 상황과 연결된 유비적 상징이다. 계급과 지역과 이념의 상이에도 불구하고, 그리고 가야 할 길이 넓고 탄탄한 대로가 아니더라도, 서로 이마를 마주하면서 함께 걸어가야 한다는 내용은 식민 직후의 불안과 공포, 또 점차 가시화되는 분단에 대한 두려움과 안타까움을 극복하려는 의지와 믿음인 것이다.

그러한 전망을 한층 구체화해서 보여준 작품이 「어깨동무」이다. "동무 동무 어깨동무 / 언제든지 같이놀고. // 동무 동무 어깨동무 / 어디든지 같이 가고." 그래서 "천리ㅅ길도 멀지 않고" "해도 달" 따라 온다는 것. 말하자면, 어떤 시련과 고통에 직면하더라도 그것을 웃음으로 수용하고 극복하자는 것.

일제는 우리의 전통을 말살하고, 그들의 언어를 우리의 언어로 대체하면서 민족 고유의 특성마저 왜곡했는데, 해방기 교과서는 동요와 동시를 통해서 우리 고유의 특성을 환기하고 궁극적으로 탈식민의 의지를 구체화하였다. 진정한 의미의 탈식민화란 해방이 이루어지고 난 뒤부터 시작된다는 것을 고려하자면, 이들 동시는 식민주의를 청산하고 새로운 민족국가를 건설하고자 하는 당대인들의 열망과 의지를 우회적으로 표명한 것이라 하겠다.

국어 교과서의 역사

해방된 조국에서 무엇보다 시급했던 과제는 일제의 식민 잔재를 청산하고 우리 민족이 중심이 된 독립 국가를 건설하는 일이었다. 『초등 국어교본』은 그 과정에서 장차 새로운 민족 구성원으로 성장할 아동들을 올바른 방향으로 계도하는 임무를 부여받았다. 당대의 시대적 특성과 사회적 상황을 고려하자면 아동교육은 국가 건설과 사회 발전의 원동력을 확보하는 계기가 된다는 점에서[305] 무엇보다 시급하고 중요한 일이었다. 조선어학회가 교재 발간을 서둘렀다는 것은 그런 사안의 특수성을 감안한 것이다. 하지만 해방 직후의 상황은 참조할 만한 전례나 새로운 것을 만들어낼 여력을 갖고 있지 못했다. 그래서 '총독부학무국'이라는 꼬리표가 붙어 있는, 과거의 유물인『조선어독본』을 일정하게 차용할 수밖에 없었고, 그렇게 만들어졌기 때문에『초등 국어교본』은 식민과 탈식민이 뒤섞인 혼종적인 모습을 특징으로 한다. 하지만, 그럼에도 불구하고 이 교과서에는 식민주의를 청산하고 새롭게 정체성을 만들어내려는 당대인들의 열망과 노력이 투사되어 있다는 점에서 그 의의를 결코 가볍게 볼 수 없다.

탈식민주의의 견지에서『초등 국어교본』은 식민 지배체제를 원활하게 할 목적으로 일제에 의해 유포된 열등한 조선인이라는 기만적 규정에 대해 적극적인 대항담론을 보여주었다. 일제에 의해 날조된 신화를 삭제하고 대신 '단군'을 부활시켜 그 정기를 후대에 잇게 하였고, '이순신'을 새롭게 호명해서 나라를 구한 애국심과 민족의 자긍심을 환기하여 식민화된 영토를 재영토화하는 작업을 수행하였다. 탈식민화를 위한 저항이란 타자화된 존재로서의 우리를 주체적 인간으로 정립하는 것이자 동시에 국민 국가 형성을 위한 새로운 국민을 창출하는 과정이다.『초등 국어교본』은 그런 견지에서 유구한 역사를 지닌 발전적 민족이라는 새로운 형태의 국민상을 제시하였다.『초등 국어교본』은 또한 우리 현대 국어교육의 역사와 과정을 보여준다는 데도 의미가 있다. 오늘날의 국어교육은 미군정기의 교육을 바탕으로 해서 이루어졌고, 따라서『초등 국어교본』은 현재의 교육을 이해할 수 있는 전사(前史)적 자료이다.『초등 국어교본』은 일제의 교과서와 긴밀하게 연결되어 있다는 점에서 우리

---

305) 임성규,「미군정기 초등학교 국어교재 수록 아동문학 제재 연구」,『국어교육연구』44, 2009. 2, 105면.

교과서가 미국뿐만 아니라 일제의 자장으로부터 자유롭지 못하다는 것을 말해준다. 국가 주도의 교과 구성이나 집단과 공적 가치를 중시하는 전체주의적 규율 등은 일제의 식민주의와 긴밀하게 연결되어 있다. 식민주의의 연원이 그만큼 깊고 강고하다는 것, 따라서 일제 잔재의 청산은 발본(拔本)적이고 고통스러울 수밖에 없다는 것을 시사해준다.

해방기 『초등 국어교본』은 이렇듯 우리 교과서의 연원과 역사, 일제 식민주의와의 연속과 단절, 해방기의 지향과 의식 등을 집약적으로 보여준 탈식민주의의 텍스트라는 점에서 중요한 의미가 있다.

02

교수요목기 '국어'와 이데올로기

(-『중등 국어교본』에서『고등 국어』까지)

'국어' 교과서와 정치

우리나라처럼 교육이 정치에 종속된 경우는 없을 것이다. 교육이 국가 권력을 유지하는 핵심 기제이자 재생산의 수단인 것은 분명하지만, 우리의 경우는 그 정도와 수준이 다른 나라들보다 한층 심각하고 전면적이다. 정권이 바뀔 때마다 교과서의 내용이 바뀐 것은 물론이고 심지어 정권을 정당화하기 위해 교과 내용과 이데올로기를 의도적으로 조작하여 일선 현장에서 교육하기도 했다. 이승만 정권은 출범과 더불어 사회과 교과서 전체를 '일민주의(一民主義)'로 도배하다시피 했고, 박정희 정권은 근대화정책을 시행하면서 '새마을운동'을 금과옥조인 양 교과서의 핵심 단원으로 수록하였다. 우리의 말과 언어생활 전반을 관장하는 '국어과'의 경우도 예외가 아니어서, 단정기『국어』교과서의 경우 필자 대부분은 당시 정권에서 실세로 군림하던 인사들이나 정치화된 문인들이고, 그들이 단원의 대부분을 차지함으로써 교과서는 마치 정권을 홍보하는 팸플릿과도 같은 모습을 보여주었다.

교과서가 이렇듯 정치화되었다는 것은 우리의 교육계가 그만큼 자율성을 확보하지 못한 채 정치권력에 휘둘린다는 뜻이고, 한편으론 탈(脫)정치화를 통한 정체성의 확보가 절실하다는 것을 말해준다. 물론 '국어' 교과서가 정치화된 데는 여러 원인이 있다. 해방 이후의 혼란과 정치적 격변 속에서 국가 권력은 국민의 지지를 얻지 못한 정권에 의해 전횡되었고, 그 과정에서 교과서는 정권의 이념을 선전하는 유력한 도구가 되었다. 경제와 문화 등 사회 각 영역이 자율성을 확보하지 못하고 저(低)발전된 상태에서는 정치가 상대적으로 우월한 지위를 가질 수밖에 없는데, 해방 이후의 우리 현실이 그러하였다. 게다가 해방과 더불어 가시화된 분단은 사태를 더욱 악화시켜 정치적 전횡을 정당화하는 효과적인 알리바이로 기능하였다. 북한을 '주적(主敵)으로 볼 수 있는가?'를 놓고 아직도 논란이 계속된다는 것은 그만큼 민족 내부의 적대감과 냉전적 반목이 우리를 강력하게 규율하고 있다는 증거이고, 그런 현실을 적절히 활용하면서 정권은 교육에 대한 전일적 지배를 계속해 온 것이다.

해방기 교과서를 다루면서 반공주의를 문제 삼는 것은 반공주의가 그 일련의 과정을 규율하는 핵심 이데올로기이자 도구였다는 데 있다. 반공주의는 단독 정부 수립 이래 우리 사회를 규율해 온 통치 이념이자 동시에 아직도 레드 콤플렉스(red complex)의 형태로 개개인들의 뇌리 속에 각인되어 있는 공포의 원천이다. 미소 간의 냉전체제의 부산물이라 할 수 있는 반공주의는 인류의 평화와 자유를 억압하는 존재를 공산주의로 보고 그것을 제거할 때만이 진정한 평화가 온다는 교의적(教義的) 내용을 담고 있다. 그렇지만 우리의 경우는 그런 사전적 의미보다는 한층 복잡한 의미 내용을 갖는다. 반공주의는 공산주의에 대하여 적대적이고 배타적인 논리와 정서를 뜻할 뿐만 아니라 한편으론 북한의 체제와 정권을 절대적인 악으로 보고 그것을 부정하는 심리적 적대감이기도 하다. 그것은 또한 한국 사회 내부의 좌파적 경향과 정부에 대한 정치적 반대파를 억압하는 탄압의 도구였다. 이승만 정권 이후 정치권이 반공주를 전가의 보도인양 활용해온 이면에는 남과 북이 대치하는 현실을 이용해서 비판자를 제압하는 가장 효과적인 수단으로 그것이 기능할 수 있었기 때문이다. 그리고, 반공주의는 우리나라를 미국이라는 거대 제국의 하위체제로 편입하는 연결 고리와도 같은 것이었다. 역대 정권들은 반공을 통해서 미국의 신뢰를 얻었고, 그런 신뢰를 강화하기 위해서 의도적으로 반공정책을 이용해 왔다. 반공 정책이 강화되는 것에 비례해서 친미 종속이 심화되었다는 것은 그런 사실을 단적으로 말해준다.

교육 분야는 이 반공주의의 규율이 가장 직접적으로 작용한 영역이다. '국어' 교과서를 중심으로 살필 때, 반공주의와 교과 내용은 긴밀하게 연결되어 있다. 『국어』 교과서에서 반공주의가 본격적으로 관철된 것은 단정기 이후였다. 국가의 제도와 법이 정비된 단정기 이후 국민 전체가 공산주의를 부정적으로 체험한 6·25 전쟁을 경과한 다음부터 반공주의는 구체적인 형체를 갖추면서 맹위를 떨치기 시작한다. '국어' 교과서는 그 일련의 과정을 구체적으로 보여주는 리트머스 시험지와도 같은데, 특히 국가(문교부)가 기획·편찬·공급 등의 제반 업무를 독점한 국정(國定) 교과서의 경우는 검인정과 달리 그 양상이 한층 직접적이고 전면적이다.

그런 사실을 염두에 두면서 여기서는 미군정기에서 한국전쟁기까지의 고등학교 국정 '국어' 교과서를 고찰해보고자 한다. 흔히 이 시기를 '교수요목기'(1946-1954)라고 하는데, 이는 우리 정부에 의한 공식 교과과정이 공포·시행되기 이전에 미 군정청에 의해 공표된 '교수요목'에 교육의 근거를 두었기 때문이다.[306] 새롭게 교과서가 편찬되고 교과서의 담당 주체와 내용 등이 큰 변화를 보임으로써 이 시기 '국어' 교과서는 당대의 격동기적 상황을 집약적

---

306) 국어과 교육과정에 대해서는 교육부 간행의 『국어과·한문과 교육과정 기준(1946-1997)』 (2000, 12) 참조.

으로 담게 되는데[307], 본고는 그것을 분석함으로써 교과서를 둘러싸고 작용한 당대의 정치와 문학적 심급의 다양한 양상들을 확인하게 될 것이다. 여기서 논의의 대상을 고등학교 '국어' 교과서로 한정한 것은 초·중등과는 달리 고등학교 교과서가 국가 이데올로기를 가장 직접적이고 구체적인 형태로 담고 있다는 이유에서이다. 여기서 '국어' 교과서란 '군정청 문교부'나 단정 수립 이후의 '문교부'에서 간행된 국정 국어과 교과서를 말한다. ('국어' 교과서의 명칭은 시기 별로 달랐다. 미군정기에는 〈중등 국어교본〉으로, 정부 수립 이후 6·25 전쟁 직전까지는 〈중등 국어〉로, 그리고 중학교와 고등학교로 학제가 분리된 1950년 4월 이후에는 〈고등 국어〉로 명명되었다. 따라서 1950년 4월 이전의 '중등'에는 중학과 고등학교의 과정이 포괄되어 있다.)

여기서 분석 대상으로 선정한 것은 세 종(種)의 고등학교 '국어' 교과서이다. '미군정 문교부'에서 발행한 해방 후 최초의 국정 교과서라 할 수 있는 『중등국어교본』(상·중·하)과, 1948년 단독 정부의 수립과 더불어 좌파를 배제하고 우익 인사를 중심으로 편찬된 『중등 국어』①~⑥권, 전쟁 기간에 발간된 『고등 국어』1-Ⅰ·Ⅱ, 2-Ⅰ·Ⅱ, 3-Ⅱ 다섯 권이다.[308]

― 군정기

『중등국어교본』(상)(조선어학회, 조선교학도서주식회사, 1946, 9.1) / 『중등국어교본』(중)(조선어학회, 조선교학도서주식회사, 1947, 1.10) / 『중등국어교본』(하)(조선어학회, 조선교학도서주식회사, 1947, 5.17)

---

307) 이종국, 『한국의 교과서』, 대한교과서주식회사, 1991, 12면.
308) 여기서 『고등 국어』3-Ⅰ은 구하지 못해서 논외로 했다. 다음 서지 사항에서 출판 연도는 해당 교과서가 최초로 발간된 연도가 아니라 필자가 확보한 교과서의 출판 연도이다. '국어' 교과서의 발행 및 서지 사항은 허재영의 「과도기의 국어과 교과서」(『교육 한글』16·7합호, 2004, 4)와 이종국의 『한국의 교과서출판 변천연구』(일진사, 2002)를 참조하였다.

― 단정기

『중등국어』①(문교부, 조선교학도서주식회사, 1950, 4.25) /『중등국어』②
(문교부, 조선교학도서주식회사, 1949, 8.29) /『중등국어』③(문교부, 조선교
학도서주식회사, 1949, 8.29) /『중등국어』④(문교부, 조선교학도서주식회사,
1949, 9.30) /『중등국어』⑤(문교부, 조선교학도서주식회사, 1950, 4.5) /『중
등국어』⑥(문교부, 조선교학도서주식회사, 1950, 4.25)

― 전쟁기

『고등국어』1-Ⅰ, 문교부(조선교학도서주식회사, 1951, 8.31) /『고등 국어』
1-Ⅱ(문교부, 대한교과서주식회사, 1952, 1.31) /『고등국어』2-Ⅰ(문교부, 대
한문교서적주식회사, 1952, 9.30) /『고등국어』2-Ⅱ(문교부, 조선교학도서
주식회사, 1953. 3.31) /『고등국어』3-Ⅱ(문교부, 일한도서주식회사, 1952,
5.31)

『고등 국어』Ⅰ(문교부, 대한교과서주식회사, 1953, 3.31) /『고등 국어』Ⅱ,
문교부(대한교과서주식회사, 1953, 3.31) /『고등 국어』Ⅲ(문교부, 대한교과
서주식회사, 1953, 3.31)

여기서 미군정기와 단정기의 교과서는 확연히 다른 모습을 보이는데, 그것
은 무엇보다 단독 정부의 수립이라는 당대의 정치 상황과 긴밀히 연결되어 있
는 까닭이다. 남과 북이 이념적으로 두 동강이 나면서 교과서 편찬 주체가 바
뀌었고, 그로 인해 교육의 이념과 수록 필자, 그리고 체제와 내용이 크게 달라
진 것이다. 문학을 중심으로 살필 때, 미군정기의 교과서는 해방 후 범(凡) 문
단 조직을 표방한 '조선문학가동맹'(위원장 홍명희)의 회원들을 두루 포괄하고
있지만, 정부 수립 이후에는 이들 중에서 좌파가 모두 배제되고 대신 '전조선
문필가협회'(위원장 정인보) 중심으로 새롭게 필진이 조정된다. 좌익이 대거 월
북한 뒤 자연스럽게 우익에게 주도권이 넘어갔고, 한편으론 '조선문학가동맹'

에 이름만 올려놓고 사태를 관망하던 이른바 중도파가 우익으로 진로를 결정하면서 나타난 현상이다.[309] 따라서 미군정기와 단정기 그리고 전쟁기의 '국어'를 계기적으로 고찰함으로써 교육 현장에서 반공주의가 제도적으로 정비되고 행사되는 초기 과정을 확인하게 될 것이다.

여기서 특히 주목하는 것은 이념적 지향과 가치에 따른 필진의 구성과 분포, 그리고 교과서의 내용이다. 필자의 분포는 두 가지로 문제 삼을 수 있는데, 하나는 우파 인사들의 중용과 친일문인들의 결합 양상이다. 친일문인들이 단정기 이후 '국어' 교과서에 대거 수록되어 우익 선봉대로 나설 수 있었던 것은 우파 정치세력의 조직적인 후원이 있었기에 가능한 일이었다. 이범석(1900~1972) 등의 우익인사들은 물질적인 토대와 힘을 갖고 있는 친일파를 필요로 했고, 친일파는 그들의 명성에 힘입어 자신들의 과거 행적에 대한 면죄부를 얻고자 했다. 이 시기 교과서는 이들 우익과 친일문인에 의해 문학 작품의 새로운 정전화(正典化)가 본격화되었음을 보여준다. 다음으로는 내용상의 특성으로 국가주의적 사고의 확산과 친미적 시각의 고착화 현상이다. 친미주의란 미국이 남한의 정치와 경제의 틀을 제공한 나라이자 동시에 공산주의와 맞선 혈맹이었던 관계로 자연스럽게 형성된 것이라면, 전체주의적 교육 관행은 반공의 기치를 내세우면서 남한 사회를 조직적으로 통제하려는 정권의 정치적 의도에서 비롯되었다. 해방 후 미국은 한국에 들어와서 적극적으로 친일파를 보호하고 그들을 통해서 한국을 지배하는 식의 현상유지 정책을 폈고, 한편으론 극우 반공적 입장만 표명하면 친일파건 부정부패를 일삼았건 모두

---

309) 당시 조선문학가동맹에 이름이 올라 있었으나 단정 수립 후 그것을 반성하고 전향 성명을 발표한 문인으로는 박영준, 이무영, 이봉구, 정지용, 김기림, 정인택, 설정식 등이 있다. 이들은 모두 1949년 12월 결성된 '한국문학가협회'에 가담하여 석극적으로 활동한다. 정지용과 이무영이 단정기 교과서에 수록된 것은 전향 성명을 발표하고 전조선문필가협회 회원으로 활동했기 때문으로 보인다.

에게 면죄부를 주었다. 그런 정책에 편승하면서 지배집단은 국민을 통제하기 위한 효과적인 방편으로 일본식의 전체주의적 교육 관행을 교묘하게 정착시킨 것으로 보인다. 공산주의에 대한 적대감이 역으로 또 다른 전체주의적 편향을 야기했고 급기야 '국가주의적 사고'로 현상된 것이고, 이는 곧 해방 후 반공주의의 규율화 과정이 특정 집단에 대한 부정을 통해 새로운 전체주의적 사고와 제도를 구축하는 과정이었다는 것을 말해준다.

미군정기 : 좌우 합작의 민족주의적 교과서

미군정기는 일제가 물러간 뒤 또 다른 외세에 의한 통치가 시작된 시기이다. 미군정이 새로운 통치기관으로 등장하면서 이 시기 교육은 그 관할 하에 놓이게 된다. 미군정은 여러 조치를 단행하면서 교육의 중요한 기초를 마련하지만, 당시의 미군은 민정(民政) 이양을 준비한 사람들이 아닌 전투부대였던 관계로 한국의 교육을 어떻게 풀어나갈 것인가에 대한 구체적인 계획이나 방안을 갖고 있지 못하였다. 일제로부터 갓 벗어난 상태였기에 미군정은 단지 일본식 교육을 청산하고 미국식 민주주의 이념을 적극적으로 도입하고 관장하는 수준이었지 교재의 양·불량이나 체제, 내용의 선호 문제 등을 고려할 여력을 갖고 있지 못했다.[310] 그래서 친일이라든가 이념의 문제 등에 대해서는 상대적으로 무관심했다. 그런 사실은 1945년 11월 14일 '조선교육심의회'의 제 9분과로 '교과서'를 정하고 최현배, 장지영, 조진만, 조윤제, 피천득, 황신덕, 김성달, J.C Welch(미군 중위) 등을 담당 요원으로 선임한[311] 데서 단적으로 확인된다. 일개

---

310) 박호근, 「한국 교육정책과 그 유형에 관한 연구」, 고려대 박사논문, 2000. 8, 64면.

311) '조선교육심의회'는 미군정청이 오천석의 추천으로 김성달, 현상윤, 유억겸, 김성수, 백낙준,

육군 중위에게 한 나라 교과서 편찬의 실권을 위임한 것은 차치하더라도 조진만과 황신덕과 같은 친일인사들이[312] 교육의 중책을 맡았다는 것은 미군정이 분야별로 명망 있는 인사를 안배했다 뿐이지 그 이상의 구체적 방향이나 지침을 갖고 있지 못했다는 것을 보여준다. 이를테면 정책결정자가 혁신적이고 근본적인 결정을 내리기보다는 당면한 문제들을 '그럭저럭 대처해 나가는(muddling through)' 식이었고,[313] 그 결과 이 시기 이후 우리 교육은 친일문제에 전면적으로 노출되고 동시에 우익의 전체주의적 색체에 물들게 된다.

국어과 교과서는 이들로부터 위임을 받은 '조선어학회'에 의해 편찬 작업이 추진되었다. 당시 조선어학회는 '국어' 교과서 편찬을 위임받은 뒤 '국어교과서편찬위원회'를 발족시켜 그 임무를 전담하도록 했는데, 국어과를 총괄했던 인물은 가람 이병기(1891~1968)였다. 가람은 1930년 한글맞춤법통일안이 발표될 당시 제정위원으로 활동했고, 1935년에는 조선어 표준어 사정위원이 되

김활란, 최규동 등으로 조직한 '조선교육위원회'의 산하기관이다. 이들 역시 미국 유학파이거나 친미적인 성향의 인사들이라는 점에서 구성이 편의적이었음을 알 수 있다. 앞의 박호근의 논문 및 박붕배의 「미군정기 및 초창기의 교과서」(『한국의 교과서 변천사』, 한국교육개발원, 1982, 55면) 참조.

312) 편수국장을 맡았던 최현배는 장지영과 더불어 1921년에 한글학회의 전신인 조선어연구회를 조직하고 1939년 일본의 한글말살정책에 맞서 한글사전 편찬을 도모하다가 1942년 조선어학회사건으로 구속되어 감옥에서 해방을 맞은 인물이지만, 조진만과 황신덕의 경우는 달랐다. 조진만은 경성법학전문학교를 졸업하고 일본 고등문관시험에 합격하여 해주와 평양에서 판사를 역임한 뒤 1943년 이후에는 변호사업을 개업한 인물이고, 황신덕은 니혼여자대학 사회사업학과를 졸업하고 〈동아일보〉 등에서 기자 생활을 한 뒤 1940년 이후에는 친일단체인 국민총력조선연맹 후생부 위원, 조선임전보국단 평의원, 그 산하 부인대의 간부로 친일 활동에 적극 가담했던 인물이다. 그런 관계로 이 두 사람은 민족문제연구소에서 발표한 대표적 친일인사 명단에 포함되어 있다. 친일반민족행위자 708인의 명단은 '민족문제연구소' 홈페이지(http://www.banmin.or.kr) 참조. 본고에서 친일파는 이들로 한정한다. 친일파에 대한 자세한 정보는 『인물로 보는 친일파 역사』(역사문제연구소편, 역사비평사, 1993), 『친일파 Ⅰ, Ⅱ』(김삼웅·정운현, 학민사, 1992) 참조.

313) 박호근, 「한국 교육정책과 그 유형에 관한 연구」, 고려대 박사논문, 2000. 8, 75면.

었으며, 1939년에는『가람시조집』을 발간하고『문장(文章)』지 창간호부터「한 중록(恨中錄) 주해」를 발표하는 등 고전연구에 정진했던 인물이다. 그는 또한 1942년 '조선어학회 사건'에 연루되어 일경에 피검, 함흥형무소에서 1년 가까 이 복역하고 1943년 가을에 기소유예로 출감한 뒤에는 바로 귀향하여 농사와 고문헌 연구에 몰두했던 인물로, 학문적으로나 사회적 명성에서 편수관을 맡 기에 누구보다 적합했던 인물이다.

▲ 가람 이병기

당시의 상황을 기록한『가람 일기』에 의하면, 이병기는 중등 교과서 편수주 임으로 위촉된 뒤 실무위원을 구성하기 위해서 조선문화건설협회의 이원조를 만나서 구체적인 것을 상의했다고 한다.

"국어교과서 중학교의 것은 내가 편수의 주임을 맡았다. 초등·중등 기타 『국어』교과서 편수에 대한 토의를 문예·학술·교육단체를 망라하여 하자 하 고 나는 문화건설협회에 가 이원조 군을 보고 상의하니 게서 여러 문화단체 와 이미 이 문제를 의논하고 건의문을 지었다 하며, 그 건의문을 보니 편수관

국어 교과서의 탄생

의 생각과 부합하였다. 서로 좋다 하고 나는 게서 위원 다섯만 추천해 달라고 부탁하였다."[314]

이렇게 해서 이병기는 임화, 김남천, 이태준, 박노갑 등을 추천받고, 이를 바탕으로 임화와 김남천 등을 배제한 뒤 이태준을 '중등『국어』기초위원'의 한 사람으로 선임한다. 이태준은 당시 조선문화건설중앙협의회의 간부를 맡고 있었고, 이병기와는 식민지 시대부터『문장』을 함께 주재하면서 깊은 친분을 유지했으며, 작가로서도 상당한 명성을 획득하고 있었다. 가람은 이태준과 함께 조선어학회의 이승녕과 이희승을 합한 세 명으로 '중등 기초위원(집필위원)'을 확정 짓는다.

> 기초위원
> 한글 첫걸음 : 장지영(조선어학회), 정인승(책임:조선어학회), 윤재천(청량리국민학교)
> 초등국어교본 : 윤복영(협성학교), 윤성용(수송국민학교), 이호성(책임:서강국민학교)
> 중등국어교본 : 이승녕(평양사범학교), 이태준(조선문화건설중앙협의회), 이희승(책임:조선어학회)

---

314) 이병기,「1945년 11월 2일자 일기」,『가람일기Ⅱ』, 신구문화사, 1976, 562-3면. 그런데, 기존 연구에서는 이글을 근거로 해서『중등국어교본』의 집필자를 이병기로 설명하고 있다. 정재찬(「현대시 교육의 지배적 담론에 관한 연구」, 서울대 박사논문, 1996, 2)과 강진구(「문학 텍스트의 정전화 과정과 문학권력」,『한국문학 권력의 계보』, 한국출판마케팅연구소, 2004)는 모두 이병기가『중등국어교본』의 집필자이고, 그래서『중등국어교본』의 특성을 이병기의 문학적 특성이나 친분관계와 연결해서 설명하고 있다. 하지만 실제 집필에 관여했던 사람은 이태준, 이희승, 이승녕이었다.

심사위원

방종현(조선어학회), 조병희(경성서부남자국민학교), 주재중(매동국민학
교), 양주동(진단학회), 이세정(진명고등여학교)(밑줄 필자)[315]

이들 기초위원이 중심이 되어 『한글 첫걸음』, 『초등국어교본』, 『중등국어교
본』(모두 군정청 학무국 간행)이 만들어졌는데, 여기서 특히 주목할 대목은 '중
등' 교과의 기초위원 세 사람이다.

이숭녕(1908~1994)은 1933년 경성제대 문학부를 졸업한 뒤 해방과 함께
서울대 문리대 교수를 역임했고, 이태준(1904~?)은 조선문학가동맹으로 개편
된 조선문화건설중앙협의회 부회장이었으며, 이희승(1896~1989)은 1942년
조선어학회사건에 연루되어 투옥된 뒤 해방이 되자 서울대 문리대 교수로 재
직하고 있었다. 이들은 모두 민족주의적 성향이 강했고, 특히 이태준은 해방
공간에서 문단의 대세를 점했던 좌파 '조선문학가동맹'의 간부였다. 이들 세
사람에 의해서 교과서의 내용이 채워진 관계로 교과서는 민족주의적 특성을
갖게 되고, 필진 역시 좌익과 우익 인사들이 고루 수록되는 등 외견상 신생 독
립국가의 단합된 의지와 활력을 느낄 수 있도록 하였다. 고전 작가와 외국인
을 제외한 수록 필자는 상권에 25명, 중권에 24명, 하권에 12명이고, 두 편 이
상이 수록된 사람을 제외하면 모두 44명이 한 편 이상의 글을 싣고 있다. 이
들 중에서 월북을 했거나 좌익으로 분류된 인사는 박태원, 정지용, 이기영, 이
태준, 조명희, 이원조, 김기림, 홍명희, 임화, 오장환, 이병철 등 11명으로, 전
체 필자의 1/4에 해당한다. 이들의 글은 대부분 수필이나 시에 국한되어 있지
만, 당시 대중적인 명망이나 작품의 질에서 높은 평가를 받았다는 점에서, 단

---

315) 조선어학회, 『초등국어교본 한글 교수지침』, 군정청학무국, 1945. 12. 30, 3면.

순한 구색 맞추기가 아니라 객관적인 평가를 일정하게 수용한 것임을 알 수 있다.

▲『중등국어교본』(상, 중, 하)

『중등국어교본』을 일별할 때 흥미로운 것은 반공주의의 흔적이 거의 드러나지 않는다는 점이다. 해방 후 민족문화의 창달이라는 시대 요구에 부응하면서 좌와 우가 이념적으로 공서(共棲)한 형국이지 특정의 이념과 가치가 전일적으로 행사되지는 않았던 것이다. 우리말과 문화를 체계적으로 교수할 교과서가 절실하게 필요한 상황이었고, 그런 현실의 요구를 바탕으로 책이 편찬된 관계로 이념이라든가 필진, 내용의 일관성은 뒷전으로 밀리고 대신 최소한의 기능적 안배만을 고려했던 것으로 보인다. 그런 연유로 교과서에는 기초위원들의 개성이 무엇보다 중요하게 반영된다.

이 시기 교과서에서 특히 두드러지는 것은 '민족문화'와 '민족의식'에 관한 단원이다. 일제에서 벗어난 감격을 표현하듯이 한글에 대한 사랑과 자부심, 그리고 우리 문화의 우수성과 유구성에 대한 글들이 교과서의 상당 부분을 차지한다.

한글에 대한 자부심과 사랑을 담고 있는 글로는 필자가 명기되지 않은 「주시경」, 「언어」 두 편과 이윤재의 「한글 창제의 고심」, 조윤제의 「국어와 국문학」, 이극로의 「언어의 기원」, 이희승의 「문자 이야기」 등이다. 일제 36년간 우리말을 빼앗기고 생활하다가 다시 되찾은 감격을 토로하듯이, 이들 글에는 한글의 우수성과 더불어 그것이 국문학과 사회생활에 미치는 영향 등이 다양하게 설명된다. 상권의 「주시경」에는, 주시경이 한글 연구에 몰두한 것은 '글이라는 것은 말을 적으면 그만이지만, 적는 방법 곧 부호가 한문처럼 거북하다면 지식을 얻기가 힘든 까닭에 쉽고 편리한 한글에 관심을 두게 되었고 그 결과 한평생을 조선어 연구에 전념'했다는, 말하자면 한자에 비해 한글은 지식을 얻기가 쉽고 편리하기 때문에 열심히 배워야 한다는 내용이 담겨 있다. 중권의 「한글 창제의 고심」에는 세종대왕이 한글을 창제하고 반포하는 과정이 설명되고, 왜 한글이 문자로서 과학적 가치가 있고 또 세계 문자 중에서 가장 우월한 지위에 있는가가 언급된다. 「국어와 국문학」에서는 '언어를 떠나 문학이 있을 수 없는 까닭에 문학을 잘 하기 위해서는 언어를 잘 알아야 한다'고 말하며, 하권의 「문자 이야기」에서는 한글의 우수성을 세계의 다른 문자와 비교해서 설명한다. 전 세계 오십 여 종의 문자는 그 기원을 살피면 세 종류로 나누어지는데, 한글은 조직과 자형이 어느 문자에서 나왔다고 꼭 지적해서 말할 수 없는, "다른 모든 문자를 초월한 조선 사람의 창작이자 가장 진보한 문자"라는 것이다. 한글에 대해 이렇듯 다양하고 구체적인 설명을 가한 것은 언급한 대로 해방 후의 특수한 분위기를 반영한 때문으로 이해할 수 있다. 일본어를 비롯한 일제 잔재의 청산이 무엇보다 시급했고, 또 우리 문화에 대한 자긍심을 고취함으로써 새로운 국가 건설의 기반을 닦는 한편 새로운 지식을 널리 습득하게 하려는 의도였던 것이다. 실제로 한글학회가 교과서 편찬을 의뢰받으면서 강조했던 것은 바로 그 점이었다.[316] 이러한 한글 회복의 노력을 통

---

316) 앞의 『초등국어교본 한글 교수지침』 참조.

해 교과서 담당 위원들은 일제로부터 되찾은 주권을 교육 현장에서 실천하는 중요한 임무를 수행한 것이다.

한글에 대한 자부심과 아울러 교과서의 또 다른 축을 구성하는 것은 전통 문화에 대한 자긍심과 민족주의적 특성이다. 상·중·하권 전반에서 그런 내용이 목격되거니와, 가령 「무궁화」(조동탁), 「청년이여 앞길을 바라보라」(조만식), 「일초일목에의 사랑」(〈조선일보〉 사설), 「팔월 십오일」(이원조), 「온돌과 백의」(홍명희), 「인격 완성과 단결 훈련」(안창호), 「부여를 찾는 길에」(이병기), 「국문학의 고전」(1, 2)(조윤제), 필자명 없이 수록된 「강서의 삼 고분」, 「불국사에서」, 「석굴암」, 「정약용」, 「백제의 미술」, 「신라의 금철공예」, 「유사 이전의 역사」, 「고려의 부도미술」 등은 모두 민족문화의 유구함과 우수성을 내용으로 하고 있다. 「부여를 찾는 길에」는 백제의 문화와 예술을, 「신라의 화랑제도」에서는 '흥국(興國)'에 근본이념을 둔 신라의 화랑도를, 「강서의 삼 고분」에서는 고구려인의 기상과 고분의 아름다움을, 「불국사에서」와 「석굴암」에서는 신라 건축의 아름다움을, 「백제의 미술」, 「신라의 금철 공예」, 「고려의 부도 미술」, 「유사 이전의 역사」 등에서는 삼국시대와 고려시대의 예술에서 심지어 유사 이전에까지 관심의 범위와 대상을 확장하고 있다.

여기다가 청년 학도들에게 민족의 현실을 환기하고 새로운 국가 건설에 매진할 것을 독려하는 글을 다수 수록함으로써 교과서는 마치 민족문화와 한글에 대한 계몽적 설교집을 방불케 한다. 상권의 첫 글인 「무궁화」에서 조동탁은 무궁화는 "제 스스로의 구실을 다하고 깨끗이 지는 꽃"이고, 그런 무궁화처럼 우리들 역시 "제 구실을 다함으로써 길이 무궁한 빛을 누릴 것"이라고 강조한다. 조만식의 「청년이여, 앞길을 바라보라」에는 젊은 청년들에게 "자기의 기능, 노력, 재산, 기타 무엇이든지가 사회에 조그마한 공헌, 조그마한 비익(裨益)이 될 것이면 이것을 제공하고 희생하여 사회에 봉공하자. 그리하여 성공 불성공은 다만 운명에 맡기고, 남이 조소하든지 우롱하든지 우리는 그저 충성스럽게 끝까지 활동하자, 진력하자. 이것이 우리의 본무요 천직일 것이다."라고 강변한다. 「힘을 오로지 함」에서는 이보다 한걸음 더 나아가 "여러분이여, 사람의 한 평생은 넘어가는 해로 알며, 할 일은 무거운 짐으로 아시오. 그런데 힘을 오로지 함은 튼튼하고 빠른 수레를 탐으로 아시오. 공부어니, 일이어니, 무엇이어니, 크기를 바라거든 다 이 수레를 타고 얼른 바라는 곳에 다달읍시다."라고 청년들의 행동 방향까지 일러준다. 이렇듯 민족문화에 대한 자부심과 청년학도들에 대한 당부와 질책으로 채워진 관계로 이 책은 사회와 문화 전반에 걸쳐 새로운 틀을 만들어야 했던 해방기의 절박한 분위기를 실감나게 전해준다.

하지만 그런 의도가 지나쳐서 한편으론 민족 문화에 대한 자부심이 국수주의적 편향성을 드러낸 것도 간과할 수 없는 대목이다. 「신라의 금철공예」(5권 11과)에서 신라의 금동 공예를 중국이나 일본과 비교해서 설명하면서 조선의 종(鐘)은 "단아하고 온엄한 기품이 세계 어느 종을 가져오더라도 자웅을 겨루지 못할 것"이라고 말하며, 특히 봉덕사종은 "물이 아니고 신적 존재의 숭고함을 표현한 금언"이라고 극찬한다.

끝으로 신라의 금동 공예의 특수한 작품으로, 우리는 신라의 종을 자랑한다. 지금 가장 고고한 유물로 상원사 종이 있고, 가장 우수한 작품으로 봉덕사 종이 있음은 누구나 아는 바다. (중략) 더욱이 종의 형태가 중국 종과 같이 위력적 창세(脹勢)를 보이지 않고, 일본의 종과 같이 기하학적 형태를 가지지 않고, 단아하고 온엄한 기품이 있음은, 세계 어느 종을 가져 오더라도, 이와 자웅을 겨누지 못할 것이다. 중국의 문물을 한결같이 모방만 하려던 과거의 선진(先進)들도, 오직 예술심만은 남의 것과 바꾸지 못하였다. 이것이 예술의 존귀한 점이다. 그리고 그것을 단적으로 증명하는 것이 곧 이 조선 종이다. 그 중에도 대표적 작품인 봉덕사 종에 원공신체(圓空神體)라는 명문의 일

국어 교과서의 탄생

구가 있으니, 이는 곧 종이 물(物)이 아니고, 신적 존재(神的存在)의 숭고함을 표현한 금언(金言)이라 하겠다.[317]

신적 존재의 숭고함을 표현한 것이 봉덕사의 종이라는 주장에서 그런 국수주의적 심리가 단적으로 드러난다.

기초위원의 한 사람이었던 이태준이 남긴 다음과 같은 글은 그런 태도를 우려한 데서 나온 경계심의 표현으로 볼 수 있다.

> 나는 우리 문화의 모든 건설면에서 국수적 태도를 가장 경계한다. 그러므로 나 자신, 조선인이기 때문에 조선어를 편벽되이 예찬하려는 것이 아니라 조선어의 세계적 우수성을 사실에서만 지적한 것이다.
>
> 이런 우수한 언어이었으나 그 임자가 운명이 기구한 조선 민족이었기 때문에 정당한 발달을 보지 못했다. 문화의 교류를 따라 타국에의 영향을 받고 또 주고 하는 것은 불가피의 사실이나, 조선어가 한자 때문에 문화어는 대체로 자율성을 상실한 것은 통탄할 일이며, 교육의 보편으로 표준어를 중심으로 한 국어의 문법적 정리가 전국적으로 시행되었을 것이 한일합병 때문에 다른 면의 우리 문화보다도 뒤져 있는 것이 또한 통탄할 일인 것이다. 우리 교과서로 보더라도 가장 중요한 국어독본이 문장으로나 문법으로나 다른 과목보다 오히려 난산이 예감되는 것이다. (밑줄- 필자)[318]

---

317) 『중등국어교본』 5권, 52-3면.

318) 당시 교과서 집필에 관여하면서 쓴 것으로 보이는 이 글에서 국수주의적 편향을 경계하는 이태준의 심리를 엿볼 수 있다. 인용문은 이태준의 「국어에 대하여」(『대조』 1946년 7월)로 송기한·김외곤 편의 『해방공간의 비평문학』(2)(태학사, 1991, 96-105면 참조)에서 인용하였다.

▲ 상허 이태준

군정기 교과서에서 또 하나 눈에 띄는 것은 친일 인사의 글이 거의 배제된 점이다. 미군정은 일제가 남긴 물적·인적 자원을 청산하기보다는 적극적으로 받아들였고, 그 결과 상당수의 친일 인사들이 요직에 복귀했던 것을 상기하자면, 교과서에 수록된 친일 인사가 채만식과 박태원 두 사람이라는 것은 한편으론 의외라는 느낌을 준다. 채만식의「금강」과 박태원의「첫여름」과「아름다운 풍경」이 수록되어 있으나 글의 내용은 친일과는 거리가 멀다. 채만식의「금강」은 소설「탁류」의 한 부분이고, 박태원의「첫여름」은 수필이며,「아름다운 풍경」은「소설가 구보씨의 일일」의 한 대목이다. 교과서 전반이 강한 민족주의적 특성을 갖고 있음에도 불구하고 이들의 글이 수록된 것은 과거 '구인회' 활동을 같이 하는 등 기초위원과의 친분관계와 함께 두 명 모두 당대 문단 실세 그룹이었던 '조선문학가동맹'의 중앙집행위원이었던 사실과 무관하지 않을 것이다. 그리고 또 하나 흥미로운 대목은 단정기 이후 대거 필자로 참가하는 이른바 '전조선문필가협회'(위원장 정인보) 회원들, 특히 '청년문학가협회' 계열의 젊은 문인들이 거의 배제된 점이다. 당시 이들은 중견 반열에 오르지 못했고, 또 기성 작가들에 비해 사회적 명성이 상대적으로 미약했기 때문으로 이해되지만, 한편으로는 좌익에 맞서는 민족주의 진영의 신념과 대오가 아직은 구체적 형태를 갖추지 못했음을 시사해준다.

이러한 특징을 바탕으로 미군정기의 교과서는 해방 후 최초의 국정 교과서로서의 면모를 갖추게 된다. 하지만, 단원의 구성이나 배치 등이 체계적으로 정비되지 않았고, 또 내용면에서도 민족과 전통문화를 상위 개념으로 내세우고 있지만 필자의 이념적 상이에 따른 적잖은 혼란을 드러내고 있음을 볼 수 있다. 가령, 공산당에 대해 강한 적대감을 표명했던 조만식이 쓴 「청년이여, 앞길을 바라보라」와 '인민민주주의'를 표방했던 이원조가 「팔월 십오일」에서 언급한 청년에 대한 당부의 말이 결코 같은 의미를 갖는 것은 아니다. 사회에 공헌할 수 있는 작은 능력이라도 있다면 청년들은 최대한 자신을 희생하면서 사회에 봉사해야 한다는 민족적 각성과 단결을 촉구한 게 조만식의 글이라면, 좌파의 헤게모니를 전제로 통일전선의 대오에 동참할 것을 호소한 게 이원조의 글이다. 같은 말을 사용하고 있으나 그 의미와 지향이 결코 같지 않았던 것이다. 이렇게 보자면 미군정기의 교과서는 해방 후 민족문화의 창달이라는 시대적 요구를 수용하면서 좌와 우의 균형을 꾀하였지만, 실상은 좌·우의 이념이 정제되지 않은 채 제시되는 등의 모습을 보였고, 반공주의 역시 아직은 그 실체를 구체적으로 드러내지 않고 있음을 알 수 있다.

단정기 : 우익 중심의 반공주의적 교과서

3년간에 걸친 미군정에 의한 교육 행정은 1947년 6월부터 새 정부를 발족시키기 위한 과도정부체제가 유지되는 상태에서 대한민국 정부의 수립과 더불어 전반적인 질서를 대한 정부에 승계한다. 국체와 주권을 내외에 천명한 헌법이 1948년 7월 17일에, 뒤이어 교육법이 이듬해 1949년 12월 31일에 제정·공포되어 새로운 교육의 기틀이 마련된 것이다. 하지만 이승만 정권은 권력을 완전히 장악하지 못한 상태에서 출범했기에 권력을 유지하기 위한 제반 조치를 강구하지 않을 수 없게 되는데, 그 가운데 하나가 '일민주의'였다. 좌익을 몰아내고 미국의 후원을 바탕으로 남한만의 독자 정부를 세워야 하는 상황에서, 더구나 새 정부가 수립되었음에도 불구하고 제주도 4·3사건(47)과 여순사건(48) 등 이념적 갈등이 빈발하고 또 미국식 자유민주주의의 무분별한 도입에 따른 이념적 부적응 문제로 진통하고 있던 상황에서, 비판자를 제압하고 체제의 안정을 도모할 강력한 이념이 절실히 요구되었던 것이다. 그런 현실에서 도입된 통치 이념이 바로 일민주의였다.

'하나의 국민[一民]으로 대동단결하여 민주주의의 토대를 마련하고 공산주의에 내항한다'는 내용의 일민주의는 외견상 사회적 혼란을 수습하기 위한 '민족의 단합'을 내용으로 하고 있다. 하지만 사실은 이승만을 정점으로 한 반공 규율 사회의 구축이라고 할 수 있다.

① 경제적으로 빈곤한 국민의 생활수준을 높여 누구나 동일한 복리를 누리게 할 것,
② 정치적으로 대다수 민중의 지위를 높여 누구나 상등계급의 대우를 받도록 할 것,
③ 지역적 차별을 타파하고 대한민국 국민은 모두 한 민족임을 표명할 것,
④ 남녀 동등주의를 실현할 것.

이러한 일민주의의 강령은 궁극적으로 이념적 갈등을 봉합하고 동시에 통치 기반을 확고히 다지려는 의도에 바탕을 둔 것이었고, 그래서 일민주의가 시행되면서 사상 통제가 강화되는 등 사회 전반은 반공의 분위기로 경직된다.

1948년에 국가보안법이 제정되고 교육계에서는 좌익 교사와 학생에 대한 탄압이 대대적으로 실시되었으며, 모든 학교에는 학생위원회가 설치되어 좌익 운동에 가담한 교사와 학생의 행적을 당국에 보고하도록 강요하였다.[319] 그런 상황에서 좌우 합작의 산물인 『중등국어교본』은 더 이상 명맥을 잇지 못하고 새롭게 개편되는 운명을 맞는다.

단정기 『중등국어』 ①~⑥권의 특징은 우익 중심의 정치성이 한층 강화된 데 있다. 좌파가 대부분 월북하고 남한만의 단독 정부를 수립해야 했던 상황에서 해방기 『중등국어교본』의 1/4을 점했던 좌익 필자들은 배제될 수밖에 없었는데, 이 과정에서 우익 인사들이 조직적으로 개입한 것을 확인할 수 있다. 그런 사실은 편수 업무를 담당했던 편수관의 회고를 통해서 드러나는데, 당시 실무를 총괄했던 인물은 초등학교 교사 출신의 최태호와 연희전문의 교수 홍웅선이었다.[320] 최태호가 1948년에서 1963년까지, 홍웅선이 1948년에서 1961년까지 국어과 편수 업무를 담당했는데, 이들이 중심이 되어 단정기의 '국어' 교과서가 편찬된다.[321] 당시의 편수 업무를 회고하면서 최태호는 교과서를 만드는 과정에서 우익 인사들의 "전국문화단체총연합회 총회에서 결의된 건의문"을 반영하지 않을 수 없었고, 그들의 의사에 따라 "좌익작가들을 몰아내는 시책"을 펴게 되었다고 고백한다.

---

319) 한준상·정미숙, 「1948-1953년 문교정책의 이념과 특성」, 『해방전후사의 인식4』, 한길사, 1989, 348-350면.

320) 최태호, 「편수비화」, 『교단』(39호), 1970. 3, 12면.

321) 이들이 편수 업무를 총괄했다는 것은 여러 문서에서 확인할 수 있었으나, 당시 심의를 맡았던 위원들의 명단은 찾지 못했다. 『국어과 교육과정의 변천』(대한교과서주식회사, 1996년 판, 274면)을 쓴 정준섭 역시 단정기 이후 1, 2차 교과과정기까지의 심의위원 명단은 찾지 못했다고 한다.

검인정규정이 있었는지 없었는지 불명이나 중등학교 교과서의 검인정이 처음 시작되어서 나에게는 문법과 작문이 배급됐다. 군정 때 문교부에서 발행된 국어교본에는 좌우합작, 미소공동위원회 활동이 판치던 그 때인지라, 그리고 교재 즉 미문(美文)의 관념에서 저명한 좌익작가의 문장이 태반이었다. 새로 제출된『국어』검정교과서에도 여풍이 남아 있어 심지어 월북작가의 일제시대 작품이 그대로 실려 있는 형편이었다. (중략) 초대장관 안호상씨는 반공투사로 자타가 공인하던 터에 일민주의를 고취코자 노력하는 중에 좌익 작가의 글이 어떻게 국정 또는 검정 교과서에 들 수 있느냐는 소신이었던 것이다. 이 사실은 전국문화단체연합회총회에서 결의된 건의문에 의한 결과인 줄로도 안다. 하여튼 교재에서 좌익 작가를 몰아내는 첫 시책에 된 서리를 맞은 국장의 당황한 모습이 이제도 눈에 떠오른다.[322]

그렇게 해서 나온 교과서가『중등국어』①~⑥권이었던 까닭에 교과서 필자의 대부분은 이승만 정권의 실세들과 전국문화단체총연합회 등의 간부들로 채워진다.『중등국어』①~⑥권에 수록된 필자 명단을 살펴보면 다음과 같다.

이헌구, 김광섭, 김진섭, 조지훈, 이은상, 오상순, 윤희순, 조연현, 황순원, 서정주, 안석영, 이효석, 김성철, 이상백, 이희승, 이병도, 조용만, 문일평, 성경린, 정인보, 김소운, 김사엽, 안재홍, 김영랑, 이양하, 안호상, 심훈, 고황경, 조만식, 조윤제, 이범석, 손진태, 박용철, 박종화, 김재원, 고유섭, 박두진, 방종현, 양주동, 오천석, 최현배, 이상, 이병도, 정비석, 송석하, 유홍렬.

「학생과 사상」을 비롯한 네 편의 글을 수록한 안호상은 문교장관이고, 「청

---

322) 최태호, 「편수비화」,『교단』(39호), 1970. 3, 13면.

국어 교과서의 탄생

년의 힘」을 비롯한 네 편을 수록한 이범석은 국무총리 겸 국방장관이며, 「수필문학 소고」의 김광섭은 경무대 비서관, 「시인의 사명」의 이헌구는 공보처 차장, 「모란」의 김영랑은 공보처 출판국장, 「시작 과정」의 서정주는 문교부 예술과장을 맡고 있었다. 여기에다 조선문필가협회와 조선청년문학가협회, 그리고 그것을 모태로 해서 결성된 전국문화단체총연합회(1947년 2월 결성)의 간부들까지 포함하면 단정기 교과서의 필자는 대부분 이들 우익 인사라 해도 과언이 아니다. 정인보는 조선문필가협회 회장이고, 박종화는 부회장이며, 이하윤은 총무부, 김진섭은 문학담당 위원이고, 이헌구와 김광섭은 전국문화단체총연합회의 총무부장과 출판부장을 역임하고 있었다. 청년문학가협회 측에서는 김동리가 회장, 유치환이 부회장, 서정주(시), 조연현(평론), 조지훈(고전) 등이 분과위원장을 맡고 있었고, 박두진과 박목월은 간부위원이었다.

이들에 의해 필진의 대부분이 채워진 관계로 교육계는 이제 우익 인사들의 전면적 관할 하에 놓이게 되는데, 그 일련의 과정을 진두지휘한 인물이 바로 문교장관 안호상과 국무총리 이범석이었다. 정치적으로나 이념적으로 동지였던 두 사람은 일민주의를 실천하는 한편 학교를 반공의 보루로 만드는데 앞장섰는데 가령, 안호상은 이범석이 조직한 '조선민족청년단'의 간부로 있다가 이범석의 추천으로 문교장관에 오른 인물이다. 문교장관으로 취임한 안호상은 문교정책의 당면과제를 국내적으로는 이승만의 통치 이데올로기였던 자유 민주주의를 확고히 하고, 국외적으로는 공산주의와 대항하여 국토와 사상의 분열을 통일하는 것으로 정했고, 그 일환으로 현장조직인 '학도호국단'을 창설하였다. "학원 내 좌익 세력의 책동을 분쇄하고, 민족의식 고취를 통해 애국적 단결심을 함양한다."는 취지로 결성된 학도호국단은 일민주의를 실천하는 선봉대였던 셈이다.[323]

---

323) 한준상·정미숙, 「1948-1953년 문교정책의 이념과 특성」, 『해방전후사의 인식4』, 한길사, 1989, 352면.

한편, 이범석은 이보다 앞서 우익 단체를 조직해서 이끌었던 인물로, 해방 후의 정치적 혼란을 바로잡기 위해 무엇보다 '새 나라의 역군으로 청년들을 조직하고 훈련하는 것이 시급하다'고 판단한 뒤 과거 독립운동을 했던 경험을 살려 '조선민족청년단'을 결성하고(1946년 10월) 단장에 취임하였다. 안호상이 부단장을 맡았고 김관식, 김활란, 이철원, 현상윤 등 32명이 전국위원을, 백낙준, 최규동 등 10명이 이사를 맡았다.[324] 이들에 의해 단정기 교육이 주도되면서 교육계 전반은 반공주의의 강력한 통제 속으로 휩쓸려 들어간다.

『중등국어』①~⑥권에 수록된 안호상의 글은 「일」(①권), 「학생과 사상」(③권), 「일과 행복」(④권), 「삶의 목적」(⑤권) 등 네 편으로, 모두 일민주의를 옹호하고 이승만을 중심으로 일치단결해야 한다는 내용이다. 여기서 특히 시선을 끄는 글은 「일」과 「학생의 사상」이다. 「일」에서는 "우리는 일민이다."라는 전제를 바탕으로 "일도 같이, 놀기도 같이, 웃음도 함께, 울음도 함께, 이와 같이 모든 것을 같이 하며 함께 하여 오직 하나로 된다는 것이 우리 일민주의의 명예요, 운명이다."라고 말한다. 그것이 바로 빈부와 귀천의 차별을 없애고 궁극적으로 공산주의를 이기는 길이라는 것, 말하자면 지도자를 중심으로 일치단결할 때만이 '일민주의'를 구현하고 공산주의를 무찌를 수 있다는 내용이다.

---

324) '조선민족청년단'에 대해서는 이진경의 「조선민족청년단 연구」(성균관대 석사논문, 1994.6) 참조.

국어 교과서의 탄생

▲ 안호상

「학생의 사상」에서는 공산주의와 물질주의(유물론)를 비판하고 '민족주의 사상에 철저'할 것을 주문한다. "대한 민족주의는 대한 사람의 제 사상이요, 또 대한 사람의 제 정신이다. 이러한 제 사상과 제 정신이 없는 대한 사람은 외래의 사상을 비판적으로 받아들일 수도 없고, 또 동시에 물리칠 수도 없다." 는 것, 그러므로 개인과 민족 전체가 잘 살기 위해서는 민족주의로 무장해야 한다는 주장이다. 외견상 민족주의를 강조한 듯하지만, 사실은 공산주의를 비판하고 지도자를 중심으로 뭉쳐야 한다는 내용의 일민주의를 옹호하고 있음을 알 수 있다.

이런 내용에다가 이범석의 글이 추가됨으로써 『중등국어』는 한층 우익 편향적인 모습을 갖게 된다. 민족을 구제할 사람은 청년밖에 없다는 내용의 「청년의 힘」(④권)이나 과거 일제와 맞서 싸웠던 독립운동을 회고한 「청산리 싸움」(①권), 청년들의 단결을 호소한 「청년에게 고함」(⑤권)과 「민족과 국가」(⑥권) 등은 모두 그런 내용이다.

여기서 「청년에게 고함」은 마치 일본의 군국주의가 부활한 듯한 전체주의적 성격마저 보여준다. '조선민족청년단'의 창설 취지문을 연상시키는 이 글에서 이범석은, 우리가 일본 제국주의의 압박에서 해방된 지금 청년들은 민족국가를 위하여 피와 땀을 바쳐야 하고 그래서 청년의 씩씩한 힘과 청년의 깨끗한 정성이 무한히 요구된다고 말한다. 그렇지만 한국의 청년은 청년다운 활동을 다하지 못하고 있는데, 그 이유는 첫째 고도화한 강력한 청년 조직이 없고, 둘째는 적당한 청년의 지도자가 없으며, 마지막으로 가장 중요한 것은 "청년운동이 청년운동으로서의 독자적, 혁명적 영역을 갖지 못한" 때문이라고 진단한다. 그렇기 때문에 청년들은 "오직 한 덩어리로 강철과 같이 뭉치고, 한 목적을 향하여 한 계획 아래 발걸음을 맞춥시다. 이렇게 하는 데에서만, 청년은 청년의 진가를 유감없이 발양할 수 있는 것이요, 오늘의 곤란한 조국 현실을 바로잡아, 장래할 건국의 기초를 튼튼히 닦아 놓을 수 있는 것이며, 자손만대에 빛나는 업적을 남길 수 있는 것입니다."[325] 라고 주장한다.

이런 내용의 글을 통해서 반공주의가 공산주의에 대한 단순한 반대가 아니라 이승만 정권에게 정당성을 부여하고 그를 중심으로 국가를 건설해야 한다는 전체주의적 내용과 결합되어 있음을 확인할 수 있다. 반공주의는 원래 공산주의에 반대하는 내용을 갖는 대타개념이지만, 실제로는 이와 같이 이념적 갈등을 봉합하고 조정하는 내부 통제용 이데올로기로 기능했던 것이다. 안호상이나 이범석의 글에는 부정해야 할 대상으로서 공산주의에 대한 구체적인 언급이 없으며 단지 혼란스러운 현실에서 지도자를 중심으로 일치단결해야 한다는 정치적 의도만이 두드러진다. 그런 분위기에서 단정기 교과서에 친일 문인의 글이 대거 수록된 것은 어쩌면 자연스러운 현상으로 볼 수 있다. 이범석과 조선민족청년단은 자신들의 조직을 유지하고 확대하는 발판으로 국내

---

325) 문교부, 『중등국어』⑤, 1950, 4, 5, 45-6면.

에서 세력 기반을 다진 친일 경력자들을 이용하고자 했고, 친일파는 해외 독립운동가로 명성이 높았던 이범석과 광복군이 조직한 조선민족청년단을 지원함으로써 자신들의 친일 행적을 은폐하는 방패막이를 삼고자 했다. 두 집단의 이해관계가 이렇듯 맞물린 관계로 조선민족청년단의 간부로 백낙준, 김활란, 백두진, 유창순 등의 친일파가 대거 포진하게 되고,[326] 급기야 '국어' 교과서의 필진으로 대거 등장한 것이다.

『중등국어』①에서 ⑥까지의 필자 중에서 친일 인사로 거명된 사람은 김동인, 모윤숙, 이무영, 노천명, 이헌구, 조연현, 서정주, 조용만, 고황경, 박종화, 정비석 등 11명이다.[327] 미군정기 '국어'에 채만식과 박태원 등 두 명이 수록된 데 비하자면 수적으로 5배 이상 증가한 셈인데, 이들 친일 인사의 글이 문제되는 것은 민족의식의 고취라는 당대 교육 목표와 어긋날 뿐만 아니라 친일 행적을 변명하는 투의 내용까지 포함하는 도덕 불감증을 보인다는 데 있다. 이런 사실은 친일 문인으로 분류된 이헌구와 고황경의 글에서 단적으로 확인된다.

「시인의 사명」에서 이헌구는, 시인은 민족의 시련기에 예언자로서 역할을 해야 하고 그래야 일반 민중은 그 예언을 따라 민족혼을 지킬 수 있다고 주장한다.

---

326) 이진경, 「조선민족청년단 연구」, 성균관대 석사논문, 1994. 6, 17면.

327) 여기서 친일인사란 민족문제연구소에서 발표한 708명으로 한정한다. 앞의 주 10번 참조. 문학에서도 2002년 8월 14일 민족문학작가회의가 발표한 친일문인으로 제한한다. 친일문인 42인은 다음과 같다. △시 분야=김동환 김상용 김안서 김종한 김해강 노천명 모윤숙 서정주 이찬 임학수 주요한 최남선 △소설·수필·희곡 분야=김동인 김소운 박영호 박태원 송영 유진오 유치진 이광수 이무영 이서구 이석훈 장혁주 정비석 정인택 조용만 채만식 최정희 한대훈 함세덕 △평론 분야=곽종원 김기진 김문집 김용제 박영희 백철 이헌구 정인섭 조연현 최재서 홍효민.

평화로운 시대에 있어서 시인(詩人)의 존재(存在)는 가장 비싼 문화(文化)의 장식(裝飾)일 수도 있는 것이다. 그러나, 그 시인이 처(處)하여 있는 국가가 비운(悲運)에 빠졌거나, 통일(統一)을 잃었거나 하는 때에 있어서, 시인은 그 비싼 문화의 장식(裝飾)에서 떠나, 혹은 예언자(預言者)로, 또는 민족혼(民族魂)을 불러 일으키는 선구자적(先驅者的) 지위(地位)에 놓여 질 수도 있는 것이다.[328]

그렇지만 이러한 주장은 그의 행적을 고려할 때 상당히 후안무치하다. 나키야마 노키쿠(牧山軒求)로 창씨를 개명하고, 「각고의 정신」을 〈매일신보〉 (1941, 1.5-7)에 발표하고, 또 「천재일우의 때」를 『조광』(1943, 12)에 발표했던 친일 행적의 인물이, 과거사에 대한 한 마디의 반성도 없이 시인의 사명을 "민족혼을 불러일으키는 선구자"라고 강변하는 것은, 내용의 타당성을 떠나서 스스로 도덕적 정당성을 결하고 있다. 게다가 이헌구는 친일 행위가 '예언자이자 민족혼을 불러일으키는 선구자로서의 시인이 없었기에 일어난 행동'이고, 만일에 그런 위대한 시인이 있었다면 결코 반동적 문학은 존재하지 않았을 것이라고 주장한다. 물론 이헌구의 주장대로, 친일행위가 미래를 예견하지 못하고 의식이 전도되어 일어난 현상이고, 또 당시 민족의 미래를 예견하는 시인이 없었다고도 볼 수 있다. 하지만 그런 외적인 조건에 친일의 원인을 돌린다는 것은 주체의 의지를 외면한 몰염치의 상황론에 불과하다.

고황경의 「인도 기행」 역시 비슷한 맥락의 글이다. 고황경은 인도의 농촌을 소개한 뒤 『인도의 발견』이라는 네루가 쓴 역사책을 각본화한 연극을 보고 느낀 바를 덧붙이는데, 눈길을 끄는 것은 인도에 대한 영국의 압제와 조선에 대한 일본의 그것을 비교한 대목이다. 곧, 일제의 압제는 영국에 비해 훨씬 가혹

---

328) 문교부, 『중등국어』④, 1949, 9.30, 1면.

했다는 것, 만일 우리가 영국의 지배를 받았다면 일제의 경우와는 달리 언론과 표현의 자유를 가졌으리라는 내용이다. 이런 주장은 고황경 자신이 펼쳤던 일제하의 행적과 결부지어 보자면, 앞의 이헌구 이상의 궤변임을 알 수 있다. 고황경은 1937년 내선일체 정책의 일환으로 조직된 친일 여성단체인 '조선부인문제연구회'의 핵심인물이었다. 김활란 등과 함께 고황경은 '가정보국운동으로서의 국민생활 기본양식'의 준수를 외치면서 매월 가정에서의 황거요배(皇居遙拜), 축제일 국기 게양, 총독부 의례준칙 준수, 근로정신 함양 등을 외치던 인물인 바, 그런 인물이 일본과 영국의 식민정책을 비교하면서 "도저히 비교가 되지를 않는단 말이다."라고 탄식했다는 것은 후안무치의 정도를 넘어 혐오의 감정마저 불러일으킨다. 자기변명을 넘어 항일 행위 전체를 부정하는 듯한 이런 내용의 글이 교과서에 버젓이 수록되었다는 것은 이승만 정권 하의 교육정책이 반공을 앞세워 그 외의 모든 가치를 외면했다는 단적인 증거인 셈이다. 이런 논지를 좇자면 자신의 친일 행위를 포함한 모든 반민족적 행위는 폭압적 현실에서 불가피했던 것으로 정당화될 수밖에 없다. 이들에게서 민족의 정기와 문화적 자존을 기대하기는 힘든 일이다.

그런데, 흥미로운 것은 교과서 필진의 대부분이 우익 반공주의자들이지만, 실제 내용에서는 그것이 완전히 관철되지는 않았다는 점이다. 앞의 최태호 편수관이 회고한 것처럼, 당시의 반공 분위기는 비교적 느슨한 상태였다. 즉, "그때의 반공체제가 이제 상상 못할 만큼 미지근했었고 정부의 시책도 建國初初('건국초'의 오기로 보임-인용자) 자리잡지 못했다"[329)고 한다. 그런 관계로 『중등국어』①, ④, ⑤권에는 친(親)중국적인 내용의 글과 함께 친미적인 글이 동시에 수록되어 이념적으로 정비되지 않은 모습을 보여준다. 전자는 「상해

---

329) 최태호, 「편수비화」, 『교단』(39호), 1970. 3, 13면.

축구 원정기」(이용일)와 「북경의 인상」(정래동)에서 드러나고, 후자는 「아메리까 통신」(김재원)에서 목격되는데, 이는 단정기까지는 반공주의가 국제적 냉전 관계 속에서 표명되었지 실제 생활에까지 침투되지는 않았다는 것을 시사해준다. 부르디외 식으로 말하자면, 상징투쟁의 장 속에 있었지 문화권력으로 확고한 기반을 잡지 못했던 것이다.

가령, 중문학자 정내동이 북경에 유학하면서 느낀 인상을 기록한 「북경의 인상」과 상해에 원정한 축구 선수들의 선전 과정을 소개한 「상해 축구 원정기」에는 중국에 대한 동경과 우호의 심리가 담겨 있고, 국립박물관장인 김재원의 「아메리까 통신」에는 그와 비슷하게 미국에 대한 호감이 토로되어 있다. 정래동은 "요람과 같은 북경은 가끔 여러 가지 점으로 그리워지는 때가 많다." 고 고백하며, 이용일은 '한·중 양국 국기가 전면에 게양된 모습'을 보고 양국의 우의와 친선에 고무되기까지 하는데, 이는 1946년 이후 국공내전(國共內戰)에서 공산당이 승승장구하던 현실을 염두에 둔 것이라고는 볼 수 없다. (이 글은 중국에서 공산당 정권이 수립된 1949년 10월 이전에 씌어진 것으로 판단된다.) 말하자면 이 시기까지는 우리에게 '해방을 약속하고 선물로서 독립'을 가져다 준 고마운 나라의 하나로 중국(국민당 정권)을 이해한 미군정기 이래의 시선이 그대로 유지되고 있다.

전쟁이 진행되는 도중에 간행된 『고등국어』(Ⅰ~Ⅲ)에서 「북경의 인상」이 삭제된 것을 보면, 중국은 6·25 전쟁에 개입한 이후부터 적성국가로 규정되었다는 것을 알 수 있다. 그렇지만 흥미롭게도 소련에 대해서는 『중등국어』에서부터 강한 적대감을 드러낸다. 모윤숙의 「유·엔 참관기」와 안호상의 「학생과 사상」에서는, 소비에트의 비협조로 세계 평화가 이루어지지 않고 있으며, 소련은 국제회의에서도 "오만하고 발칙한 언행을 일삼는다"는 점(모윤숙), 소련 휘하에 들어간 나라들이 소련의 주장과는 달리 결코 물질적으로 풍요롭지 않다는 점(안호상) 등을 언급하면서 소련에 대한 강한 적개심을 내보인다. 중국과는 달리 소련을 공산주의 적성국가로 규정하고 있는 것이다. 그런 점에서 냉전 이데올로기가 당대의 중심 흐름으로 관철되고는 있었지만, 그 대상이 아직은 중국과 북한으로까지 구체화되지 않았음을 알 수 있다.

단정기의 '국어' 교과서는 이렇듯 필자의 성향과 글의 내용에서 우파적인 것으로 채워져 있고, 중국에 대한 전통적인 우호관계를 내용으로 하는 글이 수록되는 등 반공주의가 전일적으로 관철되지는 않고 있었다. 최태호 편수관의 회고대로, 당시의 반공체제는 미지근했고, 정부의 시책도 미처 자리잡지 못했던 것이다. 하지만 그럼에도 불구하고 우파 민족주의자들의 국가주의적 담론이 대거 전파되고 거기에 친일인사들이 중요한 필진으로 가세함으로써 반공체제가 점차 공고해지고 있음을 목격할 수 있다.

전쟁기 : 반공의 정착과 친미주의

6·25 전쟁이 일어난 시점부터 1951년 1·4 후퇴 때까지 남한에서는 교육과정이 거의 운영되지 못하였다. 모든 학교 수업이 중단되고 정부가 피난지 부산으로 소개된 상태였기에 학교 자체가 존립할 수 없었다. 그러다가 상황이 조금 호전된 1951년 2월 새로 문교부 장관에 임명된 백낙준이 '전시하교육특별조치요강'을 제정·공포했고, 그것을 바탕으로 학생들은 피난지에 개설된 학교에 등록해서 수업을 받게 된다.

이 특별조치요강은 전쟁 수행에 따른 비상용으로 마련된 임시 조치였는데, 그 요점은 대체로 전시의 특수성을 반영한 반공체제의 구축에 있었다.[330] 안

---

330) 이종국, 『한국의 교과서출판 변천연구』, 일진사, 2002, 261-2면.

호상이 일민주의라는 이름으로 반공주의 교육을 우회적으로 내세웠던 데 반해 백낙준은 전시 하의 특수한 상황을 근거로 그것을 교과과정에 공식적으로 적용한 것이다. 백낙준은 적색교원의 일소, 국민사상지도원 설치, 교육공무원법 제정, 학생들의 정치활동 규제, 다양한 매체를 활용한 사상전의 전개 등을 통해서 전시교육체제라는 중앙집권적 통제를 가했고, 그 일환으로 전시 교재를 제작하고 배포하였다. 당시 교재의 편찬은 최현배를 편수국장으로 해서 편수관인 최병칠, 최태호, 홍웅선 세 명이 담당했는데, 이들에 의해서 만들어진 교과서가 전시의 특수 상황을 반영한 『전시생활1』, 『전시생활2』, 『전시생활3』과 중학생용 『전시독본』[331] 이다. 이 전시교재는 교과목의 구분이 없이 그 자체가 국어과이자 동시에 사회생활 교과서로 역할을 했는데, 대체적인 내용은 전쟁과 반공의 당위성을 설명하고 전쟁을 후원하는 일에 적극적으로 참여해야 한다는 것이었다.

그런데 흥미롭게도 그런 와중에서도 고등학교용 '국어' 교과서가 두 종이나 발간된 것을 확인할 수 있었다. 각주 5번에서 언급한 대로, 『고등 국어』(1-Ⅰ·Ⅱ, 2-Ⅰ·Ⅱ, 3-Ⅰ·Ⅱ)가 1952년 9월 30에서 1953년 3월 31일자로 간행되었고, 또 1953년 3월 31일에는 『고등 국어』 Ⅰ·Ⅱ·Ⅲ이 간행되었다. 앞의 『고등 국어』와 뒤의 3권을 비교해 본 결과, 내용과 필자는 거의 같고 다만 배치 상태가 다소 다를 뿐인데, 그런 사실을 말해주듯이 1953년 3월에 간행된 『고등 국어Ⅰ』의 목차 하단에는 "이 교과서는 작년(1952년-필자)에 발간한 교과서의 내용과 크게 다름이 없으므로, 작년도에 발간한 교과서로서 이 교과서를 대용하여도 무방함."이라는 〈비고〉가 수록되어 있다. 그렇다면 이 두 종의 『고등 국어』는 다소의 편차에도 불구하고 전시 교과서로 현장에서 교수되었

---

331) 중학교용 『전시독복』은 『침략자는 누구냐?』, 『자유와 투쟁』, 『겨레를 구출하는 정신』 등 3권으로 되어 있고, 모두 1951년 3월 6일, 조선교학도서주시회사에서 인쇄된 것으로 되어 있다.

음을 알 수 있다.

전시 '국어' 교과서의 기본 틀은 대체로 단정기의 것을 그대로 수용하고 있다. 필자와 제목이 거의 같고 단지 두 세편의 글이 새로 추가되었을 뿐인데, 이는 전쟁이라는 급박한 현실에서 교과서를 개편할 여력이 없었고 또 물적 토대 역시 미흡해서 최소한의 변화만을 반영한 것으로 이해할 수 있다. 교과서를 일별하면서 무엇보다 흥미를 끈 것은 교과서 첫머리에 인쇄된 다음과 같은 구절이다.

The United Nations Korean Reconstruction Agency donated to the Ministry of Education of the Republic of Korea, 1540 tons of paper to print text books for primary and secondary schools in Korea for 1952. The paper of this book is printed out of that donation.

Let us be thankful for this assistance, and determine to prepare ourselves better for the rehabilitation of Korea.

L. George Paik
Minister of Education Republic of Korea

국제 연합 한국 재건 위원단(운끄라)은 한국의 교육을 위하여 4285년도의 국정 교과서 인쇄 용지 1,540돈을 문교부에 기증하였다. 이 책은 그 종이로 박은 것이다.

우리는 이 고마운 원조에 감사하는 마음으로, 한층 더 공부를 열심히 하여, 한국을 재건하는 훌륭한 일군이 되자.

대한민국 문교부 장관 백낙준

전쟁으로 생산시설이 파괴되고 종이가 고갈된 상태에서, 문교부 장관인 백낙준이 직접 미국으로 건너가서 종이를 요청했고, 그렇게 원조된 종이로 인쇄한 것이 바로 전쟁기의 '국어' 교과서였다. 유엔의 도움 없이는 교재 하나조차 인쇄할 수 없었던 전시 하의 참혹한 현실을 단적으로 보여주는 대목이다.

▲『고등국어』(1953-1954)

전쟁기 교과서에 새로 추가된 단원은 세 개의 짧은 글로 구성된 「유·엔과 우리나라」(『고등국어』1-Ⅱ권)이다. 유엔(UN)의 역할과 사명, 우리나라와의 관계 등을 설명한 세 편의 글은 유엔의 원조 없이는 하루도 버틸 수 없었던 당시의 비극적 현실을 보여주는데, 첫 번째 글은 필자가 명기되지 않은 「유·엔의 근본정신」이고, 두 번째 글은 신익희가 쓴 「유·엔 헌장과 한국」이며, 마지막 글은 조선민족청년단의 전국위원인 이철원의 「한국은 유·엔의 전진기지」이다. 첫 번째 글에서는 "전쟁을 방지하고 전 세계를 통하여 침략 행위를 억제하는 것"이라는 유엔의 설립 목적이 설명되고, 두 번째 글에서는 "우리는 유엔의 원칙하에 살고 있으며, 우리 국민은 유엔의 원칙 하에서 목숨을 바치고 있는 것"이라고 하여 우리와 유엔의 운명적인 관계가 언급되며, 마지막 글에서는 "국제연합은 한국을 버리지 않을 것이며, 한국은 국제 연합을 버리지 않을 것이다. 국제 연합과 한국이 이처럼 굳게 뭉친 앞에서 적(敵)은 이미 자멸의 구렁을 팔 날이 닥쳐 온 것이다."라는 비장한 결의가 토로된다. 전쟁이 발발한 지 1년 4개월이 경과한 시점에서 잿더미로 변한 현실을 지켜보면서 오직 유엔에 희망을 걸 수밖에 없었던 당시의 참담한 현실과 함께 자유진영의 보루로 편입된 당시의 상황을 실감케 해주는 셈이다. 유엔이라는 국제연합기구가 만

국어 교과서의 탄생

들어진 이후 국제 분쟁을 해결하기 위해 강권을 발휘한 최초의 전쟁이 6·25였고 그 직접적인 수혜자가 우리였다는 사실을 상기하자면, 이들의 격앙된 어조는 충분히 이해됨직하다.

하지만, 그런 심리와 함께 글의 한편에는 공산주의자에 대한 강한 적개심이 담겨 있어 친미주의와 비례해서 반공주의가 강화되고 있음을 목격할 수 있다.

> 그러나, 우리 한국 민족은 오늘날 앞서 두 번의 전쟁보다도 더 가혹한 전쟁의 참화를 국제 연합의 헌장이 엄연히 존립한 가운데에서 당하고 있다. 이것은 말할 것도 없이 공산 제국주의자들의 야만적 침략에 기인한 것이다. 오늘 우리 삼천 리 강토는 전화로 인하여 거의 회신(灰燼)이 되었으며 수백만의 피란민은 부모 형제가 각기 유리하여 생활의 근거를 잃었다. 그러나, 돌이켜 보건대 이 참상이 극도에 달한 과거 일 년 사 개월은, 한국 민족이 일찍이 볼 수 없었던 애국심과 용감성과 그리고 자존심을 감히 우내(宇內)에 현양한 가장 영예로운 기간이었던 것이다. 공산주의의 침략을 이처럼 결사적으로 반대하고, 자유와 평화를 이처럼 헌신적으로 엄호한 국가와 민족이 과연 어느 곳에 있었던가?[332]

공산주의의 야만적 침략에 의해 우리 국토가 잿더미로 변했고, 또 부모 형제가 생활의 근거를 잃고 이산(離散)하게 되었다는 주장은 추상적인 부정의 대상으로서의 공산주의가 아니라 체험에 바탕을 둔 구체적 제거 대상으로서의 그것이라는 점에서 단정기와는 구별된다. 개전과 더불어 남한 전역이 피로

---

332) 『고등 국어』1-Ⅱ, 1952년 9월, 117-118면.

물든 상황에서 이러한 주장은 공산주의자들을 제거해야만 우리가 살 수 있다는, 당시의 실제 현실을 반영한 생사존망의 절박함과 함께 극단적인 부정의식을 전제한 것이다. 그런 상황이었기에 민족을 양분한 이데올로기의 실체가 무엇이고 또 왜 서로가 서로를 죽이는지 등의 근본 문제는 고려되지 않고, 단지 '죽느냐 사느냐' 하는 즉, 흑이 아니면 백이라는 극단의 부정과 양가적 사고만이 지배하게 된다. 그래서 '남한=자유주의=선', '북한=공산주의=악'이라는 도식이 자연스럽게 도출되고 공산당은 이제 무조건 제거해야만 하는 '악'의 화신으로 규정된다. 전시 하의 특수한 상황을 바탕으로 반공주의가 국가 이데올로기로 고착되고 있음을 단적으로 목격할 수 있다.

이런 사실은 『고등 국어』Ⅲ에 수록된 러셀의 「현재의 암흑시대를 극복하려면」에서 한층 구체화되어 제시된다. 전쟁 중의 현실을 '암흑시대'로 규정하고 그것을 극복하는 방법을 소개하려는 의도에서 수록된 것으로 짐작되는 이 글에서, 러셀은 암흑시대를 살아가는 방법의 하나로 '공산주의 타도'를 주장한다. 즉, 러시아 정부는 개인은 아무런 값어치도 없는 소비자로 취급하고 오직 국가만을 신성시한다. 한때 무분별한 행동을 했다는 이유로 가장 사랑하는 친구를 배반해서 결국 무시무시한 시베리아 노동수용소로 사라지게 한 것이나, 교사의 가르침을 맹종하다가 급기야 자기 부모마저 죽음으로 이끈 어떤 학동의 행위, 그리고 악(惡)에 대한 투쟁을 마치 당(黨)에 반항하는 죄를 범한 것이라고 거짓 자백하는 비굴한 행위 등은 모두 공산주의 국가에서나 볼 수 있는 현상이다. 그렇기 때문에 우리는 이 '거짓 사상'에 대해 투쟁해야 하고, 그것이 바로 사람됨의 가치라고 말한다. 이런 내용을 통해서 필자는 '공산주의=국가지상주의=악=인류 불행'이라는 등식을 자연스럽게 제시한다. 이 글의 논지에 따르자면 공산주의자는 인간적인 가치나 사랑이 없는 존재이고, 따라서 그들을 제거해야만 내가 살 수 있다는 등식이 자연스럽게 유도된다. 단정기의 안호상 글에서 공산주의를 쳐부수자는 단순한 내용에서 한 걸음 더 나아가 공

국어 교과서의 탄생

산주의와 왜 싸워야 하는가를 한층 구체적으로 제시한 것이다. 이런 내용의 글을 통해서 이 시기 교과서는 공산당의 침략으로 고통 받는 국민들의 자발적인 동의를 유도해내고 궁극적으로 반공으로 무장한 '국민 만들기' 작업을 적극 수행한다.

다음으로 주목할 대목은 친(親)중국적인 글이 제거되고 대신 친미적인 내용이 강화된 점이다. 앞에서 언급했듯이 단정기 '국어'에는 친중국적인 글과 함께 친미적인 글이 동시에 수록되어 있었는데, 전쟁을 경과하면서 친중국적인 글은 모두 삭제된다. 「북경의 인상」과 「상해 축구 원정기」가 빠지고 대신 「아메리까 통신」만이 수록되는데, 이는 중국이 공산화되면서 한국전쟁에 참전한 사실과 관계될 것이다. 이제 중국은 국민당 정권기까지의 우호적인 이웃 국가가 아니라 우리가 생사를 걸고 싸워야 할 적성국가로 변했다는 것을 보여준다.

중국에 대한 이런 적대감은 당시 부교재로 사용된 책에서는 한층 적나라하게 드러나는데, 가령 『반공독본 6』에 수록된 시에는 중국의 인해전술에 맞서자는 비장한 결의가 서술된다.

> 통일 독립되려는 우리민국에
> 침략자 중공 오랑캐떼가
> 징치고 피리 불며 밀려 내려 왔네
> 아! 대한의 아들 딸들아 일어나거라
> 조국의 한 치 땅도 더러운 발아래 짓밟힐가 보냐
> 무찌르자 쳐부수자 중공오랑캐(소련앞재비)[333]

---

333) 한국교육문화협회, 『반공독본 6』, 박문출판사, 1954, 26면.

중국의 개입으로 통일을 눈앞에 둔 시점에서 다시 후방으로 퇴각하지 않을 수 없었던 절치부심(切齒腐心)의 심정을 단적으로 투사한 것이라 하겠다.

이후 1차 교과과정기에 오면 반공과 친미적 시선은 더욱 강화되어 「아메리까 통신」에다 천관우의 「그랜드 캐년」이 새로 추가된 것을 볼 수 있다. 미국은 이제 우리와 생사존망을 함께 하는 운명공동체이고, 독자들은 그것을 의무적으로 학습하고 내면화하지 않을 수 없게 된다. 말하자면 반공주의가 강화되면서 미국과 유엔에 대한 우리의 종속적 입장이 더욱 심화된 것이다. 이런 태도는 반공주의의 종주국이 미국이고, 미국에 의지해서 생존을 도모할 수밖에 없었던 현실에서 당연한 것으로 이해될 수도 있지만, 한편으로는 반공주의가 미국 중심의 세계체제에 편입되는 중요한 고리로 기능했음을 시사해 주는 대목이기도 하다. 미국이 한국전쟁이 발발하기 직전에 이른바 '애치슨 라인(Acheson line)'을 발표해서 태평양에서 미국의 방위선을 알류샨열도—일본—오키나와—필리핀을 연결하는 선으로 제한했고, 그것이 결과적으로 6·25전쟁의 발발을 묵인했다는 비판을 받았던 사실을 상기하자면, 반공주의는 미국의 하위체제로의 편입을 보장받는 열쇠와도 같은 것이었다. 미국이 유엔을 동원해서 6·25 전쟁에 참전한 것이나, 엄청난 인명의 희생에도 불구하고 전쟁을 포기하지 않았던 것은 '반공'을 매개로 한 한국의 전략적 가치 때문이었다. 그런 상황이었기에 이승만 정권에게 반공주의란 미국에 대한 충성 맹세와도 같은 것이고, 교과서는 그것을 명문화한 일종의 서약서였던 셈이다.

전쟁기의 '국어' 교과서는 이렇듯 전쟁이라는 특수한 현실을 전제로 해서 만들어졌다. 그래서 전면적으로 개편되지 않고 단정기의 것을 대부분 그대로 계승하였다. 그럼에도 우리나라와 유엔의 운명적 관계를 강조하고 한편으론 친미적인 시선을 강화한 것은 반공주의가 전쟁으로 촉발된 국민들의 자발적인 적대감을 바탕으로 한층 공고화되었음을 시사해준다. 이후 2~3차 교육과정기의 '국어'에는 이런 전쟁기의 현실을 바탕으로 반공주의가 한층 전면화되고 또 일상 깊숙이 뿌리내리고 있음을 목격할 수 있다.

과거의 확인과 교정의 의지

반공주의는 단독정부 수립 이후 우리를 규율해 온 근본이념으로 아직도 개개인들의 뇌리에 깊숙이 각인되어 있다. 세계적인 탈냉전의 흐름 속에서도 고립된 섬처럼 존재하는 분단의 현실은 여전히 그것을 타개할 가능성을 찾지 못한 채 암중모색의 혼미를 거듭하고 있다. 군사정권이 종식되고 독재의 그림자가 사라지면서 반공주의의 망령은 이제 그 앙상한 실체를 드러냈지만, 그럼에도 그 상흔은 아직도 아물지 않은 채 사회 곳곳에 산재해 있다. '국어' 교과서를 통해 반공주의의 규율화 과정을 보고자 했던 것은, 그 상처가 구체적으로 남아 있고 아직도 그것이 치유되지 않은 곳의 하나가 교과서라는 생각에서였다. 비록 교수요목기의 '국어' 교과서를 개관하는 수준에 머물렀지만, 그것이 이후 1차에서 6차까지 근본에서 관철된다는 점에서 그 상처는 깊고도 넓다. 더구나 미군정기 이후 아직까지도 친일인사들의 족적이 크게 남아 있는 곳이 교과서이다. 친일인사들은 반공주의를 외피로 씀으로써 과거 행적의 면죄부를 얻고 이후 활동의 근거를 만들고자 하였다. 그렇지만 한일 간의 과거사 문제가 국가적인 해결 과제로 떠오른 지금 어떤 식으로든 그것은 정리될 필요가 있다. 단정기 이후 교과서에서 우익 인사들이 대거 필진으로 참가하고 거기에 친일 경력의 문인들이 가세한 것은, 민족주의라는 외피에도 불구하고 반공만을 통치의 근간으로 앞세웠던 이승만 정권과 그 이후의 계속된 군사정권의 속성을 단적으로 시사해준다. 전쟁을 겪은 뒤에는 그런 특성이 한층 강화되어 반공주의는 국시(國是)로뿐만 아니라 개인들의 일상적 가치와 사고를 통제하는 최고의 이념과 가치로 승격되었고, 지배 집단은 그것을 교묘히 이용해온 것이다.

세계적인 탈냉전의 흐름과 남·북한의 화해 분위기 속에서 무엇보다 중요한 것은 우리에게 각인된 반공주의의 억압과 왜곡의 실상을 정확히 확인하고 해체하는 일이다. 교육을 통해 주입된 반공주의와 냉전 이데올로기는 의식뿐만 아니라 무의식의 차원에서 우리를 사로잡는 망령이고, 그렇기에 그 완고한 실체를 확인하는 것은 바로 그것을 해소하고 교정하는 첫걸음이다. 지난 반세기를 경과하면서 문학과 일상의 영역에서 확인되는 반공의 폐해는 다름 아닌 우리 개개인들에게 숨어 있는 적대와 반목의 감정이고, 그렇기에 그 실체와 마주하는 일은 통일과 분단 극복이라는 추상적 담론에서 벗어나 구체적 현실에서 그 뿌리를 찾아 제거하는 일이다. 반공주의를 극복한다는 것은 단순히 북한 공산주의에 대해 혐오감을 갖지 않는다는 차원에 국한되는 것은 아니다. 국가나 집단에 대한 편향적인 생각에서 벗어나 개인과 타자를 존중하고 수용하는 개방적 시각을 함양할 때, 그리고 그것이 북한에 대한 객관화된 이해로 나아갈 때 비로소 답을 찾을 수 있는 과제이다.

국가의 통치 이념이 집약되고 동시에 국민을 효과적으로 통제하는 수단이었던 '국어' 교과서가 새롭게 문제되는 것은 그런 사실을 소급적으로 보여줄 뿐만 아니라 해결해야 할 과제가 무엇인가를 구체적으로 환기시켜 주기 때문이다.

03.
국가주의의 규율과 '국어' 교과서
(－1~3차 교육과정기의『국어』교과서를 중심으로)

공산주의를 직접 겪고 전쟁의 참상을 체험한 것도 아니지만, '빨갱이' 하면 일단 부정적인 이미지를 떠올리는 것이 전후 세대들이 보이는 1차적 반응이다. 분단 반세기를 살면서 끊임없이 겪어온 남북한 간의 반목과 갈등, 계속적으로 주입받은 북한에 대한 적대감은 마음속의 응어리가 되어 외부의 자극이 주어졌을 때 조건반사적인 감정반응을 일으킨 것이다. 이를테면 '빨갱이 콤플렉스'라고 할 수 있다. 최근 6자 회담의 진전과 함께 남북한 간의 화해 분위기가 고조되고 있음에도 불구하고 북한에 대한 신뢰감이 쉽게 회복되지 않는 것은 그런 집단 무의식과 무관하지 않다. 이 글에서 교과서를 분석하면서 재차 확인한 사실은 그런 의식이 형성된 주된 원천이 교과서와 교육에 있다는 것이다. 우리들의 의식 깊숙이 내재되어 있는 공산주의에 대한 증오심과 그에 수반하는 애국주의적 열정은 쌍끌이 어선과도 같이 교과서를 규율하는 두 원리였다고나 할까? 한편에서 반공주의를 말하면, 다른 한편에서는 애국주의를 말했다. 정권에 의해 강요된 그 두 개의 계선이 길항하면서 정권은 의도하는 '국민'을 만들 수 있었고, 그 결과 국민들은 무조건적인 반공의식의 그물망에 갇혀 길들여져 왔던 것이다.

반공의 감정과 교육

『국어』교과서에서[334] 국가주의 관련 담론이[335] 전면적으로 등장한 것은 박정희 집권기인 2차 교과과정기(1963~1973)에서였다. 이승만 정권 하의 1차 교과과정기(1955~1963)의 『국어』교과서에는 국가 이데올로기와 관계된 담론들이 상대적으로 적게 나타난다. 단정기까지만 하더라도 '일민주의'를 강요하는 내용의 글이 여럿 있었지만 1차에서는 거의 사라지고 없는데[336] 그것은 무엇보다 정치적 측면을 배제하고 국어 교육 본래의 성격과 목표를 확립하려는 초기 입안자의 의지에서 비롯된 것으로 보인다. 「유·엔과 우리나라」, 「아메리까 통신」, 「현재의 암흑시대를 극복하려면」과 같은 전쟁기의 특수한 상황을 담고 있는 글들이 삭제된 것은 공산주의에 대한 적대감이 상대적으로 완화되고 전후의 사회 분위기를 일신하려는 의도와 관계될 것이다. 실제로, 교육과정이 정비되고 교과서의 검인정 업무가 행정적으로 체제를 갖춘 것은 1955년 신교육과정(1차)이 시행되면서부터였다.[337] 사회과와는 다른 국어과의 정체성이 확립되고 국가의 이념이나 정책을 소개하는 단원들은 사회과로 이관되어 반공교육은 『반공독본』과 같은 사회과 부교재를 통해서 이루어진다. 그런

---

334) 여기서 분석 대상은 1차에서 3차 교과과정까지 인문계 고등학교에서 사용된 『국어』(1-3년용) 교과서이다. 5·16 군사정변 다음 해인 1962년에 교육과정의 전면적인 개편이 있었고, 1963년 2월 15일자로 초중고등학교 및 실업고등학교의 교육과정이 공포되어, 초등학교는 1964년부터 1966년까지, 중학교는 1966년에, 고등학교는 1968년에 전 교과목의 교과서가 개편 발행되었다.

335) 여기서 '국가주의'란 국가에 의해 강요된 이데올로기를 총칭하는 말이다. 반공주의와 애국주의, 개발주의 등은 그 하위개념으로 국가에 의해 강요된 여러 이데올로기 중의 하나이다. 국가주의란 편의상 'nationalism'으로 번역한다.

336) 미군정과 단정기의 『국어』교과서에 대해서는 졸고 「반공주의의 규율과 '국어' 교과서」(『민족문학사연구 28』, 2005. 7) 참조.

337) 최태호, 「편수비화」, 『교단』(39호), 1970. 3, 16면.

데, 이와는 달리 2차 교과과정기에는 정권의 정치적 의도가 전면적으로 투사되어 드러나는데, 그것을 무엇보다 정권을 잡은 뒤 지식인들을 대거 동원해서 정권의 이데올로기를 창출하고 그것을 홍보해야만 했던 군사정권의 특수성에 따른 것이다. 그런 사실은 우선 국어과 교육의 목표를 임의로 조정한 데서 확인이 되는데, 가령 1차 교과과정에서 제시된 국어과 교육목표의 하나는 "학생들의 개별적인 소질과 능력의 차이를 중시한다." 였다. 오늘날에도 충분히 통용될 수 있는 이런 목표는 그렇지만 2차 교과과정에서는 흔적도 없이 사라지고, 대신 다른 목표와 중첩되는 내용으로 교체되어 있다.

〈1차 교과과정 국어과 교육 목표〉

1. 남의 생각을 빠르게 받아들이고 그것을 정확하게 판단한다.

2. 자기의 생각을 남이 쉽게 이해할 수 있도록 분명히 그리고 능란하게 발표한다.

3. 언어에 대한 개념을 명확히 하여 매일 매일의 생활에 당면하는 여러 가지 문제를 효과적으로 성의껏 해결할 수 있도록 한다.

4. 주의 깊게 관찰하고, 정확하게 해석하여, 자기의 의견을 결정하는 버릇을 가지게 한다.

5. 방송, 영화, 연극, 소설 등을 바르게 평가하고, 그릇된 것을 알아낼 수 있는 식견을 가지게 한다.

6. 여러 가지 독서 기술을 체득하고 독서의 즐거움을 안다.

7. 의사 표시의 사회적인 방편으로서의 언어 기술을 체득하고, 아울러 인생의 반영으로서의 문학 작품을 감상하고 창작하는 힘을 기른다.

8. 학생들이 장래에 사회에 나가 언어 생활 면에서 직업인으로서의 기능을 충분히 발휘할 수 있도록 지도한다.

9. 학생들의 개별적인 소질과 능력의 차이를 중시한다.

10. 국민적인 사상 감정을 도야한다.

11. 우리의 언어 문화에 대한 바른 이해를 가지게 한다.

12. 국어에 대한 이상을 높이고, 국어 국자 문제에 대한 관심을 가지게 한다. (밑줄-인용자)[338]

    2차 교과과정에서는 9번이 삭제되고 대신 "지식이나 정보를 얻기 위하여 책을 읽고, 취미를 기르기 위하여 독서하는 습관을 가지도록 한다."는 구절이 삽입되는데, 자세히 보면 그 내용은 6번과 거의 동일하다. '독서 기술을 체득하고 독서의 즐거움을 안다'는 6번과 '책을 읽고, 독서하는 습관을 가지도록 한다'는 9번은 동어반복이라 해도 지나치지 않을 정도이다. 말하자면 2차 교과과정에는 거의 동일한 내용의 목표가 두 개나 삽입되는 난맥상을 보이는데, 이는 9번을 삭제하면서 다른 항목과의 중첩 여부를 고려하지 않고 임의로 대체한 결과로, 정치적 판단에 따른 졸속행정의 단적인 사례라 하겠다.[339]

---

338) 교육부, 『국어과·한문과 교육과정기준』, 교육부, 2000, 301-329면.

339) 이런 사실은 당시 편수관들의 회고에서 두루 확인이 된다. 당시 4.19와 5.16이라는 큰 격변을 거치면서 거의 모든 편수관이 공채를 거쳐 새로 부임했는데, 그 과정에서 전임자와 후임자간의 인계인수가 제대로 되지 않았다고 한다. 어디에 무슨 자료가 있는지 알 수 없었고, 심지어 교과서 편찬과정에서 14명의 편수관이 전공이 아닌 다른 과목까지도 겸해서 담당했다고 한다. 자세한 것은 이승구의 「편수행정의 발자취 ; 표기자료의 개발을 중심으로」와 곽상만의 「편수행정의 발자취 ; 남자에게도 '가정영역'을 학습하게 하였다」(『교과서연구』 33호, 1999.12) 참조.

▲『국어』(2차 교육과정, 1963~1973)

　이 글에서 특히 주목하는 것은 2~3차 교과과정의『국어』교과서에 수록된 국가주의와 관계되는 담론들이다. 이 시기는 박정희가 정력적으로 추진했던 개발주의가 반공주의와 결합해서 극도의 파시즘적 국가 체제를 형성했던 때로, 그런 사실은 무엇보다 박 정권의 전제적 교육정책과 그에 의해 편찬된 교과서의 수록 필자들을 통해서 확인이 된다. 5.16 군사정변 후 박정희 정권은 경제개발 5개년계획을 추진하면서 국가·사회적으로 대대적인 변혁을 꾀했는데, 그 과정에서 교육과정 또한 개편해서, 1963년 2월 문교부령으로 초·중·고등학교 및 실업계 고등학교의 교육과정을 전면적으로 개정하였다. 그에 따른 당연한 결과로 교과서 또한 전폭적인 수정이 가해졌고, 그렇게 해서 1차『국어』에 보이지 않던 새로운 필자들이 대거 등장한다. 2~3차『국어』에서 국가 이데올로기를 전파하고 있는 박종홍, 김기석, 최호진, 이은상 등은 박정희가 쿠데타에 성공한 이후 조직한 '국가재건최고회의'와 그 산하기관인 '재건국민운동본부'의 고문이나 자문위원으로 활동했던 정권의 핵심 이데올로그들로, 이들은 박 정권에 의해 조직적으로 진행된 '인간개조'와 '사회개조'의 작업을 일선 현장에서 주도하면서 새로운 '국민'의 창출에 일역을 맡는다.

　다음으로는, 이들에 의해 수행된 국가주의적 기율의 구체적인 내용이다.

그것은 크게 두 가지로 정리할 수 있는데, 하나는 논설과 수필의 형태를 통해서 국가의 이념과 가치를 전파하면서 국가에 대한 절대적인 지지와 충성을 강요한 경우이고, 다른 하나는 희곡과 소설 등 문학 작품을 통해 심정적(혹은 주정적) 애국심과 반공주의를 고취한 경우이다. 박종홍, 김기석 등을 중심으로 한 전자와 이은상, 유치진을 중심으로 한 후자를 통해서 '조국 근대화'와 '민족중흥'의 슬로건을 실천하는 국가주의적 가치와 이념이 체계적으로 전파된 것을 볼 수 있는데, 전자가 논리적이고 이념적인 측면에서 '국민'을 만들고자 했다면, 후자는 정서적이고 심정적인 차원에서 '국민'의 감정을 창출하고자 하였다. 이런 활동들은 사고와 논리뿐만 아니라 감정과 정서에까지 국가 이데올로기를 주입시키려 했던 정권의 강압적이고 비교육적인 의도를 단적으로 보여주는 것으로, 오늘날까지도 우리의 몸과 마음을 지배하는 애국주의와 반공주의의 뿌리가 어디에 있는가를 시사해준다. 그런 맥락에서 이 글은 '나'(혹은 주체)를 구성하는 국가적 기율의 상흔을 탐색하는 과정이기도 하다. 교과서라는 자양분을 먹고 성장한 '나'의 존재란 바로 그 거대한 기획의 산물인 까닭이다. 이런 탐사를 통해 우리는 『국어』 교과서까지도 국민 규율의 장으로 활용했던 지난 정권의 전제적 행태와 그 기율의 부정적 실체를 확인하게 될 것이다.

발전주의 교육정책과 '국어' 교과서

5.16 군사정변은 단순한 정체의 변혁만을 뜻하는 것이 아니라 산업과 경제, 문화와 사회 전반의 구조적 변화를 의미하는 것이었다. '이 나라 사회의 모든 구악과 부패를 일소하고 퇴폐한 국민도의를 바로잡기 위하여 청신한 기풍을 진작시키는 국민운동의 선봉적인 역할'을 하겠다는 군사 정권의 결의는 궁극적으로 사회와 국민 전반을 개조하고자 한 일종의 근대적 기획이었다. 비록

타율적이고 강압적인 방식으로 진행되어 많은 문제를 야기했지만, 혁명의 기본 목표를 인간개조에 두었다는 것은 새로운 '국가' 형태에 맞는 '국민'을 창출하고 궁극적으로는 사회개조를 꾀하겠다는 근대적 의도로 이해할 수 있다. 당시 국가재건최고회의가 발표한 4가지의 문교시책에는 그런 정권의 의도가 간결한 형태로 집약되어 나타난다.

    ① 간첩 침략의 분쇄
    ② 인간개조를 위해 정신혁명, 교육혁명, 교육행정 쇄신
    ③ 빈곤타파를 위해 생산기술 교육 강조
    ④ 문화혁신[340]

  이 네 가지의 강령은 사회개혁의 선행조건으로 인간개조를 내세운 것으로, 교육은 인간행동의 계획적 변화라는 개념에 바탕을 두고 있는데, 이는 문교부령 제119호(1963.2)에서 강조한 자주성(국가 민족의 자주성)과 생산성(실업교육, 실과교육, 과학 기술교육), 유용성(유용한 사회인이 되고 자활할 수 있는 실천인)과 맥을 같이 한다.[341] 정권은 이를 바탕으로 학교라는 제도와 장치를 이용해서 국가의 이념을 체현한 국민이라는 개조(改造)인간[342]을 만들어내고자 했던 것이다.

  2차 교육과정기의 『국어』에 그 어느 시기보다 정부의 정책과 관련된 내용들이 많이 수록된 것은 그런 교육과정을 바탕으로 교과서가 편찬된 데 따른 당연한 귀결이다. 교과서는 문교부가 제정한 교육과정에 의거해서 편찬되고 일선 학교에서 교수되는데, 그 일련의 과정이 강력하고 중앙집권적인 정권

---

340) 교육50년사 편찬위원회, 『교육 50년사』, 교육부, 1998, 174면.
341) 중앙대 부설 한국교육문제연구소, 『문교사』, 1974, 315-318면.
342) 니시카와 나가오, 윤대석 역, 『국민이라는 괴물』, 소명출판, 2002, 43면.

에 의해 조율된 관계로 정부는 교과서를 정권의 유력한 홍보 매체로 간주하였고,[343] 더구나 '국어과'의 경우는 '국정'이었던 관계로 그런 의도를 현장에서 한층 용이하게 관철시킬 수 있었다. 한 편수관의 회고대로, 교과서를 만드는 과정에서 편수관들은 "온갖 국가 사회적 요구를 반영"하지 않을 수 없었는데, 특히 행정 각 부처로부터 그 부처에 맞는 여러 정책들을 수록하라는 요구를 적극적으로 받았다고 한다.

> 도덕 교과서는 온갖 국가 사회적 요구를 반영해야 하는 교과서가 되었다.
> 당시에 행정 각 부처에서 교과서에 반영해 달라는 요청이 쇄도하였다. 혼분
> 식 장려는 물론 재무부에서는 저축의 필요성을, 체신부에서는 문패의 중요성
> 을, 국방부에서는 국토방위의 신성함을, 그리고 중앙정보부에서는 반공교육
> 을 강조해 달라는 것이었다. 그리고 이때부터 새마을 정신과 유신이념은 도
> 덕 교과서의 중요 내용이 되었다.[344]

2차와 3차의 『국어』 교과서에서 1차에서 볼 수 없었던 정권 주변의 인사들이 대거 수록된 것은 그런 사실과 관계될 것이다. 사실, 5.16을 일으킨 군인들은 초기부터 국가 재건을 표방하기는 했지만 구체적인 정책 대안을 갖고 있지는 못했고, 더구나 그들은 구정치인들을 모두 권력에서 배제했던 까닭에 국정 수행상 필수불가결한 전문지식과 경험을 학계나 전문 행정 관료에게 의존하지 않을 수 없었다. 그래서 박정희는 쿠데타 초기부터 각종 자문위원회, 평가단 등의 명

---

343) 교과서 편찬과정에 대해서는 「중·고등학교 국어과 교육의 문제를 진단한다」(『목멱어문 1』, 동대국어교육과, 1987)와 「한국 교과서 정책의 교육사적 이해」(양진건, 『한국교육사학』23, 2001), 「교과용 도서 편찬제도」(노희방, 『교과서연구』44, 2005)를 참조할 수 있다.

344) 안귀덕, 「편수행정의 발자취 ; 도덕과 교과서 개편」, 『교과서연구』(34), 2000.6. 참조.

목으로 많은 지식인을 정책의 입안과 수립과정에 동원했는데,[345] 교과서에 글을 올리고 있는 필자들의 상당수는 이 때 동원된 지식인들로 특히 '국가재건최고회의'와 그 산하단체인 '재건국민운동본부'에 깊이 관여했던 인사들이다. [346]

▲ 재건국민운동본부 발대식(1964)

345) 정용욱, 「5·16쿠데타 이후 지식인의 분화와 재편」, 『1960년대 한국의 근대화와 지식인』, 선인, 2004, 173면.

346) 재건국민운동본부 중앙위원회 명단은 다음과 같다.

1962년 2월 15일 현재 ; 김기석(국민교육분과위 위원장), 김범부, 김성식, 김정기, 김팔봉, 장재갑, 이청담, 이태영, 박광, 박종홍(국민교육분과 위원), 함석헌, 김상협, 홍종인, 배민수, 유영모, 윤일선, 짐재준, 이형석, 이항녕, 이홍렬, 이효, 마해송, 이현익, 오재경, 오영진, 윤형중, 고재욱, 장준하, 장세헌, 정석해, 장형순, 조홍제, 이경하, 이관구, 윤갑수, 김사익, 장돈식, 김성수(축산인), 이세기, 김치열, 정태시, 이규철, 유달영(재건국민운동본부장), 한신, 정사량, 고황경, 정희섭, 이영춘, 이희호, 김명선

1963년 5월 현재 ; 고재욱, 윤경섭, 김대경, 김사익, 김승한, 김영진, 김팔봉, 김학묵, 박덕필, 윤재철, 유치진(국민교도 중앙위원), 윤형중, 이관구, 이병직, 이종대, 이진묵, 이판호, 이항령, 이효, 장돈식, 전선애, 정남진, 정재환, 정진오, 정충량, 한경직, 한영교, 황광은.

(위 명단은 허은의 「5.16 군정기 재건국민운동의 성격」(『역사문제연구』, 역사비평사, 2003.11) 49-51면에서 인용하였다.)

당시 '국가재건최고회의'[347]는 군사정권 시기의 최고 권력기관으로, 박정희 정권 탄생의 산파 역할을 담당한 단체였다. 군사쿠데타의 성공 직후 성립된 국가재건최고회의는 정치·경제·사회·문화·재건기획·법률 등 5개 분과위원회로 구성되어 군정 초기의 정책 수립을 위한 각종 자문역할을 수행했는데, 참여 인사는 무려 470여명에 이르며 대부분이 언론인, 대학교수, 문인 등을 망라한 저명인사들이었다. 1961년 6월에 설립된 '재건국민운동본부'는 이 단체의 산하기관으로, 모법인 국가재건최고회의법의 폐지로 1964년 7월 사단법인 '재건국민운동중앙회'로 재발족하여 교도사업, 인보(隣保)운동, 향토개발, 자조활동의 지도 및 지원, 청소년 및 부녀지도사업을 실천한 단체였다. 1980년 12월 새마을운동조직육성법의 제정·공포로 새마을운동 조직에 흡수되기까지, 이 조직은 관변단체로서 군사정부의 국가재건의 이념을 일반 민간에 전파하고 계몽하는 역할을 수행한 것으로 알려져 있다.[348] 정리하자면, 국가재건최고회의가 국민적 정통성의 확보와 지지, 사회 통제를 위해 사회·경제정책 등 각종 국가 정책을 시행하였다면, 재건국민운동본부는 국민 복지와 국민의 도의·재건의식을 높이기 위한 활동들을 일선 현장에서 실천한 형국이다.

『국어』교과서에 수록된 이들 단체에 관여했거나 당시 관료를 역임했던 인사들의 글을 살펴보면 대략 다음과 같다.

　　박종홍 : 「사상과 생활」(2차 1학년), 「한국의 사상」(2차 3학년, 3차 3학년),
　　김기석 : 「민족의 진로」(2차 1학년),

---

347) 국가재건최고회의에 대해서는 차영훈의 「국가재건최고회의의 조직과 활동」(경북대 사학과 석사, 2005) 참조.

348) 정용욱, 「5·16쿠데타 이후 지식인의 분화와 재편」, 『1960년대 한국의 근대화와 지식인』, 선인, 2004, 159-160면.

최호진 : 「국민경제의 발전책」(2차 2학년),

박익수 : 「우리 과학 기술의 진흥책」(2차 3학년)

이은상 : 「피어린 육백리」(2차 1학년),

박형규 : 「유비무환」(2차 3학년, 3차 3학년), 「새마을 운동에 관하여」(3차 2
학년)

유치진 : 「청춘은 조국과 더불어」(3차 1학년), 「조국」(3차 2학년)

손명현 : 「어떻게 살 것인가」(3차 1학년)

유달영 : 「슬픔에 관하여」(3차 2학년)

신문사설 : 「조국 순례 대행진에 붙임」(3차 2학년)

태완선 : 「경제 개발 전략의 기조」(3차 3학년)

이한빈 : 「창조적 지도력의 역할」(3차 3학년)

'국민경제의 발전책', '우리 과학 기술의 진흥책' 등은 제목부터 『국어』교과서와는 어울리지 않지만, 흥미롭게도 그런 내용의 단원들이 전체의 1/4을 상회할 정도로 많으며, 또 2차에 비해 3차 교과서에서 훨씬 늘어나 있다. 2차에 수록된 인물들은 대체로 재건국민운동본부에 관여했던 인사들이지만, 3차에는 거기다가 경제 관료들이 추가되어 있음을 볼 수 있다. 박종홍, 김기석, 이은상, 유치진, 유달영 등은 모두 이들 단체에서 중앙위원이나 고문으로 활동했고, 태완선, 이한빈 등은 행정부의 고위 관료로 일선 현장에서 정책을 수행했던 인물들이다. 여기서 흥미를 끄는 것은 박 정권의 이데올로기를 입안하다시피 한 박종홍, 김기석, 이은상 등이다.

2차부터 6차 교과과정(1963~1997)까지 30년 이상 『국어』교과서에 글이올라 있는 최장수 필자인 박종홍(1903~1976)은 1932년 경성제국대학 철학과를 졸업한 뒤 1961년 국가재건최고회의 계획위원과 문교재건 자문위원을 역임하면서 '국민교육헌장'의 제정에 깊이 관여했고, 1970년 12월에는 대통령

교육문화담당 특별보좌관을 역임했던 인물이다.[349] 그는 모든 철학적 사색의 방향을 민족의 독립과 번영 그리고 통일을 위한 사상적 지도이념과 원리의 해명에 집중했는데, 그에게 있어서 민족 공동체의 독립과 번영은 단순한 정치 이데올로기가 아니라 역사적 사건과 인간 행위를 평가하는 가치판단의 기준이었다.[350] 그가 틀을 잡다시피 한 '국민교육헌장'의 핵심 대목인 "나라의 융성이 나의 발전의 근본임을 깨달아, 자유와 권리에 따르는 책임과 의무를 다하며, 스스로 국가 건설에 참여하고 봉사하는 국민정신을 드높인다."는 구절은 그의 사상과 가치가 집약된 것이라고 해도 지나친 말이 아니다. 『국어』교과서에 수록된 위의 「사상과 생활」과 「한국의 사상」은 모두 그런 생각의 연장선상에 놓여 있다.

▲ 박종홍

▲ 김기석

김기석(1905-1974)은 정주의 오산학교를 졸업한 후, 오산중학에서 교편생활을 하다가 월남, 한국교육학회 초대회장(53), 도덕재무장운동(MRA) 국제

---

349) 홍윤기, 「박종홍 철학연구」, 『역사비평』, 역사비평사, 2001. 여름, 185면.
350) 이병수, 「열암 박종홍의 정치참여의 동기와 문제점」, 『시대와 철학』, 한국철학사상연구회, 2004. 봄, 139면.

대회 한국대표(59)를 지낸 뒤 1963~1964년 국가재건최고회의 의장 고문과 재건국민운동본부 국민교육분과 위원장을 역임하면서 박정희 정권의 국민윤리와 도덕 교육을 주도한 인물이다.[351] 그는 현대를 낡은 것이 지나가고 새로운 것이 오는 '격정의 시대'로 규정하고, 오랜 동안의 게으른 잠에서 깨어나 자리를 차고 씩씩히 일어나 맞아야 한다고 생각하였다. 그러기 위해서는 무엇보다 우리들 자신의 '새로운 기풍'을 세우지 않으면 안 되는데, 그것을 김기석은 '생산성의 도덕'이라고 말한다. 즉, 새로운 생활을 생산하고, 새로운 문화를 생산하고, 새로운 태도와 새로운 방식을 생산하는 '창조와 건설의 이상주의'가 바로 국민 도덕이 되어야 한다는 것이다.[352] 위의 「민족의 진로」에서 '새로운 형의 인간, 새로운 형의 민족성'을 강조한 것은 그런 사실의 연장선상에 놓여 있다.

한편, 이은상(1903-1982)은 박종홍과 쌍벽을 이루는 박정희 정권의 핵심 이데올로그로, 일제 강점 하에서 주로 민족주의적 정조의 시조를 창작한 시인이었지만, 해방 후에는 돌연 정권의 이데올로그로 변신해서 1960년에는 대통령 선거 문인유세단이 되어 이순신과 같이 고난에 처한 이 나라를 구할 사람은 이승만밖에 없다는 연설을 했고, 박정희 정권이 들어서면서부터는 박정희를 찬양하는 글들을 여럿 집필하면서 문화행정 자문위원이 되어서 민족문화협회장을 역임하였다. 그는 또한 박정희가 본격적으로 추진한 '이순신 영웅만들기'에 앞장섰던 인물이기도 한데, 그가 이렇듯 정권의 충복이 되어 활동했던 것은 그 역시 국가와 민족을 모든 가치의 중심에 두는 생각을 갖고 있었기 때문이다. 육당의 뒤를 이어 시조부흥운동에 참여하면서 '조선적인 것'에 깊은 관심을 드러냈던 민족주의적 사고방식이 식민지 시대에는 시조의 형태를 취하

---

351) 김기석의 윤리·도덕관에 대해서는 『현대정신사』(김기석, 바울서신사, 1956년) 참조.

352) 김기석, 「신세대의 도덕」, 『현대정신사』, 바울서신사, 1956, 220-234면.

다가 해방 후에는 몸소 정치 일선에 뛰어들어 실천하는 형국이다.[353] 「피어린 육백리」에서 보이는 애국주의적 열정과 반공의식은 그런 사실의 연장에서 이해될 수 있다.

이 외에도 「국민경제의 발전책」을 쓴 최호진은 1958년 부흥부(현 경제기획원) 고문을 지내면서 박정희 정권의 핵심사업이었던 '경제개발 7개년 계획' 중 전반기 3개년 계획을 입안하는 데 기여한 인물이고,[354] 태완선(1915-1988)은 제2공화국의 부흥부 장관 및 상공부 장관을 지낸 뒤 1965년 민주당 당무회의 의장을 거쳐 1971년 건설부 장관, 1972년 부총리 겸 경제기획원 장관을 역임했고, 이한빈(1926-2004)은 1958년 재무부 예산국장, 1961년 재무차관을 지낸 뒤, 1979년에는 부총리 겸 경제기획원 장관으로 박정희 정권의 중요 경제 업무를 담당했던 인물이다. 류달영(1911-2004)은 1930년대에는 『상록수』(심훈)의 주인공 최용신과 함께 농촌계몽운동을 벌였으며 최용신이 세상을 떠난 뒤 『농촌계몽의 선구 최용신의 소전』을 쓴 인물로 널리 알려져 있지만, 1962년 재건국민운동본부 본부장을 역임하고 4H클럽 명예부총재를 지내는 등 박 정권에 깊숙이 관여했던 인물이다. 유치진(1905-1974)은 식민 치하 극예술연구회로 발족시키고, 희곡 「토막」, 「소」 등을 발표하면서 명성을 얻었으나, 8·15 후에는 「자명고」와 「원술랑」 등의 역사극과 반공을 주제로 한 「나도 인간이 되련다」 등의 작품을 발표하면서 박정희 정권의 국가재건최고회의에 관여하고 국립극장장, 반공통일연맹 이사를 역임했던 인물이다.

2차와 3차 『국어』 교과서에 수록된 이들의 작품은 고전을 제외한 전체 글의 1/4을 상회할 정도로 다수를 차지하고 있어 마치 사회과 교과서를 떠올리

---

353) 이은상의 시조에 대해서는 이숭원의 「이은상 시조의 위상」(『인문논총』10, 서울여대인문과학연구소, 2003.8) 및 김상선의 「노산 이은상 시조론」(『국어국문학』93, 국어국문학회, 1985.5) 참조.

354) 최호진, 「나의 학문 나의 인생」, 『역사비평』, 역사비평사, 1991. 여름.

게 한다. 그래서 국어과 교육 목표의 하나로 제시된 '국민적인 사상 감정을 도야하도록 한다.'는 항목은 주로 이들에 의해서 구현되었다고 해도 과언이 아닐 정도이다. 이들이 하나같이 미래 지향적인 국민의식의 함양을 강조하고, 멸사봉공과 효의 실천을 주문한 것은 새로운 국민의 이미지를 구축해서 인간을 개조하고, 그것을 바탕으로 공산당과 맞서고 있는 현실의 고난을 극복하자는 취지로 이해할 수 있다. 그런 점에서 이들의 주장은 동일자를 구성하는 논리이자 이질적인 타자를 배제하고 부정하는, 근대적 의미의 '국민 만들기' 과정이라고 할 수 있다. 이들의 주장에서 보이는 '국민'이 인종 개념(ethnicity)으로서의 그것이 아니라 작위적으로 구성된 '상상의 공동체'로 드러나고, 또 그것을 역설하는 방법이 계몽 담론의 형태를 취하는 것은 그런 이유라 하겠다. 따라서 이들의 행위는 강상중의 용어를 빌리자면 일종의 '정치적 작품'[355]이고, 알튀세 식으로 말하자면 '주체의 호명'인 셈이다.

미래 지향적 멸사봉공의 주체

혁명의 주도세력들은 대체로 국가의 주인이라는 생각을 갖고 자신의 비전에 맞게 국가와 국민들을 창출하고자 하며, 그것을 통해서 자신들의 정체성을 만들고자 한다.[356] 새로운 영지에 깃발을 꽂고 그 전역을 자기 영토화하는 식인데, 이런 점은 박정희 정권 또한 예외가 아니었다. 박정희는 인간개조와 사회개조의 기치를 높이면서 자기 보존적인 정책을 주도하면서 궁극적으로 조국의 근대화와 민족중흥을 달성하기 위한 강력한 국가주의적 교육 이념을 내

---

355) 강상중, 임성모 역, 『내셔널리즘』, 이산, 2004, 36면.
356) 베네딕트 앤드슨, 윤형숙 역, 『상상의 공동체』, 나남출판, 2002, 206-207면.

걸었다. 교육은 내일의 역사를 담당할 세대가 참다운 가치관을 도야할 수 있는 본질적인 길이자 동시에 민족중흥의 성패가 바로 이 교육에 달려 있다는 것을 온 국민에게 확신시키고자 한 것이다.[357] 1차 교과과정의 '국어과 교육 목표'로 제시되었던 "9. 학생들의 개별적인 소질과 능력의 차이를 중시한다."는 내용을 삭제한 것이나, 박종홍과 김기석 등이 사적 이해를 초월한 멸사봉공의 주체, 과거에 얽매이지 않은 미래지향적 주체를 강조한 것은 모두 그런 사실과 관계된다. 「사상과 생활」과 「한국의 사상」, 「유비무환」, 「민족의 진로」, 「국민경제의 발전책」, 「우리 과학 기술의 진흥책」, 「새마을 운동에 관하여」, 「경제개발 전략의 기조」, 「창조적 지도력의 역할」 등이 공통적으로 담고 있는 내용은 바로 미래 지향적 국민의식의 함양이다.

「사상과 생활」에서 박종홍이 '사람의 특성'을 정의하면서 글을 시작하는 것은 그런 점에서 매우 시사적이다. 박종홍은 "사람은 혼자서 살 수 없다. 서로 돕고 의지하면서 살도록 되어 있기 때문에, 한 가족이나 이 겨레의 운명과는 달리 나 개인의 행복만을 따로 생각할 수 없다."고 한다. 말하자면 사람은 '사회적 존재'인 까닭에 개인의 삶과 민족의 삶은 긴밀하게 결합되어 있고, 그래서 개인의 운명은 민족 국가에 종속되고 "사상은 국가 민족의 이념으로까지 진전"해야 한다고 한다. 이런 주장은 개인의 삶을 철저하게 민족 국가와 연관 속에서 이해한 것으로, 어떤 사회·문화적 가치보다도 국가와 민족의 가치가 중요하고 앞서야 된다는 주장으로 정리할 수 있다. 국민이란 무(無)에서 만들어지는 허구가 아니라 과거의 전통이나 집단 기억 등을 바탕으로 창조되는 '상상적 존재'라면, 박종홍은 '국가의 이념'을 민족과 국가를 구성하는 정체성의 핵심 요건으로 본 것이다.

---

357) 교육50년사 편찬위원회, 『교육 50년사』, 교육부, 1998, 219-212면.

이런 사실은 한 연구자의 지적처럼, 박종홍은 모든 철학적 사색의 방향을 민족공동체의 독립과 번영 그리고 통일을 위한 사상적 지도이념과 원리의 해명에 두었고, 철학자의 실천 역시 이 한 가지 목표를 위해 대중들을 고무하고 각성시키는 데 있다고 생각했다는 사실과[358] 연결되어 있다. 그래서, 박종홍이 말하는 '국가의 이념'은, "우리 민족이 나아가야 할 길은 어떠한 길이 되겠는가?"라는 단원 안내문과 연결해서 볼 때, 국가의 발전과 안위를 우선시하고 개인을 거기에 종속시키는 전체주의적 주체(혹은 국민)의 구축 과정이라는 것을 알 수 있다.

박종홍이 "미래와의 관련에 있어서 현재를 파악하려는 태도"(「한국의 사상」)가 무엇보다 중요하다고 말한 것은 그런 생각의 연장선상에 놓여 있다. 말하자면, 현재의 참뜻은 한갓 현재에만 얽매임으로써 살려지는 것이 아니고, "희망에 찬 미래에 대한 계획 아래 현재가 긴장된 건설로 전진할 때 비로소 그의 과거는 새로운 뜻을 가지고 빛날 수도 있다."는 것. 그래서 박종홍은 우리한테 내재되어 있는 과거에 대한 퇴영적 사고의 사례들을 하나하나 나열하고 비판하는데, 이는 일찍이 양계초가 새로운 '중국'을 건설하기 위해 우선 중국인의 내면에 존재하는 노예근성을 극복해야 한다는 주장을 떠올리게 한다.[359] 이를테면, 한국은 여러 정치적·사회적 변화를 겪으면서도 능동적으로 발전하지 못했고, 또 지정학적 특성으로 인해 중국이나 일본 등 주변국에 의해 민족의 운명이 좌우되었다고 생각하는 사람이 많은데, 이는 "너무나 애상적인 견지"에서 사물을 본 데 따른 것이다. 한국은 반도이기 때문에 대륙과 섬나라의 틈바구니에서 고난의 역사를 마치 운명적으로 받아 온 것으로 생각하는 태

358) 이병수, 「열암 박종홍의 정치참여의 동기와 문제점」, 『시대와 철학』(15), 한국철학사상연구회, 2004 봄, 139면.

359) 요시자와 세이치로, 정지호역, 『애국주의의 형성』, 논형, 2006, 11면.

도는, 이탈리아와 그리스 반도의 찬란한 문명을 생각해 볼 때 전혀 근거가 없는, 스스로를 "얕잡아 헐뜯는 좋지 못한 버릇"에 불과하다는 것. 일제의 식민 사관을 비판하려는 의도를 담고 있는 이런 내용을 통해서 박종홍은 과거의 역사 속에 깃들어 있는 우리의 '과학적 창의성'을 개발하고 북돋아주어야 한다고 말하고, 그것이 곧 '한국의 사상이 뚜렷한 의의와 보람'을 드러내는 방법이라고 강조한다.[360]

한국에는, 실학사상과 더불어, 서양의 과학이 처음으로 수입되었었다. 과학은 오늘도 서양 것을 배우기에 바쁘다. 무엇보다도 시급히 배워야 할 것만은 사실이다. 그러나, 우리 한국 사람에게 과학적 창의성이 본디 없었던 것이 아님은, 국민 학교 학생들도 잘 안다. 거북선이나 활자의 발명을 모를 어린이가 없겠기 때문이다. 정책이나 그 밖의 이유로 해서 이러한 면이 계승, 발전되지 못하였다고 하여, 우리 한국 사람에게 과학적 소질이 본디 없었다고 할 수는 없다. 소질이 없는 바 아니요, 사상이 고정, 완결되어 있는 것도 아니다. 그러니, 우리 본래의 건설을 꾀하는 견지에서, 그 새싹을 찾아내어 다시금 북돋우어 줌이 무엇보다도 필요한 것이다.[361]

이런 주장들은 결국 국민들이 갖고 있는 과거의 '퇴영적 사고'를 바로잡고

---

360) 박익수 역시 「우리 과학 기술의 진흥책」(『국어Ⅲ』의 202-208면)에서 비슷한 견해를 펼치고 있다. 여기서 박익수는 "우리 민족이 옛날부터 과학 기술에 대한 훌륭한 소질을 가지고 있으면서, 그것을 발전시키지 못한 가장 큰 원인으로 지적되는 것의 하나는, 자기의 지식과 기술을 일반에게 공개하려 하지 않고, 세습적으로 후손에게 비전(秘傳)할 생각을 가졌다는 사실이다. 이러한 생각은, 과학 기술을 진흥시키는데 커다란 장해가 된다는 것을 인식하지 않으면 안 된다."고 하면서, 민족의 왜곡된 특성을 근대 국가에 맞게 조정하기를 주문하고 있다.

361) 박종홍, 「한국의 사상」, 『국어Ⅲ』, 문교부, 1973년판, 200-201면.

미래에 대한 진취적 기상을 소유한 '국민'을 만들고자 하는 정치적 의도로 볼 수 있다. 주지하듯이, 근대 국가의 '국민'이 지닌 공통점의 하나는 '과거의 기억'이다. 과거의 기억은 개인의 사회화나 집단의 결속, 사회적 정통성의 유지와 그에 대한 도전의 과정에서 국민의 정체성을 지키는 결정적인 요인이 되고, 그래서 국가는 그것을 적절하게 통제해서 국민의 정체성을 확립하고자 의도한다.[362] 새롭게 정권을 장악하고 국가 만들기에 매진했던 군부의 입장에서 볼 때 무엇보다 시급했던 것은 아직도 미심쩍은 시선을 거두지 않고 있는 국민들의 의구심을 털어버리고 자신이 처한 환경을 둘러보고 미래를 향해 매진하는 전향적 '국민'이었을 것인데, 박종홍의 글은 그런 사실을 논리적으로 설명해주고 있는 셈이다.

김기석은 「민족의 진로」에서 그것을 보다 구체화시켜서 설명하는데, 그는 무엇보다 '낡은 한국'과 '새로운 한국'을 명확하게 구분 짓는다. '낡은 한국'과 '새로운 한국'의 경계를 김기석은 서재필의 독립협회에서 찾는데, 그것은 서재필이 1896년 미국에서 돌아와 독립문을 세우고, 독립협회를 만들고, 독립신문을 간행하는 등 "낡은 한국과 새로운 한국을 갈라놓"은 계기를 제공했기 때문이라고 한다. 근대사회로의 진입을 염두에 둔 듯한 이런 주장을 바탕으로 김기석은 '새로운 한국'은 독립협회에서 시작하여 3.1 운동, 8.15 광복, 6.25 사변과 4.19 의거, 5.16 혁명을 거쳐 오늘에 이르렀다고 말하는데, 이는 궁극적으로 박정희 정권이 독립운동의 정신을 이어받은 역사적 정통성의 계선 위에 놓여 있다는 사실을 암시해준다. 남과 북이 대치하는 상황에서 정권의 정통성마저 미흡했던 박정희와 서구 열강들의 틈바구니에서 외롭게 급진개화론의 기치를 내세웠던 서재필을 동일시하여 정권의 정당성을 확보하고자 의도

---

362) 강상중, 이경덕·임성모 역, 『오리엔탈리즘을 넘어서』, 이산, 1997, 160면.

한 것이다. 이러한 경계짓기는 '국가'란 본래부터 존재했던 것이 아니라 오랜 시간 동안 정치·경제·사회적 상황 속에서 변동하면서 구성되고 또 재구성되는 역사적 산물이라는 사실에 비추어 볼 때, 새로운 국가를 만들고자 하는 일종의 정략적 언술로 이해할 수 있다. 그래서 김기석은 이 정통성의 계선에서 이승만 정권을 냉정하게 배제하는 차별화를 시도한다. 김기석은 계승해야 할 대상이 서구의 물질주의나 기계문명, 사회주의 혁명과 마찬가지로 '일민주의'도 결코 아니라고 한다. 김기석의 글 또한 일민주의와 같은 전체주의를 지향하고 있으면서도 이승만 정권을 부정하는 이런 아이러니는 구악 일소를 기치로 내건 박정희 정권의 쇄신정책과 일정하게 관계되는 것으로 보인다. 박정희 정권은 '복지국가 건설'의 기치를 내걸고 재건국민운동이 벌였던 사업을 통해 이전 정권과의 차별성을 부각함으로써 정당성을 얻고자 했고, 그래서 이른바 구악을 일소하는 등 이전 정권의 부정성을 과감히 청산하고자 했다. 이런 사실을 상기해보면 김기석이 물질주의를 국민의 전진을 가로막는 가장 큰 적으로 지목하고 도덕적 재무장을 주장했던 이유가 한층 분명해지는 것이다. ✦

정인보의 「나라를 사랑하는 마음」은 멸사봉공을 실천한 모범적 사례를 제시하려는 의도와 관계된다. 이글은 1949년 3월의 「이충무공순신기념비」를[363] 개제한 것으로, 여기서 정인보는 이순신을 '충과 효'의 전형으로 제시한다.[364] 정인보에 의하면, 이순신의 행동을 지배한 것은 무엇보다 '멸사봉공'의

---

363) 『담원 정인보 전집』1, 연세대출판부, 1983년, 400면.

364) 『국어』 교과서에 이순신이 등장한 것은 미군정기부터이다. '군정청문교부' 간행의 『중등 국어교본』 중권에 이선근의 「이순신과 한산도 대첩」이 수록되어 있다. 이후 전시 교과서인 『고등국어 I』(문교부, 1953)에 이상백의 「인간 이순신」이 수록되어 있다. 전자는 이순신의 해전을 영국의 넬슨 제독과 비교해서 소개하며, 후자는 제목처럼 이순신의 인간적인 면모를 중심으로 그의 기적과 신비를 경탄할 것이 아니라 '순결한 인간성과 인간적인 노력'으로 이해하고 흠모해야 한다는 내용이다. 이후 1차 교과서에는 사라졌다가 2차 『국어』에 위의 정인보 글이 수록되어 있다. 영웅적인 측면(미군정기)에서 인간적인 측면(전쟁기)으로, 다시 영

국어 교과서의 탄생

정신이다. 그것은 몇 개의 일화를 통해서 구체화된다. 가령, 관직에 들어선 이후 이순신은 아무도 왜란을 걱정하지 않는 상황에서 홀로 장래를 헤아려서 전쟁 준비를 하였다. 거북선을 만들고 천지현황 등의 자호를 가진 대포와 승자장총과 갖가지 맹렬한 화전(火箭)을 만들어서 비밀히 시험을 하고 바다 목을 건너지르는 철쇄를 치고 망대를 쌓았다. 또 삼도통제의 명을 받았을 당시 이순신은 통제사가 실상은 군량이나 기계 하나 제대로 갖추어지지 않은 상태의 빈 이름뿐이라는 것을 알았다. 하지만 이순신은 둔전을 일구고 물고기를 잡고, 소금을 만들고, 질그릇까지 만들어 팔면서 군사들을 먹이고 무기를 준비하였다. 손수 총통을 만들고 밤이면 화살을 다듬는 등 모범을 보임으로써 군사들의 마음을 살 수 있었던 것이다. 또한 장군은 싸움에서도 '사(私)'를 잊는 모범을 보여서, 사천전투에서는 적탄이 어깨를 뚫은 채로 해가 지도록 군을 지휘하였다. 병사들이 안으로 드시라 하면 장군은 "내 목숨은 하늘을 믿는다. 어찌 너희더러만 적봉을 당하라 하랴."고 하면서 몸을 돌보지 않고 지휘를 계속하였다. 이순신이 적탄에 쓰러진 노량전투는 이순신의 나라 사랑의 마음을 상징적으로 보여준 극적 사건으로 서술된다. 즉, 이순신은 순천서 나올 왜군들의 길에 복병을 늘어놓고 몸소 나와 들어오는 적을 노량에서 만났다. "이 원수가 없어진다면 죽어 한이 없겠나이다."는 생각에서 필사적으로 전투를 벌여 200여 척을 격파했는데, 그 과정에서 적탄이 좌액에 박혀 쓰러진다. 하지만 이순신은 "싸움이 급하다. 나 죽었다고 말하지 말라."는 말을 남기고 절명한다. 개인의 생명에는 조금의 관심도 보이지 않은 채 오직 나라를 구하겠다는 일념에서 죽음까지 마다하지 않은 것이다.

웅적인 측면(2차)이 강조되는 식이다.

▲ 정인보

　이순신은 또한 효자의 전형으로 제시된다. 이순신은 어머니가 그립고 안부가 궁금해서 많은 밤을 앉아서 새웠다. 또 정유년 4월 초, 이순신은 백의종군으로 권율의 진중으로 가는 길에 아산 선산을 들렀다가 어머니를 만나기 위해서 사흘을 보내기도 하였다. 이런 내용을 서술하면서 정인보는 궁극적으로 '이순신은 성자다'라는 극찬을 아끼지 않는다.

　　공은 명장이라기보다도 성자다. 그 신묘불측이 오직 지성측달에서 나온
　　것이다. 다시 말하면, 공은 성자이므로 명장이다. 누구나 공을 닮으려거든,
　　먼저 국가 민족 앞에 일신의 사가 없어야 할 것을 알라. 저 고택을 바라며 이
　　앞길을 보라. 나도 한번 따라 보리라는 마음이 나지 아니하는가.[365]

　'나라를 사랑하는 마음'이라는 제목처럼, 이 글에서 정인보가 궁극적으로

---

365) 정인보, 「나라를 사랑하는 마음」, 『국어Ⅲ』, 문교부, 1973년판, 86면.

강조하는 내용은 바로 '멸사봉공'이다. 이순신의 행동에는 "일신의 사가 없"다는 것, 그것이 바로 이순신을 성자이자 명장으로 만든 요체라는 것이다.

이런 주장을 박정희 체제와 연결해서 보자면, 이순신은 단순한 영웅이 아니라 국민이 존경하고 본받아야 할 실천궁행의 모델이라는 것을 알 수 있다. 더구나 이순신은 용맹한 장수였을 뿐만 아니라 효자였다. 말하자면 충과 효를 결합해서 실천한 모범적 인물이었는데, 이 역시 박정희 정권에서 강조한 충효의 덕목과 연결된다. 자식이 부모에게 효를 행하듯 국민은 국가에 충성을 해야 한다는, 국가에 대한 절대적인 복종의 윤리에 다름 아닌 것이다.

손명현이 「어떻게 살 것인가」에서 소개한 방한암 선사와 오봉의 일화 역시 멸사봉공의 덕목과 관계된다. 6·25 당시 작전상 절을 태워야 하는 절박한 상황에서 방한암 선사는 절을 수호하기 위해 단좌한 채 절명한 것은 "신념을 위하여 신명을 도(賭)한 높은 행동"으로 칭송되며, 사람의 목을 베어 제사를 지내는 악습을 없애기 위해 스스로 그 제물이 된 오봉의 행동은 "가르침을 펴고자 생명을 초개처럼 버린 거룩한 행동"으로 서술된다. '어떻게 살 것인가'라는 제목 아래 그 두 일화가 소개된 것은 멸사봉공의 살신성인만이 그 "훌륭한 대답"이라는 사실을 말하기 위한 전략이다. 여기에 이르면 이들이 그려낸 '국민'의 모습은 사적인 이해관계를 초월하고 미래를 향해 전진하는, 말을 바꾸자면 국가의 정책에 순응하는 '신민(臣民)적 존재'로서의 '국민'이라는 것을 알 수 있다.

심정적 애국주의와 반공주의

사상과 이념의 차원에서 국가주의를 설파했던 박종홍 등과는 달리 이은상을 비롯한 문인들은 그것을 심미적 차원에서 정서화하는 역할을 수행한다. 이은상은 2차 『국어』 교과서에 5편, 3차에서 2편과 번역시 3편을 수록하여[366] 박종홍에 버금가는 박정희 정권의 이데올로그라는 사실을 보여준다. 이승만에서 박정희, 그리고 전두환 정권으로 이어지는 그의 정치적 편력은 시조시인이라기보다는 발 빠른 정치꾼의 모습을 보여주는데, 그가 그렇듯 민첩하게 변신할 수 있었던 것은 무엇보다 그의 사고체계가 근본적으로 국가주의적 특성을 갖고 있었기 때문이다.

▲ 이은상

박정희 정권에 의해 국가적 프로젝트 차원에서 진행된 '이순신 영웅 만들기'의 1등 공신이기도 한 이은상은 일찍이 『성웅 이순신』[367]에서 민족과 국가를 모든 사고의 중심에 둔 인물로서 이순신을 창조한 바 있다. 『성웅 이순신』

366) 2차 『국어 I』 ; 「시고를 보내고 나서」(편지), 「고지가 바로 저긴데」(현대시조), 「심산 풍경」(현대시조), 「피어린 육백 리」(기행문), 「시조와 자유시」(대담), 3차 『국어1』 ; 「고지가 바로 저긴데」, 「한 눈 없는 어머니」, 「강에는 눈만 내리고」(역시), 「가을 산길」(역시), 「임을 보내며」(역시)

367) 이은상, 『성웅 이순신』, 횃불사, 1969.

에서 이은상이 주목한 것은 인간이란 철저히 민족과 국가의 이해 아래 예속된 존재라는 점, '나라 있고 내가 있다'는 식의 국가관을 체현하지 못하면 '인간다운 인간'이 결코 될 수 없다는 것이었다.[368] "고지가 바로 저긴데 예서 말 수는 없다."는 이은상의 시구가 아직도 생생한 것은 "고난의 운명을 지고 역사의 능선을 타고" 있는 우리 민족과 국가의 운명을 환기하는 그것의 강렬한 정서 때문일 것이다.

『국어』 교과서에 수록된 글 역시 그런 이은상의 생각을 구체적으로 보여주는데, 가령 「시조와 자유시」의 다음과 같은 구절은 그가 얼마나 철저하게 국가와 민족을 중심에 두고 생각하는가를 말해준다.

> **이은상** : 그렇습니다. 시를 사랑하는 국민, 적어도 시정신을 숭상하는 국민은 아름답고 고상한 국민입니다. 거기에는 믿음과 희망과 사랑과 평화가 깃들어 있기 때문입니다. 국민 생활을 정서화하고 또 그 정서를 순화하는 것은 가장 아름답고 고귀한 결과를 가져오는 운동입니다. 더구나, 우리 민족은 오랜 역사를 통해서 시를 사랑해 온 자랑할 만한 민족입니다. 시조 같은 정형시의 작법을 보급시켜서, 모든 국민들이 이것을 즐겨 짓는 것으로써 하나의 아름다운 민풍을 일으켰으면 싶습니다. 이것이 바로 생활의 문학화, 문학의 생활화인 것입니다.[369]

시를 숭상하는 마음이 곧 '국민 생활을 정서화'하는 '운동'이라는 주장은 외견상 그리 문제될 게 없는 발언이다. 하지만 그 운동의 주체를 '국민'으로 설정

---

368) 이은상의 '이순신'에 대해서는 이상록의 「이순신-민족의 수호신 만들기와 박정희 체제의 대중 규율화」(『대중독재의 영웅 만들기』, 휴머니스트, 2005)를 참조하였다.

369) 박종화·구상, 「시조와 자유시」, 『국어 Ⅰ』, 문교부, 1973년판, 198면.

하고 있는 데서, 그리고 글의 논조와 어투를 헤아려 볼 때, 심상치 않은 의미를 감지하게 된다. 사실, 시를 사랑하는 사람이라면 누구나 '시 정신'을 숭상할 수 있고, 또 믿음과 희망과 사랑과 평화의 마음을 배태하고 있을 것이다. 그렇지만 그런 행위의 주체가 '국민'이고 그것이 종국에는 '민풍(民風)'이 되어야 한다는 주장에는, 시를 통해서 국민의 정서를 새롭게 만들고자 하는 이데올로 그다운 면모가 짙게 드리워져 있음을 볼 수 있다. 그런 생각을 갖고 있었던 까닭에 이은상은 서정시를 설명하면서도 '국민'과 '민풍'이라는 말을 자연스럽게 토로한 것이다.

「피어린 육백 리」에는 국가와 민족에 대한 이은상의 이런 애정이 깊게 투사되어 있다. 그런데 그 애정은 단순한 사랑이 아니라 아름다운 국토와 그것을 피로 물들인 공산당을 대비하면서 국토를 신앙의 차원으로 고양한 우국적 열정에 의해 뒷받침된다. 이은상의 눈에 비친 '국토'의 이미지는 무엇보다 '순결함'으로 정리된다. '국토'는 "밝은 빛, 맑은 기운"이 굽이쳐 흐르고 물소리가 가슴 속의 티끌을 대번에 씻어주는 곳, 치열한 격전이나 피비린내와는 거리가 먼 곳이다. 그래서 친소도 없이, 은원도 없이, 싸우다 말고 총을 던지고 냇물에 발이라도 담그고 앉아 도란도란 이야기를 하고 싶은 "그림보다 더 아름다운" 곳으로 그려진다. 국토는 또한 단순한 산하가 아니라 국민을 하나로 묶는 공간이자, 국민을 국민으로 만드는 정체성의 중요한 터전이기도 하다. "산첩첩 물 겹겹 아름다운" 국토는 "고난을 박차고 일어서"는 민족의 역사와 운명을 함께해 온 존재이고, "태양같이 다시 솟는 영원한 불사신"이기도 하다. 불사신처럼 국토와 함께 해온 게 우리 민족이라는, 국토의 절대화, 신앙화라고나 할까? 그렇지만 이은상이 발 딛고 있는 현실은 '헤어진 군복 조각을 걸친 허수아비'가 앙상하게 서서 새를 쫓는 곳으로 변했고 또 철조망과 쇠말뚝이 앞길을 가로막고 있다. 가려야 갈 수 없고, 만지고자 해도 만질 수 없는 곳, 그렇다고 바다를 건너서 갈 수 있는 곳도 아니다. 그런 상황에서 목격한 길가에 세워져 있는 전적비는 이은상이 가야 할 길의 좌표를 지시하는 역사의 교훈으로 의미화된다. "피 발린 비석이요, 눈물어린 비석"이지만, 거기에는 국군이 영웅적으로 공산군과 싸워 이 지역을 점령하게 되었다는 사적(史蹟)이 새겨져 있다. 휴전선이 이만큼이나마 북으로 높이 올라온 것은 바로 그들의 고귀한 희생이 있었기 때문이라는 것, 그래서 국토를 지키기 위해서 공산군과 싸운 국군의 행동은 '영웅적'인 것으로 칭송되고, 심지어 옛날 이스라엘 민족이 이집트의 속박에서 벗어나 "카나안 복지를 향"했던 것처럼 '이상 세계를 만들기 위한 온갖 고난 극복의 행진'으로 미화된다.

그런 전적지를 지나 "향로봉"을 향하는 이은상의 도정은 그래서 비장한 정조에 사로잡힌다. '1293m, 600리 휴전선' 밑에서 가장 높은 봉우리에 불과하지만, 거기에 이르는 도정은 결코 높은 봉우리 하나를 등정하는 수준에 머무르지 않는다. 남과 북의 강토 전체를 조감하는, 민족의 운명을 투시하는 유비적 존재가 바로 향로봉이다. 향로봉 정상에 올라 내려다본 남북 강산은 그래서 장엄한 아름다움으로 그를 압도하고, 그 벅찬 감격의 순간에 터져 나오는 다음과 같은 시구는 '불안과 초조와 회한 속에서 슬픔만을 되새길 수 없다'는 국토 정화(淨化)의 간절한 염원을 담게 된다.

승리를 위해 해를 머무르게 한
여호수아의 기도를 들으신 주여!
공전하는 역사의 바퀴를
오늘도 여기 멈춰 주소서.
불안과 초조와 회한 속에서
다만 슬픔을 되새기면서
바람결에 흰 머리카락을 날리며
헛되이 늙게 하시나이까!

주여! 이 땅에 통일과 자유와 평화를

비 내리듯, 꽃 피우듯 부어 주소서.

그 땅에서 단 하루만이라도

그 땅에서 살게 해 주옵소서.[370]

국토 곳곳에 물들어 있는 피비린내를 씻고 소라고등 모양으로 산굽이를 돌아 오르는 과정에서 만난 비는 바로 '티끌'을 씻어내기 위한 일종의 정화수와도 같다. 비를 맞고 씻긴 산의 이미지가 "순녹색의 신선의 궁전"으로 다가오는 것은 그런 의례를 통해서 국토의 순결성을 꿈꾸는 간절한 염원이 투사되어 있기 때문이다.

그런데, 그것은 국토에 대한 합리적 조망이 아니라 심미적 정서에 의해 환기된 애국적 열정이라는 점에서 일종의 주술과도 같다. 향로봉을 감싸고 내리는 '비'를 통해서 '티끌'을 씻어내겠다는 것은 순결의 이미지를 다시 재생시키겠다는 간절한 소망이고, 그런 염원에서 향로봉을 답파한 까닭에 등정 뒤의 막다른 여정에서 도달한 것은 뜻밖에도 국민의 대오각성이라는 주술적 다짐이다. 동해의 파도를 마주해서 언제까지고 울고만 섰을 수는 없다는 것, 차라리 돌아가서 할 일을 찾아야 한다는 것, 곧 민족과 인류를 이 '역사의 함정'으로부터 구하기 위해서 "민족 전부가, 인류 전체가 모두 나서서 스스로 제가 저를 구출하기에 온갖 정성을 다해야 한다"는 것이다. 말하자면 국민적 각성을 통해서 새로운 국민으로 거듭나야 한다는 것으로, 김기석이 「민족의 진로」에서 언급한 '새로운 인간형, 새로운 형의 지도자, 새로운 형의 민족성'과 동질의 견해임을 알 수 있다.

---

370) 이은상, 「피어린 육백 리」, 『국어 I 』, 문교부, 1973년판, 82면.

애국심이란 본래 논리적 설득력을 갖고 있기보다는 감정에 호소하는 특성이 강하다. 국토의 순결성을 회복하기 위해 애국적 국민으로 거듭나야 한다는 주장은 국토에 대한 근원적 귀속감을 일깨워 '국민'이 장차 어떻게 살아야 하는가에 대한, 이를테면 '국민의 이상적 상'을 제시하려는 의도를 내재한다. 박형규가 「유비무환」에서 우리 민족이 생존권을 유지하고 빛나는 내일을 향해 전진하기 위해서는 '유비무환'의 정신을 깨닫고 개개인이 올바른 국가관과 정신자세를 확립해야 한다는 주장과 같은 맥락이다. 더구나 이 두 글은 모두 공산주의라는 타자를 전제하고 있다. 주체의 인식은 언제나 타자의 존재를 필요로 하듯이, 두 사람은 모두 공산주의라는 적대적 타자를 통해서 국토에 대한 사랑과 애국적 열정을 대비적으로 표현한다. 공산주의에 대해서 날카롭게 경계를 긋고 그들에 의해서 국토와 민족이 오염되었다는 것을 상기시키는 것은 공산당이 우리 국토와 민족이 갖고 있는 본원적 순결성을 훼손시켰고 그래서 우리는 그들을 척결하여 이전의 순결성을 회복해야 한다는 믿음을 전제한 것이다.

그런 점에서 이은상과 박형규는 "우리의 피를 흘리지 않고서 나라를 지키는 수도, 통일을 이룩하는 수도 없는 법"이라고 절규하는 「청춘은 조국과 더불어」(유치진)의 주인공 '연길'을 떠올리게 한다. 6·25가 발발하자 학병에 지원해서 전장으로 떠나는 연길과 그의 애인 옥란의 비감한 사랑을 소재로 한 이 작품에서 유치진이 궁극적으로 말하고자 하는 것은 '조국을 위해서는 죽어도 한이 없다'는 맹신적 애국심이다. "내가 죽어서 나라가 평안하고 통일이 이룩된다면, … 그래서, 우리 어머님께서 사실 수 있다면, 난 몇 백 번 죽어도 한이 없어. 옥란이, 내가 죽었다고 서러워 말고, 우리 어머님 뵙거든, 연길인 씩씩하게 싸우다 죽었다고 말해 줘."[371]라는 애절한 절규는 사실은 내용 없는 거짓 진술에 불과하다. 전장에 나가기도 전에 미리 죽음을 예언하는 경솔함이나, '나라'의 실체도 모른 채 '죽어도 한이 없다'고 외치는 것은 행동의 비장함을 떠나서 국가를 맹신하는 공허한 애국주의에 다름 아닌 것이다. 이은상이 국토 기행을 통해서 표현하고자 했던 국토 정화의 의지와 애국적 열정 역시 이와 크게 다르지 않다는 점에서, 이들이 의도했던 바는 국토와 국가에 대한 근원 적 귀속의식을 전제한 심정적 애국주의라는 사실을 다시금 확인하게 된다.

통과 의례로서의 교과서

이 외에도 교과서에는 당시 박정희 정권의 정책을 홍보하거나 암시하는 내 용의 글들이 다수 수록되어 정권이 의도한 '국민 만들기' 작업이 전방위적으로 행해졌다는 것을 알 수 있다. 사회 비판적인 내용의 시와 소설을 배제하고 이 른바 주관적인 순수와 서정을 주된 내용으로 하는 문학작품만을 선별해서 수 록한 것이나 분단을 극복하려는 의지보다는 북한에 대한 적개심과 멸공의 정 신만을 고취하는 내용의 글이 여럿 수록된 것은 국어과 교육의 본래 목표라기 보다는 정권의 국가적 기율과 관계될 것이다.[372] 이 가운데서 국가주의와 관 련해서 특히 시선을 끈 것은 천관우의 기행문 「그랜드 캐년」과 케네디의 취임

---

371) 유치진, 「청춘은 조국과 더불어」, 『국어1』, 문교부, 1983년판, 109면.

372) 2차 교과서에서는 소설로 「뽕나무와 아이들」(심훈)과 「별」(알퐁스 도데) 그리고 시나리오 「마지막 한 잎」(오우 헨리)이 수록되어 있지만, 3차에서는 작품수가 늘어서 국내소설로 「금 당벽화」(정한숙), 「등신불」(김동리), 「빈처」(현진건)가 추가되어 있다. 반공주의를 설파하거 나 시사하는 글로는 본문에서 살핀 것 외에도 「산정무한」(정비석), 「나의 고향」(전광용), 「나 의 명절」(김봉구), 「조국」(정완영) 등이 있다.

사인「대통령 취임사」이다.

「그랜드 캐년」은 1차부터 수록되어 있었으나 「대통령 취임사」는 2차에 추가된 것으로, 이들 글에서 목격되는 것은 친미적 감정과 미국에 대한 맹신의 정서이다. 가령, 천관우는 글 전반에서 광활하고 웅장한 미국 대륙에 대한 경이와 찬탄의 감정을 거침없이 토로한다. 즉, 애리조나 피닉스에서 대협곡의 관문인 플래그 스태프까지 가는 동안 시시각각으로 변하는 풍경과 기후를 묘사하면서 천관우는 그 조화의 무궁함에 소름끼치는 전율을 느끼고, 서쪽 하늘의 빨간 낙조를 보고는 "비경(秘境)을 찾아드는 감개를 억누를 수가 없"다고 흥분을 감추지 못한다.

> 눈앞에 전개되는, 아 황홀한 광경! 어떤 수식이 아니라, 가슴이 울렁거리는 것을 어찌할 수 없습니다. 이 광경을 무엇이라 설명해야 옳을는지, 발밑에는 천인의 절벽, 탁 터진 안계에는 황색, 갈색, 회색, 청색, 자색으로 아롱진 기기괴괴한 봉우리들이 흘립(屹立)하고 있고, 고개를 들면 유유한 창천이 묵직하게 드리우고 있습니다. (중략)
> 천지의 유구함을 생각하노니,
> 서러워라, 나 홀로 눈물만 지네.
> 라고 한, 옛 사람의 글귀가 언뜻 머리를 스치면서 까닭 모를 고요한 흥분에 사로잡히는 것입니다.[373]

선경(仙境)에 든 듯한 감격에서 혼자 창연히 눈물 흘리는 옛 사람의 심경에 젖어드는 지은이의 감정은 정비석이 망군대에 올라 토로한 "아! 천하는 이렇

---

373) 천관우, 「그랜드 캐년」, 『고등 국어Ⅱ』, 문교부, 1971년판, 87면.

게도 광활하고 웅장하고 숭엄하던가!" (「산정무한」에서)라는 구절을 능가한다. 이 격한 감정을 접하면서 독자들은 미국에 대한 외경과 선망의 감정을 갖지 않을 수는 없을 것이다.

그런데, 더욱 흥미로운 것은 케네디의 「대통령 취임사」가 이런 동경심에 대한 미국의 화답(?)과도 같은 내용을 담고 있다는 사실이다. 1961년 1월 20일 의회에서 행한 연설문을 번역한 이 글에서, 케네디는 대통령 취임사답게 미국이 처한 상황을 설명한 뒤 향후 정책의 방향을 제시하는데, 여기서 케네디는 "어떤 친구라도 도울 것이며, 어떤 적에게라도 대항할 것"이라는 사실을 강조한다. 미국의 생존과 자유의 성취를 공고히 하기 위해서는 어떤 희생이라도 치를 것이라는 주장에 뒤이어 표명된 이런 견해는, 실상 반공주의적 노선을 더욱 공고히 해서 공산국가에 맞서 싸우자는 미국의 대외정책을 천명한 것으로 이해할 수 있다. 하지만, 앞의 천관우의 글과 연결짓고 또 미국의 원조와 협력이 절대적으로 필요했던 박정희 정권의 상황을 고려하자면, 그것은 박 정권에 대한 후원의 언사로 읽어도 지나치지 않을 것이다. 인류 보편의 이념이나 이상을 담고 있는 것도 아닌 일개 외국 대통령의 취임사를 수록한 데서 그런 정치적 의도를 찾아내는 것은 지나친 억측은 아닐 터이다.

교과서에 수록된 글이 갖는 위력은 '모두 훌륭한 글이므로 비판의 대상이 될 수 없다'는 믿음에 바탕을 둔다는 데 있다. 대부분의 사람들은 교과서에 실린 글이면 어떤 것이든 감히 의심을 품지 않는다. 더구나 교과서는 학생들이 배워야 할 교육 내용을 담고 있고, 학교의 모든 수업과정에서 이용되며, 학생 평가의 기준을 설정하는 원천이기도 하다.[374] 그런 점에서 교과서는 개별적 존재인 개인을 '국민'으로 구성하기 위한 1차적인 통과의례라 할 수 있다. 박

---

374) 김진호, 「국어 교과서의 반민족성」, 『역사비평』, 역사비평사, 1988. 여름, 262면.

정희 정권이 2차와 3차에 걸쳐 대대적으로 교육과정을 개편하고 교과서를 재구성했던 것은 그런 이유로 설명할 수 있을 것이다.

그런데, 교과서는 개별 주체의 자발성에 바탕을 둔 것이 아니라 사회 구조적으로 강제된 일종의 제도적 장치라는 점에서 주체의 능동성과 자율성을 구속하는 억압적 성격을 동시에 갖는다. '국정'이라는 제도를 통해서 교과서의 내용이 획일적으로 규제되고 특정한 이념과 가치만이 무비판적으로 주입됨으로써 학생들은 다양한 가치와 사고를 접할 가능성 자체를 차단당한다. 지금까지 살핀 것처럼, 박정희 정권은 교과서를 통해서 '민족중흥의 역사적 사명을 다 하는 것이야말로 개인의 지상과제'라는 식의 전체주의적 사고와 '때려잡자 공산당!'식의 맹목적 반공의식을 강력하게 전파하였다. 전방위적으로 행해진 이런 국가주의적 규율을 통해서 박정희는 정권의 정통성을 마련하고 국가에 복무하는 '국민'들을 만들 수 있었던 것이다. 물론 이런 사실은, 시각을 달리하자면, 세계 최고의 교육열에 힘입어 경제대국으로 성장한 오늘의 한국을 존재하게 만든 '국민'의 형성과정으로 볼 수도 있다. 독재와 부패와 억압으로 요약되는 불행한 기간이었음에도 불구하고 이승만에서 박정희로 이어지는 근대화의 도정은 한편으로 한국 사회가 치러야 할 불가피한 성장통으로 볼 수도 있다. 하지만 그럼에도 불구하고 그것을 비판적으로 이해해야 하는 것은 그 기율의 내용과 방향이 적절하지 않았다는데 있다.

2002년의 월드컵을 지켜보면서 받았던 감동과 충격의 양가감정은 그런 사실과 관계된 것이었다. 월드컵을 지켜보면서 놀랐던 것은 4강까지 오른 한국의 축구 실력보다도 '붉은 악마'로 상징되는 대중들의 광적인 흥분과 일체감이었다. 전국을 붉게 물들인 '붉은 악마'가 표상했던 것은 전 국민들의 마음 깊숙이 각인된 애국주의적 열정이었다. '대~한민국'이라는 연호(連呼)에는 '축구'를 매개로 한 국가에 대한 소속감과 자부심, 미래 지향적인 의지 등이 내재되어 있었고, 그것은 '대한민국의 국민'이라는 애국적 파토스에 바탕을 둔 것이었다. 그 한편에는 일상 깊숙이 자리 잡은 국가주의적 정념이 동시에 깃들어 있었다. 일상이란 관습적인 행위로 구성된 공간이며 그 공간에는 무의식적인, 다시 말해 신체화된 다양한 실천들이 존재하기 마련이다. 한국인의 정체성은 이런 신체화된 실천들 속에서 상상되고 검증되며 확인되는데, 그것을 구성하는 중요한 요소는 교육을 통해서 강제된 각종 국가주의적 기율이다. 규칙적인 리듬과 강력한 파토스를 담고 울려 퍼진 '대~한민국'이라는 외침은 바로 교과서의 기율을 신체에 아로새긴 '개조인간'[375]의 모습을 연상시켰던 것이다. 물론, 인간은 자신의 선택과는 무관하게 민족 구성원의 한 사람으로 태어나고, 그의 개체적 삶 역시 자신이 속한 국가의 생존과 번영을 떠나서는 성립할 수 없다. 그래서 자신이 속한 국가를 사랑하고 그것의 번영을 소망하는 것은 어쩌면 당연한 일이기도 하다. 그렇지만 문제는 그런 애국주의가 종국에는 일본 극우파들에게서 목격되는 전체주의적 호전성과 연결된다는 점이다. 박정희 정권의 비도덕성이 지탄받을 수 있는 것은 국민의 자질과 특성을 정권이 요구하는 하나의 방향으로만 몰아갔다는 그 저열성에 있는 것이다.

교과서를 분석하는 것은 우리의 일상과 신체 속에 구조화된 국민, 국가 권력, 집단무의식의 발원지를 찾아내는 작업과도 흡사하다. '국민 만들기'라는 치밀한 국가적 기획의 매트릭스(matrix) 위에서 교과서는 그 역할에 충실히 복무한 매체였던 셈이다. 국민이란 무의식적으로 각인된 국가적·이념적 집단이라는 점, 미국으로 이민 간 조승희 개인의 문제에 대해 한국 국민이 집단적 죄의식을 느껴야 했던 반응의 배경 또한 이와 무관하지 않을 것이다. 그렇다면 우리 안에 도사린 이 실체와 어떻게 싸움을 벌어야 할 것인가?

---

375) 니시카와 나가오, 윤대석 역, 『국민이라는 괴물』, 소명출판, 2002, 43면.

국어 교과서의 탄생

04.

'국어' 교과서와 분단문학

(- 7차 교육과정과 '국어' 교과서)

7차 교육과정과 국어

2002년부터 고등학교에서 시행된 '제7차 교육과정'은 여러 면에서 의미 있는 변화를 보여주었다. 10학년까지는 공통적으로 이수해야 할 '국민 공통 기본교육과정'을 두고, 그 이후에는 '수준별 교과과정'을 배치하여 학생들의 수월성을 제고하려 한 점이라든지, 학생들의 선택폭을 넓혀 기존의 획일성에서 벗어나게 한 점 등은 6차에서 볼 수 없었던 대목이다. 이러한 개편은 시대 상황의 급변에 따른 필연적인 대응으로 볼 수 있다. 학생들의 인식과 감성이 급속히 변화된 현실에서 구태를 벗지 못한다면 창의적인 인재 육성이란 공염불에 지나지 않을 것이다.

국어 교과서를 일별해 볼 때 변화와 갱신의 모습은 곳곳에서 목격된다. 외형상으로 교과서 지질이 누런색의 중질지에서 상질지로 바뀌었고, 색도도 단색에서 2색도 이상을 사용해 사진과 삽화의 선명도를 높였으며, 편집 디자인도 상당히 세련된 형태로 바뀌었다. 내용 면에서도 학생들의 편의를 고려하여 어려운 말에는 설명을 달고, 시의성이 떨어지는 고답적인 내용들은 거의 배제하였다. 또 학생들의 수준을 고려해서 단계별로 학습활동을 배치하여 수월성을 제고하려 했다. 이 과정에서 무엇보다 파격적 느낌으로 다가온 것은 현대문학에서 최근 작품을 적극적으로 수용하고, 컬러 사진과 함께 작가들을 소개한 점이다. 박완서의 「그 여자네 집」은 1997년도 작품이고, 윤흥길의 「장마」는 1973년도의 작품이며, 이청준의 「눈길」은 1975년도 작품이다. 또 〈학습 활동〉의 지문으로 인용된 이문열의 「우리들의 일그러진 영웅」은 1987년도 작품이고, 『광장』은 1960년도 작품이다. 6차 교과서에 수록된 「화랑의 후예」(김동리), 「메밀꽃 필 무렵」(이효석), 『삼대』(염상섭), 「동백꽃」(김유정)이 모두 1930년대 작품이었던 데 비하면 커다란 변화와 개편인 셈이다. 현대시의 경우도 김소월의 「진달래꽃」과 이육사의 「광야」를 재수록한 외에 정지용의 「유리창」을 새로 추가하였고, 특히 다른 작품 속에 삽입되거나 〈학습 활동〉의 지문으로 김용택의 「그 여자네 집」, 임화의 「하늘」 일부, 박재삼의 「추억에서」 등이 추가되어 한층 풍성해졌다. 또 필자들의 연령도 젊어져서, 수필 「곡성역에서 만난 할아버지」의 공선옥은 1963년생이고, 드라마 작가 진수완은 1970년생이다. 그 외에도 빌 게이츠라든가 영화 〈나 홀로 집에〉, 연재만화 〈광수 생각〉, 대중음악 〈가시나무〉, 각종 인터넷 사이트가 소개되고, 이사벨라 버드 비숍의 『조선과 그 이웃나라들』의 한 대목이 소개되어 있다.

▲『국어』(2002)

　이렇듯 여러 장르에 걸쳐서 교과서의 내용이 개편된 것은 현실의 변화를 적극적으로 수용한 것이라는 점 외에도, 한편으론 문학사 전반에 대한 새로운 의미화를 전제한 것으로 이해할 수 있다. 현대 문학은 이제 한 세기에 이르는 시간의 축적을 가졌다. 현대 문학은 개화기 이래 지금까지 수많은 작품을 산출하였고, 그에 따른 연구 역시 엄청난 양으로 축적되었다. 이런 일련의 과정을 통해서 작품의 의미와 맥락은 새롭게 규정되고 또 새롭게 정전(正典)의 지위를 갖게 되었다. 가령, 1987년 정부 당국에 의해 금단의 베일이 벗겨지기는 했으나 교육 현장에서 납·월북작가들은 여전히 불온시되는 인물이었다. 6차 교과과정의 〈국어〉 교과서에서 이들의 작품을 찾을 수 없었던 것은 그만큼 이들에 대한 사회적 편견과 거부감이 완강했다는 반증이다. 하지만 냉전 이데올로기가 완화되고 연구가 본격화되면서 이들의 문학적 가치가 새롭게 조망되고 또 이들이 추구한 문학과 이념의 내용이 금기가 아니라 이해와 포용의 대상이라는 사실이 새삼스레 확인되었다. 그런 점에서 임화[376]나 백석, 정지용의 수용은 때늦은 감이 없지 않다. 그리고, 이번 교과서에서 주목되는 또 다른 특징은 분단 극복의 의지가 담긴 작품들을 적극적으로 수용한 데 있다. 「그 여자네 집」이나 「장마」와 『광장』의 수록은 6차 교육과정에 비하자면 분단 극복을 위한 시대적 의지가 그만큼 고조되었음을 보여준다. 남과 북의 정상이 마주 앉아 현안을 논의하는 상황에서 이러한 측면은 한층 강화되어야 할 것이다. 마지막으로 타자(他者)의 시선을 수용한 점이다. 이사벨라 버드 비숍의 『조선과 그 이웃나라들』은 우리가 아닌 타인으로 눈으로 본 우리의 옛 모습이다. 주체란 타자를 전제할 때만이 온전한 형체를 갖듯이, 타자의 시선을 빌어서 주체를 대상화했다는 것은 그만큼 주체가 성숙했음을 말해주는 것이다.

이러한 긍정성을 인정하면서도 작품의 선별과 배치에서 목격되는 기능주의적 발상과 태도를 문제 삼고자 한다. 기능주의란 효율과 합리성에 바탕을 둔 것이기는 하지만, 대상의 본질에 대한 이해를 전제하지 않을 경우 자칫 내용 없는 형식주의로 전락할 가능성을 갖는다. 사실 7차 교육과정은 시장 논리에 바탕을 둔 경쟁 원칙을 수용한 것이라는 점에서 기능주의와 도구성에 대한 비판을 이미 안고 있는 것이기도 했다.[377] 정보화 사회를 주도할 인재를 육성한다는 것은 현대 사회를 이끌어 갈 합리적 주체를 기른다는 말이고, 그러한 목적을 달성하기 위한 도구가 바로 교과서이다. 물론 교과서 집필 과정에서 각각의 단원과 지문의 기능성을 고려하지 않을 수는 없겠으나, 내용과 맥락에 대한 깊은 고려가 전제되지 않을 경우 자칫 구색 맞추기 식의 형식론에 빠질

---

376) 임화의 경우는, 박완서의 단편 「그 여자의 집」에 시 「하늘」의 일부가 인용되면서 소개된다. 오른편 상단 날개에서 임화에 대한 간략한 소개가 나온다. 다소 옹색하지만, 남한을 부정하고 북한을 선택했던 인물을 이렇게나마 소개한 것은 그 자체로도 큰 의미를 갖는 것이라 하겠다.

377) 전국교직원노동조합, 『(자료집) 7차 교육과정 이해와 비판』, 2000년 참조.

가능성을 배제할 수 없다. 여기서는 교과서 전반에서 목격되는 이러한 측면들을 염두에 두고, 현대 소설에 국한해서 논의를 진행하고자 한다. 수록된 현대 소설들을 살피고, 특히 분단 문학으로 범주화할 수 있는 작품들을 선별해서 그 특성을 고찰하고자 한다. 이를테면, 문학사에 대한 인식과 작품의 의미, 나아가 작품이 갖는 문제점 등을 분단 문학이라는 측면에서 살펴보고, 그 연장에서 교육 현장과 교사의 역할에 대해 언급하고자 한다.

분단문학과 '그 여자네 집'

7차 과정의 『국어』 교과서에는 모두 여섯 편의 소설이 수록되었다. 「그 여자네 집」, 「봄봄」, 「장마」, 「눈길」이 본문으로 수록되었고, 「우리들의 일그러진 영웅」과 『광장』은 '학습 활동'의 지문으로 삽입되어 있다. 여기서 분단문학의 견지에서 주목할 수 있는 작품은 「그 여자네 집」과 「장마」, 그리고 『광장』이다.

「그 여자네 집」은 6차 교과서의 「화랑의 후예」, 「메밀꽃 필 무렵」, 「수난이대」에 비하자면 한층 신선하게 다가오는 작품이다. 김용택의 시가 작품의 첫머리에 소개되고, 작가회의(민족문학작가회의)가 언급되며, 또 최근 사회 문제가 된 정신대와 중국 여행에 따른 일화가 삽입되어, 마치 친근한 일상의 이야기를 능란한 입심으로 구술한 형국이다. 또 지면 곳곳에 작품 내용과 관계되는 그림이나 사진, 설명을 첨가하여 시각적 이미지에 친숙한 학생들의 흥미를 유발한 점 또한 눈길을 끈다.[378]

---

378) 하지만 그림과 삽화의 지나친 배치가 그리 긍정적이지만은 않았다. 활자에 익숙한 세대이고, 또 소설의 재미를 활자를 통한 상상의 즐거움에서 찾는 까닭에 삽화와 사진의 과도한 배

작품은 김용택의 동명의 시「그 여자네 집」에 대한 인용으로 시작된다. 사랑하는 여인에 대한 그리움을 평화로운 농촌 풍경과 결합시켜 서술한 이 시가 작품의 중심 모티프이고, 이 시를 통해서 화자는 기억 속에 묻혔던 고향에서의 추억으로 들어간다. 만득이와 곱단이의 지순한 사랑이 회상되고, 일제 말의 징용으로 불행하게 끝난 두 사람의 사랑이 그려진다. 만득이가 일본 제국주의의 희생이 되어 곱단이와 헤어지지 않을 수 없게 되고, 이 과정에서 곱단이를 향한 만득이의 속 깊은 사랑이 그려진다. 징용이란 사지(死地)로 가는 것이고 후일을 기약할 수 없는 일인 까닭에 가족들은 만득이와 곱단이의 혼례를 서두르지만, 만득이는 끝내 결혼식을 올리지 않는다. 한 여인에 대한 사랑이 어느 일방의 욕심일 수만은 없다는, 그것은 오히려 상대에 대한 세심한 배려와 믿음이라는 것을 웅변해 주는 대목이다. 그렇지만, 곱단이 역시 시대의 거친 소용돌이에서 벗어날 수는 없는 존재여서, 그녀 역시 정신대를 피하기 위해 엉뚱한 사람의 재취로 들어가는 비극을 겪는다. 그리고 신의주로 떠난 곱단이는 전쟁이 나고 분단이 굳어지면서 더 이상 소식을 알 수 없는 존재로 기억 속에 묻히고 만다.

작품의 후반부는 만득이와 결혼한 순애의 이야기를 통해서 그 이후의 후일담을 전해주는 식이다. 순애는 아직도 만득이가 곱단이를 잊지 못하고 있다고 믿는다. 시를 쓰면서 읊조리는 내용이나, 중국 여행 시 신의주를 앞에 두고 선상에서 통곡하던 장면은 모두 그런 심리에서 비롯되었다는 게 그녀의 생각이다. 얼마 후 순애가 죽고, 그 죽음을 통해서 화자는 평생 보이지 않는 연적(戀敵)을 앞에 두고 괴로워했을 순애의 불우한 삶을 떠올려본다. 그런 연민의 심정을 갖고 있던 차에 '정신대 할머니를 돕기 위한 모임'에 들렀다가 화자는 우

치는 사고의 흐름을 방해하고 제한하였다. 과연 소설을 이렇게 배워야 하는 것일까 하는 의문이 드는게 솔직한 심정이다.

연히 만득이를 만난다. 만득이가 그 모임에 나온 것을 곱단이에 대한 그리움 때문으로 이해한 화자는 그에게 다짜고짜로 따지듯이 대들지만, 그로부터 나온 대답은 전혀 뜻밖의 것이었다. 작품이 다시 한번 반전을 거듭하는 순간이다. 곱단이를 잊지 못한다는 건 순전히 순애의 지어낸 생각이라는 것, 자신의 감정은 단지 젊은 시절에 대한 그리움일 뿐이었다는 것, 그리고 중국 여행 시 두만강에서 운 것은 '남의 나라에서 바라보니 이렇게 지척인데 내 나라에선 왜 그렇게 멀었을까' 하는 서럽고 부끄러운 감정 때문이었다고 고백한다. 아울러, 그가 그날 정신대 할머니 돕기 행사에 참여하게 된 것은 정신대 문제를 애써 대수롭게 여기지 않으려는 일본 사람들에게 분통이 터졌고, 정신대 문제는 정신대 피해자인 할머니들의 문제만이 아니라 곱단이처럼 그것을 면한 사람들이 겪었을 한(恨)까지 함께 생각해야 한다는 내용을 토로하는 것이다. 이러한 결말부는 작가의 현실 인식을 보여주는 대목이기도 하다. 작가는 순결한 사랑이 역사의 격랑에 의해 짓밟히는 과정을 보여주는데 머물지 않고 민족적인 비극에 대한 현재적인 질문까지도 유도해내고 있는 것이다.

작가는 만득과 곱단의 일화를 통해 일본 제국주의의 만행이 단순히 정신대라는 특정한 범주에만 해당하는 것이 아니라 동시대인 모두에게 깊은 상실의 고통을 남긴 상처의 근원지라는 것을 고발하고 있다. 또한 만득의 상처가 한 편으로 분단 현실과도 결합되어 있다는 점을 환기시킨다.

> 오늘 여기 오게 된 것도, 글쎄요, 내가 한 짓도 내가 설명할 수 있을 것 같지 않지만 …… 아마 얼마 전 우연히 일본 잡지에서 정신대 문제를 애써 대수롭게 여기지 않으려는 일본 사람들의 생각을 읽고 분통이 터진 것과 관계가 있겠죠. 강제였다는 증거가 있느냐, 수적으로 한국에서 너무 부풀려 말한다, 뭐 이런 투였어요. 범죄 의식이 전혀 없더군요. 그걸 참을 수가 없었어요. 비록 곱단이의 얼굴은 생각나지 않지만 나는 지금도 생생하게 느낄 수 있어

요. 곱단이가 딴 데로 시집가면서 느꼈을, 분하고 억울하고 절망적인 심정을요. 나는 정신대 할머니처럼 직접 당한 사람들의 원한에다 그걸 면한 사람들의 한까지 보태고 싶었어요. 당한 사람이나 면한 사람이나 똑같이 그 제국주의적 폭력의 희생자였다고 생각해요. 면하긴 했지만 면하기 위해서 어떻게들 했나요? 강도의 폭력을 피하기 위해 얼떨결에 십 층에서 뛰어내려 죽었다고 강도는 죄가 없고 자살이 되나요? 삼천 리 강산 방방곡곡에서 사랑의 기쁨, 그 향기로운 숨결을 모조리 질식시켜버리니 그 천인공노할 범죄를 잊어버린다면 우리는 사람도 아니죠. 당한 자의 한에다가 면한 자의 분노까지 보태고 싶은 내 마음 알겠어요? 장만득씨의 눈에 눈물이 그렁해졌다.[379]

그런 점에서 이 작품은 일견 황순원의 「소나기」와 비견된다. 「소나기」가 청소년기의 지순한 사랑을 중심축으로 내세운다면, 이 작품은 거기에 틈입한 역사의 거친 소용돌이를 또 다른 축으로 제시한다. 「소나기」의 사랑에는 역사와 현실의 이념 따위는 배제되어 있다. 그러나 「그 여자네 집」에서는 역사와 현실의 적극적인 개입이 드러난다. 주인공들의 운명을 뒤바꿔놓는 것은 전쟁과 징용, 정신대라는 이름으로 자행된 폭력적인 현실 상황이었다. 역사와 현실에 대한 시선을 적극적으로 담고 있다는 점에서 「그 여자네 집」은 무채색에 가까운 「소나기」의 시선에서 몇 걸음 더 나아가 있는 셈이다.

분단문학을 남북 분단의 역사와 현실이 투영되고 그것을 극복하려는 의지를 담고 있는 문학이라 한다면,[380] 작품에서 식민통치와 분단 현실은 부정해야 할 역사의 폭력으로 나타난다. 작가는 만덕의 일화를 통해서 분단 극복의 의지를 내보이고, 더구나 그것을 청순한 사랑마저 용납하지 않은 현대사의 비극에 대한 성찰과 더불어 환기한다는 점에서 이 작품이 갖는 분단문학적 의의

379) 서울대 국어교육연구소, 『국어』(상), 교육인적자원부, 2002, 48면.
380) 분단문학의 개념과 특성에 대해서는 필자의 『탈분단 시대의 문학 논리』(새미, 2001) 2장 참조.

는 결코 가볍지 않다. 한 개인의 사랑을 파괴했다는 점에서 일제의 식민통치
와 분단은 동질의 것이라 할 수 있는데, 작가는 그것을 이렇듯 쉽고도 평이한
방식으로 보여주는 것이다.

하지만, 이러한 긍정성에도 불구하고 작품에는 '북한'에 대한 퇴영적 시각이
내재되어 있다는 점에서 세심한 고찰이 요구된다. 이를테면, 작품 속의 공간은
북한이라는 역사성을 지닌 장소가 아니라 추억 속에 각인된 무시간적이고 원
초적인 공간이다. 그곳은 청소년기의 아름다운 추억만이 인화지의 영상처럼
존재하는 곳이다. 만덕의 기억 속에 존재하는 북한이나, 화자가 회상하는 북한
은 현실의 북한이 아니라 노년에 반추하는 젊음과 더불어 존재하는 미화된 공
간이다. 그것은 작품의 중심 모티프이자 주제를 집약하고 있는 김용택의 시가
기억 속에 각인된 무시간성의 세계를 그린 것이라는 사실과도 관계된다.

시 속의 '그 여자네 집'은 "그 여자가 꽃 같은 열아홉 살까지 살던 집 / (…) /
지금은 아, 지금은 이 세상에 없는 그 집 / 내 마음속에 지어진 집"으로 나타난
다. 봄이면 살구꽃이 피고, 가을이면 은행나무 은행잎이 노랗게 물 들며, 저녁
연기가 곧게 올라가고, 목화송이 같은 눈이 사흘이나 내리던 그런 집이다. 박
완서는 시의 이런 이미지를 소설 속에 그대로 옮겨 놓았고, 그래서 소설 속의
북한의 이미지는 그와 흡사하게 나타난다. 거기에다, 작품 중간에 배치된 〈학
습 활동〉의 시는 북한에 대한 이러한 이미지를 더욱 강화하는 결과를 낳고 있
다. 작품과 관련된 문제를 제시하여 작품에 대한 이해를 높이려는 의도로 삽
입된 학생의 시 「잃어버린 고향」[381]은 북한의 이미지를 한층 부정적인 것으로
만든다. 시에서 말하고자 하는 것은 쓰레기로 황폐화된 '잃어버린 고향'이다.

---

381) 앞의 『국어』, 29면. 첫 연과 마지막 연을 소개하면 다음과 같다.
　　"푸른 하늘이 넘실거리고 있을 그 곳은 / 추억이 서려 있는 고향이 아니었다. // (…) // 그래,
　　잃어버린 고향이었다. / 그래, 잃어버린 고향이었다. //

"푸른 하늘이 넘실거리고" "추억이 서려 있는 고향"은 이제 농약병이 뒹굴고, 흑빛 아스팔트로 도배되어 꿈속에서나 볼 수 있는 곳일 뿐이라는 내용은 추억 속의 공간인 북한이 지금은 그 본래의 모습을 잃어버린 황폐화된 곳으로 변했다는 사실을 무의식적으로 환기시킨다. 이를테면, 가곡 「그리운 금강산」의 한 구절처럼 북한은 회복할 수 없는 "더럽혀진" 공간으로 암시되고, 이로 인해 북한은 원형과도 같은 향수의 대상으로 자리 잡는 것이다.

북한에 대한 이러한 시각이 문제인 것은 그것이 북한에 대한 정당한 인식을 방해한다는 데 있다. 분단 현실을 극복한다는 것은 북한을 추억 속의 공간이 아니라 구체적인 실체로서 인정하는 태도를 전제하거니와, 그것은 북한을 일정한 체제와 이데올로기의 규율 속에 놓여 있는 삶의 현장으로 보는 시각에 바탕을 둔다. 하지만 북한을 추억 속의 공간으로만 기억할 경우 이런 사실은 외면될 수밖에 없다. 그것은 1998년도의 여러 신문에 '특집' 형식으로 연재된 '방북기'를 통해서 그 단면을 간접적으로 확인할 수 있다. 가령, 고은, 김주영, 유홍준,[382] 이호철[383] 등이 북한을 방문하고 돌아 온 뒤 그 심경을 토로한 '방북기'에서 목격되는 북한의 이미지는 「그 여자네 집」에서 회상된 북한의 그것과 거의 흡사한, 동경과 향수의 대상으로 나타난다. 즉, 금강산과 원산과 백두산을 둘러본 뒤 고은에게 각인된 북한의 인상은 '고향의 원형'이자 동시에 '한민족의 원형질'이었다. "부드럽게 언덕진 밭은 첫물 수확을 앞두고 어머니의 부픈 가슴 같았"고, 더운 날에도 반소매를 입지 않고 단추 하나 풀지 않은 여자들의 옷매무새와 비가 와도 굳이 비를 피하지 않고 일을 하는 사람들의 모습은 마치 "한민족 원형질"과도 같은 것으로 다가온다[384]. 고은과 동행했던 유

---

382) 《중앙일보》, 1998년 12월 〈특집 ; 유홍준의 북한 문화 유산 답사기〉 참조.

383) 《동아일보》, 1998년 9월 〈특집 ; 9박 10일 방북기〉 참조.

384) 《중앙일보》, 12월 10일.

홍준이 느낀 심정도 비슷하다. 유홍준은 "외래문화가 범람하는 도회적 분위기에 익숙해져 있는 나에게 60년대 어린 시절에 본 것 같은 거리 풍경 등이 그대로 남아 있는 북녘의 모습은 하나의 문화적 충격"이었다고 하면서 거기서 목격되는 "천진성"을 강조한다. 그런 심정을 이호철은 다음과 같이 표현하였다.

> 북한 체류기간 중 내 머릿속에 첫 인상으로 깊이 꼬나박혀 들어왔던 것은 우선은 접대원 아주머니들이었다.
> 남쪽 우리네 40, 50년대에는 온 나라에 지천으로 널려 있다시피 많았고, 60년대 70년대까지도 맥을 이어왔던 우리네 원(原)조선 여성상, 한국 여성상이 이곳에는 고스란히 온존해 있었다. 푸근함 공손함 절제 예의바름 성실 짜디짠 살림 꾸리기, 그런 미덕들이 두루두루 모아진 기본 품격. 발랑 까지지 않은 깊숙하고 넉넉한 우리네 재래의 여성상(像).[385]

이런 시선은, 가난에 찌들고 호전적인 존재로 북한을 보는 냉전적 사고와는 달리 북한의 현실을 인정하고 그 속에 깃든 미덕을 찾고자 한 것이라는 점에서 한층 성숙한 모습인 것은 분명하다. 이질적인 측면보다는 동질적인 것을 발견하고 흥분과 감격을 토로하는 것은 동포로서 당연한 일이기도 하다. 하지만 이런 시각의 한편에는 북한의 실상을 직시하기보다는 미화하고 동경하는 신비화의 위험성이 내재되어 있음을 부인할 수 없다. 최근의 여러 연구와 증언을 통해서 확인되듯이, 북한 역시 남한과 다를 바 없는, 아니 그 이상으로, 정치권력 중심적이고 가족을 강조하고, 국민을 도구화시키고, 여자들을 남자들에게 봉사하게 하는 사회이다. 게다가 건국 초기부터 수령을 중심으로 한

---

385) 이호철, 「방북기」,《중앙일보》, 1998. 9. 8.

유일 체제를 유지해 왔던 까닭에, 인민들은 수령이라는 절대적 가치를 위해서 죽고 사는 존재가 되었다.[386] 몇 년 전 남북정상회담 과정에서 목격한 김정일의 자신감이란 기실 이런 체제에서나 가능한 일이다. "내가 마음만 먹으면 통일이 멀지 않다"는 생각은 절대화된 권력의 한 단면을 보여줄 뿐만 아니라, 한편으론 남한의 '국민'에 해당하는 '인민'이 실상은 '시민'이 아니라 '신민(臣民)'에 가까운 존재라는 것을 입증해 준다. 이렇게 보자면 북한 여성들의 모습이란, 자발적이고 자율적인 것이라기보다는 체제에 의해 강요된 희생과 봉건적인 절제에 바탕을 둔 것인지도 모른다. '더운 날에도 반소매를 입지 않고 단추하나 풀지 않은 여자들의 옷매무새'와 '비가 와도 굳이 비를 피하지 않고 일을하는 사람들의 모습'이란 획일적인 국민 동원체제가 고착화된 과정에서 야기된 특수한 인간형인 것이지 결코 한국인의 '원형'은 아닐 것이다.

박완서 등의 소설을 읽으면서 이런 생각을 했다는 것은 지나친 기우로 이해될 수도 있다. 하지만, 고은 등의 시각이란 어쩌면 기억 속에 각인된 북한의 옛 모습에 대한 향수와 무관한 게 아니라는 점에서 전혀 근거 없는 것은 아닐 터이다. 언급한 대로, 「그 여자네 집」의 공간은 북한이라는 현실의 장소가 아니라, 추억 속에 각인된 무시간적이고 원초적인 공간이다. 그런 까닭에 그러한 시선의 한 구석에는 퇴영적 사고가 잠재되어 있고, 그것이 북한에 대한 바른 인식을 저해할 가능성을 갖고 있는 것이다. 이호철과 고은 등이 목격했던, 아니 목격하고자 했던, 것은 어쩌면 이 기억 속의 공간일 것이고, 작가 박완서의 무의식 속에 각인된 공간 역시 그와 크게 다르지 않은 것이다.

---

386) 조한혜정·이우영 엮음, 『탈분단 시대를 열며』, 삼인, 2000, 134-160면 참조.

'장마'와 분단 극복의 길

「장마」(윤흥길)는 「그 여자네 집」보다는 한층 적극적으로 분단 현실을 문제 삼은 작품이다. 두 할머니의 갈등과 반목이 화해로 나가는 과정을 통해서 작가는 이데올로기로 인한 갈등을 넘어서려는 하나의 방안을 내보인다. 이 작품이 대표적인 분단소설로 평가되는 것은 분단의 실질적인 원인이 되는 이데올로기의 문제를 가족이라는 주변 인물들의 갈등을 통해서 포착해냈다는 점, 샤머니즘적인 토속신앙의 모티프를 차용한 점, 그것을 빌어서 분단 극복 의지를 강하게 내보였다는 점 등이 될 것이다. 그런 점에서 이 작품은 6차 교과서에서는 볼 수 없었던 분단 극복에 대한 시대적 의지를 한층 적극적으로 수용한 것으로 이해할 수 있다.[387]

「장마」는 어린 화자 '동만'의 시선을 빌어서 서술되는 작품이다. 친할머니와 함께 살던 동만은 전쟁이 발발하면서 피난 내려온 외할머니와 함께 살게 되었다. 사이가 좋았던 두 할머니였지만 어느 날부터 돌연 서로를 미워하는 처지가 된다. 두 할머니의 자식들이 각기 서로 다른 이데올로기의 신봉자가 되었고 그로 인해 두 할머니 역시 이데올로기의 실상을 알지도 못하면서 서로를 미워하게 된 것이다. 할머니의 아들(화자의 삼촌)은 빨치산이었고, 외할머니의 아들은 국군이었던 까닭에 살아남기 위해서는 어느 하나를 부정할 수밖에 없고, 그러한 대립 관계 속에 사돈 간인 두 할머니가 휘말려 든 것이다. 두 할머니의 관계가 회복할 수 없을 정도로 악화된 것은 빨치산에 대한 토벌이 본격화되고 그 과정에서 삼촌이 죽었을지도 모르는 상황이 발생하면서부

---

387) 물론 이 작품은 6차의 『문학』교과서에 수록된 바 있고, 또 수학능력시험에 출제되어 학생들에게 널리 알려진 작품이다. 그런 점에서 보자면 그리 새로울 것은 없으나, 국민 기본 공동 교과목인 『국어』에 수록되었다는 것은 분단 극복에 대한 국민적인 공감대를 보다 적극적으로 수용한 것으로 이해할 수 있다.

터였다. 외할머니는 자식을 근심하는 마음에서 어서 빨치산이 토벌되기를 바라지만, 할머니는 그것을 자기 아들이 어서 죽기를 바라는 저주로 받아들이는 아이러니가 발생하고 급기야 서로를 질시하는 상황이 된다. 화해와 관용보다는 어느 하나를 일방적으로 부정할 수밖에 없었던 1970년대의 냉전적 현실이 암시되는 순간이다. 교과서에 수록된 부분은 이 이후를 다룬 대목으로, 두 할머니 사이에 형성되었던 갈등이 구렁이의 등장과 주술행위를 통해서 해소되고, 마침내 화해한다는 내용이다. 즉, 아들이 돌아오기를 간절하게 기다리던 할머니는 점쟁이가 예언한 날이 되어도 아들이 나타나지 않자 끝내 졸도하고 만다. 그런데 뜻하지 않게 아들 대신에 구렁이가 나타나고, 그것을 아들의 혼령으로 받아들인 외할머니는 정성스레 구렁이가 갈 길을 인도하는 의식을 거행한다. 마치 주술사가 되어 하늘로 오르지 못하고 구천을 떠도는 영혼을 인도하는 듯한 의식을 거행하는 것이다. 정신을 회복한 뒤 이런 사실을 전해들은 할머니는 감격의 눈물을 흘리면서 외할머니와 화해한다는 게 작품의 내용이다.

이 작품의 문제성은 이러한 내용을 통해서 분단 극복의 가능성을 시사한데 있다. 외할머니나 할머니는 모두 비슷한 나이의 자식을 두었고, 그것도 전쟁이라는 극한의 상황에 자식을 내놓은 까닭에 사실은 동병상련의 처지라 할 수 있다. 그런데 전쟁은 이들의 의지와는 무관하게 이데올로기라는 비극의 씨앗을 뿌려 놓았고, 급기야 서로를 적대시하게 만든 것이다. 이들의 갈등은 서로가 서로를 부정할 수밖에 없는 이데올로기의 대립에서 비롯된 것이라는 점에서 해결의 실마리를 찾기란 결코 쉬운 일이 아니다. 삼촌이 죽은 것으로 암시된 데서 알 수 있듯이 어느 하나가 제거되어야만 다른 한쪽이 살 수 있는, 어쩌면 냉전체제 하의 남북한의 현실과 흡사한 형국이다. 하지만 두 할머니는 동물적인 모성의 소유자들이고, 또 자식을 매개로 한 갈등 역시 적대적인 것이라기보다는 해결의 가능성을 내재한 상황적인 것이다. 두 할머니의 갈등은 서로 간의 공감을 확인함으로써 극복 가능한 것이라 할 수 있는데, 작가는 그 것을 민족의 전통 정서인 '뱀'으로 상징되는 민간 주술에서 찾는다. 즉, 민족 보편의 정서를 환기함으로써 작가는 외래적인 이데올로기를 넘어서는 근원 적인 공감대를 마련하고, 궁극적으로 분열된 민족이 통일될 수 있다는 믿음을 시사한다.

「장마」의 문제성은 이처럼 민족 고유의 정서를 통해서 외래적 이데올로기 를 극복하고 민족 통합의 길을 제시한 데 있다. 물론, 1950, 60년대 소설에서 분단 현실을 문제 삼은 작품이 없었던 것은 아니지만, 그것을 정면에서 문제 삼고 극복 가능성을 암시한 것은 거의 없다고 해도 과언이 아니다. 손창섭, 이 호철, 하근찬 등이 분단 현실에 대한 적극적인 문제의식을 갖고 작품 활동을 했으나 대개는 전쟁과 분단으로 인해 황폐화된 현실이나 왜곡된 삶 등을 주로 문제 삼았다. 그런데, 윤흥길은 그런 현실을 구체적 상징을 통해서 형상화하 고 그 극복 가능성을 암시했다는 점에서 분단소설을 한 단계 끌어올리는 역할 을 했던 것이다.

교과서에 수록된 부분에서 아쉬운 것은 이 작품이 갖는 이러한 의의를 충 분히 전달하지 못한다는 데 있다. 반목으로 일관하던 두 할머니가 극적으로 화해하는 대목만을 소개한 까닭에 갈등의 원인이라든가 전쟁의 참상, 가령 남 과 북을 가리지 않고 군인들이 저지른 만행에 대한 고발 등은 모두 서두의 요 약문으로 대체되고, 지문은 단지 그 결과만을 보여주는 식이다. 주술적인 행 동을 통해서 두 할머니가 화해한다는 정도의 이야기만을 들려주는 까닭에 분 단소설의 측면에서 보자면 무엇보다 중요한 대목을 생략한 셈이다. 또 하나, 이 작품은 냉전 이데올로기가 거의 사라지고 탈분단의 과정이 본격화된 오늘 의 현실에서 보자면 자칫 통일에 대한 안이한 낙관론을 조장할 가능성도 갖고 있다. 분단과 이데올로기의 갈등을 해소해야 한다는 전언은 귀담아 들을 대목 이지만, 그것이 현실성을 갖기 위해서는 남과 북의 실상에 대한 이해를 전제해야 한다. 왜 목숨을 내 놓으면서까지 자유민주주의를 수호하려 했는지, 반대로 왜 목숨까지 바치면서 그 고통스러운 빨치산 투쟁에 가담했는지 등의 문제가 제대로 해명되어야 문제 해결의 가능성이 포착될 것이다. 더구나 오늘의 시점에서 통일이란 남한과 북한의 단순한 통합을 의미하는 것이 아니라는 사실도 이해되어야 한다. 최근 TV나 각종 매체를 통해서 확인되고 있듯이, 남한과 북한은 60년 이상을 서로 다른 이데올로기와 체제에서 살아온 까닭에 서로 이질적인 집단이라고 해도 지나친 말이 아니다. 통일이란 단순한 통합이 아니라 서로 다른 문화와 체제를 발전적으로 조정하는 과정이고, 그렇기 때문에 서로에 대한 객관적인 이해가 무엇보다 중요하다.

이러한 점이 충분히 고려되지 않았기에 작품의 다음과 같은 문제 해결방식에 쉽게 동의할 수 없는 것이다. 작가의 전언이 추상화되어 전달될 수밖에 없는 소설의 특성을 감안하더라도 주술적인 의식을 통해서 두 할머니의 갈등이 봄눈 녹듯이 사라진다는 것은 쉽게 납득하기 힘들다. 더구나 할머니의 경우는 자식의 죽음을 확인도 하지 않은 채 단지 죽었을 것이라고 믿고 행동한다는 점에서 더욱 그러하다. 삼촌이 죽은 것으로 작품에서는 암시되지만, 그것이 바로 할머니의 믿음으로 전화될 수는 없다. 생사가 확인되지 않은 자식을 죽은 것으로 가정하고 그 자식의 혼령을 천도한 사돈 노인의 행동에 감동한다는 것은 작품의 논리상 현실성이 떨어지는 까닭이다.

"고맙소."
정기가 꺼진 우묵한 눈을 치켜 간신히 외할머니를 올려다보면서 할머니는 목이 꽉 메었다.
"사분도 별시런 말씀을 다……."
외할머니도 말끝을 마무르지 못했다.
"야한티서 이얘기는 다 들었소. 내가 당혀야 헐 일을 사분이 대신 맡었구랴. 그 험헌 일을 다 치르노라고 얼매나 수고시렀으꼬."

"인자는 다 지나간 일이닝게 그런 말씀 고만두시고 어서어서 뫼이나 잘 추시리기라우."

"고맙소, 참말로 고맙구랴."

할머니가 손을 내밀었다. 외할머니가 그 손을 잡았다. 손을 맞잡은 채 두 할머니는 한동안 말을 잇지 못했다. 그러다가 할머니쪽에서 먼저 입을 열어 아직도 남아 있는 근심을 털어놓았다.

"탈없이 잘 가기나 혔는지 몰라라우."

"염려 마시랑게요. 지금쯤 어디 가서 펜안히 거처험시나 사분댁 터주 노릇을 톡톡이 하고 있을 것이요."[388]

말하자면 작품의 결말은 작가가 자신의 생각을 직접 내민, 작가의 관념을 생경하게 노출한 형국이다. 언급한 대로 이 작품은 1973년에 발표되었고, 작품이 갖는 의미 또한 그 시대의 문학사적 자장에서 자유로울 수 없다는 점에서 이해되지만, 그로부터 40여 년이 경과한 오늘의 시점에서 과연 이러한 해결 방식이 호소력을 가질 수 있을지는 의문이다. 그렇기 때문에 이 작품을 학생들에게 읽히는 과정에서 세심한 주의가 필요할 것으로 보인다. 이데올로기의 갈등에 대한 안이한 인식이라든가, 통일에 대한 낙관론, 빨치산의 만행이 자칫 반공의식을 강화할 가능성 등에 대한 세심한 고려가 병행되어야 할 것이다. 이 작품에서 돋보이는 대목은 어린 화자의 천진한 시선으로 포착된 전쟁의 비인간성과 참혹성, 그리고 그것을 통해서 환기된 화해의 의지가 아닐까.

『광장』(최인훈)을 다루는 대목에서도 분단 문학에 대한 안이한 태도가 확인된다. 학습활동의 지문으로 인용된『광장』의 한 대목은 이명준이 남한도 북한

---

388) 앞의『국어』(상), 275면.

도 아닌 제3국을 선택하는 과정을 그린 부분이다. 여기서 이명준이 북한과 남한의 심사관을 통과하면서 겪는 선택의 과정이 제시되는데, 지문에서는 왜 이명준이 제3국을 선택했는가 하는 근거가 전혀 암시되지 않는다. 남한과 북한을 모두 외면한 채 제3국을 선택할 수밖에 없었는지, 그러한 선택을 하게 된 내면 심리는 무엇인지 등이 밝혀져야 이명준의 행동은 구체적인 맥락을 갖게 될 것이다. 물론 『광장』 전편을 읽었다면 이런 점들은 쉽게 이해되겠지만, 그것이 생략된 채 원고지 20매 분량의 짧은 지문만이 제시된 까닭에 이명준의 제3국행은 논리의 뒷받침을 받지 못하고 만 것이다. 이러한 점은 지문의 선정이 작품 내용에 대한 충분한 고려 없이 형식주의적인 구색 맞추기 식으로 이루어진 것이 아닌가 하는 의구심을 갖게 한다. 사실, 『광장』의 문제성은 이데올로기 문제를 정면으로 다루면서, 인간의 삶을 전쟁과 분단이라는 사회·역사적 맥락 속에서 파악한 데 있다. 하지만 이러한 점은 교과서에 수록된 부분에서는 전혀 확인할 길이 없다.

교사의 역할

지난 2002년 부시 대통령의 '악의 축' 발언[389]이 문제되었던 것은 단순히 북한을 자극하고 남북관계를 경색시켰다는 데만 있는 것은 아니다. 북한을 악의 축으로 돌리고, 필요하다면 전쟁까지 불사하겠다는 발언은 자기와는 다른 코드(code)의 존재인 타자를 철저하게 무시한 독아론(獨我論)의 전형적 행태라

---

389) 악의 축(Axis of evil)은 미국의 대통령 조지 W. 부시가 2002년 1월 29일에 열린 연례 일반 교서에서 "테러를 지원하는 정권"을 가리키며 쓴 용어이다. 부시는 이 연설에서 이라크, 이란, 북한을 언급했다.

는 데 있다. 그것은 나와 다른 존재를 이해하기보다는 자기의 시각으로 일방적으로 규정하고 왜곡하는 독선적 주체의 한 단면을 보여준다. 그런데 문제는 이러한 시각이 남북한의 경제적 격차와 이질화가 심화될수록 곧바로 우리들의 시각으로 전환될 가능성을 내재한다는 데 있다. 우리 사회의 발전 정도가 높아질수록 우리들의 사고방식은 미국식으로 변해가고 있으며, 특히 물질만능의 가치관이 확산되면서 이기주의가 만연되고 있음을 감안하자면 이러한 우려는 결코 기우가 아닐 것이다. 몇 해 전의 한 여론조사에서 초등학생들이 통일을 원하지 않는 이유로 거지들이 몰려올지도 모른다고 응답한 사실은 그 단적인 사례가 아닐까.

게다가 분단 60년 동안 우리 사회에 각인된 적색 공포증이라는 무의식적 기제는 북한에 대한 정당한 인식을 더욱 어렵게 만들었다. 역대 정권들은 전후의 냉전의식에 힘입어 반공 이데올로기를 의도적으로 조장해 왔고, 그것을 통해서 정권의 취약한 기반을 만회하려 하였다. 전후의 혼란스러운 민심을 수습하고 자유 민주주의를 수호한다는 미명 아래 이승만 정권에 의해 널리 유포된 이래 과거 정권들은 분단된 현실과 북한의 호전성을 끊임없이 강조하고 세뇌시켜 흑이 아니면 백이라는 극단의 부정과 양가치적 사고를 확산시켜 놓았다. 남한의 생존을 위협하는 북한 공산주의 집단이 존재하고 있고, 자칫 방심했다가는 언제든지 6·25와 같은 비극이 되풀이될 지도 모른다는 강요된 경계심은, 민족의 생존이라는 최상의 가치를 위해서는 민주주의를 비롯한 어떤 가치도 희생될 수 있다는 금기와 독선의 신화를 만들어 놓았다. 정부의 정책을 반대하거나 비판적인 입장을 취하면 가차 없이 '빨갱이'로 몰아붙였고 심지어 공교육에서는 반공을 국시로 삼아 국민의 무의식까지 통제하려 들었던 게 그동안의 실상이었다. 북한을 대하는 우리의 시선이 사시(斜視)와 편견의 그림자로부터 자유롭지 못한 것은 이런 사정과 무관하지 않을 것이다. 그런 까닭에 북한 혹은 분단문학을 가르치는 과정에서 무엇보다 중요한 것은 북한에 대한 균형 잡힌 시각이라고 할 수 있고, 그 주체는 현장의 교사일 수밖에 없다.

북한에 대한 바른 인식은 그동안 북한에 덧씌워진 왜곡과 과장의 굴레를 벗겨내고 북한을 내적 논리와 역사를 가진 타자로 보는 데서 시작되어야 한다. 타자란 나와 동질적인 것이 아니고, 또한 나와 적대하는 또 하나의 자기의식도 아니다. 공통의 언어 게임(공동체) 안에서 출발하는 것이 아니라 그러한 것을 전제할 수 없는 장소에 섰을 때 만나는 것이 타자이다.[390] 남과 북은 60여년의 세월을 서로 다른 사상과 이념, 제도와 문화 속에서 생활해 왔다. 민족적인 동질감이 유지되고는 있으나, 그보다는 이질감이 더욱 강화된 형국이고, 그런 점에서 북한은 동질적이기보다는 오히려 이질적인 존재라 해도 과언이 아니다. 통일이 북한을 남한의 체제에 편입하는 것이 아니라면 우리는 이 이질적인 국면들을 냉정하게 인정하고 수용해야 할 것이다. 7차 교과 과정에서 월북작가들을 수용하고, 특히 이방인의 눈으로 본 한국인에 대한 글을 수록했다는 것은 그런 점에서 매우 고무적이다. 사실, 문학이란 있을 법한 인물과 사건을 형상적으로 보여준다는 점에서 본질적으로 타자 지향적인 속성을 갖는다. 분단문학이 통일에 대한 의지와 필요성을 심어주는 계몽 담론으로 전락하지 않기 위해서는 작가나 독자 모두 작중의 인물과 삶을 타자화할 수 있는 열린 자세를 갖추어야 할 것이다.

그런 점에서 교육 현장에서 교사의 역할은 중요할 수밖에 없다. 사실, 교과서의 내용은 시대 흐름에 민첩하게 대응하지 못하는 측면이 많다. 교과서의 개편 주기라든가 교과 과정의 편제, 또 교과서가 갖는 정전(正典)적 성격으로 인해 교과서는 시대 흐름에 민감하기보다는 상대적으로 둔감하다. 그렇기 때문에 교과서와 실제 현실의 괴리는 어떤 식으로든 매개되어야 하고, 그 주체

---

390) 가라타니 고진, 『탐구1』, 새물결, 1998, 1장 참조.

는 '교사'가 될 수밖에 없다. 교과서에서 미처 수용하지 못한 시대 흐름의 직접적인 경험자이자 대응의 주체로서 교사는 대오를 이끄는 향도(嚮導)와도 같다. 더구나 교과서는 당대의 사회적 가치와 지향을 담고 있는 정치적 성격을 갖는다는 점 또한 고려되어야 한다. 한 국가를 유지하고 통제하는 가장 유력한 수단은 군대와 학교와 국회라는 그람시의 말을 떠올리지 않더라도, 교육은 당대의 이데올로기와 정치적 교의를 전파하는 중심 기제이다. 이데올로기와 정치적 교의는 억압적이고 체제 고착적인 속성을 갖는다는 점에서 교사는 그것을 끊임없이 비판하고 반성하는 주체로서의 역할을 수행해야 할 것이다.

교육은 교사들의 열정적인 참여를 통해서 이루어진다. 교사의 참여는 정치적인 것을 보다 교육적인 것으로 만들고자 하는 비판적 성찰과 행동을, 억압에 저항하고 일상의 삶을 인간적으로 만들기 위한 신념을 실천하는 사회적 기획의 한 부분으로서의 역할[391]을 행해야 한다. 이제 누구나 동의하는 만인의 교과서는 존재하지 않는다. 만인의 교과서는 정신과 자연, 개인과 사회, 주관과 객관의 분열을 막아 주는 역할을 했으나, 이제는 그런 역할을 기대할 어떠한 지침이나 교의도 존재하지 않는다. "교과서는 수많은 학습 자료나 교재 중의 하나이다. 이 교과서에 선정된 제재 역시 절대적인 것이 아니라 교육 과정의 목표와 내용을 실현하는 데 비교적 적절하다고 평가된 자료"에 불과하다. 그러므로 진정한 교과서를 환기하고 새롭게 제시해 줄 수 있는 교사의 역할은 더욱 중요할 수밖에 없다.

---

391) 정정호, 『세계화 시대의 비판적 페다고지』, 생각의 나무, 2001, 26-40면 참조.

부록

(부록1)

근대 독본 및 국어과 교과서 목록(1895~1945)

● 개요 ; 근대 독본[392)

시 기	독본 종류	발 행 처	분 량
근대 계몽기 (1895~1910)	국정 독본	대한제국 학부	41종 / 79권
	민간 독본	민간단체·개인	
일제강점기 (1910~1945)	조선어 독본	조선총독부	17종 / 71권
	국어(일어) 독본	조선총독부 (일본 문부성)	25종 / 158권
	각종 한글 독본	민간단체·개인	22종 / 22권
합 계			105종 / 330권

① 근대 계몽기

도서명	권(책수)	편저자	발행권자	출판사	발행년도
국민소학독본	1	학부편집국	학부	·	1895
유몽휘편	1	학부편집국	학부	·	1895
소학독본	1	학부편집국	학부	·	1895
국문정리	1	리봉운	학부	국문국	1897
신정심상소학	3	학부편집국	학부		1897
윤리학교과서	4	신해영	보성중학교	보성관	1906
보통학교학도용 수신서	4	학부	학부	동경 삼성당서점인쇄	1906
중등수신교과서	4	휘문의숙	휘문의숙	휘문관	1906
초등소학	· 6	大韓國民 敎育會	김상만 외	경성일보사	1906
고등소학독본	2	휘문의숙 편집부	휘문의숙	휘문의숙인쇄부	1906-1907
보통학교학도용 국어독본	8	학부	학부	한국정부인쇄국	1907
유년필독	4	현채	현채	휘문관	1907
고등소학수신서	1	휘문의숙 편집부	휘문의숙	휘문관	1907

---

392) 이 표는 이종국과 정재걸·이혜영, 허재영의 조사를 바탕으로 필자가 추가한 항목을 첨가해서 작성하였다.

도서명	권(책수)	편저자	발행권자	출판사	발행년도
유년필독 석의	2	현채	현채	일한도서인쇄 주식회사	1907
초등윤리학교과서	1	안종화	김상만	휘문관	1907
실지응용작문법	1	최재학	·	대한서림	1907
초등소학수신서	·	유근	·	광학서포	1908
보통교육 국민의범	·	진희성	·	의진사	1908
대한문전(全)	1	최광옥	安岳勉學會	보문사(普文社)	1908
국문초학	1	주시경	박문서관	우문관	1908
초등여학독본	1	이원경	변형중	보문사	1908
녀ㅈ독본	2	장지연	김상만	광학서포	1908
부유독습	2	姜華錫	李駿求	황성신문사	1908
노동야학독본	未詳	유길준	유길준	경성일보사	1908
최신초등소학	4	정인호	정인호	보성사(普成社) 우문관(右文館)	1908
초등작문법	1	원영의 (元永義)	李鍾楨 林源相	·	1908
국어철자첩경	1	한승곤 (韓承坤)	평양광명 서관	경성우문관	1908
초등수신서	·	박정동	·	동문사	1909
최신초등소학	7	현채	·	·	1909
초등수신교과서	·	안종화	·	광학서포	1909
초등국어어전	2	김희상	김희상	경성유일서관 (확인요)	1909
녀ㅈ소학수신서	1	노병희	노익형	박문서관	1909
대한문전	1	유길준	유길준	동문관	1909
초등수신	1	박창동	학부검정	동문사	1909
초목필지	2	정윤수	안태형	보문사	1909
신찬 초등소학	6	현채	현채	보성사 日韓印刷(株)	1909
보통교과수신서	·	휘문의숙	·	휘문관	1910
국어문법(1권)	1	주시경	주시경	박문서관	1910
숙혜기략	1	학부	·	·	·
몽학필독	未詳	최재학	·	·	·
초등소학	未詳	보성관	보성관	·	·

② 일제강점기

■ 조선어과(조선어독본)

교육령		도서명	편저자	발행권자	출판사	발행년도
초등교육	제1차 조선교육령	보통학교학도용 조선어독본(8권)	조선총독부	조선총독부	총무국인쇄소	1913
		정정보통학교학도용 조선어독본(8권)	조선총독부	조선총독부	총무국인쇄소	1914-1915
		보통학교 조선어급한문독본(5권)	조선총독부	조선총독부	총무국인쇄소	1916
	제2차 조선교육령	보통학교 조선어독본(6권)	조선총독부	조선총독부	조선서적 인쇄주식회사	1923-1924
		보통학교 고등과 조선어독본(2권)	조선총독부	조선총독부	조선서적 인쇄주식회사	1925
	제2차 조선교육령	보통학교 조선어독본(6권)	조선총독부	조선총독부	조선서적 인쇄주식회사	1930
		보통학교 조선어독본 4년제(4권)	조선총독부	조선총독부	조선서적 인쇄주식회사	1934
		간이학교 조선어독본(2권)	조선총독부	조선총독부	조선서적 인쇄주식회사	1935-1936
		조선어독본(6권)	조선총독부	조선총독부	조선서적 인쇄주식회사	1937
	제3차 조선교육령	초등조선어독본(2권)	조선총독부	조선총독부	조선서적 인쇄주식회사	1939
		간이학교용 초등조선어독본(1권)	조선총독부	조선총독부	조선서적 인쇄주식회사	1939
중등교육	제2차 조선교육령	중등교육 조선어급한문독본(5권)	조선총독부	조선총독부	조선서적 인쇄주식회사	1933
		중등교육 여자조선어독본(2권)	조선총독부	조선총독부	조선서적 인쇄주식회사	1936-1937
	제1차 조선교육령	고등 조선어급한문독본(4권)	조선총독부	조선총독부	총무국인쇄소	1913
		고본 고등 조선어급한문독본(5권)	조선총독부	조선총독부	총무국인쇄소	1913
	제2차 조선교육령	신편 고등 조선어급한문독본(5권)	조선총독부	조선총독부	조선서적 인쇄주식회사	1924
		여자고등조선어독본(4권)	조선총독부	조선총독부	조선서적 인쇄주식회사	1925

■ 일본어과(국어독본)

교육 단계	교육령	도서명	편저자	발행권자	출판사	발행 년도
초등 교육	제1차 조선교육령	정정 보통학교학도용 국어독본(8권)	조선총독부	조선총독부	조선총독부 인쇄국	1911
		보통학교 국어독본 (제1기 8권)	조선총독부	조선총독부	총무국인쇄국	1912- 1915
	제2차 조선교육령	보통학교 국어독본 (제2기 12권)	조선총독부	조선총독부	주식회사 수영사	1923- 1924
		심상소학 국어독본 (제2기 4권)	일본문부성	일본문부성	동경서적 주식회사	1922- 1923
		심상소학 국어독본 (제2기 4권) 속성과용	일본문부성	일본문부성	동경서적 주식회사	1922
		보통학교 국어독본(제3기 12권)	조선총독부	조선총독부	조선서적 인쇄주식회사	1930- 1935
		국어독본(제3기 12권)	조선총독부	조선총독부	조선서적 인쇄주식회사	1937
		보통학교 국어독본(4년제)(8권)	조선총독부	조선총독부	조선서적 인쇄주식회사	1933- 1934
		간이학교 국어독본(4권)	조선총독부	조선총독부	조선서적 인쇄주식회사	1935- 1936
초등 교육	제3차 조선교육령	초등국어독본(제4기 6권)	조선총독부	조선총독부	조선서적 인쇄주식회사	1939- 1941
		심상과용 소학국어독본 (제4기 6권)	일본문부성	조선총독부	조선서적 인쇄주식회사	1940
		간이학교용 초등국어독본(4권)	조선총독부	조선총독부	조선서적 인쇄주식회사	1939- 1940
	제4차 조선교육령	요미카타 (제5기, 4권)	조선총독부	조선총독부	조선서적 인쇄주식회사	1942- 1942
		초등국어 (제5기, 3-6학년, 8권)	조선총독부	조선총독부	조선서적 인쇄주식회사	1943
중등 교육	제2차 조선교육령	중등교육 국문독본(10권)	조선총독부	조선총독부	조선서적 인쇄주식회사	1930- 1934
		중등교육 국어독본(10권)	조선총독부	조선총독부	조선서적 인쇄주식회사	1931- 1934
		중등학교 여자국문독본(8권)	조선총독부	조선총독부	조선서적 인쇄주식회사	1933- 1935
		여자고등국어독본(6권)	조선총독부	조선총독부	조선서적 인쇄주식회사	1920- 1925
		고등국어독본(8권)	조선총독부	조선총독부	조선서적 인쇄주식회사	1922
		(신편)여자고등국어독본(8권)	조선총독부	조선총독부	조선서적 인쇄주식회사	1926
		(신편)고등국어독본(10권)	조선총독부	조선총독부	조선서적 인쇄주식회사	1924
		실업보습학교 국어독본 (2권)	조선총독부	조선총독부	조선서적 인쇄주식회사	1931

교육 단계	교육령	도서명	편저자	발행권자	출판사	발행 년도
중등 교육	제3차 조선교육령	중등국어(여자용)(5권)	조선총독부	조선총독부	조선서적 인쇄주식회사	1938- 1943
	제3차 조선교육령	중등국어(남자용)(8권)	조선총독부	조선총독부	조선서적 인쇄주식회사	1938- 1943
	제4차 조선교육령	중등국어(실업학교용)(2권)	조선총독부	조선총독부	조선서적 인쇄주식회사	1943

■ 민간 독본

도서명	편저자	발행권자	출판사	발행년도
증보 척독	남궁준	남궁준	동문관	1910
실용작문법	이각종	.	박문서관	1912
문장체법	이종린	.	보성관	1913
시문독본	최남선	.	신문관	1918
실지응용작문대방	강의영	.	영창서관	1921
최신언문척독	홍순필	조선도서주식회사	조선도서주식회사	1921
이십세기 청년독본	강하형	.	태화서관	1922
초등시문필독	이기형	이기형	중앙인쇄소	1923
초학시문필독	이기향	.	중앙인쇄소	1923
현대청년수양독본	박준균	.	영창서관	1923
어린이독본	고병돈	경성신문사	회동서관	1928
중등조선어작문	朝漢文教員會	이광종	창문사	1928
어린이독본	새벗사편	.	회동서관	1928
(현대)조선문예독본	정열모	.	殊芳閣	1929
한일선 시문신독본	황응두	황응두	영창서관	1930
문예독본	이윤재	.	한성도서	1931
조선어작품학습서	박기혁	.	.	1931
신체미문 시문편지투	이명세	이명세	이문당	1936
조선독본	이청원	廣田義夫	학예사	1936
문장독본	이광수	.	대성서림	1937
문장독본	신순석	.	홍지출판사	1937
조선문학독본	이광수 외	방응모	조광사	1938

(부록2)

교과서 연구 목록

1) 기본 자료

『敎育月報』,『大韓每日申報』,『少年』,『漢城旬報』,『皇城新聞』

國民敎育會,『初等小學』, 國民敎育會, 1906.

俞吉濬,『勞動夜學讀本』, 京城日報社, 1908.

鄭崙秀,『樵牧必知』, 普文社, 1909.

朝鮮總督府,『普通學校國語讀本』5-8, 朝鮮總督府, 1912-1915.

鄭寅琥,『最新初等小學』, 右文館, 1908.

學部編輯局,『國民小學讀本』, 學部, 1895.

學部,『普通學校 學徒用 國語讀本』, 大日本圖書株式會社, 1907.

玄采,『新纂初等小學』, 日韓印刷株式會社, 1909.

玄采,『幼年必讀』, 徽文館, 1907.

徽文義塾,『高等小學讀本』, 徽文義塾, 1906.

今泉源一郎,『尋常小学教授学略説』, 今泉源一郎, 1887.

文部省編輯局,『高等小學讀本』5-6, 大日本圖書會社, 1889.

石井福太郎,『高等小學修身口授敎案』2, 目黒書店, 1892.

石井福太郎,『高等小學修身口授敎案』4, 目黒書店, 1892.

篠原貞次郎,『高等小学読本字引大全』7, 普及舎, 1889.

二宮基成,『経済学教科書』, 六盟館, 1901.

井上圓了,『(修訂)修身要鑑』, 學海指釣社, 1906.

サミュエル・スマイルス, 竹村修 譯,『勞働論』, 內外出版協會, 1907.

Charles, J. Barnes, *New National Reader4*, American Book Company(New York), 1884.

Charles, W. Sanders, *Union Reader4*, Ivison Blakeman Taylor & Co.(New York), 1869.

Charles, W. Sanders, *Union Reader5*, Ivison Blakeman Taylor & Co.(New York), 1872.

Charles, W. Sanders, *Union Reader2*, Ivison Blakeman Taylor & Co.(New York), 1875.

2) 단행본

강윤호, 『개화기의 교과용 도서』, 교육출판사, 1973.

강진호 외, 『국어 교과서와 국가 이데올로기』, 글누림, 2007.

강진호 외, 『조선어독본과 국어문화』, 제이앤씨, 2011.

고영진 외, 『식민지 시기 전후의 언어 문제』, 소명출판, 2012.

김경미, 『한국 근대교육의 형성』, 혜안, 2009.

김봉희, 『한국 개화기 서적문화 연구』, 이화여자대학교출판부, 1999.

김성연, 『영웅에서 위인으로―번역 위인전기 전집의 기원』, 소명출판, 2013.

김억수, 『개화기의 국어교육 실태와 국어교과서』, 홍문각, 1985.

김용의, 『혹부리 영감과 내선일체』, 전남대학교출판부, 2011.

김진균, 『한문학과 근대전환기』, 다운샘, 2009.

김혜련, 『일제강점기 조선어과 교과서와 조선인』, 역락, 2011.

민병찬, 『일본인의 국어인식과 神代文字』, 제이앤씨, 2012.

박득준, 『조선교육사(조선부문사 II)』, 사회과학출판사, 1995.

박붕배, 『한국국어교육전사』(상, 하), 대한교과서주식회사, 1987.

박영기, 『한국근대 아동문학 교육사』, 한국문화사, 2009.

박용옥, 『한국 여성 근대화의 역사적 맥락』, 지식산업사, 2001.

배수찬, 『근대적 글쓰기의 형성 과정 연구』, 소명, 2008.

서영희, 『대한제국 정치사 연구』, 서울대학교출판부, 2003.

손인수, 『한국근대교육사-한말·일제 치하의 사학사 연구』, 연세대학교 출판부, 1971.

손인수, 『한국개화교육연구』, 일지사, 1980.

손인수, 『한국교육의 뿌리』, 배영사, 1995.

수요역사연구회 편, 『일제의 식민지 지배정책과 매일신보·1910년대』, 두리미디어, 2005.

심재기, 『국어 문체 변천사』, 집문당, 1999.

윤여탁 외, 『국어교육 100년사(1~2)』, 서울대출판부, 2006.

이기문, 『개화기의 국문연구』, 한국문화연구소, 1970.

이기영, 『한국근대계몽운동연구』, 일조각, 1997.

이만규, 『다시 읽은 조선교육사』, 살림터, 2010.

이병담, 『한국 근대 아동의 탄생』, 제이앤씨, 2007.

이승원, 『학교의 탄생』, 휴머니스트, 2005.

이종국,『교과서·출판의 진실』, 일진사, 2011.

이종국,『한국의 교과서 변천사: 근대 교과서 백년, 다시 새 세기를 넘어』, 대한교과서주식회사, 2008.

이종국,『한국의 교과서: 근대 교과용 도서의 성립과 발전』, 대한교과서주식회사, 1991.

이종국,『한국의 교과서 출판 변천 연구』, 일진사, 2001.

이해명,『개화기교육개혁연구』, 을유문화사, 1991.

임상석,『20세기 국한문체의 형성과정』, 지식산업사, 2008.

전미경,『근대 계몽기 가족론과 국민 생산 프로젝트』, 소명출판, 2006.

정길남,『개화기 교과서의 우리말 연구』, 박이정, 1997.

정용화,『문명의 정치사상: 유길준과 근대 한국』, 문학과 지성사, 2004.

정재철,『일제의 대한국식민지교육 정책사』, 일지사, 1985.

조은숙,『한국 근대문학의 형성』, 소명출판, 2009.

천정환,『근대의 책읽기』, 푸른역사, 2003.

최기숙,『어린이 이야기, 그 거세된 꿈』, 책세상, 2001.

최기영,『한국근대 계몽운동 연구』, 일조각, 1997.

한국교과서재단,『교과용 도서 내적 체제 개선에 관한 연구』, 연구보고서 04-01, 2004.

한국교육개발원,『한국 근대 학교교육 100년사 연구(I)』, 한국교육개발원, 1994.

한관일,『구한말 교육구국운동 연구』, 문음사, 2009.

한철호,『친미개화파연구』, 국학자료원, 1998.

함동주,『천황제 근대국가의 탄생』, 창비사, 2009.

허재영,『근대 계몽기의 교육학 연구와 교과서』, 지식과 교양, 2012.

디지털 한글박물관 특별전시관 (http://www.hangeulmuseum.org/sub/special_flash/2011/index.jsp)

W. Boyd, 이홍우 외 역,『서양교육사』, 교육과학사, 1996.

駒込武, 오성철 외 역,『식민지제국 일본의 문화통합: 조선·대만·만주·중국 점령지에서의 식민지 교육』, 역사비평사, 2008.

金富子, 조경희·김우자 역,『학교 밖의 조선여성들: 젠더사로 고쳐 쓴 식민지교육』, 일조각, 2009.

田近洵一·井上尙美 편,『國語教育指導用語辭典』(제3판), 교육출판, 1984/2007.

佐藤喜代治 편,『漢字講座8 近代日本語と漢字』, 明治書院, 1989.

沖森卓也,『はじめて·む日本語の歷史』, ベル出版, 2010.

唐沢富太郎,『教科書の歷史,-教科書の日本人の形成』, 東京:創文社, 1968.

稲葉繼雄, 홍준기 역,『구한말 교육과 일본인』, 온누리, 2006.

末松謙澄 著,『義経再興記』, 上田屋, 1885.

尾形裕康 外,『日本教育史』, 東京:水書房, 1979.

山住正己,『日本教育小史 : 近·現代』, 東京:岩波書店, 1987.

三ッ井崇, 임경화·고영진 옮김,『식민지 조선의 언어 지배 구조』, 소명출판, 2013.

小森陽一 外, 이규수 역,『내셔널 히스토리를 넘어서』, 삼인, 2002.

齋藤希史, 황호덕·임상석·류충의 옮김,『근대어의 탄생과 한문』, 현실문화, 2010.

3) 논문

강명관,「한문폐지론과 애국계몽기의 국한문 논쟁」,『한국한문학』8, 한국한문학회, 1985.

강진호,「'국어' 교과서의 탄생과 근대 민족 주의」,『상허학보』(36), 상허학회, 2012.

강진호,「'국어' 교과서의 형성과 일제 식민주의」,『현대소설연구』(46), 한국현대소설학회, 2011.

강진호,「국가주의의 규율과 '국어' 교과서」,『현대문학의 연구』(32), 한국문학연구학회, 2007.

강진호,「국어과 교과서와 근대적 주체의 형성」,『국제어문』(58), 국제어문학회, 2013.

강진호,「해방기 '국어' 교과서와 탈식민주의」,『문학교육학』(30), 한국문학교육학회, 2009.

고창규,「개화기 사립학교 국어교과서에 나타난 민족, 사회, 개인」,『교육이론과 실천』3, 경남
    대학교 교육문제연구소, 1993.

구윤옥,「개화기 초등 국어과 교과서 편집에 관한 연구: 1895~1910년을 중심으로」, 중앙대 석
    사학위논문, 1989.

구자황,「교과서의 발견과 국민·민족의 배치: 근대 전환기 교과서의 양상을 중심으로」,『어문
    연구』70, 어문연구학회, 2011.

구자황,「교과서의 생산과 흐름: '신정심상소학'의 경우」,『한민족어문학연구』65, 한민족어문학
    회, 2013.

구자황,「근대 독본의 성격과 위상(2)」,『상허학보』, 상허학회, 2007.

구자황,「독본을 통해 본 근대적 텍스트의 형성과 변화」,『상허학보』13, 상허학회, 2004.

구자황,「일제강점기 제도권 문학교육」,『문학교육학』34, 한국문학교육학회, 2011.

구희진,「갑오개혁 전후 전통교육제도에 대한 정책」,『역사교육』100, 역사교육연구회, 2006.

구희진,「대한제국기 국민교육의 추진과 굴절」,『역사교육』109, 역사교육연구회, 2009.

권동연,「한국 근대기 서체 연구: 초등 습자 교과서를 중심으로」, 이화여대 석사논문, 2007.

김경미,「개화기 열녀전 연구」,『국어국문학』132, 국어국문학회, 2002.

김경자 외,「일제강점기 초등교육의 본질」,『초등교육연구』17, 2004.

김남돈, 「개화기 국어교과서의 국어교육사적 의의」, 『새국어교육』82, 한국국어교육학회, 2009.

김덕조, 「개화기 국어교과서 연구」, 경남대 석사학위논문, 1996.

김만곤, 「'국민소학독본'고(그 출현의 배경에 대하여)」, 『국어문학』, 국어문학회, 1979.

김민재, 「개화기 '학부 편찬 수신서'가 지니는 교과용 도서로서의 의의와 한계」, 『이화사학연구』42, 이화사학연구소, 2011.

김병철, 「한국 구두점 기원고」, 『한국학보』9, 일지사, 1980.

김소영, 「갑오개혁기(1894-1895) 교과서 속의 '국민'」, 『한국사학보』29, 고려사학회, 2007.

김소영, 「대한제국기 '국민' 형성론과 통합론 연구」, 고려대 박사학위논문, 2010.

김수경, 「개화기 여성 수신서에 나타난 근대와 전통의 교차」, 『한국문화연구』20, 이화여자대학교 한국문화연구원, 2011.

김억수, 「개화기의 국어교육실태와 국어교과서 분석고찰」, 중앙대 석사학위논문, 1980.

김언순, 「개화기 여성 교육에 내재된 유교적 여성관」, 『페미니즘연구』10-2, 한국여성연구소, 2010.

김영민, 「근대 계몽기 문체 연구」, 『동방학지』148, 연세대학교 국학연구원, 2009.

김영숙, 「젠더 관점에서 본 여계(女誡)의 '위부지도(爲婦之道)' 담론과 이데올로기」, 『중국학보』57, 한국중국학회, 2008.

김윤주, 「일제강점기 '조선어독본'과 '국어독본'의 비교연구」, 『우리어문연구』41, 우리어문학회, 2011.

김윤진, 「개화기 국어 교과서의 어휘·표기법 연구: 『녀자독본』을 중심으로」, 아주대 석사학위논문, 2007.

김인희, 「개화기 초등교재의 동화작품 연구」, 숙명여대 석사학위논문, 1990.

김종인, 「'국민소학독본'을 통해 본 개화기의 주거관」, 『산업기술연구소논문보고집』, 1989.

김종진, 「개화기 이후 독본 교과서에 나타난 노동 담론의 변모 양상」, 『한국어문학연구』42, 한국어문학연구학회, 2004.

김주필, 「'한글'(명칭) 사용의 역사적 배경과 특징」, 『반교어문연구』35, 반교어문학회, 2013.

김지영, 「근대적 글쓰기의 제도화 과정과 변환 양상 연구」, 서강대 박사학위논문, 2009.

김찬기, 「근대초기 국어교과서와 계몽의 언어」, 『민족문화연구』58, 고대민족문화연구원, 2013.

김창렬, 「한국 개화기 교과서에 보이는 일본 한자어 연구」, 한양대 박사학위논문, 2009.

김태영, 「개화사상가 및 애국계몽사상가들의 사관」, 『한국의 역사인식』, 창작과비평, 1976.

김태준, 「근대 계몽기의 교과서와 어문교육」, 『한국어문학연구』42, 한국어문학연구학회, 2004.

김태준, 「이솝우화의 수용과 개화기 교과서」, 『한국학보』24, 1981.

김현주, 「'노동(자)', 그 해석과 배치의 역사」, 『근대지식으로서의 사회주의』, 깊은샘, 2008.

김혜련, 「제1차 조선교육령기『普通學校朝鮮語及漢文讀本』수록 제재 연구: 「흥부전」을 중심으로」, 『돈암어문학』23, 돈암어문학회, 2010.

김혜련, 「국정 국어 교과서의 정치학:『보통학교 학도용 국어독본』(학부편찬, 1907)을 중심으로」, 『반교어문연구』35, 반교어문학회, 2013.

김혜림, 『『일어독본』에 대한 연구: 일본의 국정 1기 교과서『심상소학독본』과의 비교를 중심으로」, 고려대 석사학위논문, 2009.

김혜정, 「근대 계몽기 국어교과서 내적 구성 원리 탐색」, 『국어교육연구』11, 서울대 국어교육연구소, 2003.

김혜정, 「근대 이후 국어과 교재 개발에 대한 사적 검토」, 『국어교육연구』, 2004.

김혜정, 「근대적 텍스트의 구조적 특성과 함의」, 『국어교육』113, 2004.

김혜정, 「근현대 국어교과서 자료의 소개와 활용방안」, 『한국어학』59, 한국어학회, 2013.

남미영, 「한국문학에 끼친 이솝우화의 영향 연구(I)」, 『새국어교육』45, 한국국어교육학회, 1989.

남영우, 「일본 명치기의 한국지리 관련 문헌」, 『대한지리학회지』, 28권-1, 1993.

남영주, 「개화기 국어 표기법 연구: 개화기 국어 교과서를 중심으로」, 안동대 석사학위논문, 2001.

노수자, 「백당 현채 연구」, 『이대사원』, 1969.

노인화, 「한말개화자강파의 여성교육관」, 『한국학보』27, 일지사, 1982.

도면회, 「황제권 중심 국민국가체제의 수립과 좌절」, 『역사와 현실』50, 한국역사학회, 2003.

문동석, 「일제시대 초등학교 역사 교육과정의 변천과 교과서」, 『사회과 교육』43-4, 2004.

문혜윤, 「여성 교과서의 열녀전(列女傳/烈女傳), 그리고 애국부인들」, 『반교어문연구』35, 2013.

민병훈, 「'소학'과 '소학언해'」, 『어문연구』, 한국어문교육연구회, 1988.

민현식, 「개화기 국어 문체 연구」, 『국어국문학』111, 1994.

민현식, 「개화기 국어 문체에 대한 종합적 연구(1)」, 『국어교육』83, 1994.

박균섭, 「근대 일본의 헤르바르트 이해와 교육」, 『일본학보』44, 2000.

박미경, 「일제강점기 일본어 교과서 연구: 조선총독부편 '보통학교 국어독본'에 수록된 한국설화를 중심으로」, 『일본언어문화』18, 한국일본언어문화학회, 2011.

박미경, 「일제강점기 일본어 교과서에서 보는 일본신화」, 『인문학연구』82, 충남대 인문과학연구소, 2011.

박민영, 「개화기 교과서『신찬초등소학』연구: 학부편찬 교과서와의 비교를 중심으로」, 『아시아문화연구』32, 가천대학교 아시아문화연구소, 2013.

박민영, 「애국과 친일, 『신찬초등소학』의 이중성: 민간편찬 교과서와의 비교를 중심으로」, 『우

국어 교과서의 탄생

리어문연구』48, 우리어문학회, 2014.

박승배, 「갑오개혁기 교과서에 나타난 교육과정학적 이념 연구: '소학' 교과서를 중심으로」, 『교육과정연구』29, 2011.

박승배, 「갑오개혁기 학부 편찬 교과서 저자가 활용한 문헌고증」, 『교육과정연구』30, 2012.

박승배, 「갑오개혁기 학부 편찬자가 활용한 문헌고증 II」, 『교육과정연구』31, 2013.

박용옥, 「1905-10, 서구 근대여성상의 이해와 인식: 장지연의 『여자독본』을 중심으로」, 『인문과학연구』12, 성신여자대학교 인문과학연구소, 1992.

박종석, 김수정, 「1895년에 발간된 '국민소학독본'의 과학교육사적 의의」, 『한국과학교육학회지』33, 2013.

박주원, 「1900년대 초반 단행본과 교과서 텍스트에 나타난 사회 담론의 특성」, 『근대 계몽기 지식의 발견과 사유 지평의 확대』, 소명출판, 2006.

박치범, 「일제강점기 보통학교 『조선어급한문독본』의 성격: 제일차 교육령기 사학년 교과서의 '練習'을 중심으로」, 『어문연구』39-2, 한국어문교육연구회, 2011.

박치범, 「학부 발간 『보통학교용 국어독본』(1907) 연구: '교과서의 위상'에 따른 특징을 중심으로」, 『국제어문』58, 국제어문학회, 2013.

박형준. 「문학독본과 선(選)의 정치학」, 『국어교육학연구』37, 국어교육학회, 2010.

박혜숙, 「서양동화의 유입과 1920년대 한국동화의 성립」, 『어문연구』33-1, 2005.

박희팔, 「개화기 국어교과서를 통해 본 여성교육: 여자용 교재를 중심으로」, 국민대 석사학위논문, 1983.

배상만, 『개화기 국어교과서에 관한 고찰: 초등교육용을 중심으로』, 고려대 석사학위논문, 1983.

배수찬, 「『노동야학독본』의 시대적 성격에 대한 연구」, 『국어교육』119, 한국어교육학회, 2006.

백태희, 「현채의 저술과 시대의식-『유년필독』과 『신찬초등소학』을 중심으로-」, 숙명여자대학교 석사논문, 2000.

변윤웅, 「근대사립학교 연구-대한제국기 민족계학교를 중심으로」, 건대 박사학위논문, 1993.

서경임, 「국어과 교과서의 이솝우화 수용양상: 개화기부터 4차 교육과정까지」, 성신여대 석사학위논문, 2013.

서기재, 김순전, 「한국 근(현)대의 '수신교과서'와 근대화에 대한 열망」, 『일본어문학』31, 2006.

서성윤, 「근대 계몽기 교육기획과 학교표상: 신소설과 '국어'과 교과서를 중심으로」, 동국대 석사학위논문, 2006.

서재복, 「한국 개화기 초등교육사 연구」, 충남대학교 박사학위논문, 1997.

石松慶子, 「통감부치하 대한제국의 수신교과서, 국어독본 분석」, 연세대학교 석사학위논문, 2003.

石松慶子, 「통감부치하 대한제국의 수신교과서·국어독본 분석」, 연세대 석사학위논문, 2003.

손문호, 「신기선 연구: 한 절충주의자의 생애와 사상」, 『호서문화논총』15, 서원대 호서문화연구소, 2001.

손성준, 「영웅서사의 동아시아 수용과 중역의 원본성: 서구 텍스트의 한국적 재맥락화를 중심으로」, 성균관대 박사논문, 2012.

송명진, 「'국가'와 '수신', 1890년대 독본의 두 가지 양상」, 『한국언어문화』39, 한국언어문화학회, 2009.

송명진, 「개화기 독본과 근대 서사의 형성」, 『국어국문학』160, 국어국문학회, 2012.

송인자, 「개화기 수신서에서의 성 정체성」, 『교육학연구』, 한국교육학회, 2003.

송진영, 이화중국여성문학연구회 편, 「칼을 차고 장부의 마음을 품다」, 『동아시아 여성의 기원: '열녀전'에 대한 여성학적 탐구』, 이화여대출판부, 2002.

신동환, 「개화기 국어교과서의 시가 연구」, 제주대 석사학위논문, 1991.

신정엽, 「조선시대 간행된 소학 언해본 연구」, 『서지학연구』44, 2009.

심은리, 「개화기 국어 교과서 연구:『신정심상소학』을 중심으로」, 홍익대 석사학위논문, 1995.

심재기, 「개화기의 교과서 문체에 대하여」, 『국어국문학』107, 1992.

양재만, 「대한제국기 유길준의 국가관과 교육방침」, 서울대학교 석사학위논문, 2000.

우남숙, 「사회진화론의 동아시아 수용에 관한 연구」, 『동양정치사상사』10-2, 2011.

원해연, 「근대전환기 문장 부호의 사용 양상과 특징」, 국민대 석사학위논문, 2010.

유성선, 「한국성리학상의 '소학' 공부론과 전망에 관한 연구」, 『철학탐구』15, 중앙대 중앙철학연구소, 2003.

유춘동, 「근대 계몽기 조선의 '이솝우화'」, 『연민학지』13, 연민학회, 2010.

윤영실, 「최남선의 수신 담론과 근대 위인전기의 탄생」, 『한국문화』42, 서울대 규장각한국학연구원, 2008.

윤장규, 「개화기 국어 교과서 표기법 연구」, 성균관대 석사학위논문, 1992.

윤치부, 「'국민소학독본'의 국어교과서적 구성양상과 그 의미」, 『새국어교육』64, 한국국어교육학회, 2002.

윤혜원, 「개화기여성교육」, 『한국근대여성연구』, 숙명여자대학교 아세아여성문제연구소, 1987.

이명천, 「개화기 국어 교과서 대우 표현 연구」, 서울교대 석사학위논문, 2001.

이상혁, 『보통학교 조선어급한문독본』(1915) 권1과 『언문철자법』(1912): 조선어 학습 방침과 규범 통제를 중심으로」, 『우리어문연구』46, 우리어문학회, 2013.

이상혁, 「애국계몽기의 국어 의식 : 국어관을 중심으로」, 『어문논집』41, 안암어문학회, 2000.

국어 교과서의 탄생

이상혁, 권희주, 「근대 계몽기 '국어과 독본류'의 문체연구」, 『민족문화연구』60, 고려대 민족문화연구원, 2013.

이상현, 「제임스 게일의 한국학 연구와 고전서사의 번역」, 성균관대 박사학위논문, 2009.

이석주, 「개화기 국어 표기 연구」, 『한성대학교 논문집』, 한성대학교, 1979.

이석주, 「기사 문장의 변천」, 『신문기사의 문체』, 한국언론연구원, 1990.

이숙인, 「열녀전에 대하여」, 『열녀전』, 예문서원, 1997.

이연희, 「백당 현채 연구」, 성균관대학교 박사학위 논문, 2006.

이은송, 「유길준의 『서유견문』의 교육론 구상 전사」, 『교육사연구』18-2, 한국교육사학회, 2008.

이정찬, 「근대 국가주의 교육관의 성립 과정」, 『국제어문』58, 국제어문학회, 2013.

이종국, 「교과서 출판인 백당 현채의 출판 활동에 대한 연구:『유년필독』출판을 중심으로」, 『한국출판학연구』36, 한국출판학회, 2010.

이해명, 「개화기 교육목표와 교과서 내용과의 차이점 연구」, 『논문집』22, 단국대 출판부, 1988.

이현우, 「교과서의 문장 실태」, 『새국어생활』9-4, 1999.

이혜령, 「한글운동과 근대 미디어」, 『대동문화연구』, 성균관대 대동문화연구원, 2004.

이훈상, 「구한말 노동야학의 성행과 유길준의 『노동야학독본』」, 『두계 이병도 박사 구순기념논총』, 지식산업사, 1994.

임두학, 「개화기 국어교과서 연구」, 중앙대 석사학위논문, 1983.

임미정, 「20세기 초 여훈서의 존재양상과 의미」, 『한국고전여성문학연구』19, 한국고전여성문학회, 2009.

임상석, 「1910년 전후의 작문교본에 나타난 한문전통의 의미」, 『국제어문』42, 국제어문학회, 2008.

임상석, 「유길준의 국한문체 기획과 문화의 전환」, 『우리어문연구』43, 우리어문학회, 2012.

임상석, 「일제강점기, 조선총독부의 조선어급한문 교과서 연구 시론」, 『한문학보』22, 우리한문학회, 2010.

임순영, 「『중등교육조선어급한문독본』을 통해 본 식민지교과서의 이면탐색」, 『국어교육』143, 한국국어교육연구학회, 2013.

임형택, 「근대 계몽기 국한문체의 발전과 한문의 위상」, 『민족문학사연구』, 민족문학사학회, 1999.

장상호, 「개화기 국어교과서 연구」, 『국어교육논총』1, 조선대학교 국어교육학회, 1981.

장상호, 「개화기 국어 교과서 연구」, 조선대 석사학위논문, 1982.

장영미, 「근대 어린이독본과 계몽의 서사 그리고 어린이 발견」, 『동화와 번역』26, 동화와 번역 연구소, 2013.

장활근, 「현채의 역사인식 연구:『유년필독』을 중심으로」, 한국외국어대학교 석사학위논문, 2001.

전세영, 「현채의 교육 및 애국계몽활동에 대한 정치사상적 평가」, 『한국정치학회보』33, 1999.

전세현, 「개화기 교과서에 나타난 국한문의 유형과 특성」, 국민대 석사학위논문, 2008.

전용호, 「고중 순종시대 국어교과서의 서사유형 연구」, 『어문논집』53, 민족어문학회, 2006.

전용호, 「근대 지식 개념의 형성과 '국민소학독본'」, 『우리어문연구』25, 우리어문학회, 2005.

정길남, 「개화기 국어교과서의 어휘와 표기에 관하여:『국민소학독본』, 『소학독본』, 『신정심상소학』을 중심으로」, 『서울교육대학교 논문집』23, 서울교대, 1990.

정도세, 「개화기 교과서의 어휘연구: 1890년대 국어 교과서를 중심으로」, 경남대 석사학위논문, 1999.

정은경, 「개화기 현채가의 저·역술 및 발행서에 관한 연구」, 이화여대 석사학위논문, 1995.

정종현, 「국어교과서와 '(국)문학' 이데올로기」, 『한국문학연구』41, 동국대학교 한국문학연구소, 2011.

정혜원, 「근대 초기 이솝우화가 갖는 의의」, 『한국아동문학연구』21, 한국아동문학회, 2011.

정호훈, 「조선 후기 '소학' 간행의 추이와 성격」, 『한국사학보』31, 고려사학회, 2008.

조경원, 「개화기 여성교육론의 양상 분석」, 『교육과학연구』28, 이화여대 교육과학연구소, 1998.

조경원, 「대한제국 말 여학생용 교과서에 나타난 여성교육론의 특성과 한계:『녀자독본』, 『초등여학독본』, 『녀자소학수신서』를 중심으로」, 『교육과학연구』30, 이화여대 교육과학연구소, 1999.

조문제, 「개화기 국어 교과서에 수록된 교재에 관한 연구(1): 문학적 교재를 중심으로」, 『국어생활』4, 국어연구소, 1996.

조문제, 「개화기 국어과 교육의 연구(2): 국어교과서의 시가를 중심으로」, 『겨레어문학』8, 겨레어문학회, 1983.

조문제, 「개화기 국어과 교육의 연구(3): 국어교과서의 이야기 교재를 중심으로」, 『겨레어문학』9,10권, 겨레어문학회, 1985.

조문제, 「개화기 국어과 교육의 연구」, 한양대 석사학위논문, 1984.

조윤정, 「독본의 독자와 근대의 글쓰기」, 『반교어문연구』29, 반교어문학회, 2010.

조윤정, 「노동자 교육을 둘러싼 지식의 절합과 계몽의 정치성」, 『인문논총』69, 서울대 인문학연구원, 2013.

조희정, 「근대 계몽기 학교교육 내 문학교육의 특징」, 『문학교육학』39, 한국문학교육학회, 2012.

차혜영, 「국어 교과서와 지배 이데올로기」, 『상허학보』15, 상허학회, 2005.

채백, 「근대 민족주의의 형성과 개화기 출판」, 『한국언론정보학보』봄, 한국언론정보학회, 2008.

최경희, 「개화기 국어교과서의 동화교재 고찰」, 『비평문학』7, 한국비평문학회, 1993.

최기영, 「한말 교과서 '유년필독'에 관한 일고찰」, 『서지학보』9, 한국서지학회, 1993.

최석재, 「개화기 문체의 시작과 변화: 서유견문과 신찬초등소학을 중심으로」, 『인문언어』15-1, 2013.

최석재, 「개화기 시대 이후 단문화의 과정」, 『현대국어의 형성과 변천 3』, 박이정, 2000.

최영환, 「한글 학습의 개념 및 내용에 관한 연구」, 『독서연구』19, 한국독서학회, 2008.

최윤미, 「개화기 국어교과서 제재의 형식과 내용 분석: 학부편찬 교과서를 중심으로」, 가톨릭
　　　대 석사학위논문, 2009.

최현섭, 「개화기 학부 발행 국어교과서의 편찬 의도」, 『논문집』, 경인교대, 1985.

한용진, 「개화기 사범학교 『교육학』 교재 연구: 기무라 도모지의 『신찬교육학』을 중심으로」,
　　　『한국교육학연구』18, 안암교육학회, 2012.

허형, 「한국개화기초의 교과서 '국민소학독본'에 나타난 주제 분석」, 『교육과정연구』12, 1993.

홍인숙, 「근대 계몽기 개신 유학자들의 성 담론과 그 의의: 개가'론'/열녀'담'을 중심으로」, 『동
　　　양한문학연구』27, 2008.

홍인숙, 「여학교 주변의 여자들: 신문·잡지에 나타난 제도교육 최초 형성기(1898~1910)를
　　　중심으로」, 『한국고전여성문학연구』13, 한국고전여성문학회, 2006.

홍종선, 「개화기 교과서의 문장과 종결어미」, 『한국학연구』6, 1994.

황인수, 「개화기 국어 교과서 시상 연구」, 서울교대 석사학위논문, 2005.

강진호

문학박사, 성신여대 국문과 교수.
주요 저서로 『한국근대문학 작가연구』, 『탈분단 시대의 문학논리』, 『한국문학의 현장을 찾아서』, 『현대소설사
와 근대성의 아포리아』, 『현대소설과 분단의 트라우마』, 『국어 교과서와 국가 이데올로기』(공저), 『조선어독본』
(편저) 등이 있음.

글누림 학술 총서 7
국어 교과서의 탄생

초판 1쇄 발행 2017년 12월 20일
초판 2쇄 발행 2018년 10월 12일

지 은 이 강진호
펴 낸 이 최종숙

책임편집 이태곤
디 자 인 안혜진 홍성권
영   업 박태훈 안현진
편   집 권분옥 홍혜정 박윤정 문선희 백초혜 임애정

펴 낸 곳 글누림출판사
주   소 서울시 서초구 동광로 46길 6-6
        (반포4동 577-25) 문창빌딩 2층(06589)
전   화 02-3409-2055 ㅣ **팩   스** 02-3409-2059
전자메일 nurim3888@hanmail.net
홈페이지 www.geulnurim.co.kr
등록번호 제303-2005-000038호(2005. 10. 5)

정가는 뒤표지에 있습니다.

ISBN 978-89-6327-467-6 93370